Max Scheler

Krieg und Aufbau

 Literaricon

Max Scheler

Krieg und Aufbau

ISBN/EAN: 9783959134576

Auflage: 1

Erscheinungsjahr: 2017

Erscheinungsort: Treuchtlingen, Deutschland

Literaricon Verlag UG (haftungsgeschränkt), Uhlbergstr. 18, 91757
Treuchtlingen. Geschäftsführer: Günther Reiter-Werdin, www.literaricon.de.
Dieser Titel ist ein Nachdruck eines historischen Buches. Es musste auf alte
Vorlagen zurückgegriffen werden; hieraus zwangsläufig resultierende
Qualitätsverluste bitten wir zu entschuldigen.

Printed in Germany

Krieg und Aufbau

von

Max Scheler

Verlag der Weißen Bücher / Leipzig
1916

Vorrede

Die Aufsätze, die ich in dieses kleine Buch zusammen= gefaßt der deutschen Öffentlichkeit — durch Druck= schwierigkeiten erheblich später als beabsichtigt — übergebe, sind während der Kriegszeit (die meisten innerhalb der zweiten Hälfte des Jahres 1915) geschrieben worden. Soweit die Aufsätze darauf abzielen, Wesen und Geist der Staaten und Nationen zu verdeutlichen, deren Gesamt= charaktere uns der Krieg zu einer ganz neuen Plastizität der Anschauung gebracht hat, stellen sie eine den Lesern meines zu Beginn des Krieges erschienenen Buches „Der Genius des Krieges und der Deutsche Krieg" vielleicht nicht unwillkom= mene Ergänzung dar. Die unerwartet günstige Aufnahme dieses Buches durch die deutsche Öffentlichkeit fast aller Partei= schattierung und die vielfache Teilnehmung, die seine Inten= tionen seitens unserer an der Front glorreich kämpfenden Jugend erfahren haben, hat das Bewußtsein der Verant= wortung des Verfassers für seine Worte noch erheblich ge= steigert. Was ihm in diesem ersten Buche, das als Doku= ment deutschen Wollens zu Beginn des Krieges gleichsam

einen fixen historischen Ort besitzt und darum in der zweiten
Auflage nicht wesentlich verändert auftritt, durch Kürze dem
Mißverständnis offen erschien, oder was zum rechten Ver-
ständnis der Anschauung des Verfassers der Ergänzung be-
durfte, findet in folgendem — wie ich hoffe — seine Aus-
gleichung. Gleichzeitig ist herrschenden Vorurteilen, die der
Verfasser während des Krieges da und dort in der deutschen
Publizität Platz greifen sah, nicht so sehr kritisch als durch
Aufdeckung übersehener positiver Zusammenhänge von Ideen
und Tatsachen entgegengewirkt.

Das Buch soll nicht an erster Stelle ein politisches Buch,
sondern ein Buch der inneren Sammlung des deutschen Geistes und jener nationalen Gewissenserforschung sein, die der
politischen Zweck+überlegung voranzugehen haben.

Manche Leser des Buches „Der Genius des Krieges und
der Deutsche Krieg" werden dieses Buch vielleicht mit dem
begleitenden Gedanken lesen, ob und worin der Verfasser seine
Anschauungen verändert habe. Dann mögen sie sich hüten,
das, was der Verfasser in dem ersten Buche über Idee und
Wesen des Krieges gesagt (und insbesondere Gutes gesagt
hat), ohne weiteres auf dieses konkrete Kriegsereignis zu übertragen. Die Gesetze und Formen, die einen Kampf aufeinander losgehender Massen zum Kriege allererst gestalten,
sind vermöge der tiefgehenden sittlichen und religiösen Verwilderung Europas durch den Fortschritt des Kapitalismus
und seines Ethos in diesem Kampfe draußen an der Front
und noch weit mehr im Innern der Staaten so häufig und

IV

so weitgehend mißachtet worden, daß man Bedenken tragen kann, es werden künftige Historiker dieses Geschehnis überhaupt an erster Stelle einen „Krieg" und nicht vielmehr eine, ja die innereuropäische Revolution nennen.

Jedes große Zeitalter verdient die Art und Form derjenigen Kriege, die in ihm auftreten. Das bürgerlich=kapitalistische Zeitalter des modernen Europa verdient eben dieſen Krieg. —

Axiomatisch blieben für den Verfasser im ersten wie in diesem Buche die Sätze: 1. daß für den Menschen, für den das, was wir die Weltgeschichte nennen, überhaupt einen über das Zufallsspiel von Atomen, Leidenschaften und Launen hinausgehenden Sinn besitzt, auch dieser Krieg einen Sinn, ja sogar einen ganz besonders erhabenen Sinn besitzen müſſe; 2. daß die auch nur möglichen politischen und ökonomischen Umgestaltungen, die dieser Krieg für die ganze Welt haben kann, im Verhältnis zu seinen Opfern jeder Art, minimal, ja mehr als minimal, nämlich völlig inkommensurabel sind.

Die negative Folgerung aus diesen Sätzen, die mir gleichmäßig feststehen, ist, daß der wahre Sinn dieses Massenkampfes als Gesamtereignis auf anderem Boden liegen müſſe, als auf dem der Politik und Ökonomie — so berechtigt und notwendig jede Partei danach strebt, ihre relative Macht gegenüber der anderen zu erhalten und zu vermehren. Die positive Folgerung aber aus denselben Sätzen ist, daß — wenn dieser Kampf einen Sinn überhaupt besitzt — dies nur der Sinn sein könne eines Umkehrrufes für den europäischen

V

Menschen zu einer Läuterung seines innersten Wesens und der Gemeinschaftsformen, die durch dieses Wesen in letzter Linie getragen sind.

Der offensichtliche Mangel eines politischen und ökonomischen, den Opfern angemessenen Sinnes — bei größter, ja ausschließlicher, subjektiver Absichtlichkeit und Motivierung der Kriegsparteien in politischer und ökonomischer Richtung — läßt unter Voraussetzungen eines Sinnes überhaupt seinen Läuterungssinn nur um so reiner und heller erstrahlen.

Wollte Gott in diesem Ereignis der modernen europäischen Entwicklung ein für die tauben und immer tauberen Ohren angemessenes und hörbares Halt zurufen, wollte Er gleichsam ein Ultimatum senden an Europa, dessen Gehör oder Nicht-gehör entscheiden soll, ob es die Angelegenheiten der Mensch-heit noch weiter führen und leiten solle oder von dieser Führer-rolle abtreten, so mußte sogar die politische und ökonomische Sinnlosigkeit des Ereignisses ebenso ungeheuer groß sein, wie sie ist und sein wird. Jeder politische und ökonomische Sinn hätte unserem geistigen Auge den Läuterungssinn nur ver-borgen.

Welche mögliche und notwendige Richtung nach des Ver-fassers Meinung dieser Läuterungsprozeß zu nehmen habe, das ist in dem Aufsatz über „Soziologische Neuorientierung usw.", zu dem der Verfasser durch Herrn Professor Muth, dem Herausgeber der Zeitschrift „Hochland", seinerzeit aufgefordert wurde, ausgeführt — freilich mit der durch die Aufgabe ge-gegebenen Beschränkung, einen wie gearteten Beitrag die

VI

deutschen Katholiken an diesem Aufbau einer neuen und besseren Lebensordnung zu geben vermöchten.

Endlich sind den Aufsätzen vorwiegend moralisch-politischen Charakters noch zwei mehr kontemplativ-philosophische Arbeiten („Vom Sinn des Leides" und „Liebe und Erkenntnis") hinzugefügt, deren Sinnbeziehung auf die Gegenwart deshalb nicht geringer ist, da es vermieden wurde, sie ausdrücklich mit Worten zu verdeutlichen.

Berlin, im Juni 1916.

Max Scheler.

Der Krieg als Gesamterlebnis

Unzähliger Betrachtungsweisen ist dieser Krieg fähig. Aus ihnen wähle ich in folgenden Zeilen nur die Frage heraus, was er als unmittelbares Gesamterlebnis Deutschlands als Ganzes an Gehalt und Sinn in sich schließe. Nicht wie er als historisches Faktum entstand, nicht wohin er führen mag, nicht was seine Ziele sind oder sein sollen, wird hier erörtert. Nichts wird erklärt und keine Vorschrift oder Rat wird erteilt. Herausgenommen aus dem Strom der Zeiten und Begebenheiten, die wir die „Geschichte" nennen, herausgenommen aus den Gefügen der Zusammenhänge nach Ursache und Wirkung, Mittel und Zwecke soll der Krieg uns selbst, eben so wie er vor dem deutschen Gesamtleben dasteht, sein Antlitz offenbaren. In diesem Sinne ist jegliches Gesamterlebnis eines Volkes ein Ewiges und Unverlierbares. Es trägt seinen Sinn und Wert als solches allein in sich selbst. Es borgt diesen Sinn und Wert nicht von irgendwelchen Erfolgen; es hat ihn nicht vor dem Verbrechen und der Schuld der Personen, auch nicht vor den Schicksalen und Zufällen, die zum Kriege führten, zu verantworten oder zu beweisen. Dieser Gehalt des deutschen Gesamtlebens selbst gehört vielmehr zu jenem „ewigen Leben mitten in der Zeit", von dem Johannes so groß und tief in seinem Evangelium redet.

Vieles und Gewaltiges in Gutem und Böfem, in Bild und Sinn, Niegeahntes und Dinge von einer Neuheit, die kein Verstand aus gegebenen Fakten vor diesem Erlebnis hätte erschließen können, trat in den Horizont des deutschen Bewußtseins. Daß die Weltgeschichte noch enthalte „Geheimnisvolleres und Größeres als man denkt" (L. v. Rancke), und daß wir alle in eine ganz ungeahnte und unahnbare Sphäre hineinleben, die sich erst im Aufquellen dieses Erlebens selbst langsam erschließt; daß Geschichte sei nicht Abhaspeln von Regel und Gesetz gleich Mond= und Sonnenaufgang und =untergang, daß Geschichte vielmehr sei ein Geistermarsch in ein Land, das sich erst im Akte des Marschierens selbst vor unserem Blicke auftut: das ist selbst die neue Atmosphäre des Erlebens, die alle besonderen Teilakte und Inhalte des Kriegs umspült. Es ist die neue Geistesluft, in der wir atmen; ist Kriegsluft gegenüber Friedensluft, Geschichtsluft gegenüber der Luft der sozialen „Zustände".

Aber auch nicht davon, was alle oder einige einzelne Deutsche, was Gruppen, Klassen, Berufe, Stände des deutschen Volkes, was Front und Etappe oder die Zuhausegebliebenen als „den Krieg" erlebten, sei hier die Rede. Das ist unendlich an Fülle, an Verschiedenheit und hat kein ausdenkbares Maß. Vermessen wäre es, darüber zu reden. Aber all dies, was es auch sei: es ist umhegt, ist umschlossen und wird auch in den weitesten Ausmaßen seiner Möglichkeiten nach regiert und in bestimmte Richtungsbahnen geführt von dem Gesamterleben, dem Miteinanderleben durch dieses Eine, das „Deutschland" schlechthin heißt, das weder ist nur

2

Nation noch Staat noch Reich, das all dies ist, aber zugleich mehr als all dies. Es gibt ein Gesamterleben, ein Miteinanderleben! Denn wir haben es wie eine neue Form des Erlebens, die uns unbekannt geworden war, faktisch erlebt. Auch dies ist weit mehr als ein besonderer neuer Inhalt unseres Lebens; auch dies ist eine neue Geistesluft und Atmosphäre, in die nun alle Inhalte hineingetaucht sind. Weg also mit den Willkürkonstruktionen einer falschen Wissenschaft, die da sagt, es sei ein Gesamterleben nur eine sehr komplizierte Zusammensetzung von Erlebnissen einzelner Menschen, vermehrt um ein gegenseitiges Wissen oder Vermuten, auch der jeweils „Andere" werde Ähnliches erleben. Nein! Sonnenklar ist es uns geworden, daß dieses Miteinander des Erlebens, Schaffens, Leidens selbst eine eigentümliche letzte Form alles Erlebens ist, daß in dieser Form einer wahrhaft „gemeinschaftlichen" Denk=, Glaubens= und Willensweise positive und neue Gehalte auftreten, die in keiner möglichen Summe der Erlebnisse Einzelner je liegen können, da sie einer ganz anderen Seins= und Wertzone angehören, als die Welt, die dem einzelnen als Einzelnem zugänglich ist. Und sonnenklar ist es geworden, daß es wahrhaft dieselbe Sache ist, die wir alle in der Form des Miteinander jeden Tag erleben, derselbe Krieg, dieselben Hoffnungen, Gefahren, Leiden, Seligkeiten. „Miteinander" werden die Hoffnungen und Zukünfte gehoffet, miteinander werden dieselben Gefahren gefürchtet, miteinander wird dasselbe Leid gelitten; miteinander glauben wir felsenfest an unseren Sieg. Und sonnenklar ist es geworden, daß jeglicher, indem er das Gesamterlebnis Deutschlands miterlebt, in jedem Augenblick sieht und weiß, es sei das, was da in jenem Gesamterleben enthalten sei, gar gewaltig viel größer, bunter, reicher als das Zipfelchen und Fragment, das gerade ihm seine zufällige Stelle draußen oder drinnen im Land, ja überall wo Deutsches lebt, sei es Amerika, Japan, Indien, mitzuerleben gerade erlaubt; daß jeder weiß und sieht, es habe dieses Ganze einen Sinn und eine Bedeutung weit hinaus über die Summe aller Lebenszeiten der gegenwärtigen deutschen Menschen, ja hinaus über die Lebenszeiten aller noch ahnbaren Kinder und Enkel. Jeder weiß dies, sieht es — sage ich — unmittelbar, daß das Gesamterlebnis Deutschlands größer, reicher ist, und eben da es jeder sieht und weiß (ob er es preise oder verdamme), muß auch der Gehalt dieses Gesamterlebnisses Deutschlands größer sein als die Summe aller Erlebnisse der einzelnen — nicht also gleich oder kleiner, wie es jene falsche Friedenskonstruktion zur logisch notwendigen Folge hätte. Indem wir diese Form eines wahren Gemeinschaftsgeistes gleich einem vergessenen Sterne wiederentdeckt und in ihr „Deutschland" wie mit Augen gesehen haben, haben wir etwas gefunden, was von dem zufälligen Entdeckungsgegenstand, diesem Kriege von 1914—x, was von Ort und Zeit der Entdeckung, von Folge und Herkunft des Krieges, Sieg und Niederlage so unabhängig ist, wie der Stern vom Fernrohr, durch den er zuerst beobachtet wurde. Wir sehen jetzt nicht nur uns selbst als Nation und sehen die Gegenwart anders an: auch die Umwelt, die Erdkugel, die historische Vergangenheit und Zukunft der Menschheit hat in dieser neuerlebten Erlebnisform schon jetzt eine ganz andere Gliederung, ein anderes Relief erhalten.

4

Vor dem Kriege, da lag die Erdkugel vor uns mit vielen kleinen beweglichen, unendlich bunten Dingen erfüllt: Menschen, Waren, Häusern usw. Je ruhiger, behaglicher, breiter wir unsere Blicke in diese Einzelheiten versenkten oder sie darüber schweifen ließen, desto größer, weiter und ferner schien sich uns die Erde zu breiten. Desto mehr aber verdeckte diese weite, breite Erde die Welt, deren minimaler Teil sie ist. Und noch mehr verhüllte sie uns Gott und den Himmel. Jetzt ist diese Erdkugel für das geistige Auge gar merkwürdig klein, ja winzig, geworden. Und das, was ihre Runde bedeckt, das sind vor allem anderen ein paar große, mächtige Gesamtwesen, die der Krieg wie fremde Wunder aus dem Meere der Gesellschaft hervortauchen ließ, und deren Antlitze plötzlich ganz feste, charakteristische, unverwechselbare Züge angenommen haben. Diese mächtigen Wesen heißen England, Frankreich, Rußland, Japan usw. Ists nicht ähnlich als flögen wir mit einem Luftballon und sähen plötzlich vor lauter Straßen, Menschen, Wagen, Waren auch noch — die Stadt? Die eine Stadt, die doch auch in allen ihren Straßen, Menschen als geheimnisvolles Gesamtwesen irgendwie drinnen steckt und allen diesen Dingen ihre einzigartigen Züge aufprägt? Mikroskopisch ist die Blickform des Friedens, makroskopisch die des Krieges. Aber wird die Erde so winzig und fast arm — die Welt wird dabei größer und ihre Sternenfülle tut sich wieder vor dem Auge unseres Geistes auf. Und analog fallen die Wände vor Zukunft und Vergangenheit, die harten sonst nur für die Wissenschaft durchsichtigen Gegenwartswände des Friedens — um so härter und undurchsichtiger, je weniger wir sie gewahren. Aus der

5

Vergangenheit unseres Volkes, ja der Menschheit heraus rühren sich die Schatten der Toten, die Helden, die Meister, die Lehrer. Es ist als ob sie vom Blute unserer Gefallenen getrunken hätten; sie schweben an unsere Seele heran, und eindringlich klingen Rat und Mahnung an unser für sie so lange verschlossenes Ohr. Und gleichzeitig schweift in die Ferne unser Blick, in Deutschlands Zukunft auf neue Lebensmöglichkeiten, auf Kinder, Kindeskinder in nie endendem Zug. Welch furchtbarer Dämon ist der Krieg, daß er so Erde und Gegenwart zu fressen scheint, die eben noch so breit und reich wie eine wohlgedeckte Tafel vor uns lagen? Welch lichter Genius ist der Krieg, daß er so die Welt weitet und die Geschichte und Zukunft so groß, hell und reich macht — als wärs, wir kämen zuerst aus den Tiefen des Binnenlandes an das weit sich dahin dehnende Meer, das zu so vielem einladet und sich doch auf Nichts uns verpflichtet.

Und Gott? Im Frieden, da ist der Mensch geistig ganz „innerpolitisch" eingestellt; er lebt mehr in seinem Leibe als in dem, was ihm geistig mit seinen Brüdern gemeinsam ist, — gemeinsam sein kann. Und da die Leiber mit ihren Empfindungen und Trieben es sind, die uns Menschen voneinander am stärksten trennen und scheiden, so vermag der Mensch im Frieden objektiv gemeinsame Geistesmächte so schwer zu sehen. Er lebt als Bauer mehr in seinem Dorfe und seiner Gemeinde, als Bürger mehr in seiner Stadt, im höchsten Falle in seinem engeren „Vaterland" als in dem großen geistigen unsichtbaren Etwas, das wir Nation und Staat nennen. Er lebt als Politiker mehr in Fragen der innerstaatlichen Wohlfahrt, als in Fragen, die das Verhältnis

6

von Staat zu Staat betreffen. Und er lebt mehr im Banne des Irdischen als in der Welt. Diese Form und Richtung des Sehens, die „innerpolitische" gleichsam hat er aber auch gegenüber der Welt als Ganzem. Daß es auch so etwas wie eine „äußere Politik" für die Welt als Ganzes geben könne, daß es noch etwas geben könne, was diese Welt schuf, trägt, regiert, erhält und nicht vielmehr sie lieber vernichtet, das sieht der Mensch erst, wenn er die Welt hinter der Erde gewahrt, und wenn er nicht zukunftberechnend, sondern zukunftgestaltend, und sein Schicksal auf der Schulter, den Sinn der Worte „seinsgestaltende Tat", Sein, das auf Tat ruht und das auch im Frieden nur eine geronnene, festgewordene Tat war, an die wir uns gewöhnt hatten, am Beispiel des Krieges neu erfaßt. So kehrt der Krieg gleichsam diese Richtung des Sehens im Kleinen wie im Großen um: das Fischlein, das im Aquarium schwamm, als sei das Aquarium das Meer, bemerkt die Wände des Aquariums und sieht dessen Sondergesetz für sein Leben. Alles feste, gewohnte Sein aber erscheint nun wieder tatgetragen und nicht mehr so fest und selbstverständlich wie es vorher war. So zwangsmäßig das Individuum jetzt zu leben hat, als Krieger ohne Eigenwille, ein Rädchen scheinbar nur im Ganzen, als Bürger unter dem schweren Zwangsrecht des Krieges — der Mensch in jedem Individuum bemächtigt sich gerade im Kriege wieder seiner angestammten gottgeborenen Freiheit. Es ist als ob alle Gemeinschaftsformen, voran der Staat selbst, wieder in die geheimnisvolle Urquelle zurücktauchten, aus der sie in der Vergangenheit einst entsprangen. Es wird wieder klar, daß fast alle großen volklichen, nationalen und übernationalen „Reichs"einigungswerke der bisherigen Geschichte gleichsam festgeronnenes Kriegswerk darstellen, und daß sie aus dem chaotischen Flusse eben derselben Kräfte einst neu ins Dasein traten, die uns jetzt umwogen. Also war jetzt Festgewordenes, uns wie eine Naturordnung mit stummer Gewalt Umfangendes einst auf Entscheidungen gestellt, auf Tat oder Nichttat — mit einem Worte auf Freiheit.

Aber ist es nicht eine furchtbare Richtung, welche diese Rückverwandlung des festen stabil gewordenen Seins in Tat und Freiheit nimmt: Massentod, Elend, Armut, Niedergang aller Verhältnisse, Ausschaltung der Tüchtigsten draußen und Haß, Rache, Roheit, Wildheit in den Seelen? Wo bleibt die Liebe, wo die Humanität, wo das Gesetz des menschlichen Fortschrittes in allen dem Leben und der Wohlfahrt dienenden Dingen?

Auch hier ist die Frage, ob wir nicht am Beispiel dieses Krieges über Krieg und Liebe überhaupt neue Erfahrungen machten, ja ob wir nicht sogar neue Denk- und Erlebnisformen gewannen, die mit diesem Beispiel an sich nichts zu tun haben und nur an ihm gefunden wurden.

Etwas ganz Verschiedenes ist der Sinn einer Sache, eines Handlungsvorgangs und die subjektive Absicht der Menschen, die sie betreiben. Sehe ich auf den Sinn des Krieges hin, so erscheint er mir wie der rauhe Gehilfe jener letzten sammelnden, einheitsstiftenden Kräfte, die menschliche Gemeinschaft immer extensiver und intensiver gestalten. „Liebe" heißt die höchste Form dieser Kräfte. Heißt dies etwa, der Krieg erzeuge Liebe? Nichts weniger als das! Es gibt überhaupt nichts im Himmel und auf Erden, was Liebe „erzeugt"

8

— denn sie ist es, die alles erzeugt. Auch der Friede „erzeugt" sie nicht. Aber Krieg und Friede geben dieser in den Seelen immer bereiten, immer wartenden, immer neue Erfüllung suchenden Kraft des Menschenherzens verschiedene Bahnen, verschiedene Wesensgegenstände, verschiedene Umfänge, verschiedene Aggregatformen.

Verschiedene Bahnen: im Friedenszustand strömt — soweit er Liebe enthält — diese große Sammlungskraft breit und langsam über die Erde dahin, zerspalten in ein unendlich kompliziertes Geriesel kleiner Flüßchen und Nebenflüßchen. Es herrscht dabei die Richtung von Individuum zu Individuum vor, und man sieht vor Bäumen keine Wälder. Im Kriegszustand staut sich die Strömung gewaltig; die Flüsse und Nebenflüsse drängen sich zu Einheiten und Strömen zusammen, die sich scharf voneinander trennen, von denen aber jeder eine gewaltige Bewegung und einen gewaltigen Stromdruck besitzt — unvergleichlich mit der Intensität irgendeiner der Flüsse im Frieden. Die Richtung von Gemeinschaft zu Gemeinschaft herrscht vor, und das Individuum erscheint nur als „Glied" dieser Gemeinschaft. Man sieht vor lauter Wäldern keine Bäume mehr. Aber welches ist gleichsam die Neigung dieser Strömungen hier und dort? Was sind es für Güterarten, gemessen nach „hoch" und „niedrig", an denen die Liebe sich entzündet? Im Frieden ist der Neigungswinkel derjenige, der gleichsam durch das Terrain und die Schwerkraft allein bedingt ist: der Strom von Berg zu Tal. Die Liebe richtet sich mehr auf den Menschen als auf Gott und auf Gott meist nur durch den Menschen hindurch, nicht primär auf Gott und auf den

Menſchen erſt durch Gott hindurch); und ſie richtet ſich an
erſter Stelle auf Werte wie Wohlbehagen, Sinnenglück
und auf alles, was deren Beförderung dient (Rechtsſicher=
heit, Reichtum nach Größe und Austeilung, Technik, Luxus,
Zivilisation uſw.). Im Kriege dagegen ſteigt der Strom
innerhalb der kämpfenden Staaten und Nationen, durch eine
mächtige Stoßkraft gezwungen — bergauf. Die Liebe richtet
ſich und alles Vertrauen, Hoffen und Glauben in ihrer erſten
Bewegung auf Gott, der höchſten Sanktion aller Gemein=
ſchaften und auf den Menſchen erſt durch Gott hindurch.
Jedes Volk appelliert an die Gottheit in ſeiner beſonderen
Weiſe, an Seine Liebe, an Seine Gerechtigkeit. Und ſie
wendet ſich gleichzeitig ab von den Gütern des Wohlbehagens
und Sinnenglücks. Sie nimmt die Richtung an von dem
Sinnenglück der Individuen auf die Lebenswerte, an erſter
Stelle auf die Geſamtlebenswerte der Gemeinſchaften als
Ganzer, und durch dieſe hindurch auf die in ihren feinſten
Blüten eben nur national gegliederten geiſtigen Kulturwerte,
die nationale Sprache, Kunſt, Philoſophie, Staatsidee, den
nationalen Rechtsgeiſt. Es iſt wunderſam: gerade jetzt, da
alle Arbeit an der ruhigen Förderung dieſer Güter ſtockt,
da ſie auch bei den Daheimgebliebenen durchbrochen iſt durch
das ganz auf den Gang des Krieges eingeengte Bewußtſein,
wird am meiſten dieſer hehren Güter gedacht und werden ſie
am tiefſten geliebt. Während teils durch Schuld, teils
durch die Logik der Strategie und Taktik viele herrliche
Werke der Kultur zerſtört werden, verſetzt ſich die Seele
tiefer und konzentrierter in die nationalen Geiſteskräfte ihres
einſtigen Aufbaus als je im Frieden. In dieſem neuen An=

schlußbewußtsein des Geistes an die geschichtlichen Quellen dieser Kräfte erstehen in den Schützengräben und daheim Millionen neuer Gesichte, neuer Gedanken- und Gefühls- keime über Erneuerung dieser Güter und über ihre Fortbil- dung. Es erstehen mögliche Kulturen der Zukunft in Mil- lionen Vorentwürfen und Phantasien. Gewiß! Nur ein ganz minimaler Bruchteil von ihnen wird das Licht der Sonne erblicken. Die Hände nach diesen neuen Sternen aus- streckend, fallen die Leiber der Träger des neu sich gebärenden Kulturgeistes in Scharen dahin; der Arm, die Hand, die, was der Geist geheim geboren, verwirklichen und so auch für nachfolgende Generationen wollten kenntlich machen — sie sinken dahin. Aber es war doch geboren, es war doch erlebt! Als solch Erlebnis ist es bewahrt, ist es aufgehoben — dort, wo keine Kraft des Geistes je vergehen kann, und wo jegliche immer neu zeugen und wirken muß. Die Gedankenkeime derer aber, die zurückkommen, werden durch die rauhe Wirk- lichkeit scharf ausgelesen werden; von je zehntausenden wird ein einziger Keim—vielleicht erblühen. Aber eben dies ist das Wesen aller Kulturschöpfung: daß Wirklichkeit hier nur aus dem halbchaotischen Borne tausend sinnreicher Möglich- keiten, Projekte, Phantasien ewig hervorbricht; daß ohne diesen Born der Möglichkeiten und ohne den Tod schon vor der Geburt von 999 unter ihnen, auch die tausendste nie wäre verwirklicht worden.

Wie sich die Liebe über das allmenschliche Wohlbehagen zur nationalen Kultur erhebt, so erhebt sie sich von dem Gute der Rechtssicherheit zu dem höheren Gute der Gerechtig- keit, die mit zu verwirklichen alle bloßen Rechtsinstitute

samt ihrem Ideale, eine maximale Rechtssicherheit zu be=
wirken, alleinig berufen sind. Gleichwertigen komme nur
Gleichwertiges zu, und si duo faciunt idem non est idem
ruft aus den Sternen der Geist der Gerechtigkeit. Und diesem
seinem heilig gerechten Recht, das in den Sternen geschrie=
ben, ruft die Stimme des Volkes zu: „Wenn Du nicht bist,
an das ich glaube, will ich nicht sein; wenn Du nicht bist, soll
ich nicht sein." Dieses sein gerechtes Recht sucht der Staat
und das Volk mit seinem Schwerte. Da wir Menschen
kein sicheres Metermaß besitzen schon für den Wert des
Einzelmenschen, noch weniger aber ein Maß für Völkerwert,
da wir also nicht allgemeingültig entscheiden können, ob die
Staaten und Völker auch gleichwertig seien, und ob ihre
Forderungen „gerechte" seien, müssen alle unsere mensch=
lichen Rechtsinstitute vermöge einer Fiktion von der je be=
stehenden Verschiedenwertigkeit der rechtsuchenden Subjekte
absehen; sie müssen die Staaten und Völker so behandeln,
„als ob" nicht im Strome der Geschichte jede Minute seit
den letzten Verträgen die Gesamtwertigkeit der Staaten,
Völker, Nationen verschoben hätte und das „Recht" von
gestern längst ungerechtes Recht geworden wäre. Alte Völ=
ker pochen auf Rechtssicherheit, — junge rufen an die Ge=
rechtigkeit. Allen das Gleiche und si duo faciunt idem est
idem, so ruft das allzumenschliche Bedürfnis nach Rechts=
sicherheit. So ruft es im Gegensatze zum Geiste der Ge=
rechtigkeit, der darauf drängt, daß ein gerechtes Recht es
sei, das fürderhin auch einmal Rechtssicherheit den Menschen
gewähre. Ein gewaltiges Gut ist die Rechtssicherheit, die der
Krieg in Verwirrung stürzt. Aber ein höheres Gut ist die

Gerechtigkeit, die ewig junge Idee, um deren Zentrum alle positiv rechtlichen Institute ewig zu kreisen haben wie der Mond um die Erde, die Erde um die Sonne. Von der hehren Idee der Gerechtigkeit strömt das Licht und das Leben aus in die Sphäre der Rechtsinstitute — und macht Dinge, auf deren Eintreten oder Fortfall jedermann unter gewissen Bedingungen bloß rechnen kann, zu Dingen, auf die er auch gerechtermaßen rechnen kann und rechnen soll. Und um so höher die Güter sind, um die ein Volk wirbt, oder die es erhalten will, desto mächtiger schwillt der Posaunenruf nach der Gerechtigkeit und desto mehr übertönt er die Stimmen, die nach dem allmenschlichen Wohlfahrtswert der bloßen Rechtssicherheit rufen. Solange es um Güter geht, die über diesem Werte der allmenschlichen Wohlfahrt hinaus liegen, welcher alles nur internationale Wesen beherrscht, muß also auch die Rechtssicherheit zwar nach allen Kräften geschont, aber sie muß in jedem Falle der Wahl untergeordnet werden der Gerechtigkeit. Dienst an einer in diesem Sinne „gerechten" Sache, das ist Gedanke und Gefühl, ist tiefstes Erlebnis unserer deutschen Jugend, und nicht ist es der teuflische, verdammenswerte Grundsatz, den unsere Feinde uns unterlegen, es gehe „Macht vor Recht". Die ewige Gerechtigkeit riefen wir an mit unseren Waffen, die unser Gewissen und unser religiöses Bewußtsein gesegnet hatten. — Wir riefen sie an im demütigen Willen, uns dem Herrn der Gerechtigkeit auch dann zu beugen, so er gegen uns entscheiden sollte. Wir riefen sie gerechtermaßen an auch gegen Vorschläge, welche die Rechtssicherheit der Welt über die heilige Idee der Gerechtigkeit selber stellen wollten, und die bloße Majorität der Stimmen gegen die heilige Idee des Rechtes auszuspielen gedachten. Dann haben wir es freilich mit tiefstem Bangen vor dem künftigen Schicksal der europäischen Welt erlebt, wie wenig wahre Gerechtigkeit heute in der Welt ist, wie wenig blieb, als die ihren Sonderwert und ihre selbständige, auf sich allein gestellte Kraft verbergenden alten Geleise der bloßen Rechtssicherheit zerbrochen waren. Aber auch dieses Bangen, diesen Schmerz gegenüber einer Wahrheit, die uns der Friede verborgen hatte, fühlen wir als diensam unserem Heile, als starken Ruf der Umkehr auch für uns, die wir zu lange schon uns von fremdem Nützlichkeits- und Majoritätsgeist hatten anstecken lassen.

So also wendet der Kriegszustand die Liebe der Menschen auf Dinge anderer und höherer Wesensart als es der Friede vermag. Diese Richtungsumkehr der Liebe selbst aber ist wohl zu scheiden von den besonderen Dingen, an denen sie sich zuerst begibt; ja sie ist sogar zu scheiden von den besonderen nationalen Güterwelten, die sie zunächst fast ausschließlich betrifft. Diese „besonderen Dinge" sind zunächst für die Gruppen, weiterhin für die jeweils Einzelnen eines Volkes grundverschieden. Erst recht natürlich sind sie grundverschieden für die feindlichen Nationen. Denn auf deren Güterwelten fällt ja so leicht im Kriege und einzigartig in diesem Kriege der Haß der feindlichen Parteien. Aber die Richtungsumkehr selbst, die Bewegungsrichtung des „Hinan", sie schafft doch eine unvergeßliche Disposition in den Seelen und in der historischen Tradition, die ihrerseits nun nicht mehr an die besonderen Dinge gebunden ist, an der sie zuerst erwachte. Diese Disposition der Seelen überdauert den Kriegs-

14

zuſtand. Für das Volk, wie es ſich ſelbſt von innen ſieht, wird die erhöhte Wirklichkeit des Krieges zur Quelle deſſen, was im darauffolgenden Frieden als Norm und gleichzeitig heilige Erinnerung an das „Damals" empfunden wird. Es iſt ein Wachstum der echten, ſittlichen Könnens= und Sollens= energie des Volksganzen, ja eine Neuſtiftung höherer ſitt= licher und rechtlicher Ordnung, was ſich da ganz jenſeits des unmittelbaren Kriegswillens und ganz unabhängig von der Erreichung ſeines Zieles begibt — iſt es auch noch im Falle der Niederlage, welche unechte Aufblähung des Könnens und falſche Richtungsbahnen der Volksentwicklung entſchleiernd, geſunde lebenserneuernde Geſamtreue, Geſamtbuße und Rück= gang auf ſein verlorenes, tieferes Weſen zur Folge hat. Eine gerechte Niederlage, ſie iſt immer ein höheres Gut als ein ungerechter Sieg, — ein Zufallsſieg etwa — den der moderne, alle Kräfte anſpannende Volkskrieg übrigens ſo gut wie ausſchließt.

Aber die Bewegungsumkehr der Liebe bleibt nicht ein= fach ſtehen in den genauen Grenzen der Kriegsparteien am Anfang des Krieges. Sie ſchwingt nicht nur hinaus über die Zeitſtelle und die Gegenſtände, in deren Mitte ſie entſtand, ſie ſchwingt auch hinaus und ganz von ſelbſt hinaus über Raum, Territorium, Lebensgemeinſchaften des Staates, die ſie zunächſt auf alle Fälle ſtärker zuſammenkittet.

Sie zieht zunächſt die „Bundesgenoſſen" in die Kreiſe ihrer neugeſtaltenden Bewegung hinein, ſie erhält und feſtigt damit nicht nur ſchon vor dem Kriege fertige, ſondern ſie ſchafft neue und erweiterte Gemeinſchaft. Wir haben ſolches an den großen Beiſpielen des Urſprungs der nordamerikaniſchen

Union, der Entstehung des modernen italienischen Nationalstaates, des deutschen Reiches wahrgenommen. Jetzt aber
dürfen wir Analoges von der Entstehung eines mitteleuropäischen Staatenbundes erwarten. Die weiteren und innigeren
Gemeinschaftsbildungen, die in dieser Form in den Kriegen
erzeugt werden, überdauern aber die Kriegszeit. Sie lösen
sich gleichsam als selbständige Gebilde ab von dieser Kon-
stellation ihrer Geburt. Sie pflegen auch die Gefäße des
Hasses und des Rachedurstes ganz gewaltig zu überdauern,
die durch den Krieg zwischen den Völkern zum Teil neu ent-
stehen, zum größten Teil aber schon in der Friedensperiode
geworden, nur zum offenen Ausdruck und zur affektableiten-
den Aussprache gelangen. Aus diesem eigenartigen Zusammenhang von Krieg, gemeinsamer Feindschaft, Liebesaus-
lösung, Haßausbruch und Hinausschwingen der Liebe über
ihren ursprünglichen Spielraum von Raum und Zeit, begreift sich die merkwürdige Tatsache, daß der Krieg sich als
der stärkste Gemeinschaftsbildner der Geschichte über
große Massen erwiesen hat. Und in diesem Sinne nenne
ich den Krieg den rauhen und harten Gehilfen des lichteren,
heiligeren und schöneren Genius der Liebe.

Diese tiefgehenden Änderungen in unseren Erlebnisformen
der Welt stehen nun aber in einer unerhörten Spannung zu
jener Ehrfurcht vor dem ewigen Wert der individuellen
Einzelperson, die ein Grundelement ist alles westlichen
Christentums und innerhalb seiner Sphäre ein ganz besonderes
Wesensmerkmal des deutschen Ethos und Geistes. Kein Krieg
darf uns dazu zwingen, diese Ehrfurcht vor der Einzelpersönlichkeit, diese Liebe zur individuellen, einmaligen Seele zu

verringern, die der Osten nicht kennt. Im äußeren Siege über Rußland würden wir innerlich besiegt, wenn diese Preisgabe einer sittlichen Grundlage all unserer europäischen Kultur das Opfer unseres Sieges sein müßte. Denn nicht der bloße Gemeinschaftsgeist allein, und nicht das durch den Krieg neuerweckte Solidaritätsgefühl zwischen Klassen, Berufen, Ständen, Stämmen, Parteien allein, auch nicht die einzigartige preußisch-deutsche Rationalisierung und Vergesetzlichung dieses Geistes in unserer berühmten „Organisation" allein macht uns heute stark und groß: Sondern erst die Tiefe und die innigste Verknüpfung dieser Dinge mit der individuell persönlichen Regsamkeit, mit der stetig empfundenen Selbstverantwortlichkeit und Selbständigkeit der einzelnen Persönlichkeit. Anders trat darum auch der Tod in den tausend Gestalten, die er in diesem opferreichsten Kriege unserer Geschichte annahm, vor unsere Seele, als er vor die Seele der Ostvölker zu treten pflegt, die jene Geistigkeit der individuellen Seele noch nicht kennen. Anders flossen unsere Tränen und schärfer und genauer ist unser Bewußtsein, was wir in jedem Einzelfalle verloren haben, ein Unersetzliches immer, seis nur für das Herz der Lieben, seis auch dazu noch für unser Schaffen an übernationalen, ewigen oder an nationalen zeitlichen Werten. Nicht nur ein „furchtbares Unglück", das nach Moltkes Wort auch ein siegreicher Krieg für jedes Volk ist — doch messen wir an Glück und Unglück allein den Sinn unseres Volkslebens wieder mit Moltke nicht —, auch ein herzzerreißendes, tragisches Schicksal liegt für unser Erleben in dieser Spannung zwischen Gemeingeist und Individualliebe. Jugend ging ins Feld und kam nicht wieder, deren herrliche Versprechungen wir eben erst wahrzunehmen begannen; auf die wir all unsere besten, höchsten Hoffnungen gebaut hatten. Daß all diese Jünglinge und Männer ihr Leben dahingaben für die Wohlfahrt des Ganzen, tröstet uns nicht, soweit der Einzelne vor unserer Seele steht, das Individuum mit diesem Lächeln, mit dieser einzigartigen Begabung, mit dieser seiner selbständigen Kraft und einzigartigen Selbstverantwortung vor Gott. Auch Ruhm, Ehre, — Dinge, für deren Schätzung unser deutscher Sinn nicht so stark entfaltet ist, wie zum Beispiel der gallische, trösten uns nicht darüber, daß die irdische Auswirkung dieser frei aus den Händen Gottes hervorgegangenen Saaten unterblieb. Gab er sein Leben gerne, leicht und ohne Phrase dahin — unsere Liebe wächst noch an seinem einzigartigen Bilde und noch heftiger wird unsere Klage. Was uns zu trösten vermag, das ist allein eine Wahrheit, die uns der Krieg langsam wieder vor den Geist führt, nachdem er uns die Idee des Todes überhaupt wieder aus ihrer Verdunkelung durch einen grenzenlosen blinden Trieb in die Tage hinein, als den dunklen, das Gut des Lebens erst voll sichtbarmachenden Hintergrund alles Lebens und als die stärkste Konzentrationskraft für alle Lebensbetätigung neu aufgewiesen hat. Diese Wahrheit lautet, daß Staat und Volk als Geistes- und Lebenseinheiten, die das Einzelleben unbegrenzt überdauern, das Leben des Individuums zwar fordern dürfen, ja fordern sollen, daß sie es aber mit Sinn nur unter der Voraussetzung dürfen, daß die individuelle Persönlichkeit selbst und ihr Kern nicht mit diesem Leben, das sie dahingibt, identisch ist, sondern dieses Leben nur als Eigentum, Gunst, Aufgabe und

18

Pflicht zu eigen hatte. Wir wissen, daß Staaten und Völ=
ker unbegrenzt länger leben als Einzelpersonen und fühlen,
daß sie eben darum das Leben der Einzelperson, soweit sie
Glied dieses Ganzen ist, für ihr Gedeihen fordern dürfen,
fordern sollen. Aber wir wissen auch, daß Staaten und
Völker trotz dieser längeren und unbegrenzten Erdendauer
endlich und sterblich sind, die individuelle Einzelseele aber
trotz ihres so kurzen Lebens unsterblich und von unendlicher
Fortdauer sein muß, soll der von uns gefühlte Eigenwert
ihres Seins in einer solchen „Welt", in einer Welt, die diesen
Krieg gebären konnte, von den Zufällen pfeifender Kugeln
geborgen und gerettet sein. In alledem liegt kein „Beweis"
der individuellen Fortdauer, wohl aber eine neue Geistes=
disposition, den Glauben an sie zu stärken oder wiederzuge=
winnen, zum mindesten aber im folgenden Frieden die Frage
weit tiefer zu fassen, als sie die herkömmlichen Weisheiten des
vergangenen Friedens gefaßt hatten.

Hat uns das läuternde Kriegsleid also neue Geistesaugen
eingesetzt für die Welt und für das, was über der Welt ist,
so hat uns nicht der Krieg selbst, aber die Art seiner Führung
samt der gegen unser Volk aufgebrochenen Hasses= und Gift=
wogen einen moralischen Gesamtzustand Europas enthüllt,
der uns mit Entsetzen, aber zugleich auch mit dem Bewußt=
sein erfüllte, daß es vielleicht die letzte Stunde sei, in der eine
Gewissensänderung tiefgehender und die leitenden Kreise aller
europäischer Staaten umfassender Natur Europa noch be=
wahren könne, seine Führerrolle in der Welt dauernd zu ver=
lieren. Enthüllt, nicht geschaffen hat der Krieg einen vor
dem Kriege bereits von wenigen bemerkten, aber immer wieder

2*   19

pharifäifch maskierten moralifchen Rückfchritt Europas.
Und das fei dem Kriege dank.

Es wird im kommenden Frieden eine Zeit gewaltiger Reue
und Buße kommen müffen, und aus diefer Gemütslage her=
aus ein reicheres und ernfteres Streben nach moralifchem Auf=
bau, follen die neuen durch den Krieg entftandenen Bewußt=
feinsformen, die hier angedeutet wurden, zur Tat eines
Wiedergewinnens der europäifchen Würde führen. Daß das
jetzt einfame europäifche Mittelvolk, daß der zum „Feinde
Europas" erklärten deutfchen Nation im Gefolge diefes
Krieges einmal die Rolle zufalle, der Quellpunkt diefer euro=
päifchen Wiedergeburt zu fein, — mit diefem Glauben lebt und
ftirbt Deutfchland.

Über östliches und westliches Christentum

„Das russische Volk ruht ganz in der Rechtgläubigkeit.
Die ist alles, was es hat, doch mehr braucht es
auch nicht, denn seine Rechtgläubigkeit ist alles.
Wer die nicht versteht, der wird auch nichts von unserem
Volke verstehen; ja der wird das russische Volk nicht einmal
lieben können." So Dostojewsky. Wichtiger in der Tat als
alle Kenntnis neuester geistiger „Bewegungen" ist zur Beurteilung russischer Dinge ein klares Bild der russischen
Christlichkeit und ihrer kirchlichen Form. Sie und sie allein
neben der Sprache macht sogar die tiefste und zentralste Einheit dessen aus, was wir „Rußland" nennen*. Sie ist älter
als der Zarismus und nichts spricht dafür, daß sie mit dem
Verschwinden der Autokratie, daß sie mit einer einstigen siegreichen Revolution mitverschwinden würde. Auch der Zarismus ruht auf ihr und nicht umgekehrt. Eine „Westlerin"
russischer Geburt kommt nach langjähriger Abwesenheit in
ihre Heimat und unterhält sich mit einer Bauernfrau. Sie
erzählt ihr, daß es dort, woher sie komme, keinen Zaren gäbe.
„Ja, gibt es denn da auch keinen Gott?" — frägt die Frau.
„An Gott" — ist die Antwort — „glauben die Menschen

---

* Vgl. meine Ausführungen über die Einheit Rußlands in „Der Genius
des Krieges und der Deutsche Krieg", S. 297. Leipzig 1915.

freilich auch da; aber Gott — das ist doch keine irdische Macht." „Was" — so die Frau — „Gott ist keine irdische Macht? Aber wenn Gott keine irdische Macht wäre — wie würde sich da dann nicht jeglicher schämen, einem anderen zu befehlen und mehr zu sein als er." Dieses wahre Geschichtchen gibt nicht nur den tiefen Gefühlsdemokratismus des russischen Volkes wieder; es zeigt auch, wie Herrschaft in Rußland vom Beherrschten wie vom Herrscher selbst empfunden wird: als göttliche Verordnung, die allein die brennende Scham überwinden kann, „mehr zu sein". Nach unten, zur Demütigung stürzt die Seele. Und nur Gott kann sie halten, damit sie herrsche. Nicht nur der Zarismus hat in der religiös geformten Todessucht und Leidenssucht, in dem hier fast triebartig gewordenen „Hinhalten der linken Wange" — so die rechte den Schlag erhält — seine dispositionelle Grundlage: auch der nationale und panslawistische Gedanke ist nur eine zeitgeschichtliche Form für die Rechtgläubigkeit, und zwar eine naturalistische Form, im Grunde eine Anpassung an die Sprache westeuropäischer Ideen und Theorien. Das berühmte „allslawische Verwandtschaftsgefühl" ist als politische Realität Wind. Den Nationalgedanken aber haben russische Intellektuelle aus dem Westen nach Rußland nachweislich eingeschleppt und ihn einem Völkergebilde aufzustülpen gesucht, das für ihn keine innere Voraussetzung in sich trägt. Er ist nicht aus dem russischen Menschentum spontan entsprungen. „Gott und der Zar", nicht irgendein „Rußland, Rußland über alles" ist die Formel, in der der Russe seiner Einheit gedenkt. Man muß hier wirklich den ja auch für alles kernig Europäische so unsinnigen Jargon, nach dem

Religion nur eine „Ideologie" für was anderes, für ökonomische, nationale, rassenhafte Antriebe sei, Verbreitung der Orthodoxie, z. B. eine „Ideologie" für — einen Hafen am Schwarzen Meere usw. usw., abstreifen, um zu verstehen. Das Häuflein Politiker bilde sich doch nicht ein, daß die Dinge das sind, wozu es sie in seinen meist sehr verwüsteten Köpfen gebrauchen will. Man könnte mit weit mehr Recht sagen, daß für die russische Landmasse der „Hafen am Schwarzen Meere", Nationalgedanke und Panslawismus „Ideologien" sind — nämlich Ideologien für seine Art tiefer organischer Christlichkeit und deren Missionsdrang. Der deutsche Gebildete holt seine Ideen über russisches Christentum meist aus den Romanen Dostojewskys, in denen auch faktisch sehr viel von seinem geheimnisvollen Wesen ausgebreitet liegt. Aber er vergesse nicht, daß Dostojewskys Bild von der Rechtgläubigkeit — so manches es mit Vorsicht aufgenommen lehren kann — bereits einen Kompromiß zwischen altrussischer Religiosität und dem aus dem Westen importierten Nationalgedanken darstellt. Wenn Dostojewsky den „großen Gott der Russen" oder den „russischen Christus" als die bloße „synthetische Persönlichkeit des russischen Volkes" auffaßt, so setzt er zuerst naturalistisch ein „Volk"; d. h. er setzt etwas, das ohne diesen qualitativ eigenartig gefärbten „Christus" gar nicht als Einheit existiert, und er vergißt, daß es ohne diesen Christus nur eine Anzahl Völker in Rußland gibt — aber kein Volk. Dimitri Mereschkowsky sagt ganz richtig, bei Dostojewsky könne man die Formel „Das russische Volk ruht ganz in der Rechtgläubigkeit" auch umkehren in: „Die ganze Rechtgläubigkeit ruht im ruſſiſchen Volk". Und er ſetzt hinzu, daß dann nicht das Volk als Leib Gottes, ſondern „Gott der Leib, die Fleiſch= werdung der Volksſeele" ſei, das Volk alſo abſolut, Gott relativ. Das iſt in der Tat — wie Mereſchkowſky treffend bemerkt — nur eine Anwendung von Feuerbachs Theorie, nach der der Menſch Gott nach ſeinem Ebenbilde ſchaffe, um ſich in dieſem Idol ſelbſt anzubeten*. Man darf nicht Herrn Maurice Barrès fragen, was ein guter Katholik ſei; und wenn auch Doſtojewſky ein echterer Chriſt iſt als Mau= rice Barrès, ſo darf man doch auch ihn nicht zuerſt fragen, was ein ruſſiſcher Chriſt ſei. Doſtojewſkys Abweichungen von der orthodoxen Religioſität laſſen ſich alle auf eine Formel zurückführen: was beim echten Gläubigen unbewußter Volksanthropomorphismus iſt und was er ſofort ablehnen würde, wenn er es als ſolchen erkennen würde, das iſt bei Doſtojewſky zum bewußten Ruſſentum geworden und wird gleichwohl noch mit dem Wert des Chriſtlich = Religiöſen umkleidet. Und das iſt — religiös geſprochen — die Sünde Doſtojewſkys.

Nehmen wir alſo zunächſt unabhängig von ihm unſeren Weg. Adolf von Harnack gibt in dem Sitzungsbericht der Preußiſchen Akademie vom 6. Februar 1913 ein ausgezeich= netes zuſammenfaſſendes Bild der inneren Gegenſätze der beiden chriſtlichen Kirchen, ihres Geiſtes und Kultus. Dies Bild verträgt vielleicht noch eine Vereinheitlichung in der Richtung, daß die von Harnack aufgeführten Unterſchiede auf ein letztes Prinzip des religiöſen Geiſtes zurückgeführt

---

* Vgl. Mereſchkowſkys Einleitung zu den „Politiſchen Schriften" Doſto= jewſkys.

24

werden und daß die Differenz im inneren Frömmigkeitsgeiste beider Formen des christlichen Glaubens schärfer erwogen wird.

Mit Recht wählt Harnack als westeuropäisches Vergleichsglied nur die römische Kirche — und keine der protestantischen Religionsformen. Es wäre eine völlige Verkennung der Größenordnung der hier vorliegenden Verschiedenheiten, den Protestantismus heranzuziehen. Abgesehen von gewissen totgeborenen Versuchen einer Annäherung des Anglikanismus an die Orthodoxie, sind die Verbindungen zwischen ihr und dem Protestantismus nur wissenschaftlicher Art gewesen, d. h. „religiös wesentlich gleichgültige". Die protestantischen Glaubensformen blieben bei allem Protest gegen die römische Kirche und trotz aller dogmatischen und kultischen Abweichung von den Grundelementen der religiösen Lebenseinstellung dieser Kirche umspannt. Dieser Sachverhalt ist um so merkwürdiger, als der auf die bloße Dogmatik und die kirchlichen Einrichtungen gerichtete Blick zwischen römisch-katholischer und orthodoxer Kirche zunächst weit weniger Unterschiede gewahren wird, als zwischen beiden Kirchen und den protestantischen Formen. Die auf Photius zurückgehende Differenz innerhalb des Trinitätsdogmas, betreffend den vom Sohn vermittelten oder unvermittelten Ausgang des heiligen Geistes vom Vater, auf die Dostojewsky so großes Gewicht legt, zeigt zwar ein gewisses Übergewicht an, das die griechische Logosidee (gegenüber der westlichen Kirche) über die persönliche Gestalt des Erlösers, ja die personalen Gestalten der Religion überhaupt, besitzt; und es mag damit zusammenhängen, daß auch der „russische Christus" etwas Flüchtigeres besitzt, einen flüssigeren und darin wohl auch der slawischen Seele angemesseneren Aggregat-

zustand, als die festgeschlossene Erlöserpersönlichkeit des We=
stens. Aber allzu wichtig ist diese rein dogmatische Differenz
nicht. Sieht man aber auf Messe und Sakramente, auf
Klerus und Laien, Mönche und Weltliche und die übrigen dog=
matischen Grundsätze, so verbirgt sich erst hinter diesen hier
und dort sehr gleichförmigen Schalen jener grundverschiedene
Geist von Ost und West, der die protestantischen Formen als
eine bloße Spielart eines religiösen Ganzen bemessen lehrt,
das in denselben Grundeinstellungen des mittleren und
westlichen Europäertypus gründet, auf alle Fälle mit
ihm harmoniert. Mit vollem Recht urteilt Harnack:
„Denn es bleibt doch dabei, daß es, gemessen an dem Geist
der morgenländischen Kirche, einen abendländischen religiösen
und sittlichen Geist als eigentümliche und geschlossene Größe
gibt, in welchem Millionen von Katholiken mit Protestanten
zusammenstehen.‟

Ein erster tiefer Differenzpunkt ist gegeben in der Auffassung
des Erlösungsgedankens. In der westlichen Kirche wiegt
bei weitem vor die Erlösung von der Sünde; in der
östlichen die Erlösung vom Tode und der Vergänglichkeit
überhaupt. Man hat mit Recht die Rechtgläubigkeit
als eine „Religion des Todes‟ bezeichnet. „Schrecklich
und erschütternd‟ (Harnack) steht das Bild des Todes vor
der Seele der Griechen und Rechtgläubigen. In der schwer=
lastenden russischen Schicksalsidee steht Gutes und Böses so
tief verknotet, so unlösbar dem Gläubigen vor Augen, daß
ihm nur die Rettung und Erlösung aus diesem ganzen Ge=
wirre der Endlichkeit religiöser Gewinn dünkt. Ein einfaches
„Heraus‟ aus Leibes= und Erdenbanden — nicht aber Ein=

prägung des Göttlichen in den irdischen Lebensstoff; nicht die westeuropäische Abwechslung und Rhythmisierung des Nachobensehens und des Nachuntensehens der religiösen Seele*, sondern einfaches Nachobensehen ist der religiöse Grundimpuls. Ein seliges und „ewiges Leben mitten in der Zeit" auf Grund der erlebten Vergebung der Sünde tritt als Ideal vor den transzendenten Wundern zurück, die vom Tode erwartet werden. Dies aber hängt mit der Kausalvorstellung über Sünde und Endlichkeit eng zusammen. Für den westlichen Christen ist der „Tod der Sünde Sold". Für den Griechen ist — zum mindesten seit der hellenistischen Zeit, Keime dieser Idee liegen schon bei Platon vor — die Sünde der Sold des Todes, der Sold, der Endlichkeit und Leiblichkeit überhaupt zu entrichten ist. Darum muß die Erlösung von der Sünde für den Westen auch die Erlösung vom Tode nach sich ziehen; wogegen für den Orthodoxen es immer erst der Glaube an die Erlösung vom Tode und aus Erdenbanden ist, der ihm die Kraft erteilt, sich auch der Idee der Sündenvergebung gläubig zu bemächtigen. Analog ist auch die erlösende Kraft Christi anders empfunden. Die einzelnen Inhalte des Lebensganges Jesu, die dem westlichen Christen vertraulich vor der Seele stehen, — samt der freien Opfertat seines Kreuzestodes, in der er den Blick des Vaters dem Menschen gnädig sich neigen macht, werden hier verschlungen von der Idee der Menschwerdung, von der grenzenlosen Ergriffenheit darüber, daß

---

* Nachobensehen, um Kraft „in" und aus Gott zu gewinnen; nachuntensehen, um diese neue Kraft in Formung, Vergeistigung und Vergöttlichung der Welt wirksam werden zu lassen.

Gott aus Liebe sich überhaupt in die Banden des Irdischen herabließ. Das besagt nicht, daß die Vertiefung in das Leiden Christi nicht gleichstark, ja vielleicht stärker wäre wie im Okzident. Gerade die slawische Leidenssucht, die zum Griechischen hier noch besonders hinzutritt, treibt zu stärkster Vertiefung in Christi Leiden. Aber dieses Leiden Christi samt Christi Kreuzestod ist hier weit tiefer schon in der Menschwerdung selbst angelegt. Nicht wie eine Reihe freier Taten, sondern wie ein in diesem einen großen Akte der Menschwerdung selbst schon vorgewußtes und mitaufgenommenes Schicksal von transzendenter Tragik rollt das Leben des Erlösers als einfache Explikation dieses Aktes bis zum Punkte seines Todes ab. Nach diesen objektiven Unterschieden in dem Ziel der „Erlösung" und der erlösenden Kraft richtet sich aber auch die subjektive Aneignung der Erlösungsgnaden. Der abendländische Christ will an erster Stelle frei von der Sünde werden, sei es mehr durch bloße Gnade oder durch Gnade und eigene Mitwirkung, sei es mehr im Glauben an Christi stellvertretendes Strafleiden und sein sühnendes Blut, sei es durch ein Zusammenwirken dieses gnadengeborenen Glaubens mit bernhardinischer Nachfolge in Christi Liebeswirken. Erst von der Erlösung vom Banne der Sünde mag er erwarten, daß ihm auch seine Augen für die himmlische Welt aufgetan werden. Hingegen ist Versenkung in das Mysterium der Menschwerdung und ahndungsvoller kontemplierender Vorgenuß der himmlischen Güter, die aus irdischer Ordnung überhaupt herausweisen, die seelische Grundstellung bei dieser Aneignung im Osten. Einstellung beim Gottesdienst in der Kirche, innere Haltung zu dem Meß-

28

vorgang, entsprechen diesem tiefen Unterschied. Die seelisch aktive Differenzierung der Elemente und Teile des ganzen gottesdienstlichen Vorgangs tritt weit zurück hinter der Gesamterhebung des Gemütes in eine andere Daseinssphäre, in eine höhere Welt, in der die Seele von den irdischen Verwirrungen ausruht und stille wird. Bilder, Ritual, Weihrauch, Gesang, Priestergewänder, Reliquien ergeben, zentriert auf die Opferhandlung, eine einzige Gesamtwirkung, in der sich der Seele des Gläubigen der Himmel selbst zu öffnen scheint. Das eigentliche Gebet tritt vor der Haltung entrückter Anbetung überhaupt mehr zurück und ist zum mindesten von ihr als der tieferen Haltung umspannt. Im Gegensatze hierzu ist trotz wesentlich identischer Sakramente im Abendland die sündentilgende Opferhandlung das den Blickpunkt der religiösen Aufmerksamkeit primär fesselnde Moment, und aus den Sakramenten hebt sich das Bußsakrament so gewaltig heraus, daß es sich „alles unterordnet, ja auch Zweck und Ziel der Messe sich unterwirft" (Harnack). Gegenüber der Erhebung in eine himmlische Welt ist hier im Westen also alles zentriert auf die Darbietung von Heilsgütern, die Schuld tilgen und gerecht machen. Mit dieser Rückbeziehung alles Gottesdienstes auf das sittliche Heil der individuellen Seele ist schon gegeben, daß Sakramente und Ritual in dieser obersten Idee ihre Einheit und Ordnung finden; wogegen in der russischen Kirche die Erlöschung und Verschwebung des individuellen Geistes durch die Hineinführung der Gesamtheit der Gläubigen als solcher in den Himmel als Ziel des streng rituell geordneten Dienstes voransteht.

Ungemein scharf ist auch die innere Verschiedenheit, welche

die Bilderverehrung im westlichen und östlichen Christentum aufweist. In Österreich findet sich häufig zu Christusbildern folgendes dazu geschrieben: „Dies Bildnus is Gott selber nit; Er wird halt nur bedeut damit." Die Formel wehrt unfromme Identifizierung ab und gibt die prinzipielle Auffassung des westlichen Katholizismus von Bild und Nothelfer als die Beziehung eines Darstellungssymbols genau wieder. Dagegen kennt die griechische Kirche nicht nur neben dem reichen Bilderdienst auch eine besondere Bildertheologie; sie stellt auch ein ganz anderes Grundverhältnis auf zwischen Bild und Prototyp. Das heilige Bild ist seiner Form nach wahrhaft identisch mit dem Prototyp, und nur seinem Stoffe nach ist es irdisch. In ihm verschmilzt also das Himmlische scheidewandlos mit dem Irdischen, und das Bild ist nur wie ein Fenster in den Himmel, aus dessen Totum es gleichsam ein Stückchen herausschneidet.

Daß aus den beiden religiösen Welt- und Gottesanschauungen auch grundverschiedene Lebensideale hervorgehen, läßt sich erwarten. Da ist an erster Stelle das christliche Ideal des „vollkommenen" Lebens in der Form des Mönchtums und der Askese von tiefgreifender Inhaltsverschiedenheit. Innerhalb des westlichen Christentums finden wir eine reiche Typenwelt des mönchischen Ideals, wogegen dieses Ideal im Osten weit gleichförmigere Züge aufweist. Zwischen dem Lebensideal des heiligen Benediktus, in dem die Selbstheiligung dem tätigen Liebeswirken an die übrigen Glieder der Kirche weit vorhergeht, und das sich in wenig zentralisierten festen Niederlassungen von familienhafter Einheit auswirkt bis zum Werke des heiligen Ignatius, in dem der tätige Liebesgedanke sich

Kontemplation, Askese, Selbstheiligung unterwirft, das scharf zentralisiert und nach den beweglichen Zwecken des Missions= und sonstigen Kirchenbedarfs soldatisch geleitet das organische Zusammenwachsen von Mönch, Volk und Landschaft ver= schmäht, finden sich Spielformen, die diesen Gegensatz in mannigfachsten Mischungen darstellen. Und doch — wie sehr auch die Schöpfung des Benediktus dem Orientalischen näherstehen möge — welch charakteristische Einheit ist dieses westliche Mönchsideal gegenüber dem griechischen! Vor allem fehlt hier fast völlig das höchste Idealbild, das die östliche Religiosität notwendig aus sich hervortrieb: das des Einsiedlers, der auf einem Berge der Welt abstirbt und Gott kontempliert. Die Entwicklung des Mönchtums aber strebte im Westen vom benediktinischen Typus weg und bis heute dem des Ignatius zu. Das alte hellenistische Rein= heitsideal zusammen mit einer negativen Entleiblichungs= technik, die schon im Leben die Seele an die Pforten des Paradieses hinführen soll, tötet im griechisch=orthodoxen Mönchsideal ebenso sehr den christlichen Liebesgedanken, wie den besonders im Jesuitismus mit ihm innig eng vereinten kirchlichen Herrschaftsgedanken. Aus diesem Mönchstum aber rekrutiert sich nicht nur der Episkopat, es steht an Würde und Hoheit für das christliche Volksbewußtsein überhaupt in einer Distanz vom orthodoxen Weltklerus, die weit größer ist als in der römischen Kirche. Und umgekehrt tritt der Pope dem Volke nicht mit jener Autorität und Fremdheit gegen= über wie der katholische Priester; er versinkt viel stärker im Volksleben, und er fügt sich weit mehr seinen Sitten ein, als daß er sie einer Korrektur unterwürfe.

Von diesem höchsten Punkte, dem Vollkommenheitsideal, bleibt aber auch das rechtgläubige Ethos des Laien abhängig. Und hier am ersten wird es uns möglich sein, uns jenem Einheitspunkt in den mannigfachen Differenzen zu nähern, von dem alle sonstigen Verschiedenheiten herfließen. Es gibt keinen Grundbegriff der christlichen Sittenlehre, der hier und dort nicht eine verschiedene Färbung erkennen ließe.

Ganz unverhältnismäßig stehen die passiven Tugenden des Duldens, Ertragens, der Demut vor den aktiven Tugenden, stehen die Leidenskraft und die Geduld vor den heroischen Elementen des evangelischen Ethos einschließlich der aktiven Nächstenliebe voran; so sehr, daß auch Übel und Böses nicht als ein zu Bekämpfendes, sondern als ein zu Erleidendes und zu Erduldendes vor der Seele stehen. Die Tolstoische Lehre vom „Nichtwiderstand gegen das Übel und das Böse", geboren aus der Furcht, durch Kampf gegen das Böse doch nur den Gesetzen seiner Mittel und dadurch ihm selbst indirekt zu verfallen, entspricht durchaus der Volksreligiosität. In dieser Sphäre des Übels und des Bösen aber stehen für die innere Anschauung auch alle Mittel und Systeme, die der Mensch gegen Übel und Böses entwickelt hat, Staat und Recht, Vergeltung, Strafe, Moral. Die moralische Entrüstung des Westeuropäers über Verbrechen, Prostitution, Laster aller Art ist durch diese innere Stellungnahme ausgeschlossen. Sie macht dem herzerweichenden Mitleiden Platz und der Verbrecher: das ist hier an erster Stelle der „Unglückliche". Eine große moralische Weitherzigkeit, verbunden mit einem tiefen wie horizontlosen Hineinschauen in die Gewebe der inneren Schicksale, die in den Seelen Gutes

32

und Böses so tief und unscheidbar ineinanderflechten, ist eine der positiven Folgen dieser Haltung. Das Gefühl für die Tragik des Lebens, für die individuelle Unlokalisierbarkeit der Schuld und des Bösen ist daher hier so mächtig ausgebildet, daß eben in der Idee des Tragischen die ethische und die ästhetische Haltung zum Dasein überaus leicht zusammenfließen. Auch durch den Quietismus dieses sittlichen Ideals hindurch sind ethische und ästhetische Haltung viel tiefer geeint als im Westen, wie überhaupt diese Religiosität die ästhetischen Elemente des Hellenismus viel tiefer in sich aufgenommen hat wie das westliche Christentum (Bilderdienst). Ein Leontjew ist ebenso stark Ästhet wie Religiöser. (Vgl. hierzu Masaryks* Charakteristik.)

Sehen wir nun auf den Geist einzelner ethischer Kategorien, welche das russische orthodoxe Ethos mit dem christlichen der Westvölker zu teilen scheint. Die Religiösen beider Kirchen predigen die Demut. Aber diese Demut ist im Westen vor allem auf die Messung bezogen, welche die Person an sich selbst angesichts Gottes vornimmt; sie schließt Stolz, Selbstgefühl vor dem Nebenmenschen, vor dem Staat usw. nicht aus. Dagegen ist die Demut des orthodoxen Christus eine heftige Prostration vor allen Dingen, eine in den reinsten Erscheinungsformen fast wollüstige Glut gesuchter Selbsterniedrigung, die sich zumal beim Russen gern mit einer Art seelischem Masochismus verbindet. Gerade vor dem Sünder wirft sich dieser Mensch am liebsten auf die Knie, um seine Gemeinschaft in der Sünde zu bezeugen; um zu erweisen, daß er geheimer

---

* Masaryk „Studien zur russischen Geschichts- und Religionsphilosophie". Bd. II., E. Diederichs Verlag.

Mitgenoſſe ſeines großen Elends iſt. Die weſtliche Demut iſt immer wieder bezogen auf die Neugewinnung ſittlicher poſitiver Kräfte „in Gott". Die in ihr liegende Selbſterniedrigung wird ihr niemals heiliger Selbſtzweck. Hier aber iſt ſie Selbſtzweck, und nicht nur das Heilige und Gute oder ſo Geſehene, ſondern gerade das Böſe und Niedrige wird ihr tiefſter Anlaß der Betätigung. Und der Liebes und Opfergedanke, der Kern chriſtlicher Moral? Hier iſt der Unterſchied am ſtärkſten und ſichtbarſten. Gegenüber Gott überwiegt im Oſten die Furcht und im beſten Falle die Ehrfurchthaltung bei weitem jene der vertraulichen Vaterliebe. Dieſe im Grunde ja griechiſch, d. h. als in ſich ſelbſt genügende und ſelbſtgenugſame Seinsfülle primär gefaßte Gottheit hat eine Unnahbarkeit, hat eine metaphyſiſche Ferne und jede Annäherung an ſie bedarf ſo tauſendfältiger ſtarr geregelter ritueller Vermittlungen, daß ſie der Liebe nicht mehr faßbar wird. „Furcht iſt die Grundlage der wahren Religion" — ſo hat es Leontjew auf dem Berge Athos gelernt. Und wie iſt die Nächſtenliebe verſtanden? Vor allem ſo, daß ſie ſich dem Gedanken der Askeſe, der Entſelbſtung und Entleiblichung weſentlich unterordnet. Und das iſt vielleicht der zentralſte Unterſchied, der hier vorliegt. Im Weſten ſteht die Askeſe immer noch irgendwie im Dienſte der Gottes und Nächſtenliebe; ſie will die Seele freimachen, damit ſie dieſe großen poſitiven Akte vollziehe, die ihren Sinn und Wert allein in ſich ſelbſt tragen. Hier aber iſt umgekehrt die Liebe zum Nächſten nur eines der Mittel, von ſich ſelbſt loszukommen; ſie iſt weſentlich Selbſtflucht, oft Selbſthaß. Im Vollkommenheitsideal des mönchi schen Einsiedlers kann sie darum auch ganz wegfallen und durch schärfere Mittel der Entleiblichung ersetzt werden. Und aus derselben Dienstschaft, in die hier der Liebesgedanke tritt, verstehen wir auch, daß diese Liebe an erster Stelle sich als Auflösung der Individualität in einem schrankenlosen Gefühl der brüderlichen Leidens= und Sündengenossenschaft darstellt — daß sie primär als Mitleiden, und zwar mit Betonung des Leidens, nicht des Mitgefühls, konzipiert und erlebt ist. „Mitgenossen im Elend", so nennt schon der Grieche Marcion im zweiten Jahrhundert seine Konfessionsgenossen. Analog hierzu ist es — wie ich anderwärts zeigte —, die Kreuzesgemeinschaft mit Christus, die eine Liebesgemeinschaft im Osten erst begründet*. Diese Haltung wird durch das unpersönliche Gemeinschaftsgefühl der russischen Slawen und durch ihre starke Leidens= und Schmerzliebe noch gewaltig unterstützt — Erscheinungen, wie sie der russische Roman jedem vor Augen führt. Und das ist nun das Merkwürdigste, daß trotz dieser religiösen Entwertung der Persönlichkeit und des Aktiven in ihr, trotz dieses weichen Zusammenschmelzens der Seelen im grenzenlosen Mitleiden miteinander dennoch jede Seele einen ganz einsamen dunklen Weg sich gehen fühlt, daß, gruppenhaft gesehen, darum auch dem religiösen Partikularismus und Sektenwesen jede Tür offen steht. „Jeder steht im Dunkel für sich und sieht seinen Nächsten nur als traurigen Schatten vorüberziehen" (Harnack). Aber das ja ist nur die strenge Folge jenes Mittelcharakters der Liebe. Gleiches zeigt die Opferidee. Die Hingabe positiver Werte, des Glückes, des Lebens, des Reichtums und Besitzes gewinnt unter den östlichen religiösen

---

* Vgl. den Aufsatz vom „Sinn des Leides".

Grundvoraussetzungen einen Selbstwert, der das Hinsehen auf das erübrigt, was dafür an Geistesfreiheit oder an höheren Gütern gewonnen wird. „Was will der Soldat, der in den Krieg geht?" — frägt Dostojewsky. „Er will siegen und er setzt dafür sein Leben ein" — antwortet das westeuropäische Gewissen. Dostojewsky aber antwortet: „Er will sein Leben opfern."* So gewinnt denn auch Schmerz und Leid in dieser Christlichkeit einen ganz wesentlich anderen Sinn als im Christentum des Westens. Es ist weder bloß Strafleiden für die ererbte Sünde, noch bloß ein Agens der Läuterung. „Läutern" läßt sich nur ein vorausgesetzter positiver Wertgehalt, z. B. verschlacktes Gold. Das Leiden ist hier weit mehr. Es gewinnt für die orthodoxe Denkweise einen heilschaffenden Charakter; es führt irgendwie von selbst in den Himmel.

Die äußere Ausprägung dieses Geistes ist die orthodoxe Kirche. Dostojewsky machte sich die Sache etwas leicht. An der berühmten Stelle seines 1877 veröffentlichten Aufsatzes „Deutschland, das protestierende Reich" findet er den Hauptunterschied der westlichen von der östlichen Kirchenidee darin, daß die letztere „zuerst die geistige Vereinigung der Menschheit in Christo anstrebe und dann erst, kraft dieser geistigen Vereinigung aller in Christo, die zweifellos sich aus ihr er-

---

* Auch das schon im Kriege gegen Napoleon und auch gegenwärtig wieder betätigte Verbrennen und Vernichten der eigenen Dörfer und Werte erklärt sich nicht nur aus militärischen Zweckmäßigkeitsgründen, wenn auch diese eine schon vorhandene Opfersucht einer rationellen Zwecksetzung unterwerfen. L. v. Rancke hat treffend beschrieben, wie Napoleon gelegentlich des Brandes von Moskau zuerst ganz klar erkannte, daß ihm hier ein „Element" entgegen trat, das alle seine westlichen Begriffe und Maßstäbe durchkreuzte. (S. „Die Erhebung Preußens im Jahre 1813".)

36

gebende rechte staatliche wie soziale Vereinigung verwirk=
lichen" wolle. "Nach der römischen Auffassung ist das
Ideal dagegen das umgekehrte: zuerst sich eine dauerhafte
staatliche Vereinigung in der Form einer universalen Mo=
narchie sichern und dann nachher meinetwegen auch eine gei=
stige Vereinigung zustande zu bringen unter der Obrigkeit
des Papstes, des Herrn dieser Welt." In jenem geheimnis=
reichen und furchtbaren Gespräch des Großinquisitors (Brüder
Karamasow I, V) mit "Ihm" (Jesus) aber hat Dostojewsky
wohl das Allerletzte seiner Überzeugung über die westliche
Kirche niedergelegt. Der Herr erscheint nach fünfzehn Jahr=
hunderten wieder auf der Erde und begegnet in Sevilla dem
prachtvollen Zug des Hofes und des Klerus, in dessen Mitte
der Großinquisitor schreitet. Alle erkennen "Ihn". "Er
aber wandelt stumm unter ihnen mit einem stillen Lächeln
unermeßlichen Mitleids." In dem folgenden Gespräch zieht
der Großinquisitor den Herrn vors Gericht und zeigt ihm, daß
der römische Priester, er und seinesgleichen das soziale und poli=
tische Dynamit der evangelischen Freiheitsbotschaft durch die
drei großen Narkotika des Wunders, des Geheimnisses und der
Autorität langsam so interpretiert und umgebildet hätten, daß die
gefährdete Ruhe und das Glück der Menschenherde wieder=
hergestellt worden sei. Das ist der springende Punkt des Vor=
wurfs, den Dostojewsky der westlichen Kirche macht: daß sie die
auf das Glück Aller gerichtete bloße Menschenliebe*zu einer ge=

---

* Daß mancherlei Gefahr einer solchen Entwicklung im westeuropäischen
Christentum vorliegt, habe ich in meiner Abhandlung "Das Ressentiment im
Aufbau der Moralen" eingehend gezeigt. (S. Abhandlungen und Aufsätze,
Band I. Leipzig 1915.)

gebenen, ſchwachen, religiös noch nicht umgebildeten Menſchen=
herde, zu ihrem geheimen Zentraldogma gemacht habe und
darum ihr Oberhaupt, der Papſt, das Schwert der Cäſaren
angenommen und die Kirche als Staat, als Fortſetzung
Roms, konſtituiert habe. Jeſus wollte ſich ſelbſt und den
Geiſt geben; „denn der Menſch lebt nicht vom Brot allein";
aber der Menſch braucht Brot und Ruhe vor dem Geiſt
und vor der Liebe. So der Großinquiſitor! „Und ſollte ich"
— ſo fährt er fort, — „unſer Geheimnis vor dir verbergen?
So höre denn! Wir ſind nicht mit dir, ſondern mit ‚Ihm‘,
das iſt unſer Geheimnis." So erſcheint Doſtojewsky die weſt=
liche Menſchenliebe geradezu (ähnlich wie Leontjew) als das
teufliſche Prinzip; ja unter dieſer Kategorie wird ihm weſt=
licher Katholizismus und moderner Sozialismus und Demo=
kratie zu einer Einheit des Falſchen und Verwerflichen —
wie er denn auch einen baldigen Zuſammenſchluß der ſozialen
Demokratie mit dem Jeſuitismus erwartet. Deutſchland,
das er ganz als proteſtantiſche Macht anſieht, wird zwar
dieſen vereinigten Kräften römiſchen Chriſtentums und ſozialer
Demokratie widerſtehen. Aber es wird über den „Proteſt"
nicht hinaus zu einer neuen religiöſen Poſition kommen; es
hat „ſein Wort" noch nicht geſagt und wird es wohl nie
ſagen. So iſt der wahre Chriſtus nur in der Orthodoxie als
dem Chriſtentum des Geiſtes verborgen und nur durch ſeine
Ausbreitung kann die Welt für Chriſtus wiedergewonnen
werden. Denn das Ziel des Prozeſſes der morgenländiſchen
Kirchenentwicklung ſieht Doſtojewsky in der dem Abendland
entgegengeſetzten Verwandlungstendenz des Staates in die
Kirche. Schon Mereſchkowsky hat dieſer ſonderbaren Ge=

schichtsphilosophie seines Meisters schroff widersprochen: „Die historische Wirklichkeit ist dem historischen Schema Dostojewskys vollkommen entgegengesetzt: die Idee der universalen geistigen Vereinigung der Menschheit in Christo hat nur in der westlichen Hälfte des Christentums, im Katholizismus existiert — wenn auch ihre Realisierungsversuche schließlich erfolglos geblieben sind, während sich die östliche Orthodoxie von dieser Idee nicht einmal hat träumen lassen." Ich führte Dostojewskys Auffassung nur an, um zu zeigen, wie der griechisch-russische Christ von den vorher dargelegten religiösen Grundanschauungen aus die westliche religiöse Entwicklung auffassen und werten muß, so er konsequent ist. Den westlichen Gedanken, es solle das Gute und Heilige auch Herrschaft und Macht in der Welt selbst gewinnen, kann er nur als falschen, teuflischen Kompromiß mit der Erde auffassen; und das aktive Liebes- und Gemeinschaftsideal westlichen Christentums kann er nur als Zugeständnis an die menschliche Schwäche, an das Bedürfnis nach „Schlaf" und „Brot" des Menschen, als Paktieren mit der tierischen Natur verstehen. Legt man den Finger auf den Irrtum Dostojewskys, so ist klar: Dostojewsky sieht einen Verrat der Reinheit und Geistigkeit des Christentums da, wo faktisch ein ursprünglich anderer christlicher Geist in Herrschaft war, ein Geist, den er nie gesehen, nie in seiner eigenen evangelischen Verwurzelung begriffen hat. Verschiedener religiöser Geist muß aber auch verschiedene kirchliche Institutionen und eine grundverschiedene Stellung der Kirche zum Staate zur Folge haben.

Für diese Verschiedenheit des Geistes, wie wir sie im Vorhergehenden schilderten, gibt es aber einen höchsten Punkt möglicher Ableitung, der am klarſten wird, wenn man einen Vergleich zieht zwiſchen den eigentlichen Geiſtesvätern der griechiſchen Kirche: Clemens und Origines und dem einfluß= reichſten Kirchenvater des Weſtens, Auguſtin. Wie Harnack treffend zeigt, iſt „die morgenländiſche Kirche in kultureller, philoſophiſcher und religiöſer Hinſicht das verſteinerte dritte Jahrhundert.“ Sie iſt Hellenismus auf der Stufe des 3. Jahrhunderts, und alle evangeliſchen Grundideen ſind in die Gedanken und Lebensformen dieſes Hellenismus einge= zwängt. Die Annahme des großen Werkes des Plotin, Chriſtus, Konſtantin durch die ſlawiſch ruſſiſche Welt bedarf zwar einer beſonderen Erklärung in Weſen und Einſtellungen dieſer Raſſe, hat aber an dem religiöſen Geiſte im Laufe der Jahrhunderte nichts Weſentliches geändert. Und was iſt die Seele dieſes Hellenismus? Allem voran dies, daß Gott oder das höchſte Gut gemäß der alten platoniſchen Eroslehre nicht als der Urquell aller Liebe und Schöpferkraft, ſondern als bloßes Ziel der zu Gott emporſtrebenden Kreatur, als reines in asketiſcher Kontemplation zu faſſendes und dann äſthetiſch zu beſchauendes und zu genießendes reines Sein vor der Seele ſteht.* In der weiteren Idee eines Stufenreiches dieſer Be= wegung zu Gott, eines Reiches, das ebenſo die geſamte Welt als die Ordnung der Gemeinſchaft abſpiegelt, iſt die Wurzel für allen Byzantinismus und ſeine Form der Autoritätsidee gegeben.** Dieſer Gedanke iſt nun auch der Zentralgedanke

---

* Vgl. hierzu meine Ausführungen über die griechiſche und chriſtliche Liebes= idee in „Reſſentiment im Aufbau der Moralen“, (Abhandlungen und Aufſätze, I. Bd.). Leipzig, 1915.

** Vgl. in meinem Buche „Der Genius des Krieges und der Deutſche Krieg“, die Charakteriſtik der ruſſiſchen Autoritätsidee, S. 269 und das Folgende. Leipzig 1915.

des Clemens und Origines. Augustin aber gelingt es zuerst, in dem großen Maßstabe seines Gedankensystems die christliche evangelische Geistesbewegung auch begrifflich zu fassen.

Die Idee des absoluten Seins ist bei Augustin selbst — und nicht nur die Vorstellungen über den Weg zu ihm und die Vereinigung mit ihm — vollständig umgebildet. Dieses Sein selbst ist Augustin bis in seinen Kern schöpferische Liebe und gleichzeitig allbarmherziger Drang der Selbstmitteilung, der Selbsterschließung.* Ist aber solches das Wesen des absoluten Seins — sind es also nicht bloß nachträgliche durch Spekulation gefundene Bestimmungen seiner —, so kann es dem Menschen gar nicht anders zur Gegebenheit kommen als so, daß er seiner Seele Quell unmittelbar in diesen Urquell alles bloß statischen Seins hineingestellt und von ihm gespeist erlebt; daß er also die Liebesbewegung, die ja eben Gott ist, nachvollzieht, mitvollzieht. Ist weiter ein Ziel dieser göttlichen Liebesbewegung Erbarmen mit dem Menschen, Liebe zum Menschen, so kann es Gottesliebe, die nicht zugleich Nächstenliebe wäre, auch gar nicht mehr geben. Nicht zwei getrennte Akte sind es nach Augustin, in denen wir in der Gottesliebe Gott und in der Menschenliebe den Nächsten umfassen — etwa nur, um ein „Gebot Gottes" zu erfüllen. Und noch weniger ist wie bei jenen großen Alexandrinern die Nächstenliebe nur ein Glied im Gefüge der negativen asketischen Leistungen, durch die wir uns entleiblichen, entsinnlichen und hierdurch erkennend

---

* Eine besonders kraftvolle Darstellung dieses tiefen Differenzpunktes gibt neuerdings Ernst Troeltsch in seinem Buche „Augustin, die christliche Antike und das Mittelalter", 1915, S. 86 und die folgenden.

mit Gott in Berührung treten sollen. In der Kontinuität
eines und desselben Aktus vielmehr, in welchem sich die
Seele in der Gottesliebe zu Gott erhebt, neigt sie sich auch
zum Menschen — und das wäre nicht der allbarmherzige
Gott, sondern nur ein starrer hellenischer Seinsgötze, den sie
erfaßt, bliebe das Ausschlagen der Gottesliebe in Nächsten=
liebe aus. Damit aber ist jene vorher gekennzeichnete eigentüm=
liche Doppelbewegung westlicher Religiosität des gleich=
zeitigen Hinauf= und Herabsehens, der Erhebung zu Gott und
der Erwirkung des Göttlichen im Umkreise der Welt, in der
Gottesidee und im Grundverhältnis des Menschen zu
Gott selbst verwurzelt. In dieser Augustinischen Auf=
fassung des Doppelgebotes der Gottes= und Nächstenliebe
(Matth. 22) als eines dynamischen Aktes ist die Seele der
westlichen Christlichkeit in klassischer Weise formuliert wor=
den — ja die Seele der echten evangelischen Christlichkeit über=
haupt.* Und das ist das Wesentliche, daß die großen Theologen
der griechischen Kirche Clemens und Origines und ihre Nach=
folger im Gegensatze zu Augustin trotz alles Einzelkampfes
gegen Neuplatonismus und Gnosis von der geistigen Be=
wegungsrichtung des Platonismus abhängig bleiben; von
jener Richtung, die nur eine eindeutige Bewegung der Seele
nach „oben", nach Gottverähnlichung durch Sprengung der
Leibesbanden ist. Dieser „Platonismus" setzt immer irgendwie
das Gute dem Geiste, das Böse dem Sinnlichen gleich.

---

* So auch a. a. O. Troeltsch, S. 88 mit den Worten: „Ja man kann
sagen, daß, soll das Ethos Jesu überhaupt spekulativ ausgedrückt und kon=
struiert werden, dies die einzig zutreffende Deutung ist, die den innersten Sinn
trifft".

42

Er kennt keine Scheidung von Gut und Böse innerhalb des geistigen Willens selbst und andrerseits keine Durchwirkung und Eingestaltung des Guten in die sinnliche irdische Sphäre. Und analog muß er — vergleiche den Aufsatz über „Liebe und Erkenntnis" — der Erkenntnis den Vorrang vor der Liebe geben und in einer kontemplativ ästhetischen Haltung zum Göttlichen endigen.

Von diesem höchsten Punkte des Gegensatzes lassen sich alle vorher entwickelten Unterschiedsmomente ableiten, und es mag am Schlusse noch kurz gezeigt werden, wie aus ihm auch die Differenz der kirchlichen Institution hier und dort hervorgeht.

Es möchte zunächst als das Wunder der Wunder erscheinen, wie es denn möglich sei, daß eine ihrem Ursprung und Sinn nach so weltflüchtige, so passiv-kontemplative, so ästhetische, aus hellenistischer Dekadenz geborene feine und subtile, herbstliche Religiosität sich mit einem der größten Gewaltstaaten der Geschichte, mit der russischen Autokratie, so innig verschmelzen konnte. Und wenn irgendwo, liegt hier das „Geheimnis" Rußlands — ein Geheimnis, das ganz zu lüften vielleicht niemals einem westlichen Menschen gelingen dürfte. Einen Schleier dieses Geheimnisses, der, gehoben, vielleicht noch am ersten in die tiefe leidende Ironie des Antlitzes des russischen Menschen schauen läßt, bildet das für uns meist ganz verdeckte Verhältnis, das auf dieser religiösen Grundlage das Bild irgendwelcher irdischen Macht und Herrschaft zum religiösen Sinn des Daseins in der Seele des russischen Menschen gewinnen muß. Was ich meine, läßt sich nur sehr schwer für unsere Ohren ausdrücken, und nur zuweilen tastet das Erleben an den Schleier dieses Ge-

heimniſſes heran. Suche ich Worte, ſo möchte ich ſagen: wenn der ruſſiſche Chriſt ſich dreimal, wenn er ſich hundert= mal als „getreuer Hund" irgendeines ſeiner vielen „Herren" verbeugt, wenn alle die vielen, vielen Seelenſchichten ſeiner weiträumigen Seele—mit Ausnahme der letzten in den Ge= fühlen der Furcht, der Ehrfurcht, der Selbſtdemütigung ver= gehen, ſo bleibt doch in der allerletzten Schicht etwas zurück, das ich nur als die Überlegenheit der heiligen Ironie bezeichnen kann: „Armer, lieber Menſch — wie ſchwer hat es dir Gott gemacht, daß du mich beherrſchen mußt, daß du alſo mehr Teil haben mußt am grundſätzlich Böſen dieſer Welt als ich!" Denn die Macht iſt an ſich böſe — dies iſt im Gegenſatz zum weſtlichen Chriſtentum ruſſiſcher Glaube.*
Und das, das iſt die innere Haltung, die — ſo tief ſie alle letzte Achtung der Autorität ausſchließen muß, alle Anerken= nung ihrer letzten Rechtmäßigkeit — doch jede Autorität, ja jede Art von Gewaltherrſchaft verewigt, verewigen muß, da ſie all das, was Aufſtand, Revolution geben könnte, näm= lich Macht oder gleiche Macht gegenüber dem Herrn, von vornherein in der Tiefe als das „Böſe" ablehnt, und ein Höheres in religiöſer Form in der heiligen Ironie ſchon zu beſitzen glaubt. Den Gewaltaktivismus des Staates — eben dieſen muß dieſe Chriſtlichkeit in ihrer letzten Tiefe erſehnen, ihn muß die Überlegenheit der heiligen Ironie irgendwie be=

---

* Jakob Burckhardt, der dieſen Satz in den „Weltgeſchichtlichen Betrach= tungen" als ſein eigenes Bekenntnis ausſpricht, widerſpricht mit ihm allem europäiſchen Ethos und Bewußtſein. Auch bei ihm iſt übrigens der Satz Folge einer weſentlich äſthetiſch-kontemplativen Geſchichtsbetrachtung. Wäre die Macht an ſich böſe, ſo wäre auch die Macht des Guten eine contradictio in adjecto. Und wie könnte man Gott ſelbſt dann Allmacht zuſchreiben?

44

jahen, um sich selbst zu erhalten. Und nur ob dieser Haltung
kann es geschehen, daß dieser russische Mensch in aller ge-
walttätigen Beherrschtheit so furchtbar frei, so innerlich un-
gebunden und unverpflichtet von allem Gesetz und Recht in
seiner Seele bleibt, wie wir es nicht ahnen können. Wer
gegen die Welt überhaupt revoltiert — wie sollte er revol-
tieren gegen einen Staat, gegen eine Herrschaft? Aber wie
ist die gleichzeitige Grundhaltung des Herrn auf der gleichen
religiösen Grundlage beschaffen, wenn er die Verbeugung
sieht? In seinem tiefsten Zentrum wird der russische Christ
immer mit schlechtem Gewissen herrschen und irgendwo sich
immer „schämen", daß er herrschen soll. Dieses „schlechte
Gewissen" des Herrschers ist das Gegenspiel zur Überlegenheit der heiligen Ironie des Dieners. Wie die letztere Haltung aber jede wahre Achtung vor der Autorität ausschließt,
so die erstere jede strenge Gewissenhaftigkeit und jeden
Gesetzessinn in der Ausübung der Herrschaft. Ein Herrscher mit „schlechtem Gewissen" muß zur Willkür und Gewalt neigen, da ihm ja das Ganze der Sphäre seiner Herrschaft nicht im Göttlichen, sondern in der Sünde verankert
ist. Mit gutem Gewissen haben in Rußland vielleicht nur
Menschen germanischer Abstammung zu herrschen gewußt.
Gerade durch dieses hier typisierte seelische Grundverhältnis,
das auch das von Kirche und Staat bedingt, fordern sich
diese Christlichkeit und die Autokratie gegenseitig, ja stärken
sich auf geheimnisvolle Weise.

In dem Medium dieser seelischen Verfassung wird nun
aber die grundverschiedene Kirchenidee hier und dort leicht be-
greiflich. Aus Harnacks Gegenüberstellung der Hauptpunkte

hebe ich kurz hervor: die östliche Kirche ist reine, streng rituelle
Jenseitigkeitsanstalt, die den Gläubigen mit dem Vorgenuß
der himmlischen Welt erfüllt. Die westliche Kirche ist —
gemäß der Doppelbewegung des religiösen Impulses nach
oben und nach unten — zugleich Jenseitigkeitsanstalt und
Reich Gottes auf Erden. Darum muß sie nicht nur
passive, sondern auch aktive Tugenden im Gläubigen zu ent=
falten suchen. Der Mönch steht im Osten im Ansehen hoch
über dem Weltpriester, welcher verheiratet ist und sich dem
Volkstum und der Sitte eng anschmiegt. Der Mönch ist
im Westen fast stets Priester und ist, wenn nicht dem Welt=
priestertum faktisch untergeordnet, so doch mit ihm eng geeint.
Der Weltpriester ist unverheiratet und dadurch dem Volks=
tum überlegen. Der östliche Weltpriester ist an erster Stelle
priesterlicher Liturg, der durch strengste Befolgung des
starren Rituals die Heilsgüter dem Gläubigen zuzuwenden
hat. Die richterliche Seelenleitung tritt bei ihm zurück, wo=
gegen sie im Westen die erste Stelle unter den Funktionen
des Priesters hat. Die östliche Kirche soll, da sie ausschließ=
lich mit der jenseitigen Bestimmung ihrer Glieder, nicht aber
mit der organischen Durchdringung der Welt mit dem Geist
des Evangeliums zu tun hat, keine staatsförmig aufgebaute
Institution sein. Die westliche Kirche soll dies sein, da sie
neben ihrer Jenseitigkeitsfunktion Christi Herrschaft auf
Erden zu verbreiten hat. Die östliche Kirche hat als höchste
Behörde nur eine heilige Versammlung, die mit unfehlbarer
Sicherheit ausschließlich nach der Tradition Glaubens= und
Sittenfragen entscheidet. Dagegen muß die westliche Kirche
eine personale, stetige, höchste Regierungsgewalt haben, welche

46

zwar nach Würdigung der Tradition, aber gleichwohl ex sese
unfehlbar entscheidet; dadurch aber der historischen Entwick=
lung und ihren Lagen weit anpassungsfähiger ist. Die ortho=
doxe Kirchenidee schließt eine Vielheit von orthodoxen Kirchen
nicht aus. Da alle auf die Welt gerichtete Aktivität dem reli=
giösen Geiste nach von ihr in den Staat verlegt ist, soll sich die
Kirche dem Staate so organisch über= und unterordnen, daß
sie ihn zwar rein geistlich und insonderheit des Staates Ober=
haupt leitet, aber — so weit sie dieser Leitung gewiß ist — sich
ihm in allem übrigen unterordnet. Die westliche Kirche als
Gottesreich auf Erden, als Gottesreich „auf" dieser, aber
nicht „von" dieser Welt muß hingegen eine Einzige sein, und
da die religiös=sittliche Aktion auf die Welt auch schon in die
rein religiöse Lebensaufgabe aufgenommen ist, kann sie sich
keinem Staate eingliedern, sondern muß ihre volle Selb=
ständigkeit gegenüber den Staaten wahren. Ja, sie kann nur
solche Staaten anerkennen, die sich dem primär von der Kirche
verwalteten christlichen Sittengesetz unterordnen. Der römi=
sche Priester ist nicht dem Volkstum organisch eingeordnet,
sondern kontrolliert nach Maßgabe der kirchlichen Ober=
leitung seine Sitte. Für die östliche Kirche ist alle religiöse
Wahrheit, da sich solche auf praktische Formung und Leitung
wechselnder irdischer Angelegenheiten nie unmittelbar beziehen
kann, sondern nur auf Lehre, Kultus, Liturgie im „christlichen
Altertum" beschlossen. Alles neue ist falsch, weil es neu ist.
Ihr Ritual ist von starrstem Konservatismus. Auch die
westliche Kirche kennt keine Entwicklung des Gehalts ihrer
Glaubens= und Sittenlehre, wohl aber eine Entwicklung des
geistigen Eindringens in diesen Gehalt und eine „Geschichte"

seiner Formulierung. Darum können durch ihr Oberhaupt stets bestimmte Sätze als Glaubens= und Sittenlehre neu definiert werden. In Kultus, Disziplin und Sitte hingegen ist ein viel größerer Kreis des Veränderlichen anerkannt als im Osten.

Unter diesen Hauptpunkten der Differenz ist kein einziger, der sich nicht aus dem oben genannten Gegensatz des helleni= stischen und des evangelisch=augustinischen Prinzips voll ver= stehen ließe — wenn hier auch nicht alle vermittelnden Glieder aufgedeckt wurden.

Das Nationale im Denken Frankreichs

I

Es sind sehr verschiedene Maße und Grade, in denen das Streben nach Erkenntnis an nationalem Wesen teilnimmt und vom sogenannten „Geiste der Nation" abhängig wird. In der Natur der Gegenstände selbst liegen zum Teil schon die Gründe dafür, in welchem Maße diese Abhängigkeit stattfindet. Sie wächst von der Mathematik an, wo sie die vergleichsweise geringste ist, über die Naturwissenschaften des Toten in der Richtung zu Biologie, Geisteswissenschaften, um in der Philosophie ein höchstes Maß aufzuweisen. Sie wächst ferner mit der Kompliziertheit der Objekte, sie wächst mit dem Anspruch auf letzte endgültige Erkenntnis der Sache selbst (um welches Objekt es sich inhaltlich handle), sie wächst endlich in dem Maße, als Wertunterschiede für das Wesen des Gegenstandes selbst bedeutsam werden; wie dies schon in der Biologie beginnt, um in der Geschichte sich noch erheblich zu steigern. Auf allen Gebieten aber, einschließlich dem der Mathematik, sind einmal die geistigen Einstellungen auf gewisse Bereiche der idealen und wirklichen Gegenstandswelt, sodann die Formen des Findens und die Arten des Erkenntnisfortschritts, die sogenannten „Methoden" viel stärker national bestimmt als die Erkennt-

nis der Refultate. So äußerte fich der aufgefchloffene Sinn
der Griechen für die plaftifche Raumform auch in einer Vor-
liebe zur Geometrifierung mathematifcher Probleme, in Platons Entdeckung der Stereometrie in fcharfem Gegenfaß zum
Beifpiel zur weit abftrakteren indifchen Mathematik. Der
deutfche Geift ift nach dem auf Mathematik und Naturwiffenfchaft einfeitig eingeftellten Urteil Kants überhaupt
ftärker darin, „nach einer gegebenen Methode fortzufchreiten,
als Neues zu finden". Seiner nationalen Einftellung nach
fühlt er fich in der Welt von Gemeinfchaft und Gefchichte
heimifcher als in jener der Natur, in der Naturfphäre des
Lebens aber heimifcher als in jener der toten Welt. Darum
find auch die Methoden der Geifteswiffenfchaft und der
„hiftorifche Sinn" fein eigentümlichftes Erzeugnis. Hier war
er erfinderifch. Die Prinzipien der neuen Naturwiffenfchaft
hat er im großen ganzen von der Arbeit Italiens und Frankreichs im fechzehnten, fiebzehnten und achtzehnten Jahrhundert
übernommen — freilich, um nachher ihre Fruchtbarkeit höher
zu fteigern, als es jenen fo erfinderifchen Völkern gelang. Der
toten Natur gegenüber bewährten die romanifchen Völker
ftets ein höheres Maß von Objektivität als das deutfche
Volk; der Deutfche hat es hier fchwerer, fich aus den Banden des Anthropomorphismus herauszuwinden. Aber da, wo
es am meiften koftet, objektiv zu fein, in Verftändnis und Beurteilung menfchlich = gefchichtlicher Dinge, überragte der
deutfche Geift alle anderen Nationen. Weniger feine Ver-
ftandestüchtigkeit als fein fittlicher Genius konnte fo auch zur
Wurzel deffen werden, was er der menfchlichen Erkenntnis-
kultur an Eigentümlichem hinzugebracht. Diefes eigenartige

Verhältnis, daß sittliche Eigenschaften unmittelbar für die Erkenntnis der Welt erfinderisch werden, ist spezifisch deutsch. Nicht für die regelmäßige Fortarbeit auf den verschiedenen Erkenntnisgebieten — hier gilt das Prinzip der Internationalität — wohl aber für die Erfindung neuer Methoden und für den erstmaligen Aufbruch neuer Weltgebiete scheint auch für die Erkenntnis so etwas wie eine nationale Arbeitsteilung zu bestehen: so daß ein adäquates Gesamtbild der Welt nicht von einem Volke allein, sondern nur von der Gesamtheit der Völker — der ganzen Menschheit — geliefert werden kann. So meint es auch Goethe, wenn er einmal äußert, daß die Wahrheit nicht von einem Volke, sondern nur vom Ganzen der in Völker gegliederten Menschheit gefunden werden könne. Dieser Gedanke fällt nicht etwa zusammen mit dem, was man gemeinhin die „Internationalität" der Wissenschaft nennt. Er bedeutet sogar das Gegenteil dieses Gedankens. Er leugnet die volle Vertretbarkeit eines Volkes für das andere in Sachen der Erkenntnis und besagt, daß gerade die höchste Wirksamkeit des eigentümlichen Genius jedes Volkes, für die beste Lösung der Erkenntnisaufgabe der Menschheit, die höchsten Früchte verspreche. Erst die sich ergänzende Gesamtheit der nationalen Weltbilder gibt nach dieser Idee — einer ganz andern als jener des Internationalismus — ein angemessenes Bild der Dinge.

Aber welches Maß von nationaler Abhängigkeit den verschiedenen Teilen der Erkenntnisarbeit auch zukomme — eine Art von Abhängigkeit muß überall wie Gift und Feuer vermieden werden, wenn das hohe Ziel erreicht werden soll, das Goethe aufstellt: diejenige Abhängigkeit, die in der bewußten

Motivierung des Forschers durch den nationalen Gedanken
läge. Ein Forscher, der einen Gedanken ausspricht, einen Satz
schreibt, weil er ihn dem Geiste seiner Nation entsprechend
oder dieser Nation diensam hält, vergeht sich an dem höchsten
Grundsatz aller Wissenschaft: der Wahrheit und ihr allein
dienen zu wollen. Nur diejenige Abhängigkeit vom natio=
nalen Geiste, die (für den nachkommenden Betrachter) auch
dann noch bleibt, wenn der Forscher in reinem Sinne nur
den Tatsachen und Schlüssen Gehör gab und frei und offen
berücksichtigte, was Forscher anderer Völker in dem sie be=
schäftigenden Problem geliefert haben, ist jene tiefe und wert=
volle Abhängigkeit vom nationalen Geiste, die Goethe im
Auge hat. Das Nationale in seiner Geistesart muß seinen
Geist wie von rückwärts bewegen; es darf ihn nicht als Ziel
oder Zweck ziehen. Im anderen Falle wirkt nicht der natio=
nale Geist selbst, sondern gerade etwas ganz Internationales,
die Reflexion über den oder einen nationalen Geist. Es ist
die größte Selbsttäuschung, wenn Leute glauben, gerade dann
am tiefsten „im Geiste" ihrer Nation zu wirken, wenn sie
sich — anstatt vom Zwange der Sache — durch solche Re=
flexion über das Nationale bestimmen lassen. Ganz im
Gegenteil befinden sie sich gerade dann auf einem Wege, auf
dem auch das Nationale seine unwiederholbare Eigenart ab=
streift und selbst zum internationalen Klischee wird — wie es
in der Tat heute Nationalisten gibt, die bei allen Nationen
ungefähr dieselben Phrasen im Munde führen, und so die
Welt erheblich an Gleichförmigkeit vermehren. Andererseits
verbürgt nur die strengste Fernhaltung jener reflexiven natio=
nalen Motive, daß der echte, nationale Geist unverhüllt und

in seiner vollen Eigenart zum Ausdruck gelange. Auch für die Nation gilt, daß die Tiefe seines Selbst nur gewinnt, wer sich verlieren will, wer nicht seiner, sondern der Sache allein gedenkt. Eine bewußt nationale Philosophie wäre ein Unding. Aber auch eine bewußt internationale Philosophie wäre ein Unding. Es hat — wie jüngst Max Dessoir hervorhob — weder der Philosophie noch den Wissenschaften, noch der Politik genützt, daß in der Einrichtung der sogenannten Austauschprofessuren wissenschaftliche Ziele mit politischen vermischt wurden. Die inneren Gegensätze der Nationen wurden durch das „repräsentative" Gerede mehr versteckt als erleuchtet; und der Wissenschaft wurde, indem sie die führenden Kreise der Nationen „befreunden" oder „aufklären" sollte, ein politisches Motiv beigemischt, das sie um so weniger verträgt, als die Forscher sich nur durch die Sache gebunden wissen. In seiner Intention darf den Forscher also weder der nationale noch der internationale Gedanke leiten — sondern eben nur die Sache.

Aber es wäre nun auch kein geringerer Irrtum als jener einer bewußt nationalen Philosophie, wenn man aus der Erkenntnis der Nichtigkeit solchen Unternehmens den Schluß zöge, daß die Philosophie auch nach ihrem Gehalte einen nationalen Charakter nicht besitzen dürfe oder daß sie so weit falsch sein müsse, als sie ihn besitze.

Schon die außerphilosophische Wissenschaft enthält weit mehr nationale Elemente, als der Laie anzunehmen pflegt. Wer auch nur eine Ahnung etwa von französischer, englischer und deutscher Physik hat, wer z. B. sieht, wie der Franzose Sadi Carnot, die Deutschen Leibniz, Robert Mayer und

Helmholtz und der Engländer Joule verfuhren, um die bekannten Energiegesetze anläßlich ihrer Studien zur Wärmelehre zu finden, wird — abgesehen von den verschiedenen Forscherindividualitäten — auch die nationalen Geister scharf verkörpert finden. Pierre Duhem* und Ernst Mach haben uns dies in ihren Werken zur Geschichte der physikalischen Theorien sehr deutlich gezeigt. Der Briefwechsel Leibnizens mit dem Newtonianer Clarke ist auch ein nationaler Dialog. Nur das vom Fluß der lebendigen Forschung, ihrer Richtung und Methode abgelöste, fertige Resultat wird zur international kursierenden Münze. Die Biologie, in der die Sphäre desjenigen Verstandes, der der „Natur seine Gesetze vorschreibt", sich bedeutend verringert, ist ebenso national gebundener, als sie sich nach Radls schönem Buche über ihre Geschichte von Haus aus auch zeitlich weit sprunghafter entwickelt hat als die Wissenschaften von der toten Welt. Innerhalb der Philosophie aber sind im Verhältnis zu anderer Art von Erkenntnis die drei Momente: Sprunghaftigkeit der Entwicklung, personale Bedingtheit und nationaler Charakter bis zum äußersten gesteigert. Darum stellt sie das Selbstbewußtsein der Nationen in höherem Maße dar als die übrigen Wissenschaften. Mit dem kontinuierlichen sogenannten Fortschritt fehlt ihren größten Werken und Charakterköpfen auch die Entwertung durch den Fortschritt. Es gibt in der Sphäre der Wissenschaften keine Analogie zu dem immer wiederkehrenden philosophischen Ruf: „Zurück zu —", zum Beispiel zu Platon, zu Aristoteles, zu Kant. Während in den historischen Reihen der Chemiker und Physiker der Letzte nur

_____
* S. jetzt Pierre Duhem: „La science allemande". F. Alcan, Paris.

darum mehr sieht, weil er auf den Schultern des Vorgängers steht, sendet jeder große Philosoph im letzten Grunde einen einsamen und eigentümlichen Blick ins All, in Gott und in sich selbst.

Es gibt nun freilich eine Idee von Wahrheit und von Sachgültigkeit, an der gemessen die philosophische Erkenntnis eben darum „subjektiver", willkürlicher, ja illusionärer erscheint als das Werk der unpersönlicheren, kontinuierlicher fortschreitenden und internationaleren Wissenschaft. Aber diese Idee von Wahrheit und Sachgültigkeit ist selbst nur eine und zwar eine sehr bestreitbare philosophische Idee von den Maßstäben der Erkenntnis. Ihre Vertreter — noch heute unbewußte Schüler der Aufklärungsphilosophie des achtzehnten Jahrhunderts — beachten nicht, daß im selben Maße, als ein Wissen „allgemein menschlich" wird oder auch nur werden kann, es um so mehr sich damit begnügen muß, die Sachen bloß eindeutig zu ordnen, anstatt ihre Wesensfülle zu erkennen; daß dieses Wissen gleichzeitig im selben Maße konventionell und symbolisch wird. Sie haben sich nie gefragt, ob nicht gerade das An sich der Welt so eingerichtet sein könne, daß Welt sich nur der Totalität einer Person (in je verschiedenen Ansichten je nach deren Individualität) aufschließe. Nicht die möglichste Ausschaltung des Personellen und Nationalen wäre in diesem Falle die sachgültigste und den Namen der Wahrheit am strengsten verdienende Erkenntnis der Dinge; solche Wahrheit ergäben im Gegenteil erst die sich zu einem Gesamtbild ergänzenden charakteristischen Weltbilder der Personen und Nationen, deren jede dasjenige an „Welt" gesucht und ge=

funden hätte, was eben nur sie auf Grund ihrer letzten eigentümlichen metaphysischen Seinsbezogenheit auf das Universum zu erkennen vermag. Seit Schleiermachers Wirksamkeit ist uns der Gedanke in der Ethik geläufig, es sei das objektivste Gute, das „an sich" Gute jeweilig eben dies, von dem jede besondere einzelne oder Volksindividualität sich sagen müsse: es ist mein Gutes und ist keines anderen; ist meine Aufgabe, mein gottgewollter Beruf. Aber in der Sphäre der Erkenntnis verhält es sich im Grunde nicht anders. Ist die metaphysische Rolle von Person und Individualität im All eine Rolle im Grunde, und nicht bloßer Schein auf der Oberfläche der Dinge, so kann ja auch gar nicht ihre Ausschaltung, sondern nur ihre vollste und lebendigste Wirksamkeit auch die maximal objektive Erkenntnis der Welt geben. In diesem Falle müßten wir sagen: Nicht die Philosophie, sondern gerade die sogenannten exakten Wissenschaften geben trotz der hochgesteigerten Gewißheit und Genauigkeit ihrer Resultate das weniger sachgültige, also vergleichsweise „subjektivere" Bild der Welt. Denn sie bezahlen diese Gewißheit damit, daß sie von vornherein darauf verzichten, sich der an sich seienden Fülle einer Welttotalität zu bemächtigen — in der allein doch alle Dinge „wirklich" sind. Sie bezahlen sie, indem sie sich damit begnügen, nur die Oberflächenseite der Welt sich zum Gegenstande zu machen, die auf das Gattungsmäßige des Menschendaseins relativ ist; und sie bezahlen sie zweitens damit, daß sie an Stelle der Aufgabe einer Sacherkenntnis die ganz andere setzen, die in jener Oberflächenschicht der Welt noch vorhandenen Sachen in konventionellen Symbolen eindeutig zu dem Zwecke nur zu

56

ordnen, daß eine größte technische Beherrschung der Welt
möglich wird. Der Verzicht also auf Sach- und Realgültig-
keit zugunsten wohlgeordneter Symbole von den Sachen, der
weitere Verzicht auf die Erkenntnis eines Seins in sich selbst
zugunsten der Art, wie es sich der generellen Subjektivität
des Menschen darstellt, erteilen jenen Wissenschaften erst
die Grundeigenschaften, durch die sie international, stetig fort-
schreitend und unpersönlich zu sein vermögen. Das Nationale
des Geistes wäre in diesem Falle keine „Beschränkung",
„Trübung" oder Verdunkelung einer sogenannten allgemein
menschlichen Vernunft — wie die Aufklärung lehrte: es wäre
im Gegenteil eine je eigentümliche Steigerung und Er-
höhung der allgemein menschlichen Vernunft, — ein besonders gearteter Anstieg also zu jener „Welt", wie wir sie
vor der unendlichen Vernunft der Person der Personen, vor
Gott der Idee nach gelegen denken. Und nur im Verhältnis zu einem göttlichen Weltbilde dürfte und müßte dann
das Nationale noch als Beschränkung und Verdunkelung
verstanden werden.

Im Werden der Weltanschauung der Neuzeit treten die
nationalen Geister weit ausgeprägter auf den Plan als innerhalb des kirchlichen Universalismus des Mittelalters, dessen
Philosophie sozial durch den Stand der Kleriker, inhaltlich
durch die Angleichung des Aristotelismus an das kirchliche
Dogma, methodisch durch die apologetisierende sogenannte
scholastische Methode, sprachlich durch die Einheit des Latei-
nischen bestimmt ist. Die zeitliche Ordnung, in der die Nationen ihre philosophischen Ideen konzipieren, entspricht ziemlich
genau der Folgeordnung ihrer allgemeinen kulturellen Blüte,

im Ganzen auch ihrer politischen Machtstellung. Italien geht in seinen großen Denkern der Renaissance und in der Grundlegung der neuen Naturprinzipien (Galilei, Leonardo) voran; Frankreich übernimmt dann in Descartes und seinen Nachfolgern die Führung; England tritt etwas später und schon in Abhängigkeit und Gegensatz zu Frankreich auf den Plan; erst im achtzehnten Jahrhundert wirkt durch die Vermittelung Voltaires, der Newton und Locke in Frankreich verbreitet, durch Montesquieu, Rousseau und Humes Besuch in Paris die englische Philosophie auf die französische zurück. Deutschlands Genius tritt in der äußerlich wenig, innerlich um so tiefer national bestimmten Gestalt Leibnizens am spätesten in die europäische Gedankenwelt schaffend ein. Leibniz klagt, in anderen Ländern sei „der Tag einer neuen selbständigen Philosophie längst angebrochen, während Deutschland noch immer durch die Lehrer der Scholastik beherrscht werde". In der Tat finden wir bis in die Mitte des achtzehnten Jahrhunderts hinein Aristoteliker auf den deutschen philosophischen Lehrstühlen, und so groß war der Einfluß des Descartes, daß seine Lehre als die „Philosophie nouvelle" schlechthin bezeichnet werden konnte. Aber trotz dieser Verspätung Deutschlands in der reicheren Ausgestaltung einer eigentümlichen Philosophie durchwalten zwei Ideen deutschen Ursprungs die gesamte Gedankenentwicklung der Neuzeit: Die Idee des Unendlichen, in ihrer vollen Bedeutung konzipiert durch den Hirtenknaben von Kues, nachmaligen Kardinal; die von dem ermländischen Domherrn Kopernikus in Anknüpfung an den Pythagoreer Aristarch von Samos zuerst entwickelte heliozentrische Lehre und das die alte deutsche Mystik Meister

Ekkeharts mit Naturforschung und Heilkunde zusammenschmelzende Prinzip des Theophraſtus Paracelſus, es müſſe im Ganzen des Univerſums im Großen (Makrokosmus) ſein, was in ſeiner vollkommenſten und reichſten Geſtalt im Kleinen ſei, in der Seele des Menſchen (Mikrokosmus).*

Der Sinn für Unendlichkeit ſteht in ſcharfem Gegenſatz zum griechiſchen und lateiniſchen Sinn für Maß, Form, Geſtalt, Grenze, Geſchloſſenheit des Weltbildes. Und darum iſt der antiken Weltanſicht das Unendliche immer nur das Verworrene, Chaotiſche, ja Schlechte und Böſe, immer nur verderbliche Hybris. Endliches aber ebenſowohl in allen Seinsbezirken wie im Wollen und Handeln nur als Einſchränkung eines dem Geiſte zuerſt gegebenen Unendlichen zu erleben, als Not und Tribut an die menſchliche Enge, — dieſe Einſtellung iſt ſpezifiſch germaniſch. Die größten Tugenden wie die größten Fehler des germaniſchen Genius ließen ſich auf ſie zurückführen. Derſelbe Zug in der Theorie, den Dilthey einmal für die praktiſche Lebensform mit den Worten beſchreibt: „Ihr (d. i. der Germanen) Handeln iſt nicht durch eine rationale Zweckſetzung beſtimmt und begrenzt; ein Überſchuß von Energie, der über den Zweck hinausgeht, etwas Irrationales iſt in ihrem Tun.“ Und: „Nicht in der heiteren Anſchauung der Welt wie die Griechen, nicht in der gedankenmäßig abgegrenzten Zweckbeſtimmung wie die Römer, ſondern in der Äußerung der Kraft als ſolcher ohne Begrenzung, in der ſo entſtehenden Erſchütterung, Erhebung der Perſönlichkeit, beſitzen ſie den höchſten Genuß und Wert des Daſeins“. Es

---

* S. auch W. Wundt: „Die Nationen und ihre Philoſophie“.

ist wundersam, wie auch die klassischen Formulierungen des germanischen Ethos diesen Zug festhalten.

In den vielfarbigen Ideen Lessings, Leibnizens, Goethe-Fausts, Kants, Fichtes, Schopenhauers, Nietzsches von einem unendlichen Streben, dessen Bewegung besser sei, wie das Erreichen, hat sich dieser deutsche Wesenszug zu einer philosophischen Grundidee durchgeklärt, die trotz des reichen Wechsels der Art, wie dies „Streben" verstanden wird, welche Richtung ihm gegeben, welcher Gemütsgehalt es begleitet, dieselbe bleibt. Immer wieder wurde es in der Geschichte zugleich deutsche Aufgabe, das Recht der Kraftidee vor jener des Gesetzes und der Substanz, das Recht der Idee der Bewegung vor jener der stabilen Ordnung (Leibniz), das Recht des Glückes in der Aktion vor jenem des lustvollen Zustandes darzutun. Am Mikrokosmosgedanken aber ist germanisch einmal die alle deutsche Philosophie der Folgezeit beherrschende Tendenz, auch die Natur auf geistige Prinzipien zurückzuführen, der Innenwelt irgendeine Art Übergewicht der Realität über die Außenwelt, dem Individuum aber über die Gesellschaft zu erteilen; mehr noch als dies aber (was z. B. nicht minder den englischen Geist charakterisiert) in der Innerlichkeit der Seele nicht einen Teil der Welt, sondern das Ganze oder doch den „Kern" einer Welt zu suchen. Daß, was im Menschen das Herrschende und Vornehmste sei, es auch im Weltall sein müsse, daß im Menschen als Teil der Welt nichts sein könne, was nicht im Großen, ja Unendlichen auch in der Welt als Ganzem sei — das ist ein Gedanke, der versteckt oder ausgesprochen ein Obersatz für die meisten deutschen Gedankensysteme ist. Diese Gedankenrichtung ist das äußerste Gegen-

teil zu der vorwiegend englisch=französischen, die ich als Angst
vor dem Anthropomorphismus bezeichnen möchte. Denn ist
der Mensch weltförmig gebaut, so kann Anthropomorphis=
mus keine letzte Fehlerquelle der Erkenntnis sein. Nicht so sehr
ein besonderer Ausdruck des deutschen Geistes ist der Helio=
zentrismus. Schon die Alten hatten ihn gefunden. Nur die
philosophische Deutung der kopernikanischen Umgestaltung
des mittelalterlich=aristotelischen Weltbildes anstatt — wie es
zunächst nahelag — als Relativierung des Irdischen und
menschlich Geschichtlichen zur Angelegenheit eines kleinen
Sonnentrabanten, gerade umgekehrt zur äußersten Steige=
rung des denkenden Selbstbewußtseins, das sich kraft dieser
Überwindung des Sinnenscheins nun erst recht in das Zen=
trum der Dinge gerückt erlebt, ja in Kant sich bis zum „Ge=
setzgeber der Natur" emporwirft, ist von deutscher Eigenart.

Nachdem ich vor kurzem das Eigentümliche in der eng=
lischen Denkweise an der Hand der Philosophie des Insel=
volkes darstellte (siehe mein Buch „Der Genius des Krieges
und der Deutsche Krieg"), möchte ich hier die Eigenart des
französischen Denkens an der französischen Philosophie kurz
umschreiben.

2

Sieht man auf Gestalt und Rhythmus des Ganzen dieser
Philosophie, so findet man sie einheitlicher als die deutsche und
kontinuierlicher in ihrer Entwicklung. Scharf ausgeprägte
Charakterköpfe — bei uns ein Leibniz, Kant, Fichte, Schel=
ling, Hegel, Herbart, Schopenhauer, Fechner — treten zu=

gunsten einer größeren Homogenität und Zusammenarbeit der Forscher zurück. Die Tradition wirkt stärker, auch in der Terminologie; die Schulbildungen sind weniger geschlossen. Wendungen von jener Schroffheit, wie sie z. B. der Absturz des romantischen Hyperidealismus der Hegel=Schellingschen Epoche in den banalsten Materialismus (in dieser Denkrichtung wird der Deutsche stets banal) aufweist, fehlen hier. Die Maßlosigkeit des Gedankens im Zuendegehen der Konsequenzen ist minder groß. Das Verhältnis der Philosophie zu den Wissenschaften ist im ganzen das eines fruchtbaren Gebens und Nehmens. Man kann weder sagen, daß sich die französische Philosophie je eines solchen Richter= und Führeramtes angemaßt habe, wie z. B. die deutsche unter Hegel, noch daß sie je so ohnmächtig und restlos in die Menge der Fachwissenschaften versunken sei wie zuzeiten die deutsche. Die Grenzen der „Fächer" sind in der französischen Wissenschaft überhaupt weniger scharf gezogen als bei uns; das fördert wohl vielfach den Dilettantismus, hat aber auch den Vorzug, daß ein gewisses philosophisches Bewußtsein den Fachforscher nicht so leicht verläßt. Der Tendenz, von irgendeinem Winkel eines Faches her gleich eine sogenannte Weltanschauung zu fabrizieren, ist hierdurch stärker gesteuert. Figuren wie Ernst Haeckel oder Ostwald sind in Frankreich nicht ganz so möglich wie bei uns. Weit stärker ist die Berührung der Philosophie mit der „großen Welt", weit intensiver auch die für Philosophie und Staat gleich gefährliche Neigung, eine Philosophie zur Denkweise, wenn nicht gar zur geistigen Grundlage der Gesellschaft und des Staates zu machen. Außer Hegel fehlen uns Deutschen Versuche, wie sie in dieser Richtung seit Rousseaus „contrat social" von Comte, St. Simon, Louis Blanc, Fourier bis zu Sorel immer wieder gemacht wurden. Jene Berührung mit der großen Welt hat ihren Hauptgrund wohl darin, daß ein anderer sozialer Stand die Hauptleistung der französischen Philosophie getragen hat als bei uns — weniger der Bürger und Theologe, als der Adel, der Weltmann und (beruflich) der Mathematiker und Naturforscher. Der deutsche Protestantismus begünstigt eine freispekulative Ausgestaltung der religiösen Ideen, die der Katholizismus verbietet, und lockt so die Theologen stärker in die Philosophie hinein. Der Zerfall in ein „klerikales" und „modernes" Frankreich wird indes so gesteigert. Andrerseits ist das Verhältnis der französischen Philosophie zur Literatur stetig (nicht wie bei uns nur während der romantischen Periode im ersten Drittel des 19. Jahrhunderts) ein offeneres gewesen. Dafür ist bezeichnend, daß uns jene Spielart von philosophischer Literatur, deren Autoren man in Frankreich gerne als les grands écrivains oder les grands moralistes bezeichnet, ein Typus in der Art von Montaigne, Pascal, Vauvenargues, La Rochefoucault, Taine usw., fehlt. Der innere Zusammenhang der strengen und reinen Philosophie mit dem geselligen Leben und der Kunst ist durch diesen Typus vor allem hergestellt. Die Charaktere von La Bruyère verbinden z. B. Molière mit Theophrast und Aristoteles. Balzac nimmt sich Buffons „Histoire naturelle" als Vorbild seiner „Comédie humaine". Moliere ist voll von Anspielungen auf die cartesianische Philosophie.

Jede Philosophie einer Nation hat eine Aufgabe, die ihr

dunkel vorſchwebt und die ſich nur ſchwer mit Begriffen um=
ſchreiben läßt, ein Schema, nach dem ſich ihr unwillkürlich
alle Probleme ordnen. Dieſes Schema iſt für die franzöſiſche
Philoſophie die Welt als ein univerſales, überall wohl=
begrenztes, ruhendes Ganzes von klarer formvoller Ordnung,
das aus ſeinen Beſtandteilen begriffen werden kann und das
an erſter Stelle auf den ſouveränen Verſtand und Willen
des Menſchen als Geſellſchaftsweſen bezogen iſt. Nach einem
Ganzen ſtrebt deutſcher und franzöſiſcher Geiſt im Unter=
ſchiede zum engliſchen gemeinſam. Aber dieſes Ganze iſt für
den deutſchen Geiſt mehr die Idee einer unendlichen Aufgabe
als ein Vorhandenes; und dieſes Ganze geht für den deutſchen
Geiſt ſeinen Teilen vorher. Die größten deutſchen Geiſter
waren Synthetiker größten Stils (Leibniz, Kant, Fechner,
Hegel), die größten galliſchen ausgeprägte Analytiker. Das
Bewußtſein, daß dieſes Ganze weder der Zeit der Forſchung
nach, noch der Fülle ſeines Gehalts nach je in das Netz
menſchlicher Begriffe eingehen könne, überwältigt den deut=
ſchen Geiſt. Ehrfurcht und Scheu vor dem Ganzen iſt darum
ſeine Grundhaltung. Seine Werke behalten eben darum
etwas Ungeſchloſſenes, Fragmentariſches — eben das, was die
Franzoſen nach ihren Leitideen bei uns „formlos‟, „verwor=
ren‟, „dunkel‟, „Steckenbleiben im Material‟, nennen. Ein
Buch wie des zarten, frommen Fénélons vielgeleſene „Démon-
stration de Dieu‟, ſo kriſtallklar, ſo endgültig jeden Zweifel
löſend, ſo unmerklich Schwierigkeiten aber auch umgehend und
— ſo ehrfurchtslos vor dem Unſichtbaren hätte kein Deutſcher
ſchreiben können. Selbſt die großen franzöſiſchen Myſtiker,
die Bernhard, Hugo und Adam von St. Viktor, Fénélon,

64

Bossuet, Franz von Sales behalten mitten im Überschwang der religiösen Empfindung etwas von dieser gallischen Verstandeshelle. Diese „Welt" aber ist stets bezogen auf den Menschen als Glied der Gesellschaft. Daß der Mensch die Krone der Schöpfung sei, ja ihr souveräner Herr und Meister, daß jedes Problem in ihm anfange und ende — das ist eine stillschweigende Voraussetzung aller französischen Philosophie. Zwischen den Polen der Mathematik als der Formwissenschaft kat' exochen, in der purer Verstand seine souveränste Freiheit kostet, und Gesellschaftslehre schwingt vornehmlich der französische Geist. Die stumme, knorrige, reiche Wirklichkeit der Dinge, der der englische Geist mit Liebe nachgeht, tritt weit zurück vor dem Klarheitsbedürfnis der Begriffe; die deutsche Lebensempfindung dunkler über= und unterbewußt geleiteter Schicksalsform der wichtigsten Wendungen des Menschen=, des Volkslebens, die Verehrung für solche Einordnung des Menschen in das geheimnisvolle Ganze einer Welt fehlt der französischen Seele und gilt ihr leicht als „sklavische Triebbefangenheit".* Den Begriff des Unterbewußten hat der Deutsche Leibniz eingeführt. Die philosophische Denk= und Darstellungsform entspricht der Bevorzugung mathematikartiger Klarheit und einer Welt, die schon als Diskussionsgegenstand einer Gesellschaft konzipiert ist. In der Kunst der idealisierenden Abstraktion, in der Klarheit der Deduktionen aus wenigen „Prinzipien" (Taines „belle comme un syllogisme" konnte man nur in Frankreich sagen),

---

* „Der Franzose glaubt nicht an das Schicksal. Das Schicksal ist nur die Entschuldigung der Schwachen", schrieb Romain Rolland zu Beginn des Krieges in seinem Briefe an Gerhart Hauptmann.

in der Kunst einfache klärende Fragestellungen in der For=
schung zu finden, oder die Sache zum experimentum crucis zu
treiben, ist der französische Geist ebenso unvergleichlich wie in
der eleganten gewinnenden Rhetorik der Darstellung, in der
Kunst auch über das Fach hinaus Menschen für eine Frage
und ihre Lösung zu erwärmen.

An der Fülle der Welt hebt diese Denkart in Natur und
Menschentum vor allem ein feinstufiges Reich von wohl=
geordneten, durchsichtigen Formen ab, das gleichsehr den Ver=
stand als den Geschmack befriedigt. Logisch=sachliche Inter=
essen von ästhetischen zu scheiden, ist der französischen Geistes=
art von Descartes bis auf den Mathematiker H. Poincaré
stets äußerst schwierig gewesen. Ein Buch, dem die klare
Disposition und die Kunst der Darstellung fehlt, erweckt in
Frankreich schon darum leicht Zweifel an der Wahrheit
dessen, was es enthält. Umgekehrt gehört ein gutes Maß
„bonne logique" auch zum gallischen Schönheitsideal. Was
an der Welt Anschauungsfülle, Kraft, Individualität ist,
das läßt diese Einstellung gerne zur Seite liegen; die kompli=
zierte Dunkelheit des organischen Lebens, die Unverfügbarkeit
über dasselbe durch den souveränen Verstand gewinnt darum
zusehends keinen rechten Platz in dieser Welt. Leibniz hatte
nicht nur die Kategorie der Individualität wie jene der
Kraft gegen Descartes wieder in ihr Recht zu setzen, sondern
auch die Grundbegriffe der Biologie. Die relative Unab=
hängigkeit der Teile der Welt voneinander verschwindet vor
der Idee einer Allabhängigkeit und einer Deduzierbarkeit der
Welt aus ganz wenigen Prinzipien. Überall, im Staat wie
in Sprache und Weltansicht, tötet ein zentralistischer Absolu=

66

tismus die Freiheit und Unabhängigkeit der Weltelemente und ihrer Eigenentwicklungen. Gleichzeitig tritt in Geschichte wie in der Mechanik die Bewegungs- und Entwicklungsseite der Welt vor dem Bilde einer statischen Ordnung, einer „Hierarchie" der Dinge zurück und die kunstreiche Klassifikation muß häufig die Erklärung ersetzen. Die Mechanik des Descartes, die den Zeitbegriff und die Idee der Kraft aus den Grundbegriffen dieser Wissenschaft ausschaltet (die Lehre von der creatio continua ist davon eine Folge), macht auch die Dynamik zu einem Spezialfall der Statik. Erst Leibniz weist philosophisch diesen Fehler auf, ja, will umgekehrt selbst das Bild des ruhenden Raumes auf ein Produkt zeitbedingter Kräfte zurückführen. Bei Descartes, in dem der gallische Genius einzigartige Klassizität erhielt, treten auch die übrigen der genannten Züge scharf hervor. Seine Definition der Wahrheit „verum, quod clare et distincte percipitur" hängt fast wie ein ehernes Axiom über der Entfaltung der französischen Philosophie — ja des französischen Geistes. Ob „Klarheit" aber nicht ein bloß subjektives Menschenbedürfnis sei, das die Sache selbst und die Wahrheit über sie gar nichts angeht, fragt sich Descartes keinen Augenblick. Aber nicht minder französisch und für die Zukunft folgereich ist die Haltung, die im cogito, ergo sum des Cartesius liegt. Diese Haltung enthält wie in nuce Kunst und Geist des Menschen des ancien régime; sie durchseelt die auf überlebensgroßen Kothurnen einherwandelnden Gestalten Racines und Corneilles, ist für das geniale Volkskind Molière („Femmes savantes" und „Misanthrope") der Gegenstand des Spottes und drückt zugleich schon jene kalte, fast grausame Distanzierung aus, mit der Voltaire,

Diderot und Balzac die menschlichen Dinge später betrachten und typisierend schildern. In diesem Satze schnellt das souveräne Vernunftsubjekt des Menschen in eine Höhe des Seinsbewußtseins, die in unmeßbarer Ferne die ganze Welt, einschließlich des gesamten organischen Reiches und der eigenen lebendigen Menschennatur unter sich und gegen sich liegen sieht. Dieses „Ich" des Descartes steht nicht mehr in der Welt; es hat in ihr keinerlei Heimatsgefühl mehr, und nicht umfließt es mehr tragend und wohltätig der Strom des Werdens. Entfremdet fällt die eisige Helle seines Blickes analysierend, scheidend, richtend auf Natur, Tradition und Geschichte. Nur von der Konzeption eines solchen „Ich" aus konnte der künstlichste und anschauungsfernste Gedanke, der je gedacht ward, gedacht werden: alles Lebendige, Tier und Pflanze, einschließlich des Menschen, sofern er nicht denkt, seien nur komplizierte, seelen- und trieblose Mechanismen; ein französischer Gedanke, ein gallischer Exzeß kat' exochen! Descartes' Auffassung der gesamten Physik, ja Philosophie als Pangeometrie (welche Wissenschaft er durch seine klare und wohlgefällige analytische Geometrie bereichert) ist gleichfalls eine echt gallische Idee. Nach dieser Auffassung sind Kraft, Zeit, Materie, Intensität, Qualität und objektive Form lauter „verworrene, dunkle Ideen" und darum aus den Urtatsachen der Welt auszuscheiden; sie werden als Anthropomorphismen verworfen; so erst — meint er — können die der Mathematik entlegensten Gebiete unter den freien konstruktiven Zugriff des mathematischen Denkens gebeugt werden. Er macht das Ruhende, den Raum, in dem der Geist willkürlich seine Grenze zieht, zum Herrscher auch der Zeit

68

und ordnet, wie die Dynamik der Statik, alle Entwicklungs=
lehre der Klassifikation unter. Pascal sucht sogar eine „geo=
metrie du coeur". Noch auffälliger aber ist die Art, wie
sich die deduzierenden und zentralisierenden Tendenzen des
französischen Geistes in Descartes malen. Auf ganz wenige
„Prinzipien" wird die vielgestaltige Natur zurückgeführt.
Zwischen Gott und dem individuellen Menschen fallen Des=
cartes alle jene vermittelnden Reiche und Potenzen aus, die
das Mittelalter gelehrt; die causae secundae werden von der
causa prima verschlungen, genau wie die Stände und ihre
Freiheiten von der Gewalt des absoluten Monarchen in der
französischen Staatsentwicklung; und wie vor dem „L'Etat
c'est moi" (dem staatsphilosophischen Analogon des „Cogito
ergo sum") schließlich alles Seiende eine demokratisch gleichför=
mige Masse wird, so werden die denkenden Ichs auch vor Gott
„gleich" an der Vernunftmitgift der idées innées. Auch die
Seele ist nicht mehr „ganz in jedem Organ des Leibes" (Ari=
stoteles), sondern an einem Punkt des Gehirns zentralisiert;
sie ist ausschließlich „Denken" und alles, was vordem als
anima vegetativa, anima sensitiva, was als „Lebenskraft" die
Welt des Ausgedehnten mit der des reinen Geschehens ver=
mitteln sollte, wird dem Mechanismus anheimgegeben. Bis
in die Gehirnphysiologie hinein neigen die französischen For=
scher dazu, die psychischen Funktionen „zu hoch" zu lokali=
sieren. Vor dem „denkenden Ich" sind alle Triebe, alle
Leidenschaften, alle Gemüts= und Gefühlskräfte der mensch=
lichen Natur so gleichwertig, wie die denkenden Ichs vor
Gott, wie die Masse vor dem absoluten Monarchen. Aber
die Geschichte Frankreichs hat diese merkwürdige Analogie

noch merkwürdiger bestätigt. Wie es nur eines einzigen
königlichen Kopfes bedurfte, um aus der absoluten Monarchie
die Freiheit jedes Gliedes der schon vorher „gleich" gewordenen Bürger zu machen, so bedurfte es nur des Wegstreichens des Seelenpünktchens an der Zirbeldrüse, um den
„Homme-machine" Lamettries, nur des Wegstreichens des für
den Gang und die Bewegung der Welt schon überflüssig
gewordenen Gottes, um den Materialismus Holbachs zu gewinnen. In den gewaltsamen Dualismen des Descartes tritt
auch jene maßlose Neigung des französischen Geistes zur Antithetik hervor, vermöge der er — wie Pascal sagt — so gerne
„blinde Fenster" macht; dieselbe Antithetik, die auch dem
gallischen Witz mit zugrunde liegt. Auch bei Descartes entspricht aber jener Kraft, die Welt in klare, leicht faßbare
antithetische Prinzipien aufzulösen, nicht im mindesten die
synthetische Kraft, zu zeigen, wie denn nun eine Zusammen-
wirksamkeit, eine Kooperation der Substanzen möglich sei,
in die er das Weltall einteilt. Sowie wir den Blick von der
Anatomie der Welt auf die Physiologie lenken, bleibt hier
alles dunkel.

Und dennoch hat die eigenartige Werbekraft der französischen Kultur sich an wenigen Beispielen stärker erwiesen als
an der Geschichte des Cartesianismus. Nicht nur im ganzen
18. Jahrhundert war er „la nouvelle philosophie" schlechthin. Er ist — was man gar nicht nachdrücklich genug her-
vorheben kann — bis heute die Grundlage der Weltauffassung
des Durchschnitts der wissenschaftlich Gebildeten Europas.
Diese Philosophie allein verstand es, so zu gewinnen, daß
man gar nicht mehr merkte, sie sei überhaupt eine besondere

70

Philosophie, daß man sie vielmehr für eine Frucht des gesunden Menschenverstandes hielt.

Die bisher genannten Grundzüge des französischen Geistes durchdringen aber nicht minder die außerphilosophischen Kulturinhalte. Ob wir die französische Gartenkunst oder die Einteilung des Staatsterritoriums in künstliche „Departements", ob wir den Zentralismus der unteren Verwaltung, der sich trotz aller Verfassungsänderungen seit dem ancien régime so zäh erhielt, oder den Zentralismus der von Paris aus geregelten Sprache und Mode betrachten, ob die Kalenderexperimente und neuen Größen=Maße der Revolution: der „Cartesianismus" des Daseins und Lebensstils tritt uns immer wieder entgegen. Das Laplacesche Ideal der einen Weltformel, die auch die Geschichte umfassen soll, die Versuche des Freidenkers Comte, die Wissenschaften in eine feste „Hierarchie" zu bringen und die Geschichte auf wenige Grundgesetze einer Entwicklung (das sogenannte Gesetz der drei Stadien) zurückzuführen, in der die Verstandesleistung des Menschen die unabhängig Variable sein soll, Comtes charakteristische Zurückweisung der Lamarqueschen Entwicklungsidee als einer „dunklen Idee", Josef de Maistres kirchlicher Hyperzentralismus im Traité du Pape, Fouriers nach Phalangen abgezirkelter Sozialstaat: alles Ideen, in deren Bildung sich ebendieselben Eigenschaften des Nationalgeistes widerspiegeln, die Descartes zuerst so plastisch dokumentiert. Gegen die individuelle Gewissensfreiheit spricht A. Comte schärfere Worte, wie sie je ein fanatischer Priester sprach, und sein Ideal der Gesellschaft, mit einem gelehrten „pouvoir spirituel" an der Spitze und einem durch die Verehrung einer Frau vermittelten Kultus des

„Grand-Être", der „Menschheit", — enthält den alten Ver=
standeszentralismus und den Gedanken künstlicher Menschen=
klassifikation nur in neuer Gestalt. Der gallische Freiheits=
begriff kennt — so grundverschieden er von dem englischen Frei=
heitsbegriff ist — weder eine Freiheit des geistigen Individuums
noch jene Freiheit des Gliedes in der natürlich und historisch ge=
wachsenen Gemeinschaft, der gemäß der Staat weder ein Ver=
trag zu größtmöglicher Garantie jeder Selbstsucht noch ein
von oben her aufgesetzter künstlicher Wille ist, sondern nur die
höchste Organisation der in ihm auslaufenden partikularen
Willenseinheiten des Volkes. Wenn in England Traditions=
schema, Konvention, Sitte zur Niederhaltung des geistigen
Individuums, ja — wie schon J. St. Mill klagt — zu seiner
Erstickung führen, so hier ein bewußter Normierungswille
der staatlich herrschenden Schicht. Es ist die besondere Art
von Tragik dieses Volkes, daß sein ungestümer Freiheitsdrang
immer wieder wie aus sich selbst heraus eine höchste, einheit=
liche Gewalt an die Spitze führt, die neue Knechtschaft be=
wirkt. Mit Recht ist zu allen Zeiten das sonderbare
Schwanken des französischen Geistes zwischen Skepsis und
Mystik, zwischen Ausschweifung und Reue, Frivolität und
mildester Reinheit, auch der besten französischen Frauen, hervor=
gehoben worden — vielleicht nur die psychologische Innen=
seite der schroff antithetischen Entwicklung der Verfassung
des französischen Staates. Schon für Montaigne, noch mehr
für Charron und Pierre Huët ist die Skepsis das beste Mit=
tel, die Seele der Autorität und Kirche gefügig zu machen.
In Pascals großer kranker Seele wohnen beide sich unter=
stützend zusammen, und in Rancé, dem Begründer des Trap=

pistenordens, schlägt die glühendste Weltfreude um in Schweigen und äußerste Zurückgezogenheit. Bayle, Friedrichs geistiger Erzieher, wiederholt das Tertullianische: Credo, quia absurdum. Bei Josef de Maistre und Bonald, ja bis heute (bei Brunetière† und der Action français) kehrt derselbe Rhythmus der Gemütsbewegung zwischen skeptischem Traditionalismus und ungebundenster Willkür wieder. Aber es muß auch auf die wunderbare Kontinuität und die herbe spirituelle Reinheit jenes stillsten Frankreich hingewiesen werden, das innerhalb der Philosophie durch die Namen Hugo von St. Viktor, Bossuet, Fénélon, Pascal, Malebranche, die übrigen großen prêtres de l'Oratoire, in neuerer Zeit durch Maine de Biran, Ravaisson (Bergsons Lehrer) angedeutet sei. Hier hat eine Verschmelzung augustinisch gefärbter Frömmigkeit mit geistiger Leidenschaft, mathematischer Klarheit und Kühnheit des Denkens eine Reihe edelster und durchgeistigtster Charakterköpfe erzeugt, Gestalten und Gesichter voll herber Würde und zarter Demut, voll lebendigstem Glauben und innerer Weite und Freiheit. Bei anderen Nationen werden wir kaum eine Analogie dieser Mischung finden. Diese stillere aber kraftvolle Geistesrichtung, die in der neuesten Zeit in der französischen Jugend eine erhebliche Stärkung erfuhr und durch den Krieg sie weiter erfahren wird, bildete für die Abenteuer des französischen Gedankens immer wieder einen lichten Orientierungspunkt und wird ihn — so hoffen wir — auch in Zukunft bilden.

Wie spiegelt sich das französische Volksethos in der französischen Philosophie? Die Franzosen haben von Descartes bis zu Bergson die Probleme der Moral nur stiefmütterlich

behandelt. Weder die Verbindung von Ethik und National=
ökonomie, die reiche, genaue Beobachtung sittlicher Konflikte
und die Subtilität der Problemstellung, die der englischen
Ethik eigen sind, noch die Neigung der Deutschen, von den
inneren Erlebnissen des Gewissens und der Pflicht her eine
Metaphysik zu konstruieren, sind ihnen eigen. Was man
les grands moralistes français nennt, sind mehr „Schriftsteller"
und Soziologen als eigentliche Philosophen (La Rochefoucault,
Vauvenargues, St. Simon, Fourier, Comte usw.). Das
deutet darauf hin, daß sie hier der teils kirchlichen, teils sozialen
Tradition, dem „bon sens" und den in ihnen enthaltenen
festgewordenen Idealbildern (der „Heiligen", des „Gentil=
homme", des „homme honnêt") einen größeren Spielraum
einräumen als andere Völker, und daß das Problem der
Herstellung einer angemessenen Sozialordnung der Analyse
der inneren sittlichen Erlebnisse vorangeht. Neben der stark
stoisch gefärbten, auf der kirchlichen Tradition ruhenden
Moraldoktrin der cartesianischen Schule nimmt den größten
Raum in ihren ethischen Versuchen der Gedanke ein, daß das
wohlverstandene Selbstinteresse die Wurzel des sittlichen Ver=
haltens sei.* Was La Rochefoucault in seinen „Maximes"
mehr als souveräne Kritik und ironische Anklage einer Gesell=
schaft meint, die sich noch heimlich an christlichen Idealen mißt,
das wird bei den Moralisten des 18. Jahrhunderts, bei La=
mettrie, Helvetius, Holbach, zu einer ernstgemeinten Theorie
der Entstehung sittlicher Wertschätzung. Diese Lehre ist ein

---

* Auch der zuerst religiöse, aber schon bei den französischen Jesuiten des
ancien régime sich immer stärker ins Politische wendende Egalitätsgedanke hat
in der starken Wirkung des stoischen Naturrechts seine Wurzel.

Ausdruck des französischen Ethos nur insofern, als der Antrieb durch den Wetteifer der Individuen um bestimmte, jeweilig als „höchste" geltende Lebensgüter vielleicht der stärkste aller Antriebe des französischen Menschen ist. „Concours", „Arrivisme" in allen Sphären, Stellenjagd, Wetteifer, sei es nun in einem Kloster heiliger wie der andere oder auf der Börse reicher wie ein anderer zu werden oder vor dem König und maßgebenden Frauen besser als andere dazustehen, ist hier eines der Haupttriebräder alles Handelns. Man darf indes hierbei nicht an gemeinen individuellen Egoismus denken, der die Vorteile ruhig genießen möchte, die er sich verschafft hat. Gerade Kühnheit und Wagemut erhalten vielmehr auch von den philosophischen Schriftstellern die höchste Auszeichnung.* Denn dies kommt nun — gleichsam als Überleitung, durch die aus wohlverstandenem Selbstinteresse überhaupt erst eine Moral werden kann — hinzu, daß die Hauptquelle der Freuden und die besondere Art der Lebensgüter, um die jeder in wohlverstandenem Selbstinteresse mit dem anderen konkurriert, weniger ein wirkliches Sein und Verhalten sind als das Bild eines Seins und Verhaltens in der Gesellschaft, weniger der wirkliche Zustand des „Ich" als die „Rolle", die sich jeder selber in der Gesellschaft spielen sieht. Nicht in der Sphäre der Wirklichkeit, sondern in einer der wirklichen Welt wie ein Netz übergeworfenen Scheinwelt sozialen Geltens, in der jeder ein bestimmtes idealisiertes Schattenbild als seine „Rolle" besitzt, spielt sich der Grundprozeß des französischen Lebens ab; in einer Welt gleichsam sozialer Mathematik, deren Figuren

---

* So schon bei Vauvenargues. Vgl. neuerdings besonders Guyau: „Sittlichkeit ohne Pflicht" (Soziol. Bibl.).

wie die Gestalten der Geometrie über die Wirklichkeit zu deren Messung geworfen werden. Und diese „Welt" ist auch der vorzügliche Gegenstand des französischen Romans. Je nachdem aber die Lebensgüter geistige oder mehr materielle sind, um deren Bild es sich handelt, — je nachdem es das Bild des sinnlich sichtbaren Menschen oder der tieferen Persönlichkeit ist, wird diese französische Neigung entweder zum Fehler der sprichwörtlichen französischen Eitelkeit oder zur Tugend des edleren Ehrgeizes und jenes wunderbaren Sinnes für den Ruhm „gloire" ausschlagen, dem nach einem bekannten Worte von Clausewitz der Deutsche ebenso selten gerecht zu werden vermag, wie nach bekannten Worten Schillers der französischen „Anmut im Betragen" und der gallischen Rhetorik, die er beide gerne als überzeugungsloses Wortgepränge und als Bestechung und Lüge wertet. Und je nachdem der Zustand der Verfassung und die allgemeine Kulturlage das Aufsteigen des Einzelnen mehr an die Gunst eines Königs oder an jene einer herrschenden Plutokratie oder an die Gefolgschaft der großen Massen knüpft, je nachdem bald mehr Tapferkeit, Takt und Anmut, bald mehr Reichtum und die hier so einzig geschätzte volksrednerische und forensische Begabung die sozial bevorzugtesten Güter ausmachen, wird der Zielinhalt dieses allgemeinen Wetteifers historisch wechseln — ohne die Konstanz dieser sittlichen Grundeinstellung zwischen ancien régime und der heutigen republikanischen Gesellschaft zu ändern.

Für das Ganze der Nation heißt aber jenes Ansehen Prestige. Der Prestigegedanke ist in Frankreich der Idee realer Macht und der faktischen Ausnutzung aller Territorien und Volkskräfte ganz unverhältnismäßig über-

76

geordnet. Die durch keine Expansionsnotwendigkeit her=
beigeführte französische Kolonialpolitik der letzten Jahrzehnte,
welche die Kolonien weit mehr als Rekrutierungsanstalten
für das von den Vogesen hypnotisierte Heer und als Steuer=
zahler, denn als Boden fruchtbarer Arbeit auffaßte, ist
gleichfalls von hier aus zu verstehen. Gesellt sich nun gar
zu dieser nationalen Ruhmbegierde noch das drückende Ge=
fühl des Lebensniederganges der Rasse (Entvölkerung), so muß
aller fremder Aufstieg, auch solcher Aufstieg, der die eigenen
Nationalinteressen nicht unmittelbar beeinflußt, psychologisch
wie ein positiver Angriff wirken und rein als solcher Haß er=
wecken. Nur dies erklärt die sonderbare Tatsache, daß auch
besonnenste, ruhigste, gebildetste Franzosen seit Jahrzehnten
fest überzeugt waren, Deutschland werde sich demnächst auf
Frankreich stürzen, um sich neue Provinzen anzugliedern.
Prestige, nicht die reale nationale Macht und der Reichtum
der Nationen (die sich gegenseitig fördern können), ist ja eben
eine Relations= und Differenzkategorie. Kein Prestigegewinn
einer der großen Mächte ohne proportionalen Prestigeverlust der
anderen. Wird das Prestige zum spiritus rector der Politik
— anstatt zu einem der Macht untergeordneten, nur als even=
tuelle Machtquelle gewerteten Faktor —, so muß auch das
Bild bloßen Wachstums fremder Macht der Volksseele schon
als Angriff auf die eigene Nation erscheinen und gleichzeitig
das als Defensivstellung auf den illusionsartig gefürchteten
Angriff, was faktisch Angriffsaffekt ist. Dieser nationalen
Selbsttäuschung verfiel Frankreich in den Jahren vor dem
Kriege in ganz besonderem Maße. Hier liegt im Großen
genau der Fall vor, den französische Psychopathologen den

Fall des persécuté persécuteur genannt haben. Die Angst vor vermeintlichem Angriff wird zum Kern einer alle Ausdrucksäußerungen in ihrer Richtung abstufenden und deutenden psychischen Verfassung und schließlich zum Motiv des Angriffs als vermeinten Verteidigungsaktes. Gesteigerte Empfindlichkeit aber für möglichen Prestigeverlust und nationale Rachsucht mußten zusammen fallen und steigen. Die seit 1871 grabende und bohrende, alle französische Politik leitende Wirksamkeit der Revancheidee kann — wie ich schon anderwärts zeigte — nur auf der Grundlage dieser seelischen Zusammenhänge verstanden werden.* Henri Bergson sprach jüngst — nach dem „Figaro" — in einem Vortrag ganz richtig von einer „tiefen Erkrankung der französischen Volksseele", welche der deutsch-französische Krieg von 1870 zur Folge gehabt hätte. Nur wenn er hinzusetzt, es habe diese Erkrankung darin bestanden, daß die französische Seele durch die Wegnahme des Elsaß in eine Verzweiflung an die mögliche Herrschaft von Recht und Gerechtigkeit in der Welt überhaupt getrieben sei, und sich den verlorenen Glauben an sie nur durch einen siegreichen Krieg wiederherstellen könne, so konstruiert er ziemlich naiv pro domo. Nicht Verzweiflung an „Recht und Gerechtigkeit", sondern quälende Ungewißheit an der Erreichbarkeit der Ziele, welche jenes eng umschriebene Volksethos dem politischen Handeln Frankreichs wie von selbst setzt, nur die quälende Ungewißheit, ob es sein altes Bild als „grande nation" und den Ruf seiner ruhmgekrönten Armee nach dem Verlust des Elsaß in Zukunft bewahren könne,

---

* S. Genius des Krieges, S. 107—111.

78

führten zu jener „tiefen Erkrankung der Volksseele". Und diese Ungewißheit muß nun durch eine klare Machtprobe beseitigt werden, wenn wieder Gesundung eintreten soll. —

3

In diesen allgemeinen Rahmen des französischen Ethos, der in allem historischen Wandel der Geschicke eine seltene Konstanz aufweist, ordnet sich das politische Ethos dieses Volkes überhaupt und seine Geistesverfassung vor dem Kriege eigentümlich, aber doch in nicht allzu schwer durchschaubarer Weise, ein.

Was das erste betrifft, so gewahren wir im Gebrauche aller politischen Kategorien eine eigenartige Färbung, die wir sofort als national französisch empfinden. Für die Kategorien „Nation" und „Staat" wird dies in einem besonderen Aufsatz gezeigt.* Hier möchte ich die Aufmerksamkeit des Lesers nicht so sehr auf einzelne Kategorien wie „Freiheit", „Gleichheit", noch weniger auf einzelne politische Schritte des französischen Staates lenken, als auf das formelle Gefüge der französischen politischen Methodik.

Das jeweilige besondere Verhältnis von Wechselwirkung zwischen auswärtiger und innerer Politik ist für die europäischen Großstaaten durchaus nicht das gleiche. Eine schematische Auffassung dieses Verhältnisses, das mir bei Sozialisten und den konservativen Schichten unseres Volkes — wenn auch in entgegengesetzter Richtung — gleich häufig entgegen-

---

* S. Die Nationalideen der großen Nationen

tritt, ermangelt der Beachtung dieser Tatsache. Es wäre irrig, mit vielen Sozialisten die letzten Jahrzehnte der Außenpolitik aller jetzt kriegführenden Großstaaten aus Faktoren wie Angst vor inneren Unruhen, vor Revolution, Flucht vor inneren Problemen (progressive Einkommensteuer, Furcht vor dauernder dreijähriger Dienstzeit in Frankreich, und Ulster, irische Frage, Kohlenstreik in England) und dergleichen abzuleiten; aber auch irrig, mit vielen Konservativen alle möglichen Geschehnisse der inneren Politik nach Maßgabe ihrer Wirkungen aufzufassen, die Rüstungsnotwendigkeiten respektive ökonomische Weltkonkurrenz auf sie ausübten. Ganz abgesehen von den besonderen politischen Parteien und Klassen zeigen die nationalen Großstaaten eine besondere Art, in der sie ihre auswärtige und innere Politik führen und zur Wechselwirkung gelangen lassen.

Für die englische Politikmethodik ist nichts so charakteristisch als die fast einzigartige Unabhängigkeit der inneren und äußeren Politik voneinander. Sie ist eine Folge jenes tiefen Dualismus von Staatsmoral und Privatmoral in England, den schon Kant mit den berühmten Worten im Auge hat, in denen er die Vornehmheit des einzelnen Engländers der Habsucht, Grausamkeit und Wildheit des Volkes als Ganzes gegenüberstellt. Während der tiefgreifendsten Wandlungen des englischen Verfassungslebens seit der Reformbill bis zu den aufwühlenden staatssozialistischen Reformen von Lloyd George, im Wechsel der konservativen und liberalen Regierungen, blieben die Grunddogmen der äußeren Politik Englands (Gleichgewicht, Marinismus, Richteranspruch in allen Welthändeln) fast völlig unberührt. Schon die Idee, es könne eine

außerpolitische Frage auf das innere Lebensgefüge des Insel=
staates gestaltend zurückwirken, empfindet der Engländer als
peinliche Gewalt und als Verletzung seines persönlichen und
nationalen Selbstbewußtseins. Auch in dieser Hinsicht haben
die Kämpfe um die allgemeine Dienstpflicht die Bedeutung
eines gewaltigen Wendepunktes für die Fortbildung des eng=
lischen politischen Ethos. Aber auch die entgegengesetzte Ein=
wirkung innerpolitischer Wandlungen auf die äußere Politik
geht dem englischen Wesen wider die Natur. Dieselbe Kraft,
die im kleinen als Angst vor dem Skandal erscheint und die
alle Streitigkeiten und Gegensätze möglichst innerhalb des
Hauses, der Familie, auf alle Fälle jenseits der Öffentlichkeit
austragen läßt, ist es auch, die stärkere Einflüsse der inner=
politischen Kämpfe auf die Außenpolitik von vornherein mit
einem Makel behaftet. Der überall im Hintergrund stehende
Erwählungsgedanke des ganzen Volkes zu einer Art uni=
versaler politischer Vorsehung, bedingt wie von selbst die
schärfste Trennung innerpolitischer Kämpfe auf den Gang
der auswärtigen Politik. So ist ein schroffer Dualismus
hier das entscheidende Ideal.

Ganz anders Deutschland. Nicht wie in England im
Wesen und Ethos des Volkes, wohl aber im Gange der Ge=
schichte der deutschen Einheits= und Reichsbildung durch Kriege
und durch die Aktion des preußischen Staates liegt es begründet,
daß die äußere Politik hier eine primäre Gestaltungskraft
fester Zwangsläufigkeiten für die Bildung und Fortbildung
der Verfassung, für Klassenverschiebungen, Sozial= und Be=
völkerungspolitik und für den Einfluß der politischen Parteien
erhielt. Die Reaktion jeder politischen Gruppe auf die

Rüstungsforderung von Armee und Marine bestimmt hier in einem Maße das politische Gesamtschicksal dieser Gruppe und damit auch das Schicksal ihrer sonstigen Forderungen wie nirgends sonst. Von Frankreich macht Bismarck in seinen „Gedanken und Erinnerungen" die treffende Bemerkung: „Es ist ja ein namentlich in der französischen Politik gebräuchliches Mittel, innere Schwierigkeiten durch Kriege zu überwinden." (Seite 53, Band II.) Das ist es, was Frankreich jenen oft hervorgehobenen Charakter der Unberechenbarkeit in außerpolitischen Dingen in einem Maße gibt, wie er sonst nirgends zu finden ist. Ein durchgreifender Wechsel an den leitenden Stellen, ja ein eingreifendes neues Wahlresultat — und alles ist plötzlich anders: die Meinung, die Presse, die außerpolitische Maßregel, ja ihr Geist. Gewiß ist die gesamte französische Politik der letzten Jahrzehnte, auch die innere, von einer außerpolitischen Idee, der Revancheidee, in Atem gehalten und stark mitgestaltet worden. Aber Maß und Richtung dieses Wirkens war gleichwohl fast ausschließlich an die Männer geknüpft, welche die innerpolitischen Kämpfe an das Ruder des Staates führten. Ein Caillaux als Leiter der Außenpolitik — er hätte ein ganz anderes Verhalten Frankreichs im Werden dieses Krieges bedingt. Und auch dies scheint mir eine konstante Eigenschaft dieses politischen Ethos, daß die staatlichen und nationalen Interessenfragen in der Erwirkung der außerpolitischen Maßregeln weit zurücktreten können hinter allgemeinen politischen, ja weltanschaulichen Sympathien und Antipathien in Fragen z. B. „Autorität und Freiheit", „Ordnung und Demokratie" mit gleichgesinnten politischen Gruppen anderer

Völker. Es hängt mit der Eigenart des französischen Ratio= nalismus, der Herrschaft des starren Allgemeinbegriffs und der scharfen Formulierungen zusammen, daß Fragen der rechten Normgestaltung menschlicher Gesellschaftsangelegen= heiten vor der Beurteilung des speziellen französischen Staats= und Nationalinteresses dem Franzosen ins Bewußtsein zu treten pflegen. Ein Wort wie das Wort „ou" in Sembats Ausruf: „Faites un roi ou faites la paix" ist nur von hier aus verständlich. Man kann, je genauer man die französischen Geistesströmungen vor dem Kriege kennt, in ernstlichen Zweifel geraten, was stärker zum Kriege mit Deutschland trieb: der republikanische positivistische Demokratismus oder die junge nationalistische, gesinnungsmilitaristische (nicht zweckmilita= ristische), da und dort sich mit royalistischen legitimistischen Ideen verbindende (Action française), häufig auch in ver= schiedensten Formen an die Kirche Anschluß suchende Geistes= bewegung des jüngsten Frankreich. Ja man kann in Zweifel geraten, ob man Sembats Wort nicht ebenso berechtigt hätte in die Formel umgießen können: „Faites un roi ou faites la guerre" — mit Deutschland, wie man dann allerdings hin= zusetzen muß. Das prinzipielle Bekenntnis all dieser jungen französischen Gruppen zum Nationalismus, zum sogenannten Klassizismus (Antisorbonnebewegung), zum Kriege und zum militaristischen Ethos, zur Religion und in verschiedenem Maße auch zur Kirche schloß es n i c h t aus, ja forderte es gemäß der obengenannten französischen rationalistischen Eigenart sogar bis zu einem gewissen Grade, daß man nicht nur mit deutschen Vorbildern ganz= oder halbausgesprochen operierte (gerade in diesen Kreisen erfreute sich der deutsche

Kaiser der lebhaftesten Sympathien, desgleichen Bismarck als politische Figur), sondern daß man schon aus dem Unglauben heraus, es könne die gegenwärtige Regierung samt ihrem System einen siegreichen Krieg gegen Deutschland führen, eher friedlich als kriegslustig gegen Deutschland gesinnt war. Auch während des Krieges tönte die schärfste Stimme der Kritik der französischen Regierung aus diesen Kreisen, in denen der Glaube an den Sieg Frankreichs von Anfang an gering war und nach den besten Beobachtern des gegenwärtigen Paris noch heute sehr gering ist. Die Kritik, die Bergson in einer Rede an Deutschland übte, in der er unsere „Organisation" als einen seelen- und geistlosen Mechanismus darzustellen beliebte, wurde gerade von royalistischer Seite aufs schärfste zurückgewiesen. Auch das Recht, uns „Barbaren" zu nennen, haben Angehörige dieser jungen französischen Bewegung den Vertretern des heutigen Frankreich niemals zugestanden, da sie seit Jahren in dem nachrevolutionären Individualismus und der Rousseauschen Gefühlsromantik die Quelle aller modernen Barbarei aufgewiesen zu haben meinten und da sie überzeugt waren, daß auch heute noch alle positiven geistigen Werte Frankreichs von der Literatur bis zum Verwaltungsaufbau im ancien régime verwurzelt seien. Auch der Nationalgedanke und der „Militarismus" dieser Kreise war durchaus nicht so aggressiv gegen Deutschland, als es in unserer liberalen Presse dargestellt worden ist, welche die französische Republik und Demokratie vom Vorwurf der Kriegstreiberei nach Möglichkeit zu entlasten suchte. Der Haß der französischen Demokratie vielmehr auf unser politisches System als einer nicht parlamentarischen

84

strengmonarchischen Regierung, verbunden mit der Angst, es könnte die schon bewilligte gefürchtete dreijährige Dienstzeit als automatische Folge der deutschen Neurüstungen (Wehrbeitrag) eine ständige Einrichtung werden, haben in letzter Minute stärker zum Kriege angetrieben als jene neunationalistische und neumilitaristische Agitation. Dieser junge französische Nationalismus, der von den Kreisen der royalistischen Action française bis in die französische Demokratie (z. B. der edle, jüngst gefallene Charles Péguy gehörte noch dazu) hineinreichte, hatte die Revancheidee und das Problem des Elsaß weit stärker zu einer erzieherischen Idee der französischen Jugend umgestaltet als zu einer kriegfordernden Ursache. Besinnung auf die großen geistigen Wurzeln der französischen Kultur als einer eigentümlichen Blüte des Menschengeistes neben anderen, nicht agitatorische Ausbreitungslust der Ideen des französischen politischen Systems (wie sie seit den Revolutionskriegen höchst aggressiv zu wirken nie völlig aufhörte), war dieser Nationalismus an erster Stelle. Der Militarismus der geistigen französischen Jugend aber war in erster Linie der seiner Natur nach wenig aggressive „Gesinnungsmilitarismus", das heißt eine neue seelische ritterlichere Haltung zum Triebleben, n i c h t eine praktische Überlegung, was man mit dem vorhandenen Heer zur Erreichung von Zwecken einer ihrem Wesen nach unmilitärischen plutokratischen Regierung beginnen könne. Weit entfernt also, daß der Ausbruch des Krieges in diesen jungfranzösischen Kreisen als Erfüllung von geheimen Hoffnungen gewirkt hätte, wurde der Kriegsausbruch vielmehr als vorzeitige Unterbrechung eines auf lange Zeitdauern ange-

legten nationalen Erziehungswerkes empfunden, als Vernich=
tung von Lebenskeimen eines französischen Rinascimento vor=
züglich seelischer und geistiger Art. Ich sagte an anderer Stelle,*
daß gerade der „Gesinnungsmilitarismus" im Gegensatz zum
„Zweckmilitarismus" so stark werden kann, daß er den fak=
tischen Krieg fast ausschließt. Diese Tatsache kann in edelster
Form, sie kann auch gegebenenfalls in komischer Form in die
Erscheinung treten. Es geht tief gegen das Gewissen und We=
sen des Menschen soldatischen Geistes, daß er sein Leben „für"
neue Absatzgebiete hingeben und Blut auf die eine Hälfte
der Wagschale, Waren und ökonomische Vorteile, ja
selbst territoriale Erweiterungen auf die andere Wagschale
lege. Also denken unmilitärische Regierungen, die Klassen=
interessen verwalten, und die selbst leer militärischen Gei=
stes den Soldaten nur für ihre Zwecke gebrauchen. Aber
gerade da, wo das Militärische als Lebensform auch an sich
geschätzt wird, als Lebensform, in der sich Tugenden und Lebens=
stile einer besonderen Art am besten realisieren lassen, pflegt
das aggressive zum faktischen Krieg treibende Motiv gerade
in unserem Zeitalter um so mehr zu fehlen, als diese Motive in
dieser Zeit so unheimlich stark ökonomisch durchwirkt zu sein
pflegen. Bis zur Komik gesteigert, tritt dies Gesetz hervor im
Vater Friedrichs des Großen, der schon um der Freude an
seinen Grenadieren und der peinlichen Ordnung ihrer Diszi=
willen Kriegen aus dem Wege ging. Der preußische Feld=
webel, der nach Beendigung des Krieges zu den Soldaten
sagt: „So Kerls, jetzt stramm gestanden, jetzt wirds wieder

---

* Siehe den Aufsatz über „Militarismus" in diesem Bande.

86

ernst" vertritt nur die niedrige, technische und darum grotesk komische Form des Gesinnungsmilitarismus. Die vielgescholtene Liebe zum sogenannten „Krieg an sich" hemmt oft den faktischen Krieg; der Haß gegen den „Krieg an sich" führte gerade im Ursprung dieses Kriegs um so leichter zum faktischen Kriegsausbruch, als man das große Stück des preußischen Gesinnungsmilitarismus, der im deutschen Militarismus steckt, seitens der Gegner verkannte und hinter unseren Neurüstungen in Heer und Marine immer ganz bestimmte politische Zwecke und kriegerische Absichten suchte, die wir — faktisch gar nicht besaßen. Gerade die Unsichtbarkeit bestimmter weltpolitischer Pläne auf unserer Seite — trotz der ungeheuren staatlich militärischen Machtentfaltung — machte Ländern, die den Militarismus nur und ausschließlich als Zweckmilitarismus begreifen können, und deren unmilitärische bürgerliche Regierungen das Heer nicht als organischen Bestandteil des Staates und Volkes, sondern nur als mechanisches Werkzeug für Zwecke begreifen, die ganz jenseits aller militärischen Gesinnung gesetzt werden, das neue Deutschland so unheimlich und unverständlich. Man sah ungeheure Kräfte und aufgestapelte Macht, für die man Ziele suchte, die gemäß der Sonderart der eigenen politischen Gesinnungsstruktur „wägbarer" Art sein sollten. Man sah in jedem Augenblick einen schwer gerüsteten Soldaten daherklirren — und frug sich angstvoll, wohin er wohl ginge. Daß er häufig nur — spazieren ging, das wollte niemand glauben. An die Leerstelle der Zwecke und Ziele, die man nicht sah — setzte gerade die Phantasie des modernen demokratischen positivistischen Frankreich die ungeheuerlichsten Gebilde von

geplanten Überfällen der „kaiserlichen Ulanen", und die unge=
heure Angstwirkung dieser Fantasiegebilde erzeugte gerade in
Frankreich eine Nervosität, die klare Besinnung und psycho=
logisches Verständnis des Gegners völlig ausschloß. Die eigene
echt gallische Liebe zur Intrige verlegte auch in den Gegner
lange intrigante Pläne und Zweckreihen, mit denen man jene
faktische Leerstelle ausfüllte. Nun, gerade von dem anders ge=
sinnten antipositivistischen, gesinnungsmilitaristischen, gegen die
plutokratische Republik mit ihren hyperdemokratischen Allüren
so stark skeptischen Frankreich aus, — von jenem Frankreich
aus, dem sich die beste deutsche Jugend verwandter fühlte und
die sich ihrerseits der deutschen Jugend verwandter fühlte, als
man weiß, — durfte ein tieferes Verständnis auch unseres
Militarismus, ja unseres ganzen Wesens erwartet werden.
Dieses Verständnis war auf dem besten Wege, sich zu bilden
und tausend Fäden menschlicher, persönlicher, wissenschaft=
licher, religiöser und literarischer Art konnte der Kenner bereits
wahrnehmen. Nicht diese junge Bewegung, sondern die
übermächtige Stärke des Alten in Frankreich, das heißt
der Ideen von 1789, war eine starke Miturſache des Krieges.

Man darf natürlich weder die sehr verschiedenartigen
Sonderarten der Bewegungen des jüngsten Frankreich vor dem
Kriege, die sich als Verjüngungswillen zusammenfassen
lassen, zu gleichartig auffassen, noch darf man ihre Bedeu=
tung überschätzen. Die Action française z. B. war bei ihrer
oft geckenhaften Kirchlichkeit und trotz ihrer hervorragenden
Mitglieder (Jules Lemaître, Paul Bourget) im großen
ganzen ohne tieferen religiösen Gehalt. Die Kirche mehr als
Autoritäts= und Ordnungsmacht, denn als religiöse Lebens=

quelle war ihre Devise. Aber ihr standen sehr echte religiöse
Erneuerungen zur Seite, die bald an die vorher geschilderte
augustinische Tradition des altfranzösischen Denkens (z. B.
La Bruyère), bald an Bossuet und Fénélon anknüpften,
das heißt der edelsten Tradition, die Frankreich in dieser Rich=
tung besitzt. Auch in der jungen französischen Literatur, die
sich von den ihren Doktrinen nach prodeutschen Rénan, Taine,
Zola, weit abgewandt hatte, in Personen z. B. wie André
Gide, Claudel, Romain Rolland, Francis Jammes und
anderen war ein Geist an der Arbeit, der der Politik des
regierenden Frankreich tief entgegengesetzt war. Und das=
selbe gilt für die sogenannte Antisorbonnebewegung und die
neoklassische Richtung, dasselbe auch für die von Henri
Bergson berührten Kreise. Auch die syndikalistische Be=
wegung, deren Theoretiker Sorel an die Bergsonsche Frei=
heitslehre anknüpfte, war — so grundverschieden ihre Ziel=
inhalte von den Zielen der genannten Bewegungen waren —
nicht nur von demselben geistigen Temperament durchflossen wie
jene anderen jungen Gruppen; ihr bewußt apolitischer, anti=
kapitalistischer, revolutionär gewerkschaftlicher Geist mit dem
Ziele einer Selbstorganisation der Arbeiterschaft von unten
auf bedeutete keinen geringeren Bruch mit den „herrschenden
Ideen" des politisch führenden Frankreich, als jene anderen
Gruppenbewegungen.* Gerade die Tatsache, daß sich in Frank=
reich die Abkehr von diesen „herrschenden Ideen" in so grund=
verschiedenen Formen und mit so grundverschiedenen Ziel=

---

* Vgl. hierzu das treffende Urteil von F. Meineke in „Germanischer und
romanischer Geist im Wandel der deutschen Geschichtsauffassung" (Ber. d.
Pr. Ak., 1916, VI, S. 14).

inhalten vollzog, und daß wir trotzdem in allen diesen Formen denselben Verjüngungswillen und denselben antikapitalistischen Rhythmus gewahren, überall auch eine analoge Aktionsfrische, läßt es ausgeschlossen erscheinen, hier nur die Macht einer Partei oder zufälliger Minoritäten vor uns zu sehen. Was immer noch aus alldem werde — ein kraftvoller Verjüngungswille des Volkes als Ganzen lag doch alldem mit zugrunde. Mit nichtssagenden Redensarten wie der Redensart vom „absterbenden" oder „niedergehenden" Frankreich sollten wir daher vorsichtiger sein als wir sind.

Schließlich möchte ich noch einen Tatbestand erwähnen, der nicht ohne eine gewisse Paradoxie ist. Der Kriegszustand hat es mit sich gebracht, daß innerhalb der ungeheuren Schwatzhaftigkeit der Durchschnittspressen der feindlichen Länder die vor dem Kriege an der Spitze dieser Länder marschierenden kleinen geistigen Minoritäten überall völlig unterdrückt sind, und daß sich als Gesamteffekt der sogenannten öffentlichen Meinungen nur diejenigen Stimmen äußern, die gleichzeitig Stimmen der stabilen Massen der Länder und Ausdruck alter festgewordener Verhältnisse sind. So hören wir überall weit mehr die Stimmen von gestern und vorgestern als jene von heute und von — morgen. Es sind gegenwärtig auch die Stimmen des jungen Frankreich in der französischen Presse fast unhörbar. Demokratie gegen Autorität, Nationalgedanke gegen Staatsgedanke, Freiheit gegen Ordnung, Pazifismus gegen preußischen Militarismus wird uns als die Seele des Krieges der Entente gegen die Zentralmächte dargestellt. Merkwürdig genug, daß dieses Bild sich fast umkehrt, wenn wir auf die je neuen, jungen Geistes-

90

bewegungen bei uns und innerhalb der feindlichen Länder
achten. Da finden wir, daß gerade bei uns in Deutschland,
trotzdem — oder weil? — der Militarismus als Werk einer
hundertjährigen Arbeit selbstverständliche Lebensluft ist und den
Staatsgeist selbst durchdringt, die jüngeren Geistesbewegun=
gen einen auffallend pazifistischen und demokratistischen Cha=
rakter an sich tragen; wogegen in Frankreich, Italien, ja
selbst in England diese „jungen" Bewegungen in die ent=
gegengesetzte Richtung zielen. Hie Rudyard Kipling und
D'Annunzio — hie Gerhart Hauptmann, Stefan George,
Rilke, Werfel! Hier Bergson, Boutroux, Péguy, Barrès,
René Bazin, Etienne Rey und die früher Genannten, dort
eine wenn nicht grundsätzlich dem Militarismus und Na=
tionalgedanken oppositionelle geistige Jugend, so doch eine
zu ihnen vorwiegend oppositionelle Haltung, eine Haltung,
die Heer und Krieg höchstens aus Zweckmäßigkeitsgründen
rechtfertigt. Und für Italien (Leonardokreis in Florenz,
italienischer Teil der Renaissance latine, Futurismus) gilt
wiederum dasselbe. Ganz ungleichwertig sind gewiß diese Er=
scheinungen. Aber nicht nach ihrem literarischen, philoso=
phischen und sonstigen Wert, sondern nur als soziologische
Symptome geistiger Volksbewegungen werden sie hier be=
trachtet. Die sonderbare Erscheinung mag damit zusammen=
hängen, daß bei uns im großen ganzen Demokratismus, Anti=
militarismus, Freigeistigkeit oppositionell sind, in den west=
lichen Ententeländern aber eher ihr Gegenteil oppositionell
ist und es gleichzeitig eines der beklagenswertesten Gesetze des
heutigen europäischen höheren Geisteslebens überhaupt ist, daß
es sich nur wesentlich oppositionell und kritisch, nicht von

Hause aus schlicht aufbauend und verantwortungswillig entfalten kann. Vergleicht man eine kürzlich erschienene deutsche Schrift mit den italienischen, französischen und amerikanischen Bewegungen, welche beide die (nach unserer Meinung grundfalschen) philosophischen Voraussetzungen der neuen sogenannten Tatphilosophie teilen, so ergibt sich das sonderbare Resultat, daß trotz derselben Voraussetzung die ethischen und politischen Ziele grundverschieden sind. Innerhalb der Ententekreise führte jener Pragmatismus, Meliorismus, jener Standpunkt der „Action directe" — oder wie sich das ziemlich Vage sonst nennen mag — zu extrem nationalistischen und militaristischen Konsequenzen, ja zum großen Teil zu dem bekannten Preis des „Kriegs an sich". Hier — genau zum Gegenteil. Hielten wir diese ganze zwischen Florenz, Paris, Oxford, Chicago spielende Bewegung der neuen „Tatphilosophie" nicht schon aus sachlichen (hier nicht aufzuführenden) Gründen für philosophisch falsch — schon diese Tatsache würde uns in dem Mißtrauen bestärken, daß nicht Sachen und inhaltliche Ziele, sondern der bloße G e i s t der Opposition gegen das, was in den betreffenden Ländern gerade „gilt", sie geboren hat. Ist dies z. B. Militarismus — so Antimilitarismus; ist es Antimilitarismus — so Militarismus. Aber so stark d i e s e r Faktor mitwirkt, — ausschließlich vermag er uns die sonderbare Paradoxie im Verhalten der geistigen Jugend bei uns und in den Westländern nicht zu erklären. Es kommt wohl noch dazu, daß der Militarismus bei uns heute eine selbstverständlich gewordene gewaltige Organisation ist, und nur wenige geneigt sind, sich in sein geistsprühendes Werden im Ablauf der großen Heeres-

reformen zu verfenken, um ihn dann im gleichen Geifte weiter=
zubauen; daß er aber, in den uns feindlichen Ländern wenig=
ftens, als Gefinnung gleichfam im Stadium der Pubertätszeit
fteht und darum von frifcherem Geifte und ftärker gerade von
der geiftigen Jugend getragen ift als bei uns. Endlich aber
ordnet fich diefe Erfcheinung einer allgemeineren Erfcheinung der
letzten Jahrzehnte ein, die oft wie eine Art momentanen Aus=
taufches der Nationalgeifter frappieren könnte, — wenn fol=
ches nicht im Ernfte unmöglich wäre. Verfteht man unter
„deutfch denken" foviel wie denken im Geifte unferer großen
philofophifchen Tradition, unter englifch und franzöfifch denken
aber dasfelbe für die großen Traditionen diefer Länder, fo gibt
es nicht nur eine, fondern gar viele Erfcheinungen, die zeigen,
man habe vor dem Kriege gerade in der geiftigen Jugend der
Entente=Länder England und Frankreich mehr deutfch gedacht
als englifch und franzöfifch, in Deutfchland aber mehr eng=
lifch und franzöfifch als deutfch. So wurde in der Philofophie
Englands und Amerikas durchaus nicht mehr Locke, Hume,
Mill, Spencer weitergebildet, fondern ganz gewaltig viel
ftärker Kant, Hegel und die Ideen des klaffifchen Idealis=
mus. Auf englifchen Lehrftühlen der Zoologie und Botanik,
der Anatomie und Phyfiologie gibt es faft keinen Darwiniften
mehr, auf denen der Pfychologie faft keinen Affoziations=
pfychologen mehr — wogegen es bei uns davon wimmelt. Ob=
gleich unfere deutfche Denkweife im Sinne der Tradition anti=
pofitiviftifch und antiutilitariftifch ift, trug unfere Wiffenfchaft
vor dem Kriege einen weit ftärkeren pofitiviftifchen und utili=
tarifchen Charakter als die Wiffenfchaft in den Heimat=
ländern diefer Denkweifen. Der fogenannte Bergfonisme

und was sich in Frankreich um ihn gruppierte war eine völlig unfranzösische Erscheinung — schon ob seiner irrationalistischen und mystisch-romantischen Einschläge. Lassen wir es dahingestellt sein, wie weit Bergson unmittelbar Einflüsse Schellings und Schopenhauers erfuhr — auf alle Fälle war sein Geist diesen deutschen Gedankensystemen sehr viel näher als irgendeinem der französischen Klassiker. Analoges gilt für Boutroux. Mögen ältere französische Schriftsteller und Denker, z. B. Rénan, Taine, Rémy de Gourmont, Zola über Deutschland freundlicher geurteilt haben als die Führer der geistigen Jugend des gegenwärtigen Frankreich — sie haben doch weit französischer gedacht als die letzteren. Es mutet vom Standort der heutigen französischen Jugend wie ein völlig unfaßlicher Anachronismus an, wenn uns Deutschen ein Schriftsteller von der Präponderanz Heinrich Manns Zola — gerade Zola, den schon Friedrich Nietzsche völlig ausreichend charakterisierte! — als eine Art geistiges Vorbild empfiehlt. Es gibt wohl keinen französischen Schriftsteller, der im jungen Frankreich heute ungültiger ist wie gerade Zola. Analoges würde eine Übersicht über die religiösen und die dem Ursprung nach deutschen sozialpolitischen Bewegungen (Rückgang bei uns, Fortschritt in England und Frankreich) in den verschiedenen Ländern zeigen. Bei uns in Deutschland, dem Land der organischen Einheit von Kirche und Staat, kann es sein, daß ein großer Teil ernster Jugend dem völlig undeutschen Monismus Haeckels und Ostwalds huldigt*, ja dieser Monismus konnte zu einer Art „religiöser Bewegung" aufgebauscht werden.

---

* In einer Denkweise abgestandensten Freidenkertums und Positivismus romanischer Herkunft.

In den Ländern der scharfen Trennung von Kirche und Staat, in Frankreich und Italien, das heißt in Ländern wesentlich antireligiöser Regierungen, sahen wir vor dem Kriege einen weit intensiveren positiven religiösen Geist als bei uns. Muß man angesichts der prinzipiellen Opposition alles Geistes, der überhaupt heute fast alle jungen geistigen Bewegungen beseelt, auch hier nicht sowohl von einem „trotz", sondern von einem „wegen" reden? —

Wie sich das Gesamtverhältnis Frankreichs und Deutschlands nach dem Kriege bestimmen wird, wissen wir nicht. Prophezeiung ist hier das Unsinnigste, was man versuchen könnte. Nur ein paar Gesichtspunkte sollten einstweilen unsere Einstellung auf diese Fragen bei der genauen Beobachtung der französischen Erscheinungen mit bestimmen.

1. Frankreichs äußere Politik ist stärker abhängig von der inneren Politik als die jedes anderen Staates. Diese Politik ist die Politik der Überraschungen. Ist sie konstitutiv „unberechenbar", so müssen wir wenigstens mit dieser „Unberechenbarkeit" wie mit einer festen Größe rechnen. Wir dürfen also die Erscheinung des abgründigen französischen Hasses und der Preßschmähung hier weit weniger für ein Zeichen der Notwendigkeit endgültiger Scheidung nehmen als sonstwo, z. B. in England.

2. Die englische Presse — in vermindertem Maße selbst die russische — bringt die faktischen Gruppenmeinungen deutlicher und genauer zum Ausdruck als die französische Presse, die weit zentraler geleitet und viel stärker durch den Geist der gerade herrschenden Regierung bestimmt ist. Es wäre also eine gewaltige Täuschungsquelle, das faktische französische Denken

über uns genau ebenso aus der Presse erschließen zu wollen, als die faktische englische Denkweise aus der englischen Presse. Ist also die gegenwärtige französische Presse sehr viel schmäh= süchtiger als die englische, so ist dies kein Beweis, Frankreichs Haß sei faktisch unversöhnlicher als Englands. Jede neue Regierung kann die Presse in Frankreich völlig verändern — in England nicht.

3. Die französische geistige Jugend, desgleichen die jungen geistigen Bewegungen in Frankreich sind um der billigen De= vise „Demokratie contra militärischen Obrigkeitsstaat" willen zur Zeit fast völlig unterdrückt, und nur in der Führung der Armee (Joffre und Gallieni sind Gegner der „herrschenden Ideen") sowie in der tüchtigen Art, in der sich die französische Jugend schlägt, tritt uns der junge Wiedergeburtswillen des jungen Frankreich in die Erscheinung.

4. Trotzdem der uns Deutschen überraschend kraft= volle militärische Widerstand Frankreichs im Kriege stärker von dem jungen Nationalgedanken und dem Neomilitaris= mus der Gesinnung beseelt ist als von den „herrschenden Ideen", haben nicht die Träger dieser jungen Bewegungen den jetzigen Krieg gegen Deutschland zu veranlassen die Ab= sicht gehegt. Die Revancheidee war ihnen eine Idee der natio= nalen Erziehung, die Idee bleiben mußte — wenn sie ihre pädagogische Kraft entfalten sollte. Soweit „Ideen" über= haupt zum Kriege geführt haben, waren es jene „herrschenden Ideen", die eben diese Jugend bekämpfte. Gar einen realen Faktor innerhalb der Kriegsursachen zu bilden, fehlte dieser Jugend schon die Größe des Einflusses auf die Wählerschaft. Also bleibt die Verantwortung für den Krieg durchaus auf

seiten der plutokratischen Demokratie und ihrer jahr=
zehntelangen Politik. Die geistige französische Jugend tut
heldenmütig alles, um ihren Staat und ihre Nation aus der
furchtbaren Gefahr herauszureißen, in die sie die von ihr be=
kämpfte Regierungs= und Geistestradition in Frankreich ge=
führt haben. Für den Eintritt dieser Gefahr darf sie gleich=
wohl die Verantwortung ablehnen.

5. Angesichts des Tatbestandes, daß politische und sonstige
Gesinnungssympathien in der Außenpolitik Frankreichs stär=
kere Faktoren darstellen als in der Außenpolitik anderer Na=
tionen, darf gefragt werden, ob wir Deutschen von den alten
Vertretern der Revolutionsidee, der Freiheit, Gleichheit, der
Demokratie und der Abrüstung, der religionsfreien Schule und
des humanitären Internationalismus versöhnlichere Hände
auf die Dauer zu erwarten haben als von den Vertretern der
„jungen" französischen Ideen der Ordnung, der Autorität,
der Pflicht, der positiven Religiosität, des Gesinnungsmilitaris=
mus und der klassisch orientierten neuen Nationalidee — end=
lich auch der royalistischen und bonapartistischen Parteien.
Im Gegensatze zu der zurzeit in Deutschland herrschenden
Meinung, die sich ganz einseitig an der Figur von Jaurès
orientiert, bin ich der Meinung, daß wir von dem bei uns
vielgescholtenen jungen geistigen Frankreich auf die
Dauer mehr Verständnis und stärkere Sympathien zu er=
warten haben als von dem alten Frankreich und den die Presse
füllenden „herrschenden Ideen".

6. Da der Grundzug des französischen Ethos — wie wir
sahen — Ehrenethos, Ruhmesethos, Prestigeethos ist, muß
bei allen einstigen Friedensverhandlungen dieser Punkt am

7   97

meisten geschont werden, wenn eine Annäherung nicht dauernd ausgeschlossen werden soll.

Daß eine solche prinzipiell möglich, fahren wir auch heute fort zu glauben. Es bleibt eine Tatsache, daß uns kein wesentliches und direktes staatliches und nationales Realinteresse von Frankreich scheidet — so wie direkt von England, so wie indirekt durch Österreich hindurch von Rußland. Eine Idee steht zwischen uns, die Idee der Revanche — dazu tausendfältiges Mißverständnis. Diese aber sind — trotz allem Haß — prinzipiell überwindbarer als direkter Widerstreit realer Lebensinteressen.

Über
die Nationalideen der großen Nationen.

Um 29. Mai des letzten Jahres hielt der derzeitige Präsident der Académie française, der auch in Deutschland wohlbekannte Philosoph Emile Boutroux in Lausanne einen Vortrag über die französische Nationalidee, der in mehr als einer Hinsicht unserer Beachtung wert ist. (S. Bibliothèque Universelle et Revue Suisse, Nr. 238.) Schon die Problemstellung verdient weit mehr Aufmerksamkeit, als ihr bisher zuteil geworden ist. Die Frage, die bei aller theoretischen Beschäftigung mit dem Problem der Nationen immer wiederkehrt, ob wir es bei einer Gruppe oder Bewegung, die sich „nationalgesinnt" nennt, auch mit echter und unmittelbarer nationaler Gesinnung zu tun haben oder mit einer der vielen Formen nationalistischer „Ideologien", durch welche ein irgendwie an die Nation mitengagiertes partikulares Interessengebiet einer Klasse seine Interessenten sich nur darum „national" gebärden läßt, um die ganze Nation in die Dienste dieses Interesses zu stellen, besitzt zu ihrer Beantwortung ein charakteristisches höchstes Kriterium. Ist die Gruppe echt nationalgesinnt, so wird sie sich niemals auf den allgemeinen Begriff der Nation berufen, der für alle Nationen derselbe ist, sondern stets auf die konkret-individuelle Nationalidee der eigenen Nation. Haben wir es dagegen mit einer unechten „Ideologie" zu tun, die zur treibenden Kraft nur die in allen Nationen gleichartigen Klassen-Interessen hat, so ist dafür das erste Zeichen, daß die individuell konkreten Nationalideen übersprungen werden und in der Argumentation die eigene Nation nur als ein „Fall" von Nation überhaupt erscheint. Nationalistische (freilich auch internationalistische) „Ideologien" solcher Art gibt es eine ganze Menge. Z. B. die Ideologie des je national engagierten beweglichen Kapitales, die Ideologie der an dieses Kapital engagierten Arbeiterinteressen, die nationalistischen Ideologien gewisser Berufe (z. B. Militärparteien, Kriegslieferanten), die Ideologie der nationalistischen Stellenjägerei und Ämtersucht in Österreich vor dem Krieg, oder gewisser kirchlicher Gruppen (so z. B. die Angriffsschrift der französischen Katholiken, aber auch die von der evangelischen Solidarität zwischen Deutschland und England genährte Lehre von einer tiefen nationalen Geistesverwandtschaft zwischen Deutschland und England). Schon darum ist es von höchster Wichtigkeit, den seinem Ursprung nach stets internationalen „Nationalismus" von den konkreten Nationalideen, die auf dem Boden der Nationen selbst erwuchsen, genau zu scheiden.

Schon darin zeigt sich ein tiefgehender Wesensunterschied der heute im Krieg befindlichen Großmächte, ob und wie weit sie sich selbst primär überhaupt als Nationen oder als Staaten bezw. als Reiche usw. fühlen und begreifen. Ganz offenkundig ist, daß sich primär als „Nationen" nur Frankreich und Italien selbst verstehen, das heißt die beiden geschlossensten nationalen Staatskörper Europas — beide mit einer ganz sonderbaren historischen Vergeßlichkeit über die staatlichen Einheitsgrundlagen ihres gegenwärtigen nationalen Bewußtseins. England, dessen Volkstum, Sitte, Tradition auch jenseits aller Staatsgewalt so zähe zusammenhält, faßt sich selbst primär weder als Staat noch als Nation auf, sondern als „Empire"; Rußland gar hat die Nationalidee überhaupt nicht aus sich heraus geboren; nur ein kleines Häuflein seiner „Intelligenz" hat diese Idee vom Westen importiert bekommen und dann mit ganz anderen Dingen zu verflechten gewußt. Seine lebendige und umfassende Einheit bekundet sich in der Formel „Gott und der Zar", das heißt sie ist wesentlich durch Orthodoxie, die vorwiegend russische Sprache und den im Zaren vorbildlichen Patriarchalismus der auch heute noch herrschenden gesellschaftlichen Struktur bedingt. Das deutsche Nationalbewußtsein überhaupt ist das — historisch — noch am wenigsten staatlich und politisch fundierte in ganz Europa — wie es denn auch während der Zeiten weitgehendster staatlicher Zersplitterung Deutschlands als nationales Kulturbewußtsein erhalten blieb. Aber es ist doch auch heute noch stark fühlbar verschieden vom deutschen Staatsbewußtsein — und dies trotz der Politisierung, die es zuerst in der Befreiung vom Joche Napoleons und später durch Bismarck und das Reich erfahren hatte. Schon die abgesprengten Stämme in der Schweiz, im vlämischen Belgien, in Kurland und Österreich bringen es mit sich, daß Deutschland sich primär als Staat und erst sekundär auch als Nation begreift. Es ist also höchst paradox, daß — wie Boutroux aufs neue beweist — das gesamte französische Denken die

Nation dem Staate an Bedeutung weit überordnet. Denn gerade das französische Nationalbewußtsein ist durch das Werden des absoluten Staates im 17. und 18. Jahrhundert weit stärker bedingt als das deutsche. Niemals hat es die Prüfung auf seine staatsfreie Haltbarkeitsgrenze erfahren, eine Prüfung, die dem deutschen so viele Jahrzehnte zuteil wurde. Boutroux hat ganz recht, wenn er an der deutschen Philosophie zeigt, daß sie seit Kant überhaupt dazu neigt, nur den Staat als eine höchste sittliche Sozialgröße anzusehen, die Nation aber (gleich dem „Volke" und in der Tat meist viel zu wenig von ihm unterschieden) zu der Gruppe der bloß „natürlichen" Gemeinschaftsbildungen zu rechnen. Der Staat, er ist schon Kant das höchste soziale Gut, — nicht die Nation. Der Staat ist Hegel die „objektive sittliche Vernunft", ja „der lebendige Gott auf Erden", — nicht die Nation. Auch ich finde in diesen und ähnlichen Bestimmungen maßlose Übersteigerungen der Staatsidee, verständlich nur als Überspannungen und Generalisierungen des eigenartigen Selbstbewußtseins eines konkreten Staates, nämlich Preußens, das heißt eines Gebildes, das gleichsam modern rationaler „Staat", unsichtbares selbstgeprägtes Willenswesen in puro ist, so daß auch das Adjektivum „preußisch" in natürlicher Sprechweise nur in die Verbindung „preußischer Staat", nicht in jene preußisches Volk (so wie bayrisches Volk usw.) eingeht. Als „deutsch" schlechthin können diese philosophischen Übersteigerungen also durchaus nicht gelten, wohl aber kann dafür gelten, daß die Staatsidee überhaupt bei uns auch da noch einen Gefühlsvorzug vor jener der Nation genießt, wo wir von der „deutschen Nation" in der Sprache des Tages (nicht wissenschaftlich) reden — wobei kaum jemand etwa die deutsche Schweiz mitumspannen will. Doch auch dieser „Vorzug" muß richtig verstanden werden. Der Staat ist uns Deutschen nicht, wie es Boutroux darstellt, das höchste irdische Gut schlechthin, sondern nur das höchste Willens= und Handlungsobjekt der Geschichte. Gewiß stellen wir die Nation praktisch im Dienste des Staates, nicht über ihm herrschend vor und sind weit entfernt, mit den Franzosen den Staat nur als die „Organisation der Nation" zu be= greifen oder gar einer „Nationalversammlung" das Recht zu vindizieren, den Staat nach ihrem Majoritäts=Belieben umzuformen, denn das hieße die Nation als solche auch zu einer politisch handelnden Kraft machen. Das Schicksal des Frankfurter Parlaments ist dafür charakteristisch. Dar= um bleibt uns aber doch der höchste Sinn des Staates selbst nur darin beschlossen, daß er die sittlich autonomen und freien Kräfte der ihm unterworfenen Gruppen und Personen zu entfalten und in zweiter Linie die in der Nation schlum= mernden, nach Stämmen und Individuen ganz verschieden= artigen kulturbildenden Anlagen zu ihrer höchsten Wirksam= keit zu bringen habe. Ganz anders Frankreich! Einerseits der häufige Wechsel der Regierungen und Verfassungen seit dem Sturz des ancien régime, andererseits die nur durch die einzigartige Traditionsträgheit aller mittleren und niederen Verwaltungsformen — trotz dieser Verfassungsänderungen — begreifliche Vergeßlichkeit der Franzosen, daß doch die Einheit ihres Nationalbewußtseins weit stärker durch den Staat ge= schmiedet wurde als das deutsche Nationalbewußtsein, haben es zusamenwirkend mit sich gebracht, daß die Franzosen die

Staatseinheit als das Flüchtige, Wechselnde, die nationale Einheit aber als das historisch Konstante und Feste begreifen. Und dieselben Momente haben auch bewirkt, daß sie auch den politischen Willen in die Nation zu verlegen neigen und gerade damit die sittliche und kulturbildende Mannigfaltigkeit der nationalen Kräfte einer künstlich-uniformen Regelung unterwerfen, die der deutschen Freiheitsidee in allen Dingen des Geistes (z. B. Sprache, Kunst usw.) ganz und gar zuwider ist. Gerade das, was Boutroux die französische Nation nennt, ist faktisch nur der nachdauernde Geist des hinter dem rapiden Regierungs- und Verfassungswechsel verborgenen unüberwundenen ancien régime; diese „Nation" ist also in ganz besonderem Maße Staatswerk, Tradition einer Phase des französischen Staatslebens. Indem Boutroux diese uns natürliche Achtung vor den genannten freien Kräften, deren Dasein wir für alle unsere berühmte „Organisation" als selbstverständlich voraussetzen und für deren höchste Auswirkung wir alle „Organisation" nur gestalten, unterschlägt; indem er in unserer „Organisation" vielmehr eine staatliche normative Leitung der Gewissen und der Geister sieht, erweckt er das schaurige Bild eines öden Staatsmechanismus, in dessen Fangnetzen bei uns alles schöpferische Leben von Individuum und Nation ersticke. Er merkt dabei gar nicht, daß er uns dabei die französische Idee einer zentralisierten Staatsmoral und Staatskultur als Ideal zuerst unterschiebt, und er sieht nicht, daß dem germanischen Staatsbegriff überhaupt von Hause aus nichts fremder ist, als dem Staate eine die Gewissen leitende und eine kulturschöpferische oder auch nur kulturregelnde Rolle zu geben.

Die Entwicklung der französischen Nationalidee durch Boutroux ist zwar echt französisch — aber sie ist leider auch voll grausamer Widersprüche. Zuerst wird die Nation als eine „moralische Gesamtperson" definiert, die im Verhältnis zu andern Nationen denselben „Prinzipien der Freiheit und Gleichheit" unterlägen, welche die Erklärung der Menschenrechte von 1789 für die Individuen geltend gemacht habe. „La théorie française de la nationalité consiste à étendre aux nations ce qui, dans cette maxime, est affirmé des individus". Aber im selben Atem, in dem die Nation als eine selbständige moralische Person erklärt wurde, wird als Zeichen (marque) der Personalität einer Nation der gemeinsame bewußte freie Wille der Bürgerindividuen (citoyens) erklärt, gemeinsam zu leben und ein „politisches Gemeinwesen" zu bilden (communité politique). Hat man je gehört, daß die Einheit einer Person auf dem freien, bewußten Willen ihrer Teile beruhen könne? Es ist doch klar: Entweder ist die Nation keine „Person", dann mag sie auf so etwas wie „libre consentiment" beruhen oder ihre Einheit doch an diesem „consentiment" gemessen und beurteilt werden; oder sie ist eine personale Realität, und dann müssen es völlig andere Kräfte sein, die sie zur Einheit zusammenbinden, als solche „freier Willenserklärung" der Individuen. Im Willen gar „ein politisches Gemeinwesen zu bilden", wird der Staat (echt französisch) schon in die Nation hineingeheimnißt — so daß es dann freilich nicht mehr allzu schwer ist, den Staat der Nation hinterher pathetisch unterzuordnen. Schon in diesen Punkten ist unsere deutsche Nationalidee in der Tat eine völlig andere. Nation — das ist für uns eine geistige Gesamtperson, die in allen Gliedern, (das heißt Familien, Stämmen, Völkern, denn Individuen sind niemals „Glieder“) ursprünglich mitlebt und dies auf solche Weise, daß nicht individuelle Selbstverantwortung des Einzelwillens, ihr anzugehören, sondern ursprünglich solidarische Mitverantwortung jedes Gliedes für Existenz, Sinn und Wert des Ganzen das sittliche Wesen der „Nation“ ausmacht. Diese Solidarität aber bewegt sich für uns zunächst nur in der moralischen und geistigen Sphäre und ist scharf gelöst von allem „politischen“ Gemeinwesen und positivem Rechte. Aber was Herrn Boutroux eben noch bloßes Zeichen (marque) der Existenz einer Nationalperson war (libre consentiment), das wird ihm im Fortgang der Untersuchung, in dem er sich der elsaß-lothringischen Frage zuwendet, flugs zum Wesen der Nation überhaupt — so daß die „Personalität“ der Nation sich schließlich in einen momentanen Versammlungsbeschluß vorstaatlicher „citoyens“ gemäß dem puren Majoritätsprinzip auflöst.

Zwar stellt Herr Boutroux ein Prinzip auf, das wir im Gegensatze zu seiner Behauptung und etwaiger Erwartung durchaus unterschreiben. Es lautet, daß rein objektive und nur auf Grund von „Quellen“ durch die Wissenschaft feststellbare Tatbestände der Geschichte der Art z. B., „wem einst ein Territorium gehörte“, welche objektive Rassenzusammensetzung eine Bevölkerung besitzt usw., niemals als Kriterien der nationalen Zugehörigkeit einer Gruppe verwandt werden dürfen, sondern nur je gegenwärtige in dieser Gruppe erlebte und von ihr wie von den um sie konkurrierenden Nationen erlebbare Tatsachen. Aber das ist nun echt französisch, daß Herr Boutroux zwischen solch rein objektiven quellenmäßigen historischen Tatsachen-Feststellungen (die schließlich bis zu Adam gehen können) und der bewußten Willensaussage der Individuen der national problematischen Gruppe bei Gelegenheit einer Abstimmung, zu welcher Nation sie gehören wollen, überhaupt nichts in der Mitte sieht. So ist es gewiß nicht ein geographisch abgegrenztes Territorium, dessen einstige Zugehörigkeit zu einem politischen Ganzen einen späteren Anspruch dieses Ganzen auf das Territorium begründet. Aber — steht uns gleich mit Boutroux das Territorium für solche Entscheidung überhaupt erst an zweiter Stelle und die Bevölkerung an erster — ganz anders schon verhält es sich mit dem Territorium, sofern es Schauplatz ist sichtbarer, fühlbarer, also sehr wohl „gegenwärtig erlebbarer" Formen nationaler Arbeit und irgendwelcher Auswirkung eines bestimmten nationalen Geistes (Gebäude wie das Straßburger Münster, Bauarten, lebendige objektive sichtbare Traditionen in Sitten, Bräuchen, Trachten, Sprache, Formen der Bewirtschaftung und der Arbeitsart usw.). All das sind durchaus erlebbare und von den gegenwärtigen Menschen auch erlebte Dinge, sind sicht- und spürbare Realitäten der lebendigen erlebten, nicht also der toten und nur wissenschaftlich in Quellen faßbaren Geschichte, — aber es sind Dinge, die gleichzeitig völlig unwillkürlich sind und darum mit bewußten Willensentschlüssen so wenig zu tun haben wie mit der Summe der Individuen, die zu einem Zeitpunkt deutsch oder französisch sein wollen. Es sind gegenwärtige Erlebnisgehalte; aber es sind zugleich Gesamterlebnisgehalte der in Lebensgemeinschaften gegliederten Bevölkerungseinheiten (Gemeinden, Gaue usw.) — nicht sind es Einzelerlebniſſe der Individuen. Und es ſind Erlebniſſe im Sinne von lebendigen, die Menſchen durchflutenden Tendenzen, die — prinzipiell auch wider die bewußte Willensausſage aller Bevölkerungsindividuen — dieſe faktiſch bewegen und treiben können.

Boutroux beſchäftigt ſich mit dieſen lebendigen, aber unwillkürlichen Kennzeichen der nationalen Zugehörigkeit genauer nur in Hinſicht auf die Sprache. Die franzöſiſche Nationalidee — bemerkt er — könne, ſo wenig ſie in der Raſſe oder in der objektiven Geſchichte Kriterien nationaler Zugehörigkeit finde, auch in der natürlichen Sprache kein ſolches Kennzeichen anerkennen. Denn erſt ein ſchon vorhandener nationaler Geiſt, der in der freien Zuſammenſtimmung der Menſchen und immer neuen Sprachproduktion in die Erſcheinung trete, ſei es, der die nur ſchickſalsmäßig dem Einzelnen zufallende natürliche Sprache zu einer Bildungsſprache immer neu fortbilde. Derſelbe nationale Geiſt führe aber auch über die natürlichen Sprachgrenzen hinaus häufig zu einer „nationalen" Verbindung der Geiſter. Was Boutroux bei dieſer Gelegenheit zur Lehre J. G. Fichtes bemerkt, das deutſche Volk habe den Vorzug einer urſprünglichen Wurzelſprache und darum einer lebendigeren Sprache vor den romaniſchen Völkern und ihren Miſchſprachen voraus, gehört zum intereſſanteſten und lehrreichſten Teil ſeines Vortrags. Dieſe Digreſſion kann aber hier nicht gewürdigt werden. Hier iſt nur zu ſagen, daß eine bloß „linguiſtiſche" Theorie der Nation auch unſerer deutſchen Denkweiſe völlig fernliegt. Wir ſcheiden darum ſcharf nicht nur zwiſchen Nation und „Nationalität" (im Sinne nationaler Zugehörigkeit einer Person), sondern auch zwischen Nationen und „Nationalitäten", das heißt natürlichen Spracheinheiten, in denen kein eigentümlicher, der lebendigen Fortbildung durch originale Ideen fähiger Bildungsgeist in die Erscheinung tritt. Aber — und das ist erst der Unterschied — auch dieser Bildungsgeist ist für uns nichts, was in Sein und Werden der individuellen Willkür unterliegt. Er hat seine feste objektive Struktur und wurzelt in der kulturellen Solidarität der nationalen Teile im lebendigen Bauen an dem die Zeiten und Territorien überbrückenden Bauwerk einer eigentümlichen nationalen Güterwelt, nicht aber wurzelt er in dem subjektiven, noch dazu politisch orientierten Gegenwartswillen der Individuen.

So groß schon die genannten Unterschiede der bisher erwähnten Nationalideen sind, — ihre tiefste Verschiedenheit ist damit noch nicht getroffen. Sie liegt in der Selbstauffassung der Nationen von sich selbst, sie liegt in der Stellung, welche die Nationen zur Menschheit zu haben glauben, das heißt in der Auffassung, die sie von ihrer „nationalen Weltmission" besitzen. Was sind die hier nur anzudeutenden Grundzüge dieser Differenzen?

Das moderne Frankreich — darin hat Boutroux ganz recht — ordnet die Nation der Menschheit (humanité) an Wert und Sein durchaus unter. Es verkündet auch für die Nationen die Grundsätze der Gleichheit und Freiheit, und es leugnet damit eine Verschiedenwertigkeit, ja einen auch nur möglichen Aristokratismus der Nationen untereinander. Über solche Verschiedenheit könnte in letzter Linie kein Gerichtshof, sondern im Falle vitaler Streitpunkte zwischen den Staaten

nur die Probe des Krieges und in allem anderen die lebendige
Geschichtsbewegung selbst entscheiden. Die Gleichheit der
Nationen und ihre Gleichwertigkeit, das ist Frankreichs
nationaler Demokratismus und gleichzeitig sein weltanschau-
licher Stabilitätsgedanke — derselbe, der seine gesamte Philosophie und Wissenschaft durchwaltet. Aber gerade das nun
hält es seit den napoleonischen Kriegen für seine eigentümliche höchst-nationale Mission, diese spezifisch französischen
Ideengehalte der „Menschenrechte" und des historischen
Stabilismus nicht nur in seinen Grenzen zu verwirklichen,
sondern sie hinaus in die Welt zu tragen, die Welt und alle
anderen Nationen damit zu erfüllen. Diese Mission aber
ist ihm umkleidet mit dem ganz eigenartigen gallischen Wert-
charakter des nationalen Ruhmesglanzes. Der Ruhm (gloire)
also eines „Führers", „Lehrers" und „Erziehers" der Menschheit — das ist Frankreichs nationale Missionsidee. Daß
gerade dieser Anspruch und Gedanke seinen Träger bis zum
äußersten aggressiv und kriegerisch macht, aggressiv gegen alle
Völker, die eine andere von Frankreich mißachtete Selbstauffassung ihrer Mission haben oder kraft eigenen nationalen Geistes seiner Führerschaft sich nicht unterwerfen, das
übersieht Frankreich von jeher in der denkbar naivsten
Weise.

Völlig anders, ja entgegengesetzt, begreift seine nationale
Mission England. Sein Missionsgedanke ist heimlich ganz
und gar getragen von der schroff aristokratischen Idee der
„Auserwähltheit". Sie stellt sich historisch als ein Misch-
produkt dar zwischen der Ausdehnung des calvinistisch-puri-
tanischen Gnadenwahlgedankens von der Einzelperson auf die

Nation und dem englischen Weltreichegoismus. Während sich Frankreich ganz nur „Führer", „Lehrer" der Menschheit fühlt, fühlt sich England als der geborene Herr der Menschheit, und so wenig fühlt es sich als ihr „Führer", „Lehrer" und Erzieher, daß es auf jede direkte Kulturpropaganda völlig verzichtet — vielleicht eben darum die stärkste indirekt ausübt. Dieser Verzicht ist ja auch allein konsequent. Wäre die Welt ideell so englisch, wie der Franzose sie französisch haben will — England wäre ja in diesem Augenblick nicht mehr das auserwählte Volk. Daß die Menschheit Englands Interessen diene, darauf — nicht auf so etwas wie einen „Imperialismus des Geistes" — kommt es England in seiner Selbstauffassung an. Vor fremden Ideen, Sitten, Staatseinrichtungen (auch seiner Dienstvölker) zeigt es ganz und gar jene Achtung und Schonung des Vornehmen, die Frankreich am wenigsten von allen Völkern kennt; diese Haltung ist aber begleitet von dem Gefühl seiner gottgewollten und darum ganz selbständig empfundenen Überlegenheit. Darum besteht auch in England der äußerste Dualismus auswärtiger und innerer Politik — im Gegensatz zu Frankreich, dessen Außenpolitik grundsätzlich ganz innerpolitisch determiniert ist und mit jeder neuen Regierung sich radikal ändern kann. Abgesehen von dem zur Herrschaft auserwählten England selbst, sind die Nationen für England so gleich und gleichwertig wie für Frankreich, und es ist zur Zeit äußerst komisch zu sehen, wie sich England und Frankreich in dem Kampfruf des Schutzes der kleinen Nationen begegnen. (Siehe dazu hier auch Boutroux.) Und aus demselben Grunde ist Englands kriegerische Aggressivität gar nicht auf einer kristallklaren nationalen Dogmatik, sondern fast ausschließlich auf dem gewundenen Netzwerk seines Handels gegründet.

Von beiden Formen der nationalen Selbstauffassung der eigenen Nationalmission weicht völlig ab jene Rußlands. Sie steht unter einer ganz eigenen Formel. Diese ist nicht die Idee der Gleichheit und Freiheit der Nationen wie die Formel Frankreichs; noch weniger ist sie die aristokratistische Auserwählungsformel. Es ist die Formel gefühlsmäßiger Brüderlichkeit in der Einheit eines religiös und kirchlich zugespitzten „Weltstaates", in dessen Herbeiführungsprozeß Rußland selbst als besondere Nation und besonderer Staat verschweben und verschwinden soll. Indem es sein nationales Dasein der Menschheit zum Gesamtopfer darbringt, soll es gleichzeitig seine höchste nationale Tat vollziehen. Auch das ist eine im Verhältnis zu Englands Selbstauffassung schroff demokratistische Missionsidee; sie ist aber nicht orientiert an der rationalen Gleichheitsidee, sondern an der christlich-orthodoxen und slawischen Brüderlichkeits- und Opferidee. Diese nationale Idee ist natürlich genau so aggressiv wie jene Frankreichs und Englands; ja sie ist vielleicht die aggressivste nationale Missionsidee, die überhaupt existiert. Ihr Sinn ist wörtlich: „Und willst du nicht mein Bruder sein, so schlag ich dir den Schädel ein." Gewiß ist das russische Volk am meisten gefühlspazifisch unter den Völkern. Aber eben diesen Gefühlspazifismus sucht es, wie kein anderes, durch die Gewalt der Waffen zu verbreiten. Gewiß will Rußland nicht „führen" wie Frankreich, nicht „herrschen" wie England, sondern ganz nur der Menschheit dienen, ja sich ihr aufopfern. Aber es ist ein aufdringlicher, ein wilder und grausamer Diener, der keine Abweisung seines opferdurstigen Dienstwillens verträgt.

So stehen sich gegenüber der „Führer und Lehrer der Menschheit", der „geborene und gottauserkorene Herrscher" und der „Diener, ja das freiwillige Opferlamm der Menschheit".

Hat auch Deutschland eine analoge Missionsidee, ein eigenartiges Gefühl des Verhältnisses zur Menschheit? Sicher nicht in so ausgeprägter plastischer Form wie diese Nationen. Völlig fremd ist ihm die Auserwählungsidee, diese wie eine natürliche Atmosphäre wirkende und darum nie genannte Herrenidee Englands. Wie ferne sie ihm ist, beweist vielleicht nichts so kräftig wie das von Boutroux klug gegen uns verwandte vielfache ehrliche deutsche Reden von der Macht (Treitschke, Nietzsche usw.). Völlig fremd ist uns die gallische Führeridee. Dies schon darum, weil Deutschland nicht an die Gleichheit und Rationalisierbarkeit der Nationen glaubt, sondern auch die Nationen nach ihrer je ganz besonderen Fasson will selig sein lassen. Noch ferner ist uns Deutschen die Opferlammidee Rußlands und der orthodoxe Drang, in einem Anderen zu verschweben. Im Verhältnis zu diesen hohen nationalen Selbstauffassungen ist Deutschland zu wahrhaftig und zu schlicht. Es nennt Macht Macht, Nutzen Nutzen, und es hat keine so ausgeprägte Nationalmetaphysik wie jene Völker. Aber darin hat Boutroux ganz recht: An eine Gleichwertigkeit der Nationen glauben wir nicht; weder im Sinne Englands, das sich als der geborene Herr bei dieser Gleichheit von vornherein ausschließt, noch im

8

Sinne Frankreichs, das sich zwar selbst einschließt, aber gleichwohl den einzigartigen nationalen Ruhm beansprucht, diese Gleichheit zuerst gelehrt zu haben und fernerhin zu lehren und damit das Prinzip der Gleichheit schon leugnet. Wir Deutschen glauben ganz ernsthaft, daß auch die Nationen wie die Individuen sowohl verschiedenen individuellen Wesens als auch verschiedenwertig sind. Und demgemäß glauben wir auch, daß Nationen nur nach ihrem Werte an organisations- und kulturbildender Geisteskraft Freiheit und Herrschaft in der Welt beanspruchen und verdienen können. Wir glauben nur, daß Gleichen Gleiches, Gleichwertigen Gleichwertiges zugehöre — nicht allen das Gleiche. Das ist unser Gerechtigkeitsbegriff im Unterschiede von dem Demokratismus der gallischen Gleichmacherei, und im Unterschiede von der englischen Erwählungsidee, nach der Gerechtigkeit immer erst bei den „anderen" beginnt. Das Richtertum aber über diese Verschiedenartigkeit der Nationen, also auch über den Wert unserer eigenen Nation, überlassen wir der lebendigen Geschichte selbst, der Tat und der Arbeit in ihr — oder Gott in dem Zeugnis dieser Tat, in dem Zeugnis dieser Arbeit.

Am Schlusse seines Aufsatzes macht Boutroux den Versuch, unser deutsches religiöses Ethos zu formulieren. Er findet, daß unsere großen Dichter, unsere Philosophen und Historiker schon seit jeher die Neigung zeigten, die Ideen der Güte, des Rechtes und der Weisheit den Werten der Macht, der Kraft, der Tat unterzuordnen. Auch unsere deutsche „Gottesidee" stelle darum das Widerspiel der hellenischen Vorstellungsform des Weisengottes und auch der christlichen Vorstellungsform des Liebesgottes dar. Schließlich seien wir im Laufe unserer Entwicklung auch von Kants „gerechtem Weltordner" abgefallen. Boutroux irrt. Wie uns Deutschen eine so plastische Metaphysik der nationalen Mission, wie sie die genannten Völker besitzen, fehlt, so fehlt uns schon um unserer gemischt konfessionellen Zusammensetzung willen, fast möchte ich sagen dank derselben, auch alles, was an eine „nationale Religion" erinnern könnte. Es bleibt dabei nicht unrichtig, daß unser nationales Bewußtsein der Tat, der Macht und der Arbeit eine etwas andere Stelle im Wertsystem anweist als das Bewußtsein der übrigen Nationen; nicht erst seit heute oder seit Bismarck anweist, sondern stets angewiesen hat. Auch ein uns so ferner deutscher Denker wie Leibniz hat die Tat= und Kraftidee gegenüber der französischen Substanzidee, das Dynamische gegenüber dem Statischen wieder ins Recht setzen müssen; und auch Goethe=Faust spricht das zur Zeit von den Franzosen so viel mißverstandene Wort: „Am Anfang war die Tat." Hat darum je ein ernster deutscher Denker, Dichter und Historiker geurteilt, daß Tat und Machtentfaltung der Nationen erst ihre Werte und ihre Rechtsbereiche gestalteten? Mit nichten! Nur folgendes glauben wir: Der Machtbereich, der einer Nation zukommt, gründet sich schließlich auf ihren Gesamtwert. In diesem Gesamtwert aber sind die Nationen verschieden, und gleichwohl gibt es für die gerechte Abmessung dieser Gesamtwerte keinen allverbindlichen Maßstab und kein denkbares Institut, das ihn gebrauchen könnte. Nur die lebendige Tat der Nationen in ihrer und der Menschheit Geschichte selbst kann die objektiv vor dem Auge Gottes bestehende Verschiedenheit der Werte der Nationen abwägen und schließlich an das Licht der Sonne führen. Die Tat entdeckt und findet in diesem Sinne, nicht aber gestaltet sie Wert und Recht.

Was aber die Weisheit betrifft, so meinen wir, daß sie in den Menschen jenseits von Wille und Politik stille wachsen müsse, und was die Güte betrifft, so denken wir, daß sie frei erlebt, frei gegeben und frei genommen werden müsse. Weisheit und Liebe, sie stehen uns Deutschen beide zu hoch, um sie als mögliche Zwecke der Politik anzusehen. Würden wir sie so ansehen, sie könnten nicht mehr all unser Wollen und all unsere Zwecksetzung, auch die politische Zwecksetzung heimlich und wie von rückwärts mitregieren. Das aber sollen sie — auch noch mitten im Kriege und auch noch im Urteil über die Nationalidee unserer Feinde.

Bemerkungen zum Geiste und den ideellen Grundlagen der Demokratien der großen Nationen.

Unsere Feinde haben es versucht eine ganze Reihe vorgegebener Interessen internationaler Querschichtungen gegen uns mobil zu machen, als da sind religiös-kirchliche (siehe die Angriffsschrift der französischen Katholiken), kulturelle (Angriffe auf die deutsche Wissenschaft) usw. Von diesen Versuchen war der wirksamste Versuch ohne Zweifel die Ausgabe der Kampfthese, daß der Krieg als ein Krieg der „Demokratie" der ganzen Erde gegen die „Reaktion" d. h. gegen staatlich-autoritative Standes- und Klassenbevormundung (innerpolitisch) und gegen den Satz „Macht geht vor Recht" (außerpolitisch) anzusehen sei. Diese These ist von historisch und politisch rechtsstehenden Schriftstellern aus der Kriegspartei der Zentralmächte und ihrer neutralen Freunde durchaus nicht immer bestritten worden. Im Gegenteil ist sie vielfach willkommen aufgenommen worden; und zwar in allen möglichen Formen. Bald so, daß man von einem „Gegensatz der Ideen von 1789 und 1914" sprach (Kjellen), bald so, daß man ein Sich-die-Hände-Reichen der russischen Revolution und der Folgebewegungen der französischen Revolutionen gegen die „preußische" autoritative Ordnungsidee konstruierte, bald so, daß man von dem Gegen-

117

fatz der „feſtgefügten Monarchie" (Deutſchland, Öſterreich)
gegen die Staatsformen der Republik und des Parlamen=
tarismus ſprach. Man konnte ſich zuweilen in die Tage des
Legitimismus zurückverſetzt glauben, wenn man ſolches Für
und Wider vernahm. Ein aufrichtiger deutſcher Demokrat
aber, der dieſe Frageſtellung als ſolche zu verwerfen nicht
genug Kritik beſitzt, konnte in mehr als einen Gewiſſensſkrupel
zwiſchen ſeiner politiſchen Überzeugung und ſeiner Vater=
landsliebe geraten. Ich möchte ſolchen, die durch derartige
Skrupel gefährdet ſind, in folgendem Einiges zur Überlegung
geben. Gibt es überhaupt eine ſolche quergeſchichtete einheit=
liche „Demokratie" über einen ganz formalen Wortſinn
hinaus — einen Wortſinn, den erſt die Eigenart der natio=
nalen Geiſter, der Kulturkreiſe und der poſitiven religiöſen
Mächte mit ſo viel Gehalt erfüllen, als zu einer politiſch=
ſozialen Realität notwendig iſt?

Man erlaube zuerſt ein wenig Philoſophie und allgemeine
(nicht hiſtoriſche) Weſensdifferenzierung der Begriffe. Ganz
und gar verſchieden ſind zunächſt Demokratismus, reſpektive
Ariſtokratismus als ſoziologiſche Weltanſchauungsformen
und Demokratie reſpektive Ariſtokratie als Bezeichnungen hiſto=
riſch faktiſcher (ja möglicher) politiſcher Parteiungen. „De=
mokratismus" nenne ich die philoſophiſche Überzeugung, daß
die Maſſen, die Majoritäten, die „Vielen" es ſind, die in
der Geſtaltung aller möglichen Gruppenformen (alſo auch
aller politiſchen ſozialen uſw. „Parteien") ſowohl die be=
wegenden und geſtaltenden als die idee= und normſetzenden
Kräfte ſind, daß dieſe Vielen alſo die Werte beſtimmen,
welche die Gruppe zuſammenhält, daß hingegen die „Führer"

und Vorbilder" nur der Vielen abgeleitete Exponenten und Wortführer darstellen. In der spezifisch politischen Ideenwelt erscheint diese Lehre (normativ) in der Form des strengen Majoritätsprinzips und in der Lehre von der strengen (unvertretbaren) Volkssouveränität (Rousseau zum Beispiel im „Contrat social"). In der historischen Weltanschauung erscheint sie als kollektivistische Geschichtsauffassung. Unter Aristokratismus verstehe ich dagegen die Grundansicht, daß die Gestaltung aller soziologischen Formen (auch aller „Parteien", also auch aller „demokratischen" Parteien) beherrscht ist durch den primären Gegensatz der Vorbilder, Führer und der Gefolgschaft, der Geführten; daß ferner de facto wie de jure je eine Minorität (eine „kleine Zahl", Wieser) den kristallisierenden Gruppenwert, sowie Form und Organisation der Gruppe bestimmt; daß alle historisch vorfindbaren Massenideen, -ziele, -bedürfnisse irgendeinmal Ideen, Ziele, Bedürfnisse einer vorbildlichen und führenden Minorität gewesen sind und daß alle positive Güter neugestaltenden, also „fortschrittlichen", aber auch alle negative Güter neugestaltenden „rückschrittlichen" Gesamttendenzen und Gesamtwillen von Gemeinschaften ihrem Ursprung nach von Minoritätstendenzen und -willen herrühren — Minoritätsrechte aber darum auch prinzipiell nicht verletzt werden dürfen, soll „Geschichte" überhaupt, das heißt soll Bewegung menschlichen Gesamtgeschehens sein (im Gegensatz zu einem stationären Sumpfe).

Dazu füge ich gleich eine zweite wichtige Unterscheidung, die nicht mehr eine solche der soziologischen Weltanschauungen ist, die vielmehr nur den angeht, der (innerhalb einer dieser

Weltanschauungen) sich zu irgendeiner Zeit und als Glied einer faktischen Gemeinschaft für Demokratie (als Parteiansicht) und gegen Aristokratie oder in umgekehrter Richtung entschlossen hat. (Denn Willensentschluß, nicht Einsicht entscheidet ja Parteiangehörigkeit überhaupt.) „Demokratie" als allgemeinster Parteiname fordert irgendein Hinwirken auf steigende Gleichheit (in irgendeiner Güterangelegenheit) — und dies im Unterschiede von „Liberalismus", dem schon dem Namen nach die Freiheit vor der Gleichheit voransteht (siehe über den Unterschied von Demokratie und Liberalismus auch Hasbach: „Die moderne Demokratie"); aber auch im Unterschiede von allen Parteianschauungen, denen Liebe, Brüderlichkeit, Pietät an erster Stelle steht — eine Grundansicht, die mit der soziologischen Weltanschauung des Aristokratismus geeint zu irgendeiner Form des Konservativismus, mit der des Demokratismus geeint dagegen zu irgendeiner Form des Kommunismus führt. Sekundär kann also auch die Demokratie als Parteiüberzeugung mehr liberalen und mehr konservativen „Geist" besitzen (zum Beispiel die gegenwärtige sozialdemokratische und freisinnige Demokratie und die christliche Demokratie).

Um aber die Demokratiearten ohne die Zuhilfenahme dieser möglichen Mischungen zu scheiden, ist der wichtigste formale Gesichtspunkt — noch nicht die meist zu vorschnell gestellte Frage, worin die zu erwirkende steigende Gleichheit bestehen soll (Gleichheit von Besitz, Bildung, politischen Rechten und Pflichten usw.). Also „soziale Demokratie", „Bildungsdemokratie", „politische Demokratie". Grundlegender ist vielmehr der formalere Gesichtspunkt: ob die

Mischung von Gleichheit und Ungleichheit, die jede faktische mögliche Gemeinschaft in sich verkörpert, mehr in der Richtung erwirkt werden soll, daß die gemäß dem (wechselnden) Ethos der Gemeinschaft, zum Beispiel der Nation, je als „höher" oder die je als „niedriger" „geltenden" Werte den Gütergehalt der zu fordernden „steigenden Gleichheit" bestimmen sollen. Ich selbst halte es für ein strenger Begründung fähiges ethisches Prinzip, daß die Menschen um so gleicher werden sollen, um je niedrigere (positive) Werte es sich handelt und um so ungleicher, je höher die Werte sind, in bezug auf welche die Vergleichung stattfindet. So sollen nach meiner Meinung und unter Voraussetzung der mir einsichtigen Rangordnung der Werte die Individuen und Gruppen an Güterbesitz in allen Dingen des Nützlichen und des Annehmlichen gleicher sein als in ihrer politischen Freiheits-, Rechts- und Machtstellung; in dieser aber relativ gleicher als in ihrem moralischen Wert und ihrer Geistesbildung. „Vor Gott" aber (so glaube ich) sind die Menschen unendlich ungleich und ungleichwertig. Sich steigernde Aristokratie also in der Richtung auf den „Himmel" und sich steigernde Demokratie in der Richtung auf die Erde! Das scheint mir das Seinsollende zu sein. Doch — wie dem auch sei — zu deskriptiven Zwecken bleibt der Unterschied jedenfalls bestehen, ob man mehr Gleichheit in den je als höherwertig geltenden oder in den mehr als niedrigerwertigen Dingen fordere. Was aber dies dann für Dinge sind, die als höherwertig oder niedrigerwertig gelten, das bestimmt (deskriptiv) jedenfalls das besondere Ethos und der besondere Geist der Gemeinschaft, voran das Ethos und der Geist der

Nation gleichsam ex sese. Ob man — wenn eine faktische Demokratie dem ersten religiös ethischen Typus (Aristokratie im Himmel) oder dem zweiten Typus angehört (Demokratie im Himmel) etwa vor allem geistig sittliche Uniformierung bei begleitender steigender Ungleichheit, zum Beispiel des materiellen Besitzes und des Zivilisationsgenusses („Demokratisierung des Geistes") als das eigentliche Wesen der betreffenden Demokratie vorfindet, oder mehr Gleichheitstendenz in materiellen Besitzfragen bei begleitender steigender Ungleichheit in Hinsicht auf kulturelle und moralische Angelegenheiten, richtet sich also zunächst nach dem Ethos der Nation (und dessen historischem Entwicklungsstand), das heißt nach der Art von Wertschätzung, die geistige und materielle Besitztümer und Eigenschaften in ihr finden; an zweiter Stelle aber natürlich nach den vorwiegenden, den Parteibildungen mit zugrundeliegenden Klassenbedürfnissen (das heißt nach dem, was Klassen innerhalb des Spielraums des Ethos der Nation, der sie angehören, vorzüglich nicht besitzen und darum „brauchen"); wobei sie in dem, was sie brauchen, mit Klassen anderer Nationen natürlich ein gemeinsames Interesse verbinden kann. Versuchen wir mit Hilfe dieses Begriffsgerüstes die bestehenden „Demokratien" Englands, Frankreichs, Rußlands und Deutschlands zu bestimmen, so sieht man auf den ersten Blick, wie wenig diese Demokratien Abhängige von bloß international geschichteten Klasseninteressen sind und wie stark sie durch völlig andere Faktoren, solche der Weltanschauung, des religiösen Ethos und des konkreten Nationalgeistes bestimmt sind — beides aber ebensowohl in innerpolitischen als außerpolitischen Fragen.

Der soziologischen Weltanschauungsform nach ist die englische Demokratie übereinstimmend mit dem englischen Geiste überhaupt der Hauptsache nach rein aristokratisch (analog der ganzen Geschichte des englischen Staates und Parlamentes,) die französische und russische stark vorwiegend demokratisch, die deutsche gemischt — aber mit erheblichem Übergewicht des Aristokratismus. Ihren Aristokratismus zeigt die englische Demokratie als Partei 1) in der Voranstellung des Gutes der Freiheit des sozialen Einzelwesens (nicht des „Individuums" als eines eigentümlichen Wesens, das nirgends so unfrei wie in England ist, sondern des Einzelwesens) über alle Art von Gleichheit; das heißt sie ist immer an erster Stelle Liberalismus einer „Klasse" im Verhältnis zu den anderen „Klassen". 2) in der Vielheit ihrer parteilichen Ausgestaltungen. 3) in der alles überwiegenden Herrschaft der ökonomischen Berufsgewerkschaften über pure Besitz- und „Klassen"einheiten einerseits, der ökonomischen Interessen dieser Berufsgewerkschaften über das Streben nach politischer Beherrschung des Staates andrerseits. 4) in der großen Unbekümmertheit, daß ihre Grundsätze auch auf außerhalb des englischen Empire befindliche Staaten, Nationen angewandt werden und dem hieraus folgenden strengen Dualismus von innerer und äußerer Politik. 5) in der geringen Rolle, die Doktrinen und Theorien in ihrer Bildungsgeschichte spielen.

Die französische Demokratie ist dagegen durchaus demokratistischen Geistes — in der Theorie (die kollektivistische Geschichtserklärung nahm bei Condorcet in Frankreich ihren Ausgang) wie in der politischen These und Praxis. Die Herrschaft der Vielen über den Staat — und zwar über seine höchste Spitze, nicht über seine mittlere und untere, seit dem Ancien régime so konstante Verwaltungsgliederung — das war stets A und O der französischen Demokratie. (Der junge Syndikalismus war ein erster, wenig wirksamer Versuch, theoretisch und praktisch den demokratistischen Geist der französischen Demokratie zu brechen.) Auch der französischen Demokratie ist (im ganzen) die Freiheit wichtiger wie die Gleichheit. Der Anspruch, die im Staatsgedanken versachlichte „Freiheit" eines jeden vom Staate unmittelbar fordern zu können und zu diesem Zweck den Knopf der Regierung möglichst unmittelbar in der Hand zu haben, steht dieser versachlichten Freiheit als subjektiver Freiheitsanspruch gegenüber. Die Gleichheit und Uniform des Geistes und der Kultur aber ist dem Geiste dieser Demokratie unendlich wichtiger wie jene des Besitzes. Die Freiheit der Vielen aber, das Regierungszentrum so unvermittelt wie nur möglich nach ihrem Willen beugen zu können (also gemäß dem Prinzip der Majorität), ist ihr durch und durch demokratistisches Ideal. An die Stelle persönlicher Führerschaften, die sich der jeweiligen Realität anzuschmiegen wissen, tritt darum in der französischen Demokratie weit mehr als in irgendeiner Demokratie anderer Nationen die begrifflich scharf formulierte Doktrin und das ihr folgende Parteiprogramm, durch welches die Majorität ihre Führer und parlamentarischen Vertreter auf eine eng gebundene Marschroute fest verpflichtet. Dies ist nur eine Folge der demokratistischen Grundströmung. Der demokratistische Klassengedanke beherrscht trotz vorwiegend politischer und nicht ökonomischer Zieleinstellung der französischen Demokratie überhaupt auch die sozialen und ökonomischen Organisationen der Arbeiter weit stärker als der aristokratische Berufsgedanke, gewaltig viel stärker wie in England, aber auch erheblich stärker als in Deutschland. Drum führt diese Demokratie nicht, wie die englische, zum Ideale eines vom Staate möglichst unabhängigen Fabrikparlamentarismus, sondern sucht vorwiegend auch die ihr eigenen ökonomischen Ziele über Stimmzettel und Staat hinweg zu erreichen. Erst die Ohnmacht dieser Versuche gegenüber einer den Staat beherrschenden Plutokratie führte sekundär zu dem antiparlamentarischen Syndikalismus mit seinen nur der Ohnmacht und Geldarmut seiner Organisationen entsprechenden bekannten Gewaltmitteln. Am allerschärfsten aber zeigt sich der nationale demokratistische Geist der französischen Demokratie in ihrem, dem englischen Dualismus zwischen Außen- und Innenpolitik ganz entgegengesetzten weltmissionierenden Geiste ihrer Formeln. Das gewaltigste geschichtliche Beispiel nur für diesen Geist war der in Napoleons Feldzügen die große Armee (nicht so sehr ihn selbst) beseelende Gedanke, die Fahne der Freiheit, Gleichheit und Brüderlichkeit über die Welt zu tragen. Aber auch bis heute bestimmen innerpolitische Schicksale dieser Demokratie die äußere französische Politik ganz gewaltig viel unmittelbarer als in anderen Staaten. Ein solches System ist für den Engländer auch als Demokraten schon darum ausgeschlossen, da ihm der Gedanke, daß seine Nation die Menschheit repräsentiere und für ihr Heil (für die berühmte doppelsinnige humanité) der Führer sei — „nur" der „Führer" sei — völlig unbegreiflich ist. Denn nicht als „Führer" der „Menschheit", sondern als ihr geborener gottgewählter Herr, als etwas, das nicht „für" die Menschheit, sondern als etwas, für das die Menschheit da ist, fühlt sich in seinem religiös unterbauten Aristokratismus der englische Mensch auch noch im englischen Demokraten. Darum lebt in der Tat Frankreichs Demokratie — wie Boutroux noch jüngst eingehend auseinandersetzte — auch heute noch in außerpolitischer Richtung unter der Herrschaft der Idee 1) der Gleichheit der Nationen und Staaten als „moralischer Personen", 2) es sei die dem Majoritätsprinzip entsprechende Abstimmung der ein Territorium bewohnenden Bevölkerung, was ihre nationale Zugehörigkeit entscheide. Es wäre irrig, wenn man diese Meinungsäußerung nur für politische Floskel hielte (um dem Anspruch auf Elsaß-Lothringen eine Begründung zu geben) und nicht für die wahre Gesinnung der französischen Demokratie. Erst damit beginnt die eitle und gerade englfranzösisch nationale Selbstüberhebung dieser Demokratie, daß sie sich und durch sich hindurch auch Frankreich die einzigartige Rolle und Aufgabe zuschreibt, eben diese oben aufgeführten Ideen in der ganzen Welt selbst mit Waffengewalt zu realisieren. Und das ist die ganz sonderbare Paradoxie in dem französischen demokratischen Nationalgedanken, daß er die eigene Nation zuerst ihrer Eigentümlichkeit als besondere Nation entkleidet und dann doch ihren Geist, in allgemeinen Begriffen, im Schema einer besonderen Sozialverfassung für Menschen und Nationen überhaupt kulminieren läßt — gerade dadurch aber das Recht eigentümlicher Nationen als geistiger Ganzheiten im geheimen leugnet. Bis zur Komik fast findet sich dieser Widerspruch in dem Aufsatze von Boutroux. Zuerst definiert er die Nation sehr gut als eine

selbständige moralische Person, dann aber will er — demokra=
tistisch — die Zugehörigkeit einer Gruppe zu einer solchen
moralischen Person von einer Stimmenvielheit nach dem
Majoritätsprinzip abhängig machen — was doch nur Sinn
hätte, wenn die Nation selbst auf der Willensmajorität ihrer
Glieder, ihr zuzugehören, beruhte — also keine selbständige
moralische Person wäre, die als solche nur ex sese entscheiden
kann, was als „Glied" zu ihr gehört.

Ich deutete schon an, daß Demokratismus und Aristo=
kratismus der faktischen nationalen Demokratien überall sehr
wesentlich religiös fundiert ist. Dies gilt auch für diese
beiden Formen. Es ist dabei durchaus nicht nötig, daß die
noch herrschenden demokratischen Parteien auch ein ausdrück=
liches Bewußtsein von diesem religiösen Ursprung ihres Gei=
stes haben. Je mehr dies gerade nicht oder nicht mehr der
Fall ist und je mehr eben damit die von der Religion und
Kirchenidee herkommenden Wertungseinstellungen mit der
Macht einer stummen selbstverständlichen Naturordnung
wirken, desto stärker und zäher ist die innere Abhängigkeit
von ihnen. Aus dem überaus reichen und biegsamen Ethos
der katholischen Kirche hat der französische Katholizismus seit
seinem siegreichen Kampfe gegen den Jansenismus und gegen
die Genfer Bewegung Calvins (beides verschiedene Formen
der durch und durch aristokratistischen Gnadenreligiosität) weit
stärker wie andere Nationalfärbungen des katholisch=kirch=
lichen Ethos die Lehre von der „Gleichheit aller Seelen
vor Gott" und der Gleichheit gerade in den höchstwertigen
menschlichen Kräften und Ansprüchen in sich aufgenommen.
Zumal in der Lehre der französischen Jesuiten durchdrangen

sich moderner Humanismus, stoische Naturrechtslehre, gesteigerter echt französischer Glaube an die radikale Wahlfreiheit (auch gegenüber Gott) in selten starkem Maße mit den christlichen Ideen und Dogmen. Selbst der Übergang vom ancien régime zur nachrevolutionären Ordnung bildet in diesem Punkte einen geringeren Einschnitt als man denkt. Der Absolutismus hatte ja schon unter der Herrschaft der letzten Könige die organische Staats- und Standesordnung, die Macht der territorialen Zwischengewalten zersetzt. Ausgesprochener christlicher Demokratismus auch im Sinne einer sozialen Demokratie, wie ihn zum Beispiel Lamenais und der Graf St. Simon lehrten, konnten sich hier viel leichter an das religiös Gegebene anschließen als anderswo. Innerkirchliche Demokratisierungsversuche, und gleichzeitige stärkste Absolutierungsversuche des Papsttums nahmen vor allem von Frankreich aus ihre Ursprünge. Dagegen ist die englische Demokratie seit Cromwell (und schon vorher) religiös von der schroff aristokratistischen puritanisch-calvinistischen Gnadenreligion getragen worden, das heißt einer Auffassung, die nicht nur die schärfste individuelle Ungleichheit der Menschen vor Gott überhaupt lehrt (vor der Weltschöpfung vollzogene Erwählung und Nichterwählung der Person), sondern auch auf eben diese religiös sanktionierte Ungleichheit verschiedenartig begrenzte Gruppen von Menschen verteilt. An erster Stelle auf die Nationen selbst! Die altjüdische Idee der Volksauserwählung wird von dem so stark alttestamentarisch gefärbten calvinistischen Religionstypus mehr oder weniger bewußt auf das englische Volk übertragen. Rassenhochmut und die natürliche Vorzugsstellung der Insellage verstärken diesen Glauben. Innerhalb des englischen Volkes aber wird die Auserwählungsidee wieder auf jene sozialen Gruppen übertragen, die sich durch Herrschaftskunst und „Bewährung" in Arbeit und Gelderwerb auszeichnen. Alle Ergebnisse der „freien Konkurrenz" zwischen Nationen (im Freihandel) und Individuen (im Reiche) mögen den Trägern der liberalen englischen Aufklärung später den natürlichen, nicht mehr religiösen Sinn gewinnen, daß sich in ihnen die besten Naturgaben, später gar die bessere Angepaßtheit der siegenden Schichten bekundeten. Für die englische Masse bleiben die ökonomischen Prozesse unter Herrschaft der freien Konkurrenz und ihre Ergebnisse für die Umschichtung der Klassen trotzdem nur die Enthüllungsformen einer schon von Uranfang an bestehenden, in dem Heilsplan Gottes aufgenommenen Aristokratie Erwählter und Verworfener, bleiben sie nur die natürlichen „Wege" Gottes, in denen er seinen vorkreatürlichen Wahlwillen offenkundig macht und darlegt.

Trotz dieses gewaltigen Gegensatzes der demokratistischen und aristokratistischen religiösen Inspirationen der beiden Demokratien bleiben sich die französische und englische Demokratie in anderen Punkten sehr ähnlich. Sie erweitern zum Beispiel die Gleichheitsforderung nicht prinzipiell auf den Besitz, widerstehen (in England bis zu Lloyd George) eingreifenden, systematischen staatssozialistischen Maßregeln, stellen beide die Gleichheit in der Zumessung politischer Freiheit und subjektiv politischer Rechte über alle sonstige Gleichheit (die englische Demokratie die Freiheit „gegen" den Staat, die französische „über" den Staat). Vor allem aber huldigen beide Demokratien dem Ideal kultureller Bildungsuniform, freilich so, daß in England die unbewußt tätigen Kräfte der Tradition, der Gewohnheit und der sozialen Konvention einen starren menschlichen Formtypus (den von der Gentry aus verallgemeinerten Typus des „Gentleman"), und damit eine weitgehende Bildungsgleichheit erzielen sollen, in Frankreich aber der ganz eminent als „Kulturstaat" gefaßte Staat, verkörpert in einer in Paris lokalisierten herrschenden Schicht und ihrer Kulturaufsichtsbeamten (Ministerien des Unterrichts, der schönen Künste, der die Sprache regelnden Akademie der hauptstädtischen literarischen Kritik) zum gleichen Ergebnis der maximalen Bildungsuniformierung führen soll. Dort also Gewohnheit und Konvention, hier ein regulierender kultureller Einheitswille bei gleichem Ziel. Wie sind diese ähnlichen Züge beider Demokratien bei der tiefgehenden Verschiedenheit des religiös fundierten aristokratistischen und demokratistischen Geistes möglich? Sie werden es (von englischer Seite her) dadurch, daß im Laufe der englischen Volksentwicklung 1) die politische Rechtsverteilung immer ausschließlicher eine Funktion der Besitzverteilung wird; 2) daß es aber nach der englischen puritanischen Umgestaltung des calvinistischen Aristokratismus weder in erster Stelle Standeszugehörigkeit (wie noch bei Calvin), noch gar kultureller Bildungswert einer Gruppe ist, die als „Zeichen" für die religiöse Erwähltheit gelten, sondern das gute Abschneiden im ökonomischen Kampf um die Besitzgröße und -Verteilung. 3) dadurch, daß die politischen Freiheiten (nicht wie in Frankreich primär als formelle Ehrenrechte, sondern als Quellen sozialer Macht, die außenpolitische Freiheit der Nation nicht wie dort als Prestige der grande nation, sondern als Quelle faktischer Herrschaft über den Erdball gefaßt) den kulturell geistigen Bildungswerten nach dem inneren Gesetz des englischen Volksethos prinzipiell vorgezogen werden. Frankreichs demokratistische Demokratie will ihrem Ethos gemäß Bildungsgleichheit bei auch noch so großer Besitzungleichheit, gerade weil sie Bildung so hoch schätzt und sie (prinzipiell) hoch über den Besitz stellt, ja sogar noch über die politischen Rechte; Englands aristokratistische Demokratie will Bildungsgleichheit (auch bei großer Besitzungleichheit) aus den doppelten Gründen, da sie Geistesbildung so gering schätzt, Besitzverteilung aber zwar nicht an sich, aber doch als Zeichensystem der wahren religiösen Aristokratie der Seelen und Gruppen vor Gott wertet. Frankreichs um die Staatskrippe ewig kreisende und ewig fordernde, ganz von der engeren politischen Demokratie abhängige Gesamtdemokratie zieht gleiche politische Rechte der Besitzgleichheit als Ideal deswegen vor, da ihr französisches Ethos politische Ehre und politische Geltung hoch über faktische ökonomische Macht stellt, also politische Rechte prinzipiell höher wertet als Besitz. England wertet die politische Geltung niedriger als die ökonomische Macht und fordert gerade darum — ihrem aristokratistischen Ethos gemäß — ihre relative Gleichheit. Gewiß: in den letzten Jahrzehnten vor dem Kriege haben sich beide Demokratien stark angenähert, und zwar wesentlich in der Richtung, daß sich die englische der französischen näherte (Lloyd Georges Landgesetzgebung und Sozialpolitik, Herrschaft der antiimperialistischen liberalen Partei, Streben nach Vereinbarungspolitik mit fremden Staaten in seerechtlichen Fragen, militaristische Tendenzen, der dort und hier gemeinsame Syndikalismus und die revolutionären Streikformen). Während aber in England gerade die auch seit der Herrschaft der liberalen Partei weiter bestehende prinzipielle Scheidung der Innen- und Außenpolitik zum Kriege führte (ein hocharistokratistisches Prinzip!), hat in Frankreich die Abhängigkeit der Regierung von der inneren Politik (neues progressives Einkommengesetz und der nach baldiger Fruktifizierung durch einen Krieg schreiende Beschluß der schwer lastenden dreijährigen Dienstzeit usw.) den Krieg mit veranlaßt.

Einen völlig verschiedenen Geist zeigt diesen beiden nationalen Demokratien gegenüber die russische Demokratie. Weltanschaulich ist sie schroff demokratistisch und hierin das äußerste Gegenteil der englischen. Führerschaft gilt und fühlt sich hier fast ausschließlich als Massenexponent. Und doch stammt die überwiegende Anzahl ihrer Vertreter aus dem intellektualisiertem Adel und dem Judentum. Die vom Westen übernommenen Doktrinen (zum Beispiel Marxismus usw.) sind von den lebendigen Ideen und Kräften, die sie bewegen, denkbar verschieden. Und doch ist der Demokratismus der russischen Demokratie ganz abweichend von jenem der französischen Demokratie. Denn das, was in dem berühmten Dreidogmengestirn der französischen Revolution im Grunde nur ein Schmuckwort blieb — nur ein paar unwirksame christlich-soziale Träumer beseelend —, die Brüderlichkeitsidee ist hier das A und das O. Russische Demokratie ist also erstens ausgesprochene Gefühlsdemokratie, im schärfsten Unterschied von allen westlichen Vernunftdemokratien (einschließlich der deutschen). Diese Brüderlichkeit hat die besondere Note, daß im Gegensatz zu allen westlichen ethischen Ideen die brüderliche Liebe nicht als aktives, formgestaltendes Prinzip erscheint, sondern als vorwiegend passive Gefühlsseligkeit und Herzensteilnahme am Los der unteren Schichten, die alle Aristokratie des Individuellen überhaupt aufzulösen tendieren und im Allgefühl der „Menge", des „Volkes", der „Klasse" usw. verschwinden lassen. Im Westen wirkt das Liebesprinzip in der Politik seit Jahrhunderten fast ausschließlich konservativ. Es erscheint, wo es eine Rolle spielt, überall fast nur im Gewande des Patriarchalismus.* Gewiß gibt es diese Art Politik auch in Rußland; aber ihr steht die revolutionäre Liebes- und Brüderlichkeitsidee hier zur Seite. Diese revolutionäre Liebesidee hat zwei große Grundlagen: 1) die Slawenseele überhaupt, 2) den Geist des griechisch-orthodoxen Christentums. Slawisch ist (man merkt es am schärfsten in den nationalen Kämpfen zwischen Deutschen und Slawen in den deutsch-slawischen Grenzländern, bei denen die Deutschen in allen Parteien immer uneins und die Slawen immer eins sind) das gewaltige Übergewicht des Solidaritätsgefühls über das Gefühl der individuellen Selbstverantwortlichkeit, slawisch ist auch die positive Gefühlsbetonung des Erlebnisses vom Aufgehen des Individuums in eine Lebensgemeinschaft. Griechisch-orthodox ist das prinzipielle spezifisch russisch demokratische Mißtrauen in den Wert irdischer Macht, Herrschaft, Autorität, Staat überhaupt und der diese gesamte Religion beherrschende Satz, daß Dienen in Gott besser als Herrschen in Gott, alle Herrschaft wie alle Ungleichheit also auf der in der Fleischlichkeit

* Man vergleiche hier zum Beispiel Stahls Rechtsphilosophie.

selbst (nicht in freien Akten des Willens) angelegten all=
gemeinen Sündhaftigkeit beruhe. Dieser doppelte Unterschied
der russisch=slawischen von den übrigen europäischen Demo=
kratien aber ist fundamentaler wie alle Unterschiede der euro=
päischen Demokratien voneinander. Denn diese sind (was
immer sie sonst seien) ein Kampf der Vielen um irgendeine
Form der Herrschaft (ökonomische, staatliche usw.). Die
russische Demokratie ist wenigstens in der Gefühlsintention
ein Kampf der Vielen um Dienstschaft. Jenes tiefe „Miß=
trauen" in die Macht an sich läßt auch den ungläubigen
Demokraten immer in die Nähe des Anarchismus kommen;
und diese instinktive religiös gerechtfertigte Dienstseligkeit be=
dingt, daß auch die jüngsten praktischen Erfolge dieser Demo=
kratie (da, wo ihre Untergruppen alles spezifischen anarchischen
Wesens entbehren), wie Semstwo, Duma und Agrargesetz=
gebung, überhaupt nicht primär Erwerbung politischer Volks=
rechte darstellen, sondern etwas ganz anderes: Dezentralisa=
tionsnötigungen des Riesenreiches zu einer besseren Erkundung
der so mannigfachen Interessen der verschiedenen Reichsteile
— Nötigungen, die der Marktbedarf des jungen russischen
Kapitalismus und sein Interessenausgleich mit der Landwirt=
schaft hervorrief, die moderne Kommunikationstechnik aber
erst möglich machte. Die gesamte russische Demokratie strebt
also immer in zwei Teile auseinander: in ohnmächtigen An=
archismus mit seinen Putschen und tollen Ideologien und in ein
bloß dienendes Glied der Verwaltungspraxis des russischen
Staates ohne eigentlichen politischen Herrschaftswillen. Die
auch in Frankreich stark vorwiegende religiöse Färbung der
Gefühlsgrundlagen der Demokratie durch die Idee der Gleich=

heit aller Seelen vor Gott ist hier aufs äußerste gesteigert —
aber doch mit ganz entgegengesetztem Ziel. Nicht bedeutet
diese Gleichheit soviel wie gleichen Herrschaftsanspruch über
den Staat wie in Frankreich, sondern ursprünglich bedeutet
sie gleichen Anspruch, vom Staate fern und nach seinem ganz
individuellen Kopf zu leben. Zu dem (an sich nur durch die
Sünde notwendigen) Amte, regieren zu müssen, gerade nicht
von Gott und Geschichte gekürt zu sein, deutet nicht nur die
orthodoxe Religion als besondere Gnade aus; auch bis tief
in die politische Demokratie hinein ist dieser Gedanke lebendig.
Daher möglichste Freiheit und Ungebundenheit des Individuums in seiner Eigenart und in seiner Phantasiesphäre vom
Staate; nicht des Einzelwesens vom Staate wie in England,
nicht des Einzelwesens über den Staat und den Regierungs-
druckknopf wie in Frankreich, nicht des Einzelwesens und
Individuums im Staate wie in Deutschland. Und dennoch
erwächst gerade aus dieser demokratistischen slawisch-religiösen
Demokratie der allgemeinen Dienst- und Opfersucht, der
Liebe als politischen und der Willkür als individuell-ethischen
Prinzips auch eine ganz besondere Nationalidee heraus mit
ganz besonderem imperialistischen Machtanspruch über die
Erdkugel. Bei Frankreichs Demokratie erwuchs er aus der
Idee der ideellen „Führerschaft" Frankreichs für die Menschheit, bei Englands Demokratie aus der ganz anderen der
Volksauserwählung zur Herrschaft. Bei Rußland folgt —
wie schon bemerkt — der besondere nationale Berufsgedanke
gerade aus seiner Demokratie heraus (weit weniger aus den
konservativen Parteien und der Regierung heraus), fast wörtlich dem Satze: „Und willst du nicht mein Bruder sein,

so schlag ich dir den Schädel ein." Das heißt, es ist der
brutal=naive, gewalttätige, aber immer durch jene Verbrüde=
rungssucht heimlich inspirierte Gedanke, daß Rußland als
Nation und Staat in die Menschheit aufgehen, sich für die
Menschheit „opfern" müsse, daß aber die Möglichkeit hierzu
erst die universale Verbreitung des in ihm als Nation zuerst
entsprungenen Brüderlichkeitsideals samt der Lehre von der
Negativwertigkeit aller und jeder Art von Herrschaft durch
die Gewalt der Waffen und außerdem der möglichst erfolg=
reiche Propagationsdrang seiner Rasse gewähren werde. Man
hat mit Recht von dem tiefen „Gefühlspazifismus" des rus=
sischen Volkes gesprochen. Nur muß man hinzufügen, daß
dieser Gefühlspazifismus als ideelles System selbst höchst
aggressiv ist und vor seiner Verbreitung auch mit Waffen=
gewalt nicht im mindesten zurückweicht. Mit dem Vernunft=
pazifismus des Westens hat er nichts zu tun, weder mit dem
humanitäreren französischen Ursprungs, noch mit dem der
Rechtsidee entsprungenen deutschen (Kant), noch mit jenem
Pazifismus, der sich vor allem auf die steigenden Interessen=
gemeinschaften der Völker stützt (englische Freihandelslehre).
Das ist zum mindesten die Ideologie dieser russischen Demo=
kratie — wie immer die hinter ihr treibenden faktischen Ver=
hältnisse beschaffen sein mögen. Innerpolitisch aber ist diese
im Grunde unpolitische Demokratie erheblich stärker auf Her=
stellung gesteigerter Besitzgleichheit gespannt als die hoch=
politischen westlichen Demokratien; und sie ordnet — hier in
der deutschen sehr viel ähnlicher als jenen — auch die poli=
tische Freiheit diesem Ideale so unter, daß sie seine Verwirk=
lichung auch aus den Händen eines autokratischen Staates

entgegenzunehmen viel stärker gewillt ist als die liberaleren Demokratien des Westens. In bezug auf Gleichheit und Homogenität der Geistesbildung endlich, die der französischen Demokratie eine Hauptsache an sich selbst, der deutschen dagegen nur insofern wichtig ist, als Bildungsunterschiede auch Besitzunterschiede und Klassenunterschiede stark mitbedingen, sonst aber dem Geiste der deutschen Demokratie geradezu konträr ist, ist die russische Demokratie von vollendeter Gleichgültigkeit. Sie muß es schon darum sein, da eine nationalrussische Kultur in dem engeren Sinne einer dem Ursprung nach national-russischen und gleichzeitig „reinen" Kunst, „reinen" Wissenschaft, „reinen" Philosophie usw. als eigentümliche nationale Güterwelt ja gar nicht existiert. Vielmehr finden wir entweder eine zum Teil sehr hohe „Kultur", noch ganz durchwaltet von Mythos und Volksreligion (dies sowohl im Volk als bei seinen höchsten Repräsentanten, zum Beispiel auch Tolstoi und Dostojewski), sowie von der Volks- und Kirchenkunst und der religiösen Spekulation, oder wir finden die auf die dünne Schicht der Intelligenz aufgepfropfte westliche Kultur aller möglichen nationalen Ursprünge, eine Bildung, die darum gerade hier äußerst kosmopolitisch empfunden wird.

Die wunderbarste Tatsache — ein eminentes Zeugnis für die überwiegende Gewalt des religiösen und nationalen Geistes über den Gegensatz von Demokratie und Antidemokratie — ist nun aber die Elastizität und die Schmiegsamkeit, welcher der russisch-nationale Berufsgedanke in der jüngsten Geschichte Rußlands bewährt hat. Diese Geschichte zeigt, daß der russische Messianismus ebensowohl ein autokratisch autoritäres wie ein demokratisch revolutionäres Kleid annehmen kann und doch immer derselbe Gedanke bleibt. Dieser Gedanke ist etwa auf die Formel zu bringen: „Indem der russische Geist und russisches Wesen sich der Welt bemächtigt, opfert sich in diesem Prozesse Rußland als besondere nationale Substanz und als besonderer Staat. Ja, Rußland ahmt dem tiefsten Sinne seiner Expansion nach — als Ganzes Christus nach, der sich auch für die Menschheit geopfert und sein sühnendes Blut Gott dargeboten hat." Unter Nikolaus I., dem Hort des Legitimismus, zeigt diese Idee streng konservative anti= revolutionäre Gewänder. Hier das vom Geist der Revolution zerrissene, autoritätslose, pietätslose Europa — dort das fest= gefügte, glaubensstarke und gemäß jener messianischen Opfer= idee auch im eventuellen Gegensatze zu seiner nationalen und staatlichen Wohlfahrt zum Schutze aller legitimen Herr= schaften in der Welt berufene Rußland. Das waren die Hauptkategorien, in denen Nikolaus I., in denen auch die literarischen und philosophischen Hauptexponenten seines Zeit= alters, die Kirejewsky, Chomjakow, Aksakow das politische Universum gewahrten. Und das war auch die Leitidee, nach der Nikolaus I., seinen Glauben in Tat umsetzend, die unga= rische Revolution für den legitimen König von Ungarn und Kaiser von Österreich niederschlagen half.

Diese selbige Idee aber verband sich nun im Laufe der rus= sischen Entwicklung bis heute immer stärker mit immer ent= gegengesetzteren Kräften — nämlich mit denen der Revolution. Was wir die potentiell stetig lauernde russische Revolution nennen — 1905 wurde sie bekanntlich gewaltig aktuell und führte zum Scheinkonstitutionalismus der Duma —, hat vier verschiedene Wurzeln: 1) den Landbedarf der Bauern, seinen

Hunger und oft kaum erträglichen Steuerdruck. 2) die natio=
nalistischen Tendenzen der Fremdvölker (ukrainische, klein=
russische Bewegung, polnische Bewegung, finnische, deutsche
und lettische, jüdische Bewegung usw.). 3) die gegen diese
Kräfte an Bedeutung erheblich zurückstehende Bewegung der
Industriearbeiter der jungen, relativ zu Europa immer noch
sehr mäßig ausgebauten Industrie. 4) westliche Ideen, ver=
treten meist von Studenten, Abkömmlingen des Adels (zum
Beispiel Bakunin, Krapotkin usw.). Auch der Panslawis=
mus, das Gesamtgefühl der Slawenvölker, konnte dann und
wann revolutionäre Formen annehmen, insbesondere da, wo
er mit den Staatsnotwendigkeiten in Widerspruch trat.
Die westlichen Ideen (Marx, A. Comte, Hegelsche Linke,
Spencer) waren von Hause aus auf die Industriearbeiter=
schaft, respektive auf deren Führer beschränkt. Ihre Wirk=
samkeit trat um so mehr zurück, als der revolutionäre Geist
andere Bevölkerungsteile, insbesondere Landbevölkerung,
Lehrerschaft, Heer, angriff.

Andrerseits entwand sich der Messianismus immer stärker
der engen kirchlichen und autoritären Form, in die er zuerst
gekleidet war. Man entdeckte immer mehr die große Wahr=
heit der Geschichte, daß weitaus das revolutionärste Element
im menschlichen Geiste die Religion ist oder doch sein kann.
Dazu kam: hätte man dem tiefgläubigen russischen Muschik—
wenn man ihn revolutionieren wollte, oder wenn er selbst durch
den Druck der ökonomischen Verhältnisse revolutionär wurde
— etwa mit Marxismus und dergleichen kommen sollen?
Je mehr der Bauer in die Revolution mit hineingezogen
wurde, desto mehr mußte auch die Revolution seinem tiefsten

Wesen angemessene, das heißt aber religiöse Grundlagen suchen. Unter Anknüpfung an die tiefen russischen Brüderlichkeits= gefühle und gleichzeitig durch die Verbindung mit dem stets religiös mitverwurzelten Panslawismus (Zar als Zarbefreier der orthodoxen Völker vom westlichen und islamischen Joch!) wurde denn auch der religiös fundierte Messianismus revo= lutionär (zum Beispiel Mereschkowski). Umgekehrt wurde der Nationalismus der Fremdvölker als revolutionäre Teil= kraft von der Hauptkraft der russischen Revolution immer mehr zurückgestoßen. Auch die russische Masse wurde gegen die Fremdvölker zusehends feindlich, auch der Antisemitismus und der Deutschenhaß wurden starke Elemente der revolutio= nären Demokratie.* So verlor die messianische Opferidee ihren älteren Inhalt: Sorge für Autorität und Ordnung in Europa, für den Legitimismus der Dynastien, und erhielt, verstärkt durch das langdauernde Bündnis mit Frankreich und die damit neuerwachenden Erinnerungen an die französische große Revolution, den neuen Inhalt: Rußland hat die hei= lige Mission, die christlich russische Brüderlichkeit, seine weit= herzige Menschlichkeit, sein kosmisches Allgefühl, seine Art des demokratischen, religiös fundierten Ideals über die Welt zu tragen.

Dostojewski (siehe insbesondere seine politischen Schriften) war in gewissem Sinne der Übergang zwischen den beiden Formen. Er revolutionierte die Herzen sondergleichen und war doch Liebhaber der Orthodoxie und der Autokratie, war

---

* Man beachte zum Beispiel den glühenden Haß, mit dem Mereschkowski in seinem Roman „Peter und Alexej" das Bild Peters des Großen als des erfolgreichen Begünstiger der Deutschen malt.

Antisemit und als Schöpfer der Aljoschagestalt in den Brü= dern Karamasow (dem russischen Faust) der große Prophet russischer Seelenmacht und der russischen Mission, im Er= obern der Menschheit zu dienen, im Erobern sich für sie zu opfern. Diese Doppelseitigkeit seines Antlitzes gibt unnach= ahmlich plastisch das Wort von Mereschkowski wieder: „Er war der furchtbare Diener seines Herrn." Auch Tolstoi, der „große Muschik", wirkte zwar antimachtpolitisch, anti= kriegerisch (vergleiche dagegen Dostojewski: „Etwas über den Krieg"), aber auch er riß die religiösen Grundgehalte los aus der Kirche und zeigte an einem großen Beispiel, daß der Geist der Orthodoxie ganz andere als staatskirchliche reaktionäre Verbindungen eingehen könne.

Diese Demokratisierung des religiös nationalen Geistes wurde unter Alexander III. und seinem Vertrauten Pobjedo= noszew mit dem Selbstherrschertum zeitweise wieder enger verknüpft. Aber Alexander III. konnte doch schon fast alle seine nationalen Unterdrückungsmaßregeln gegen die Fremd= völker vor der Gesellschaft mit dem national=russischen In= teresse begründen, für das ein Gefühl eben auch in der Demo= kratie entstanden war. Der Panslawismus und die Expan= sionspolitik auf dem Balkan trat unter seiner Herrschaft stark zurück — um später und kurz vor dem Kriege vereint mit dem demokratisch gewordenen Messianismus um so stärker hervorzubrechen.

Wie verhält sich nun zum Geiste der geschilderten Demo= kratien der Geist der deutschen Demokratie? Wie alles Deutsche, stellt auch die deutsche Demokratie einen lange nicht so reinen Typus dar wie die übrigen nationalen Demokratien.

Schon bezüglich des Gegensatzes zwischen aristokratischem und demokratischem Geiste zeigt sie eine eigenartige Mischung und außerdem starke Verschiedenheiten in sich selbst, die zum Teil mit Rassenunterschieden, zum Teil mit Südwest und Nord= ost, am stärksten aber wohl mit dem religiös kirchlichen Gegensatz von katholisch=protestantisch Hand in Hand gehen. Zunächst die Mischung selbst. Die Führerschaften, die Ab= geordneten und die Parteitagsminoritäten, die Gewerkschafts= beamten usw. spielen sicher eine weit größere Rolle als in Frankreich, wo die Urwählerschaft und das festgelegte Pro= gramm weit ausschlaggebendere Faktoren sind als in Deutsch= land, aber sicher spielen sie auch eine weit geringere Rolle wie in England. Im Gegensatz zur englischen hatte die deutsche Demokratie wie die französische immer irgendeine feste Dok= trin zur Grundlage; schon die Demokratie der Bauernkriege hatte sie, die liberale undeutscheste Demokratie der französisch= englischen, bei uns im 18. Jahrhundert eingeführten „Auf= klärung" nicht minder; am stärksten aber zeigt sie die moderne deutsche Sozialdemokratie mit ihrer „wissenschaftlichen", das heißt geschichtsphilosophischen Grundlage des Marxismus und früher auch der Lassalle'schen Lehren. Aber diese Doktrin ist nicht wie die französische, zunächst eine solche des Sollens und der Ethik — respektive eine solche der „Utopie". Sie ist — der echt deutschen Angst vor aller „Willkür" und der deutschen historischen Denkart gemäß — eine Lehre vom Werden der Geschichte, eine Theorie „notwendiger Entwicklung". Man kann daher schon insofern von einem starken, sogar sehr ein= seitig intellektuellen Aristokratismus in der deutschen Par= tei selbst reden, als die Parteiwissenschaft und der Partei=

142

gelehrte eine über alle sonstigen Demokratien der Welt
hinausgehende Achtung bei den Massen genießt und gar ge=
waltigen Glauben findet. Weder der Urwähler noch der
praktisch=politische Führer genießt in Deutschland eine gleich=
große. Es wird immer ein eigenartig deutsches Phänomen
bleiben, daß ein einziger stiller deutscher Gelehrter, daß Karl
Marx über Jahrzehnte hinweg einer politischen Partei den
Geist einhauchen konnte. In anderer Richtung aber zeigt die
deutsche Demokratie, besonders die Sozialdemokratie, stark
demokratistischen Charakter. Sie ist gegen abweichende Mei=
nungen einzelner Glieder und gegen Parteiminoritäten weit
unduldsamer wie die englische Demokratie. Diese starke
demokratistische Gesinnung und Theorie der deutschen Demo=
kratie stehen aber nicht nur mit ihrer faktischen Führung durch
wenige Intellektuelle, sondern auch mit ihren inneren Partei=
organisationen in schärfster Spannung. Denn ihre innere
„Disziplin" und „Organisation" bildete sie faktisch genau
den Institutionen nach, die sie praktisch=politisch bekämpft,
besonders dem preußischen Staat und dem bösen Militaris=
mus. Sie bemerkt es nur wenig, daß sie entweder einen neuen,
auf ihrem Boden gewachsenen Staatsgeist in den Staat
hineinleiten müßte, dann aber selbst in ihren eigenen Partei=
reihen ihn zuerst erwecken müßte, also nicht gerade hier den
Geist ihres Gegners, des preußischen Militär= und Beamten=
staates, nachahmen dürfte — oder daß sie diesen Geist als
positiv wertvoll auch da anerkennen müßte, wo sie ihn bisher
bekämpfte. Das Gleiche gilt auch für den linken demokratischen
Zentrumsflügel mit seiner scharfen Parteizucht und seinen
tausenderlei Organisationen. Jetzt erst im Kriege wurde die

nationale Stilidentität der deutschen Demokratie mit dem
preußischen Militarismus auch dem blödesten Auge offen=
kundig. Die militärischen, staatlichen und sozialdemokra=
tischen Parteigewerkschaftsorganisationen klappten aneinander
wie die Hälften eines Apfels, die an zwei Kinder — ohne
deren Wissen um die Einheit des Apfels — verteilt waren und
die plötzlich sehen, daß es ja ein Apfel ist. Es ist eine der
wichtigsten geistigen Folgeerscheinungen dieses Krieges, daß
diese Stilidentität der inneren Partei und Gewerkschafts=
organisation, besonders der Sozialdemokratie, mit der vom
Staate gesetzten Organisation zum beiderseitigen Bewußt=
sein, sowohl der Regierung als der Arbeiterschaft gekommen
ist. Denn durch nichts wird der Fabel von der politischen
Realität einer gleichförmigen internationalen „Demokratie"
besser gesteuert.

Die deutsche Demokratie ist aber nicht nur innerhalb ihrer
eigenen Parteien ungemein stark von einzelnen hervorragenden
Geistern und Theorien (und dies oft im Gegensatze zu den
ökonomischen und politischen Interessen der in sie befaßten
Klassen) bestimmt, auch die von ihr betätigte „Weltanschau=
ung" folgt in der Rangordnung, die sie den Gütern der gei=
stigen Kultur im Verhältnis zu Gütern anderer Art zuweist,
durchaus dem Ethos der deutschen Nation. Es liegt ihrem
Wesen völlig ferne, eine Gleichheit der geistigen Anlagen der
Individuen zur Bildung von Kulturgütern zu behaupten oder
auch nur eine gleiche Anteilnahme an deren Bildung und
Genuß unmittelbar, das heißt so zu fordern, daß die Kultur=
güter dabei nicht als bloße mittelbare Quellen der ökono=
mischen Aufwärtsbewegung der Klassen, sondern an sich selbst

in Frage kämen. Auch bezüglich dieser Art Forderungen bleibt sie vielmehr wesentlich ökonomisch bestimmt, und dennoch stellt sie mit dem gesamten deutschen Ethos die geistigen Kulturgüter an Wert hoch über die ökonomischen Güter. Gleich der französischen Demokratie, eine selbstwertige Einheitskultur durch den Staat zu fordern und einen möglichst gleichmäßigen Zugang aller zu ihr — ein Streben, das die gesamte Schul-, Kunst-, Kirchenpolitik Frankreichs durchwaltet, liegt ihr darum ebenso fern als die Auffassung der englischen Demokratie, die geistige Kultur überhaupt nur nach ihrem möglichen Arbeitswert für den allgemeinen Nutzen respektive für den Nutzen der Klasse zu beurteilen. Das ist vielmehr das Eigenartige der deutschen Demokratie, daß sie ihre politische Willensenergie zum größten Teile auf die steigende Gleichheit des Besitzes (und hier wieder nicht auf die Gleichheit nach einem Mittelmaß der „Bedürfnisse", sondern nur nach einer Gleichheit der Bedingungen, sich Besitz zu erarbeiten) richtet, gleichwohl aber sich bewußt ist, daß diese Gleichheit nicht an sich selbst einen Endwert habe, sondern nur den Sinn besitze, die höchsten und besten unter den grundverschiedenen Anlagen für die Bildung von Kulturgütern sozial fruchtbar zu machen. Die deutsche Demokratie ist gar keine „Kulturdemokratie", sondern ihrem Willen und ihren Zielen nach eine vorwiegende Besitzdemokratie, gleichwohl aber von einem Ethos beseelt, das die Kultur an Wert hoch über den Besitz stellt. Gerade in diesem letzteren Punkte gilt auch vom Marxismus mit wörtlicher Strenge das Wort von Engels, „daß er ein Kind und Erbe der deutsch-idealistischen Philosophie sei". Dieses Wort wird selten richtig verstanden.

Man faßt die sogenannte materialistische Geschichtsauffassung
häufig so auf, als ob sie in dem, was sie für die prima causa
und die unabhängige Variable der geschichtlichen Evolution
hält und behauptet, die sogenannten „ökonomischen Verhält=
nisse", auch den höchsten Wert und das höchste Ziel mensch=
lichen Daseins erblicke. Diese Auffassung ist aber (gleich=
gültig, ob diese Lehre sonst wahr oder falsch sei) eine grund=
irrige Interpretation ihres Sinnes. Die Wertsetzung des
klassischen deutschen Idealismus (Kant, Fichte, Hegel), daß
freies Vernunftwirken und daß das reine Kulturgut ein Wert
an sich selbst, ja der höchste Wert sei, hält die Lehre von Marx
durchaus fest. Nur die „bisherige Geschichte" soll nach
dem kommunistischen Manifest eine Geschichte ökonomischer
Klassenkämpfe und unfreier diese Kämpfe bloß spiegelnder
„Ideologien" gewesen sein. Die neue sozialistische Gesellschaft
aber soll gerade den „Sprung in die Freiheit" bringen.
Diese Gesellschaft wird — meint man — die bloßen Klassen=
kämpfe als eigentliches Triebrad auch der geistigen, bisher nur
heteronomen Kultur systematisch abstellen und eben damit
eine „freie" und gerade autonome geistige Kultur ermög=
lichen; eine solche Kultur also, die gerade nicht mehr ein bloßes
Epiphänomen, eine bloße Spiegelung ökonomischer Klassen=
kämpfe sein werde. In diesem „Ziel der Entwicklung" aber
soll auch die ganze Fülle der geistigen und kulturellen Diffe=
renzen enthalten sein, die sowohl den geistigen Anlagen der
Individuen als denen der Nationen und anderer Kultur=
gruppeneinheiten entsprechen. Gewiß soll es bei diesem Über=
gang aus der Welt, in der die materialistische Geschichtsauf=
fassung galt, zu jener Welt, wo sie nicht mehr gelten werde

und in der die idealistische Geschichtsidee nicht nur gedacht, sondern auch verwirklicht sein werde, die besondere Mission einer bestimmten „Klasse" sein, die diesen an sich sein sollenden und selbstwertigen neuen Zustand heraufführt: die Mission des internationalen Proletariats. Dieser Gedanke fordert zwar, daß dieses Proletariat sich durch nichts anderes praktisch bestimmen lassen dürfe, wie durch sein Klasseninteresse (insbesondere nach Marx alle praktisch=politische Verbindung mit Parteien anderer Klassen vermeiden müßte), es besagt aber gar nicht, daß auch der Wert, den das Proletariat eben hierdurch verwirkliche, und das objektive Ziel, dessen Erreichung es damit diene, gleichfalls nur die Befriedigung eines Klasseninteresses oder überhaupt die Befriedigung irgendeines bloßen Partikularinteresses sei. Im Gegenteil: es soll — nach der Intention der Marxschen Lehre — gerade die Mission der Arbeiter=klasse sein, daß sie, indem sie bis zum Anbruch des sozialistischen Staates ausschließlich ihrem Klasseninteresse praktisch folgt, die Menschheit aus aller Art von Klassenherrschaft überhaupt herausführe, das heißt also auch sich selbst als bloße Klasse überwinde. Die ganze Wucht der älteren deutschen Arbeiterbewegung und die fast religiöse Inbrunst ihrer Anhänger in den Stadien der Jugend der Bewegung ist nur von dieser geschichtsphilosophischen Deutung ihres Sinnes durch Marx aus zu verstehen. Wer sähe aber auch nicht, daß nur auf deutsche Arbeiter, das heißt auf Arbeiter dieses eigenartigen nationalen idealistischen Ethos, das Freiheit und Auto=nomie des Geistes, Selbstwert der geistigen Kultur von Hause aus hoch über alle Werte des Besitzes setzt, diese Lehre so wirken konnte, wie sie faktisch gewirkt hat?

Wenn die deutsche Sozialdemokratie also den Fragen der geistigen Kulturgestaltung, dazu auch den religiösen und kirch= lichen Problemen im ganzen genommen ein viel geringeres politisch=aktives Interesse entgegenbringt als zum Beispiel die französische Demokratie, welch letztere für Schulfragen oder Fragen, die das Verhältnis von Staat und Kirche betreffen, ein ganz anderes Gewicht zu haben pflegen, so ist hieraus nicht der grundirrige Schluß zu ziehen, daß sie die geistigen Güter weniger hochschätze. Das Gegenteil vielmehr ist richtig. Sie zeigt auch in diesem Punkte nur, daß ihre Gesinnung und ihr Streben nicht außerhalb des nationaldeutschen Ethos, sondern innerhalb seines Spielraumes liegt. Deutsch gerade ist die Grundansicht, 1) daß Gleichheit in der Befriedigung der menschlichen Bedürfnisse überhaupt um so mehr anzustreben sei, je relativ wertniedriger, aber auch je dringlicher zur Er= haltung eines gesunden Lebens — der Voraussetzung aller höherer geistigen und moralischen Betätigung — die betreffen= den Bedürfnisse sind. 2) daß die Güter des höheren Geistes= lebens nicht direkt, sondern nur indirekt, nicht darum mit den Mitteln der stets kollektiv denkenden Politik, sondern nur durch Freimachung spontaner schöpferischer und wesentlich individueller Kräfte, das heißt durch Beseitigung ihrer Hem= mungen, durch ökonomische und sonstige Notdurft wahrhaft befördert werden können. Und deutsch ist 3) das Ideal der buntfarbigen Kulturfülle, nicht jenes der Kulturuniform. Ge= rade weil die Gesinnung, die diesen Sätzen entspricht, auch die deutsche Sozialdemokratie innerlichst durchwaltet, muß sie sich praktisch im wesentlichen auf die Organisation der Arbeiter und auf ihre politische Vertretung mit primär ökonomischen

148

Zielen beschränken. Die praktisch politischen Zielinhalte und die Materie der Wertschätzungen, die den Sinn und Wert des Lebens betreffen, sind also hier nicht etwa dieselben, sondern sie sind völlig entgegengesetzt. Nicht Geringschätzung, sondern Ehrfurcht vor den geistigen Lebensgütern und praktische Zurückhaltung vor ihrer unmittelbaren Forderung, Weisheit und Mäßigung in der Abschätzung des nur sehr geringen Maßes, in dem sie durch politische kollektive Aktionen überhaupt zu fördern sind, hält, wie den Deutschen überhaupt, so auch die deutsche Sozialdemokratie zurück, ein geistig kulturelles Aktionsprogramm an Stelle eines ökonomisch-organisatorischen Programms zu entfalten. Diese weise Abschätzung aber beruht nur auf der tiefen Einsicht in die wahren Quellen und die wahre Form der Entfaltung aller echt geistigen Güter und persönlichen Bildungswerte. Denn diese Quellen bestehen in freispontanem Überfließen der individuellsten Zentren der Persönlichkeiten zu nicht durch „Bedürfnisse" abgenötigten Werken und Leistungen, das heißt sie bestehen in Kräften, die sich genau in um so höherem Maße einer willentlichen, noch dazu politisch-kollektiven Beeinflussung und Leitung entziehen, je echter und wertvoller sie sind. Die wahre Form ihrer Entfaltung ist ein zartes, unwillkürliches Wachstum in den Persönlichkeiten und nicht ein mögliches Gemachtsein. Das politisch überhaupt Praktikable praktizieren, die geistigen Güter zu verehren und vertrauen, daß die inneren spontanen Kräfte im deutschen Volke, die von selbst in das Licht einer höheren Geisteswelt emporstreben, groß und reich genug an Fülle sind, um bei stärkerer ökonomischer Ausgleichung der Lebensumstände in

Gestalten und Werken hervorzubrechen: das ist und war doch auch die innerste Gesinnung unserer Sozialdemokratie. Auch der Satz, daß „Religion Privatsache" sei — ein Satz, der einer sehr mannigfachen Bedeutung fähig ist — schließt auf alle Fälle das Bestreben der französischen und italienischen Demokratie aus, bewußt atheistische oder positivistische, agnostische Lehren zu Dogmen des Staates zu machen. Will der Satz weiterhin bloß besagen, daß relativ, das heißt in bezug auf die besonderen Ziele der politischen Demokratie, die Religion eines jeden ihrer Parteiglieder eine persönliche Angelegenheit sei, für oder gegen die aus dieser Parteigliedschaft allein nichts folge, so kann ihm meines Erachtens überhaupt nicht ernsthaft widersprochen werden. Sollte freilich der Satz darüber hinaus besagen sollen, die Religion habe ihren Sitz überhaupt ausschließlich in einer Sphäre jenseits aller Öffentlichkeit. im individuellen unformulierbaren Grunde des Herzens, so würde er eine ganz unhistorische Verkennung der Tatsache einschließen, daß Gemeinschaft, Kirchen=, Lehr= und Kultbildung zum Wesen aller echten Religion gehören, und daß eben darum die wachsende Indifferenz der Massen in Fragen der kirchlichen Gemeinschaft nicht etwa Befreiung, sondern gerade unbewußte und ungeprüfte Bindung des Geistes an die starrsten traditionellen Formen der Kirchlichkeit und Verquickung der Kirche mit Interessen der herrschenden Klasse zur Folge haben muß. Wenn aber die Breite der deutschen Demokratie es auf alle Fälle in scharfem Unterschied zur älteren englischen und zur gegenwärtig russischen, aber auch zu manchen älteren Formen der französischen Demokratie verschmäht, ihre Forderungen und Ziele unmittel=

bar im Religiösen positiv zu verwurzeln, so ist diese Tatsache
nicht nur im gemischt-konfessionellen Charakter der deutschen
Bevölkerung — also in einem Negativum —, sondern gerade
in der positiv deutschen Färbung des religiösen Bewußtseins
selbst innerlich gegründet. Dieses deutschgefärbte, religiöse
Bewußtsein konnte die ihm eigene Gemütstiefe, konnte seine
zarte Schamhaftigkeit und schöne Unaufdringlichkeit nur
dadurch bewahren, daß es sich im Gegensatze zum Beispiel
zur englischen Revolution niemals in größeren erfolgreichen,
umgestaltenden politischen Energien zu entladen suchte. Schon
Luthers Zurückhaltung, die religiös-kirchlichen Fragen in die
politischen und ökonomischen Welthändel einströmen zu lassen,
nur die andere Seite seiner zarten, ganz individuell-intim
empfundenen Gnadenmystik, zeigen exemplarisch diesen deutschen Zug der Religion. Von jeher schon fehlte der deutschen Form der Religiosität eines jener gedanklichen Mittel-
glieder, die in England und Frankreich die unmittelbare Übersetzung religiöser in politische Energien erst verständlich machen.
Es fehlte ihr — wenigstens ihrer Breite nach — ebensowohl
jede kollektive Abgrenzung des Gnadenstandes (sei es im
Sinne der Nation, das heißt die Idee der Volksauserwählung, sei es im Sinne eines Standes oder einer Klasse), wie
das religiös demokratische Gegenteil dieser Auffassung, die
Lehre einer auch politisch und für die Ordnung irdischer Verhältnisse relevanten Gleichheit der Seelen vor Gott. Gibt
es hier einen durchgehenden Grundzug deutscher Religiosität,
so möchte er am ehesten damit bezeichnet sein, daß die deutsche
Färbung des religiösen und christlichen Bewußtseins eine unendliche Fülle von individuellen Verschiedenheiten

ursprünglicher (und prinzipiell während des Lebensablaufs
stets veränderlicher) Gottesnähen und Gottesfernen der Individuen anzunehmen geneigt ist — Verschiedenheiten, die sich
in soziale und politische Kollektivbegriffe prinzipiell nicht
einfassen lassen. Darum mußte der großen Erscheinungen
der deutschen Demokratie in der Geschichte es auch bei weitem
und von Hause aus ferner als den Demokratien anderer Nationen liegen, den religiösen Urkunden, an erster Stelle den
Evangelien, irgendwelche Programme politisch=sozialer
Umgestaltung zu entlocken. So fehlt ihr auch durchaus
der im russischen Messianismus revolutionärer Färbung
liegende Versuch, die christliche Liebes= und Brüderlichkeits=
idee zu einem politisch=sozialen Prinzip, ja zu einem nationalen
Missionsprinzip zu erheben. Nicht nur die Sozialdemokratie,
auch das Zentrum hat zu Beginn der deutschen Sozialgesetz=
gebung jede Fundierung der neuen Forderungen auf ein, sei
es patriarchalisch konservativ, sei es revolutionär demokratisch
gefaßtes Liebesprinzip ausdrücklich zurückgewiesen. Die drei
nüchternen weltlichen Ideen des besten ökonomischen Haus=
haltes mit Arbeitskräften, das spezifisch deutsch=nationale
Solidaritätsprinzip, angewandt auf die Verteilung der Lasten
zur Abstellung solcher Schäden, die durch die modernen Ar=
beitsmethoden für die gesamte Volkswirtschaft unumgänglich
wurden, und die Idee der sozialen Gerechtigkeit genügten und
genügen bis heute vollkommen, die sozialpolitischen Forde=
rungen zu begründen. Dies alles besagt durchaus nicht, daß
die deutsche Religiosität und das deutsche christliche Ethos es
mit der tatenbindenden und bewährenden Kraft der religiös
sittlichen Gesinnung weniger ernst nähmen. Es besagt nur,

daß die politisch=parteihafte Form dieser Tatentbindung in Deutschland stärker gemieden wird als anderswo und eben hierdurch die über Klassen und Parteien hinweg gesinnungs= sammelnde Macht des Religiösen und insbesondere auch des Liebesprinzipes weit kräftiger erhalten wird. Wer unser System organischer Verknüpfung von Staat und Kirche zu= gunsten des westlichen und östlichen Systems der Alternative zwischen Staats= und Nationalkirchentum (respektive athei= stische und positivistische Staatsmetaphysik, wie im modernen Frankreich) und schroffer Trennung von Staat und Kirche (amerikanische Union und englische Freikirche) tadelt oder verwirft, der mache sich vorher die völkerpsychologischen Gründe klar, die bei uns dieses System gefordert erscheinen läßt und die es bei den anderen Nationen ausschließt. Diese Gründe bestehen eben darin, daß das Religiöse bei uns so viel indirekter und erst durch die gesamte Weltanschauung und Gesinnung der Personen hindurch — nicht primär als ob= jektives Gedankensystem und als Anstalt auf das politische Verhalten des Menschen Einfluß gewinnt, darum aber von Hause aus weniger Gefahr läuft, sei es zu einer Sache des Staates und der Nation, sei es zur Sache einer politischen und ökonomischen Aktionspartei zu werden. Da dies anders ist bei den anderen Nationen, so könnten sie auch unser System nicht ertragen. Die Einheit alles öffentlichen Han= delns würde bei ihnen sofort gesprengt werden, wenn nicht zwischen Staats= und Nationalkirchentum und Trennung von Staat und Kirche eine Option erfolgte. Frankreich zum Beispiel wird immer zwischen einem gallikanisch gefärbten Nationalkatholizismus und kirchenfeindlichem Staatsgeiste mit einer positivistischen Metaphysik als geheime Unterlage schwanken müssen.

Ist die deutsche Demokratie in ihrem Verhalten zu den Gütern der Kultur und zur Religion so im wesentlichen vom nationalen Ethos des deutschen Volkes umschlossen, so ist sie es nicht weniger darin, daß sie im Falle des Zweifels und der Wahl die Steigerung der ökonomischen Gleichheit — durch welche Mittel und Kräfte diese auch erfolge — der spontanen Gewinnung politischer Rechte zur Mitbestimmung der politischen Gesamtgeschichte vorzuziehen pflegt. Die deutsche Demokratie ist — wie jeder Überblick über ihre Geschichte lehrt — auffällig unpolitisch. Die einzige Tatsache, daß sie in ihrer Geschichte weder jemals gleich den westlichen Schwesterdemokratien eine das Staatswesen auf lange Dauer umgestaltende Revolution hervorgebracht hat, noch auch nur von sich aus die großen Schicksalswendungen der deutschen Volksgeschichte in ihrem Sinn und durch ihre eigene spontane Kraft zu lenken und zu gestalten gewußt hat, würde voll genügen, den obigen Satz zu belegen. In einem ausgezeichneten lehrreichen Buche „Das deutsche Volk und die Politik" (E. Diederichs, 1916) hat jüngst Hugo Preuß die deutsche Geschichte auf diesen Gesichtspunkt hin durchgeprüft, und es ist kein Wunder, daß diesem feinsinnigen und kenntnisreichen (politisch freisinnigen) Forscher, der in zweifelloser Anlehnung an die westlichen Ideale und Maßstäbe einer primär politisch gesinnten Demokratie diese Überprüfung der deutschen Geschichte vornahm, seine Darstellung zu einem einzigen Klagelied über den unpolitischen Sinn des „deutschen Volkes" überhaupt werden mußte. Zu verwundern ist nur, daß der-

154

selbe Forscher, der mit so blendender Klarheit diesen Charakter-
zug aller deutschen demokratischen Bewegungen seit dem
13. Jahrhundert auf 188 Seiten entwickelt hat, der dazu,
im Gegensatze zu vielen seiner Parteifreunde, die Gerechtigkeit und Objektivität besitzt, die schließliche politische Unfrucht-
barkeit größerer deutscher demokratischer Volkserhebungen,
wo immer sie stattfanden, nicht in der Gewalt und Tücke der
Reaktionäre, der Konservativen und „staatserhaltenden" Parteien, sondern in der konstitutiven Unfähigkeit des Volkes zu
politischer „Selbstorganisation" selbst zu finden, auf den noch
folgenden zehn Seiten seines Buches sich gleichwohl der ernstlichen Hoffnung auf einen so starken inneren Umschwung in
der Richtung einer demnächst erfolgenden Politisierung der
deutschen Demokratie hingibt, daß der Gegensatz Deutschlands und der Westmächte in diesem Punkte, wenn nicht zum
Verschwinden gebracht, so doch in hohem Maße ausgeglichen
werden würde. Wäre aber ein solcher — wie Preuß richtig
sagt — nicht durch neue verfassungsrechtliche Institute, Wahlrechtsänderungen usw. zu erreichende, sondern nur durch eine
innere Umgestaltung des Geistes der Menschen zu erwartende Umschwung nicht gemäß seiner eigenen vorhergehenden
Darlegungen mit einer völligen Umwandlung des deutschen
Volkscharakters gleichbedeutend? Und lassen auch die denkbar eingreifendsten äußeren Geschicke eines Volkes — wie
dieser Krieg — eine solche Umwandlung — ja, sagen wir
besser eine solche Preisgabe seines nationalen Charakters erwarten? Ich finde, daß selten ein politischer Schriftsteller
die Unwahrscheinlichkeit der Verwirklichung seiner eigenen
schließlichen Forderungen so bündig und so klar selbst auf-

gewiesen hat wie Hugo Preuß in seinem Buche. Weder die von Preuß an die Spitze seiner Hoffnungen gestellte sehr bestreitbare These, daß sich das Reichseinheitsbewußtsein in diesem Kriege vollständig von seinen dynastischen Stützen und insbesondere von der Vormachtsstellung des preußischen „Obrigkeitsstaates" befreit habe, noch die Keime eines Selbstorganisationsgeistes im Volksheer der allgemeinen Wehrpflicht, in der hohen Entwicklung der gewerkschaftlichen und verwandten Organisationen und in der kommunalen Selbstverwaltung, können als Anzeichen solcher Umgestaltung gegen die Fülle des Materials aufkommen, die Preuß an einer Geschichte von vielen Jahrhunderten gegen das wahrscheinliche Eintreffen seiner eigenen Erwartungen zusammengetragen hat. Soll also nicht ein geist- und tatbindender Pessimismus über die politische Zukunft Deutschlands das letzte Wort sein, so ist doch gerade angesichts dieses Buches die Frage zu stellen, ob es überhaupt wünschenswert ist, daß die deutsche Demokratie diesen ihren relativ unpolitischen Wesenszug aufgebe und nicht vielmehr wünschenswerter, daß sie in der tieferen Erkenntnis ihres national bestimmten Wesens, zu deren Förderung ihr auch — freilich nur in Hinsicht auf das, was nicht im Spielraum ihres Könnens liegt — Preuß durch sein Buch verholfen hat, sich noch unpolitischere, aber darum nicht weniger positive und fruchtbare Ziele setze wie bisher, und ihre Kraft damit nicht auf einem Boden verschwende, auf dem ihr so offensichtlich die Anlage zu gebrechen scheint?

Was die erste Frage betrifft, so scheint sich mir immer deutlicher ein Grundgedanke, ein leitendes Prinzip aus den mannigfachen Diskussionen herauszubilden, das, in seinen vollen Konsequenzen entwickelt, eine tiefere Verständigung der deutschen Sozialdemokratie mit den Einsichtigen unter den herrschenden Kreisen zu bewirken die Kraft besäße. Es ist dasselbe Prinzip, das, wenn auch in einer ganz anderen unvergleichbaren historischen Situation, den Zusammenschluß von Regierung und Volk zur Zeit der Befreiungskriege geleitet hat und seine staatsmännische Verkörperung vor allem im Freiherrn vom Stein gefunden hat. Es lautet für die in die demokratischen Parteien eingegliederten Deutschen, daß sie nicht an erster Stelle neue politische Rechte als politische Rechte, sondern auf allen im öffentlichen Leben irgendwie bedeutsamen Gebieten für die leitenden und führenden Stellen ein breiteres Fundament der Auswahl der geeigneten Personen anstrebe — eventuell auch durch das Mittel von Wahlrechtsänderungen und Erwerbung neuer politischer Rechte, aber auch dies ausschließlich zum Zwecke der Energieentfaltung der im Volke schlummernden Führeranlagen, dieses Ziel sich setze. Für die herrschenden Kreise aber lautet dasselbe Prinzip, daß sie ohne irgendwelche Preisgabe dessen, was Preuß „Obrigkeitsstaat" nennt, auf allen Gebieten neue und breitere Formen der Auswahl zur Besetzung aller öffentlichen Ämter und Funktionen auch ihrerseits systematisch anstreben, auch vor der Gewährung erweiterter Parlamentsbefugnisse und auf diesen technisch-pädagogischen Zweck zugeschnittener, veränderter Wahlrechtssysteme in keinem solchem Falle zurückscheuen, wo diese Mittel die einzigen sind, durch die sich eine Entfaltung der deutschen Volkskräfte und eine zweckmäßigere Heraushebung der verborgenen Talente und Anlagen, desgleichen eine gesteigerte Übung und öffentliche Sicht-

barmachung dieser Talente erzielen läßt. Politische Volks-
erziehung und politische Selbsterziehung des Volkes in freiem
Genossenschaftswesen bildet einen Kernpunkt dieses Programms. Dieses Prinzip der Einigung hat die zwei gleich-
großen Vorzüge, daß eine große Menge praktischer Maßnahmen aus ihm fließen, die man bisher dem Geiste der
westlichen Demokratien als vorbehalten und der Logik unserer
Staatsidee zuwider ansah, daß es aber faktisch durchaus keine
Preisgabe unserer Staatsidee und unseres deutschen politischen
Ethos in sich schließt, ja vielmehr nur diese beiden aufs höchste
fruchtbar macht. Es ist ja ein grundsätzlicher Unterschied, ob
zum Beispiel Erweiterung der Befugnisse des Parlaments
auf die Forderung einer den westlichen Verfassungen angenäherten Verfassung gegründet wird oder auf die Notwendigkeit, hierdurch eine günstigere Auswahlsphäre für politische
Begabungen zu erzielen. Je mehr die deutsche Demokratie
einsieht, daß sie den Geistes- und Bildungsaristokratismus
des deutschen Wesens auch in sich selbst verkörpert und dies
der Punkt gerade ihrer Stärke und nicht ihrer Schwäche ist,
desto mehr muß sie durchaus nicht auf die wesentlichsten ihrer
Forderungen, wohl aber auf eine Begründung und Zielsetzung
ihrer Forderungen verzichten, die nur eine Nachahmung der
westlichen Demokratien darstellt. Und je reiner und klarer
die herrschenden Kreise und Gruppen den Kern der deutschen
Staatsidee erfassen und erhalten wollen, desto schärfer müssen
sie scheiden lernen, was noch in der Konsequenz dieser Staatsidee selbst und was nur in einer, der Fülle und Vielseitigkeit
der Aufgaben unseres Staates nach dem Kriege nicht mehr
angepaßten technisch-organisatorischen Darstellung dieser

Staatsidee besteht. Weiterhin aber ist die Frage zu stellen, ob es nur Mängel und nicht auch die edelsten Vorzüge des deutschen Geistes und des ihm charakteristischen Ethos sind, die diesen unpolitischen Charakter nicht des „deutschen Volkes" (wie Preuß mit der Zweideutigkeit des Wortes „Volk" als Gegensatz zur Obrigkeit und als organisches Ganzes sagt), sondern der deutschen Demokratie bedingen.

Da finde ich nun, was die letztere Frage betrifft, daß die relative Zurückstellung des Wertes der politischen Freiheit der Einzelpersönlichkeit und des Strebens nach unmittelbarer Mitgestaltung der Staatsgeschicke vor dem hohen Gute der geistigen Freiheit des eigenartigen Individuums (nicht nur als Einzelindividuum, sondern der Individualität auch noch als Stammesindividualität, ja als politische Parteiindividualität), ihre Zurückstellung zugleich vor dem Ziele einer wachsenden ökonomischen Gleichheit, den tiefsten Intentionen des deutschen Geistes und Ethos durchaus entspricht. Steigende Gleichheit zu suchen, je relativ niedriger die betreffenden Lebensgüter sind, aber um so mehr ihr Besitz unumgängliche Bedingung für die Erwerbung höherer Lebensgüter ist, steigende F r e i h e i t d e r I n d i v i d u a l i t ä t (und darum relative Ungleichheit) aber zu suchen, je höher die Lebensgüter sind — beides nach dem besonderen Material deutschen Ethos — das ist eben auch die Formel, die, wie alles Deutsche, auch die deutsche Demokratie innerlichst beseelt. Da die politische Freiheit und Selbstverantwortlichkeit aber ein höheres Gut ist als der ökonomische Besitz, wird auch eine Demokratie, die auf deutschem Boden gewachsen ist und nicht die Demokratien anderer Nationen nachahmt, als Demokratie, das heißt als Gleichheitsbewegung

159

überhaupt ökonomische Ziele politischen Zielen praktisch um
so mehr überordnen müssen, als ihre Glieder in ihrer Eigen=
schaft als Deutsche und nicht in ihrer Eigenschaft als An=
gehörige der demokratischen Partei die politische Freiheit und
Selbstverantwortlichkeit nicht niedriger, sondern höher schätzen
als den Besitz. Was aber die Ansprüche auf geistige Frei=
heit der Individualität betrifft, die nun einmal kraft eines,
wenn man will, tragischen Gesetzes der Menschennatur und
ihrer wesenhaften Enge zu den Ansprüchen auf politische
Freiheit des Einzelnen nur im umgekehrten Verhältnis
stehen können, so wird sie der Deutsche stets und immerdar
der politischen vorziehen.

Die Völker sollten es endlich lernen, daß ihr so oft wieder=
kehrender gegenseitiger Vorwurf, sie entbehrten des wahren
Freiheitssinnes, schon darum unsinnig ist, da jedes Volk eine
ganz eigenartige konkrete Idee von der Freiheit besitzt — eine
Idee, an der es bewußt oder unbewußt die Zustände des an=
deren Volkes und sein Verhalten mißt. Der starke politische
Freiheitssinn des Engländers als Einzelperson, sein traditio=
nelles Mißtrauen gegen Eingriffe der Staatsgewalt, seine
seltene Fähigkeit aber auch, durch freie spontane Verein=
barung Gesamtzwecke zu fördern, die bei uns in Deutschland
überhaupt nicht erreicht werden können, wenn sie nicht der
Staat in die Hand nimmt, ist, für sich betrachtet, ohne Zweifel
eine hohe Tugend. Aber es ist eine Tugend, die nicht ihr
zufälliges, sondern ihr notwendiges Lasterkorrelat in Borniert=
heit, Geistesenge, mangelndem Sinn für Freiheit des eigen=
artigen Individuums, für uns Deutsche unfaßbarer Gewohn=
heits= und Konventionsgebundenheit besitzt. Und umgekehrt

160

kann nicht geleugnet werden, daß der oft bis zur Neigung zu
Anarchie führende deutsche individualistische Freiheitsgeist und
ganz persönliche Kritizismus aller öffentlichen Einrichtungen,
daß aber auch unser herrlicher Sinn für Geistesfreiheit, Geistes=
weite und für Staatsentbundenheit unserer intimsten Persön=
lichkeitssphäre als Korrelat einen Trieb zu oft allzu leichter
Unterordnung unter die Staatsautorität, ein oft allzu un=
begrenztes Vertrauen auf sie, ja — wenn man scharfe nega=
tive Ausdrücke liebt — eine gewisse Neigung zu politischer
Dienerhaftigkeit erzeugt hat. Man mache sich aber auch
klar, daß beide negative Korrelate, das englische, die Geistes=
enge und das deutsche, jene Dienerhaftigkeit gleich notwendig
sind, wenn überhaupt eine Gewähr für Bestand und Wohl=
fahrt eines staatlichen Daseins hier und dort gegeben sein soll.
Man darf nicht — will man gerecht sein — die Tugenden
der Fehler des einen Volkes mit den Fehlern der Tugenden
des anderen vergleichen, sondern man muß jene eigenartigen
noch wertfreien Gesamtanlagen hier und dort gegeneinander
abwägen, die mit derselben Art fühlbarer Notwendigkeit
Tugenden wie Fehler aus sich hervorgehen lassen — wenn
sie zu verschiedenen Aufgaben in Beziehung gesetzt werden.
Ich möchte sogar vermuten, daß alle Völker ungefähr das=
selbe Maß von Freiheitssinn überhaupt und dasselbe Maß
von Gebundenheit überhaupt besitzen und der Unterschied mehr
darin gelegen ist, was sie in sich frei haben wollen und worin
und wovon sie frei zu sein wünschen und welche Kräfte es
jeweilig sind, welche die für alles gesellige Dasein notwendigen
Gebundenheiten erzeugen (zum Beispiel Staat oder Konven=
tion). Widersinnig wäre es daher auch, ein Ideal der Frei=

heit aufzustellen und zu predigen, das nur die positivwertigen
Folgen der verschiedenen Freiheitsideen der Nationen in sich
verkörperte. Ein solches zusammengewürfeltes Ideal hat
keine echte Leistungskraft für den Menschen und keinerlei
innere Möglichkeit der Verwirklichung.

Nie wird darum auch eine Zeit kommen — solange es noch
ein geistiges Einheitsmerkmal des Dinges gibt, das wir das
deutsche Volk nennen —, da die nach deutschen Schätzungs=
weisen „Besten" es sein werden, die den Schauplatz ihrer
Wirksamkeit und ihren Lorbeer vor allem auf dem Boden
der Politik suchen und finden werden. Ein politisch Lied wird
uns vielleicht nicht immer ein garstig Lied, aber doch immer
ein nach den letzten Maßstäben unserer Wertschätzungen
untergeordnetes Lied bleiben. Die „politische" Einstellung an
sich fordert eben eine Art von Selbstverleugnung der indivi=
duellen Tiefe des Menschen, sie fordert weiter schon als Denk=
form ein entweder triebhaftes oder gewolltes Scheuklappen=
system zur Abblendung zu weiter Horizonte, und gerade als
politische Kunst etwas von einem unsachlichen Dilettantismus
und Auf=allen=Sätteln=Reiten=können, fordert auch einen
Verzicht auf streng sachhaft geordnetes Denken und Tun, einen
Verzicht auf strenge Entscheidungsmöglichkeit der „Rechtheit"
dieses Denkens und Tuns — fordert also Dinge, wie sie denen,
die wir unsere „Besten" nennen, darum nicht liegen, weil
sie dem deutschem Geiste selber nicht liegen. Das mag der
Fachpolitiker — für uns ist eben auch die Politik ein „Fach",
die Herrschaft der Bureaukratie, auch das System der Bureau=
kratisierung innerhalb der deutschen Parteien haben in dieser
Auffassung ihre nicht zu unterschätzenden Grundlagen — wie

162

immer und mit Recht von feinem Standpunkt aus tief be=
klagen. Was aber fein ganzer „Standpunkt", von dem aus
er diefe Klage führt, felber wert fei und bedeute, das kann
er nicht mehr von feinem „Standpunkt" aus beurteilen: er
muß es dem konkreten Ethos der Nation überlaffen, der
Nation, der er angehört. Der Nation muß er es überlaffen,
wie hoch und niedrig in ihr er felbft und fein ganzer „Stand=
punkt" eingefchätzt find. — Was Preuß als Syftem des
„Obrigkeitsftaates" bekämpft, das ift aber eben darum dem
deutfchen Volk nicht ausfchließlich durch einzelne Schickfale
hiftorifcher Natur aufgezwungen worden. Wäre es das, fo
hätten ja auch Leute wie Lord Haldane ganz recht, wenn fie
uns davon „erlöfen" wollen! — Diefer Obrigkeitsftaat ift im
Prinzip vielmehr das Syftem, in dem Deutfchland regiert
fein will: mit jenem tieferen Willen „will", der über der
Summe der Parteiwillen erhaben ift, da er nur das in die
öffentliche Praxis und den Staat umgewandte deutfche Ethos
felbft darftellt; und darum auch innerhalb der Parteien bis
zur Sozialdemokratie als Bureaukratifierung, Difziplingeift,
Unterordnung der Führenden und Geführten unter die un=
fichtbare Parteieinheit immer wieder erfcheint. Jene deutfche
Grundauffaffung des Staates, nach der der Staat — analog
gebildet zum alten kirchlichen, von Paulus zuerft im Begriff
des corpus christianum gefaßten Anftaltsbegriff — ein felb=
ftändiges unfichtbares Willenswefen ift, dem fich Alle (Fürft
wie Volk) zur Löfung verfchiedener, vom Wohl des Ganzen
objektiv geforderter Aufgaben, als verfchiedenwertige „Or=
gane" gleichzeitig eingeordnet und untergeordnet fühlen und
der gleichzeitig feft beharrende Anfpruch auf eine staatsfreie

Sphäre geistiger und innerer gemüthafter Freiheit der Individualität bilden erst zusammengenommen ein sich ergänzendes und bedingendes System eigentümlichen menschlichen Daseins. Sie stellen außerdem gleichsam das Schema dar, nach dem sich bei uns alle soziologischen Gebilde — heißen sie Partei, Gewerkschaft, Fabrik, Geschäft bis zu einem beliebigen Verein — bilden und damit unserer Staatsidee nachbilden. Auf eine möglichst klare Formel gebracht besagt dies, daß der deutsche Mensch als Typus gleichzeitig seine Person als triebhaftes und ökonomisches Subjekt seiner Person als Staatsbürger und Glied des Staatsganzen unterworfen empfindet, daß er aber in beiden Erscheinungsformen seiner Person niemals Kern und Grundsinn seines Daseins sieht. Dieser ist und bleibt ihm seine geistige Individualität und die innere Freiheit, die in der Freiheit seines kulturbildenden Schauens, Denkens und Fühlens sich betätigt und in der eigenmächtigen Gestaltung seines individuellen und familiären Lebens sich darstellt.

Unsere Demokratie fällt der Breite nach aus diesem Typus nicht heraus. Insbesondere fällt nicht daraus heraus die Sozialdemokratie, die in ihrem Wesen ja überhaupt so viel tiefer im nationalen deutschen Geiste verankert ist, als der bürgerliche Freisinn, dessen Dogmen weit stärker durch Einflüsse der westlichen Demokratien und ihrer theoretischen und praktischen Führer historisch bestimmt wurden. Man kennt die Glut, in die der Hegelianer Lassalle immer wieder kommt, wenn er den liberalen Vertrags- und Polizeistaat bekämpft und wie tief er sich in diesem Punkte mit seinen schärfsten Gegnern, den Preußisch-Konservativen eins wußte. Und auch Marx bleibt — soviel tiefer er auch durch westliche Ideen in

seinen Theorien beeinflußt ist als Lassalle — in seinem Staats=
gedanken ein Schüler Hegels. Auch darin fällt die deutsche
Demokratie nicht aus den großen deutschen Geistestraditionen
heraus, daß sie nach Doktrin und Praxis noch am wenigsten
das Gift jenes Nationalismus in sich gesogen hat, der seit der
französischen Revolution Staaten verwüstend über die Welt
schreitet und sich seit der ungarischen Revolution immer klei=
neren und bildungsloseren Völkern mitgeteilt hat. Die deut=
sche Demokratie setzt mit der gesamten deutschen Philosophie
— auch darin also ihr Geisteskind — den Staat als das ein=
zige der Nation vorgeordnete praktische Handlungssubjekt der
Geschichte an und ist durch die Utopie des reinen National=
staates viel weniger genarrt als die französische und russische,
zum Teil auch die italienische Demokratie. Dies gilt nicht nur
für die „k. k. österreichische Sozialdemokratie", sondern auch für
die deutsche. Auch der Identifizierung der nationalen Kultur=
idee mit Interessen des national engagierten Kapitals hat ge=
rade die deutsche Sozialdemokratie am glücklichsten entgegen=
gearbeitet. Ja, die deutsche Sozialdemokratie hat in einer Zeit,
da sich unsere Nationalidee bedenklich einseitig als bloße „natio=
nale wirtschaftliche Arbeitseinheit" darstellte, ganz besonders
energisch die Tradition der nationalen Kulturidee unseres
klassischen Zeitalters und der Zeit der Befreiungskriege bewahrt.

Ist zu erwarten, daß die Demokratien der genannten Na=
tionen in Zukunft grundsätzlich aus der Spannweite sich
heraus entwickeln werden, die ihnen der Geist und das Ethos
der Nationen setzen, denen sie angehören? Ist weiter zu er=
warten, daß sie sich gar zu einer geistig einheitlichen euro=
päischen oder Weltdemokratie zusammenschließen, von wel=

chem Trugbild unserer gegenwärtigen Feinde wir ausgingen? Umbildungen in der Richtung einer Angleichung der Demokratie aneinander konnten wir in den letzten Jahrzehnten mannigfach gewahren. Am deutlichsten war die Erscheinung einer langsamen Angleichung der englischen an die französische Demokratie — eine lange vorbereitete Folge des Absterbens der Traditionen, aus der ihr aristokratistischer Geist entsprang: der in ihr verbundenen ständischen und nur immer mehr erweiterten Traditionen des mittleren Adels und des mit diesen Traditionen immer enger verbundenen freispontanen Kaufmannsgeistes, dazu der puritanischen Steifnackigkeit, die vom Religiösen ausgehend immer weitere Lebensgebiete ergriff. Dieser Bewegung der steigenden Ausdehnung eines ursprünglichen gegen die Krone gerichteten Adelsgeistes lief aber in England die Bildung eines demokratischen Geistes von unten entgegen, der mit der französischen Demokratie jedenfalls die Herkunft aus dem prinzipiellen Protest gegen eine gegebene Staats- und Lebensordnung und den Demokratismus gemein hat. Der englische und französische Syndikalismus sind Zeichen dieser Angleichung. Ihr zu begegnen, wurden wieder deutsche staatssozialistische Maßnahmen Vorbild. In weit geringerem Maße haben die russische und französische Demokratie, mitbestimmt durch das langjährige Bündnis, gegenseitig aufeinander im Sinne einer Angleichung gewirkt. Aber wie dem auch sein mag — der Gegenstand fällt aus diesen Bemerkungen heraus —: im großen Ganzen werden die genannten Demokratien auch fürderhin ihre Nationalfarbe bewahren. Und die „einheitliche Demokratie Europas" oder gar der Welt wird ein Hirngespinst bleiben.

Über
Gesinnungs- und Zweckmilitarismus.
Eine Studie zur Psychologie des Militarismus.

Das Wort Militarismus ist nach mehr als einer Seite hin vieldeutig. Man kann, ja man sollte darunter an erster Stelle verstehen ein gewisses Ethos und eine gewisse innere und äußere Menschenhaltung, das heißt eine im Gemüte fest gewordene Art, gewisse Werte anderen Werten in Leben, Wählen, Handeln vorzuziehen und dies sichtbar auszudrücken: zum Beispiel die Werte des θυμοειδές (Plato) den Werten des Angenehmen und Nützlichen, Ehre und Ruhm dem Leben, Macht dem Vorteil, die Sache des Staates individuellem Wohlbehagen. Solches Ethos, nach dem ein ganzes Volk leben will, stellt sich dann sekundär in der Erscheinung seines Heeres und seiner Heeresverfassung dar; es drückt sich in ihm aus wie Freude im Lächeln, wie der Zorn im Runzeln der Stirne und dem Schütteln der Faust. Die besonderen Zwecke, für die ein Heer im Frieden und Kriege verwandt wird, haben mit dieser Art Militarismus noch nichts zu tun. Denn dieser „Militarismus" ist Ausdrucksgeste des Ethos eines Volkes, das die Fassung seiner (auch politischer) Zwecke allererst bestimmt; dieser Militarismus ist nicht der Name für eine Einrichtung oder für ein

„Werkzeug" zu beſtimmten Zwecken. Das Wort Milita=
rismus kann aber auch beſagen wollen: das Vorhandenſein
eines möglichſt ſtarken, ſchlagkräftigen Heeres und eifrige
Sorge für deſſen Erhaltung und Verbeſſerung. Bedeutet
das Wort dies, ſo kann ſolcher Militarismus noch Zweck=
bereichen, die grundverſchiedenen Formen eines möglichen
Volksethos entſpringen, dienſam ſein oder ein Werkzeug für
ihre Erreichung ſein. Die Form des militariſtiſchen Ethos
iſt nur eine einzige dieſer Formen. Das Heer kann dann
zum Beiſpiel auch dem Ethos (und der daraus entſpringen=
den Politik) einer regierenden und für den Typus des Men=
ſchen dieſes Volkes maßgebend gewordenen Klaſſe von Reli=
giöſen, Prieſtern oder Kaufleuten oder Beamten oder einer
im Weſen unmilitäriſchen Dynaſtie als Werkzeug dienen
(wie die Flotte und Landmacht der Karthager, die venezia=
niſchen Söldnerſcharen, die neuengliſchen Heere, andrerſeits
die Janitſcharen, die Cromwellſchen „Erwählten"). Ein
Volk kann alſo gleichzeitig ganz unmilitariſtiſch im erſten
und äußerſt militariſtiſch im zweiten Sinne ſein. In einem
Volke braucht alſo nicht derſelbe Geiſt, der Heer und Heeres=
organiſation ſich als zweckfreien Ausdruck ſchuf, auch die
Gefüge politiſcher Ziele und Zwecke beſtimmen oder mit=
beſtimmen, zu denen das Heer verwandt wird.

Die hiſtoriſche innere Kontinuität des geſinnungsmilitari=
ſtiſchen Geiſtes des preußiſchen Heerweſens ſeit ſeinem Ur=
ſprung über Friedrich den Großen hinweg und über die beiden
großen Heeresreformen der Befreiungskriege und Wilhelm I.
bis zur Gegenwart iſt von B. Delbrück u. a. in eingehen=
den Darſtellungen der deutſchen Heeresverfaſſung dargelegt

worden. Trotz der Einführung der allgemeinen Dienstpflicht behielt der alte Geist des königlichen Berufs- und Standesheeres (durch die zweitgenannte Reform aufs neue befestigt und niemals, wie bei dem Heerwesen Englands und Frankreichs, durch eine große revolutionäre Staatsumwälzung in seiner Eigenart gebrochen), bis zum Beginn dieses Krieges das entschiedene Übergewicht im Ganzen des Heeres. Das Ausland hat denn auch darin völlig recht, wenn es uns in einem Sinne ein Militärvolk und einen Militärstaat nennt, in dem das Gleiche auch dann nicht von England, Frankreich oder Rußland gesagt werden könnte, wenn seine Heere relativ zu Bevölkerungszahl und Reichtum der Länder gleichgroß oder selbst beliebig größer wären. Das preußisch-deutsche militaristische Ethos bliebe uns auch dann eigentümlich. Wenn „Aufklärer" des Auslandes fort und fort darauf hinweisen, es sei der „Vorwurf des Militarismus" unberechtigt, weil doch die uns feindlichen Staaten ebenso große, schlagkräftige Heere aufgebaut haben wie wir selbst, ja ihrerseits das Wettrüsten begonnen hätten, so machen sie sich, ohne es zu wissen, eines inneren Verrates am deutschen Ethos schuldig — wobei ich die faktische und historische Berechtigung ihres Satzes nicht untersuche. Diese Heere und die Opfer, die jene Länder dafür brachten, machen sie weder der Ehre teilhaftig, unseren Militarismus zu besitzen — gesetzt, es sei dies eine Ehre — noch des gleichen Vorwurfes schuldig, den sie gegen uns wenden — gesetzt, unser Militarismus im ersten Sinne sei ein moralisches Übel. Auch andere Argumente der Aufklärer — scheinbar — zugunsten unseres Militarismus sind faktische Preisgabe gerade des Charakteristischen und nach unserem deutschen Ethos

„Edlen" unseres Militarismus. Man darf zuerst zusammen=
fassend sagen: alle Argumente, die ihn anstatt erst an zweiter
Stelle aus dem Zwecke unseres Heeres und aus unserer Lage
und Wirtschaft, an erster Stelle aber aus der Eigennatur
unseres Lebenswillens abzuleiten, umgekehrt an erster Stelle
aus jenen Momenten erklären und dabei unser militaristisches
Ethos nur als Folgeerscheinung des Bedarfs eines starken
Heeres zwecks Schutz unserer Grenzen oder um bestimmter
machtpolitischer Zwecke willen usw. usw. verstehen wollen,
verfehlen ihr Ziel. Viele unserer der Aufklärung beflissenen
Akademiker fordern das Ausland fortgesetzt auf, daß es sich
doch in unsere zentraleuropäische Lage einmal voll hinein=
denken und hineinfühlen möge, um unseren Militarismus zu
verstehen. Man sagt: es fehlen uns die natürlichen Grenzen,
welche für England ganz und gar das Meer, für Frankreich,
Italien zum großen Teil die Meeresgestade bilden. Ein=
gezwängt in die Mitte Europas, nach zwei Fronten ohne
natürliche Deckung, im Süden ohne Verbindung mit dem
Meere, nur im Norden mit einem der Verbreitung deutscher
Stammesart längst nicht entsprechenden Zugang zur See,
umringt von deutschen und halbdeutschen Kulturländern, die
wie die deutsche Schweiz, Holland, die flamischen Provinzen,
die baltischen Provinzen sich einst vom deutschen Reiche ab=
spalteten und ein Eigenleben begannen, sind wir ebenso ge=
nötigt, ein mächtiges Werkzeug der Verteidigung und der
freien Bewegung stets bereit zu halten, als wir durch die
natürliche Zentripetalkraft deutscher Kulturländer, an den
Kern des deutschen Staates anzuschießen, fortwährend gereizt
sind, durch Wiedereroberung des einst uns entgangenen Teiles

170

deutscher Lande unseren alten Besitzstand wiederherzustellen. Ich verkenne die Kraft dieser Argumente zur Erklärung der Größe und Sondergestaltung unserer, besonders der neudeutschen Heeresorganisation und der Größe unseres Aufwandes für sie nicht im mindesten. Aber das, was das Ausland unseren „Militarismus" nennt, ist von diesem Zwange der Not und unseres geographisch=politischen Milieus völlig unabhängig. Er ist allem voran der freie Ausdruck, die natürliche Lebensform des spontanen Ethos und Grundwillens unseres Volkes, nichts also, was uns Lage und besondere historische Schicksale abgenötigt hätten. Wir sind Militaristen einfach aus dem Grunde, weil es uns wohl gefällt, also zu leben und nicht anders! Säßen wir auf Englands Inseln, so würde sich an dieser letzten preußisch=deutschen Willensrichtung nicht das mindeste ändern, — wie grundverschieden auch die Heeres= resp. Flottenorganisation wäre, die dieser Umstand zur Folge gehabt hätte. Auch dann wäre es uns nicht eingefallen, den kriegerischen Geist durch den der Hygiene dienlichen Sport zu ersetzen, auch dann hätten wir das Grundverhältnis von Volk und Heer niemals als ein solches von Werkmeister und Werkzeug für beliebige „Zwecke" betrachtet — für Zwecke, die von einem außerkriegerischen Herrschaftsethos dem Heere äußerlich vorgespannt werden; auch dann hätten wir nicht Geld und Söldner, Kontinentaldegen und fremde Völker so lange in den Kampf geschickt, als es nur möglich ist, um an dem eigenen als zu „edel" zum Kriegsopfer empfundenen Blut nach Möglichkeit ökonomisch zu sparen. Auch dann wären uns die militärischen Lebensformen etwas unserem Wesen wie ein gutes Kleid prall Ansitzendes gewesen

und wäre uns Heer und Flotte kein „Werkzeug", sondern dasselbe Ethos, dessen Ausdruck sie sind, das auch all unsere politische Zwecksetzung leitende Moment gewesen. Ein Werkzeug ist im Unterschiede von einem Kunstwerk, das den Geist
eines Volkes ausdrückt, nur um des Zweckes willen da, für
das es Werkzeug ist. Der deutsche Militarismus aber gleicht
mehr einem Kunstwerk als einem Werkzeug. Er hat sich
dem Gesamtleben des Volkes nicht von außen angesetzt, sondern ist, wie gewisse kalkige Schalen von Meerestieren, ein
Werk wesentlich innerer organphysiologischer Arbeit. Erst
sekundär tritt daher sein Ausdruck, das Heer, in den Dienst
politischer und sonstiger Zwecke. Zuerst und zunächst stellt
das Heer nur die sichtbar gewordene Form eines bestimmten
Wertungs- und Lebenswillens dar, eine Form, an der
der gesamten moralischen Welt sichtbar, fühlbar, greifbar
wird: es lebt hier ein Volk, das die Ehre dem Nutzen voran-
setzt, die Macht des Ganzen allen bloßen Interessen und
Vorteilen von Gruppen und Klassen, Kampf und Arbeit der
Behaglichkeit, Zucht der Erwerbs- und Genußgier, die Spannung der Pflicht den angenehmen Folgen ihrer Erfüllung,
den Wert der Opferkraft selbst dem Werte aller Dinge, für
die man opfert, vitale Kraft, Gesundheit und Leibesschönheit
aller Fülle guter, toter Gebrauchsdinge, das Glück in der
Spannung des Kampfes dem Glück der Ruhe und der erreichten Ziele.

In den Briefen Friedrichs des Großen, in denen er Freunden oder Verwandten seine so oft wiederkehrende Bedrängnis
schildert, finde ich als letztes maßgebendes Wertmotiv für sein
und seines Heeres Durchhalten immer nur ein und dasselbe:

172

die Ehre, seine Ehre als König, die Ehre seines Staates und seiner Armee; niemals etwas wie Gewinnsucht, Habsucht, Eroberungsgier.

Im Verhältnis zu jenem Zweckmilitarismus, dem das Heer nicht zunächst Krone und Blüte der Nation, die Zeit des Heeresdienstes auch für die untersten Volksklassen die Universitätszeit der Armee ist — wie man richtig sagte —, sondern Werkzeug einer nichtmilitaristischen Regierung, kann dieser Gesinnungsmilitarismus sogar sehr unzweckmäßig sein. Gewiß ist die Bildung des Deutschen Reiches an erster Stelle eine Frucht des von Preußen her nach allen Richtungen um sich greifenden Militarismus. Das eins gewordene Deutschland ist zwar kein verlängertes Preußen, wie Treitschke sagt, aber doch durch den von Preußen wiedererweckten allgemeindeutschen kriegerischen Geist gebildet und aufrechterhalten. Es ist also nicht so sehr der „kriegerische" Geist (den freilich auch der sogenannte Militarismus voraussetzt), was hierbei von Preußen ausging als der Geist der Ordnung, der Pflichtgedanke, der Organisation, der Pünktlichkeit, der Disziplin und der Sachlichkeit. Den kriegerischen Geist besitzen alle deutschen Stämme in annähernd gleichem Maße; und sicher kommt Preußen hierin kein Vorrang zu. Aber eben erst durch diese Verbindung des allgemeindeutschen kriegerischen Sinnes mit seinem preußischen, auch ganz jenseits der preußischen Armee (Beruf, Wirtschaftsleben usw.) in gleichstarkem und gleichursprünglichem Maße sich auswirkenden Geiste des Ordnungs=, Sach= und Pflichtgedankens konnte das militaristische Ethos eine Kraft der Einigung Deutschlands werden. Dieser kriegerische Sinn für sich genommen ist in allen Zeiten der deutschen Geschichte ja gerade der tiefste Grund für die Uneinigkeit Deutschlands, für die endlosen Kämpfe von Germanen wider Germanen gewesen; Grund auch für alle deutsche Unverträglichkeit, Zanksucht, Parteizerklüftung, Unfähigkeit zur Selbstorganisation. So wenig eben beruht der Kern des deutschen Militarismus auf dem Zwange der Not, auf Zweckmäßigkeit und der Notwendigkeit eines starken Heeres als Werkzeug „gegen die Feinde Deutschlands", daß vielmehr gilt, daß die Deutschen schließlich immerdar miteinander kämpften, wenn sie gegen andere nichts zu kämpfen hatten.

Diesem Gesinnungsmilitarismus entsprechen nun auch mehr oder weniger äußere Folgeerscheinungen. Zu allererst die Tatsache, daß der Offizier in Deutschland zum sozialen Vorbild auch der außermilitärischen Berufsstände wurde, sein Ehrbegriff aber derjenige ist, an dem sich die Ehrbegriffe anderer Klassen, Berufe, Gruppen wie an einem Höchstmaß (wenn auch heimlich und mit äußerem Widerspruch) messen, daß weiter die soziale Stellung des Offiziers eine von seiner Stellung in allen anderen Ländern wesensverschiedene ist, daß alle Rangklassen nach den militärischen Rangverschiedenheiten der Gesellschaft gemessen werden, daß durch Militäranwärtertum und Reserveoffizierseinrichtung Sitte und Ton der gesamten Gesellschaft vom militärischen Wesen durchwirkt wird, daß bei der für die Formung des künftigen Typus Mensch so wichtigen Liebeswahl das „bunte Tuch" und die mit ihm verbundenen militärischen Tüchtigkeiten auf die Weiblichkeit aller Stände und Klassen die stärkste Zugkraft äußert, daß der Kaiser (der „oberste Kriegsherr") wie die höchsten Beamten in ihrer äußeren Erscheinung bei festlichen Gelegenheiten die Uniform anderer Bekleidung vorziehen und tausend anderes.

Das feindliche Ausland hat also (unter weitgehender Zustimmung der Neutralen) darin durchaus recht, wenn es den Deutschen eine besondere Art des Militarismus zuspricht, eine Art, die dem Ausland trotz seines nicht minder großen Aufwandes für die Heeresorganisation fehlt. Bringen wir den Unterschied hier und dort auf eine Formel, so kann man sagen, daß bei uns ein Gesinnungsmilitarismus die innere, auch historische Grundlage des Instrumentalmilitarismus sei, wogegen bei unseren Gegnern das System des Instrumentalmilitarismus vorherrscht, das Heer an erster Stelle also ein Werkzeugsverhältnis zum politischen Willen von Regierungen und solchen herrschenden Klassen besitzt, deren Ethos von Hause aus wesentlich antimilitaristisch, bald mehr utilitarisch und kaufmännisch (England, Amerika), bald mehr religiös-romantisch (Rußland), bald mehr durch den Gloiregedanken, schließlich den unmilitärischen Rachegedanken und den Ressentimenthaß der empfundenen Schwäche bestimmt ist.

Hat das Ausland aber darin recht, so hat es gleichzeitig unrecht, wenn es annimmt, daß solcher Gesinnungsmilitarismus eine dauernde „Bedrohung aller umliegenden Völker, ja der ganzen Welt" sei, daß mithin eine Beseitigung dieses Militarismus auch für die Sicherheit und Wohlfahrt Europas, ja der ganzen Welt notwendig sei. Gerade dieser Charakter einer fortwährend die Nachbarn bedrohenden Macht muß vielmehr einem Heere von Hause aus fehlen, das nicht an erster Stelle für gewisse Zwecke und als Werkzeug für die Pleonexie einer außermilitärischen Klasse organisiert ist, sondern an erster Stelle nur der einfache Ausdruck eines bestimmt gerichteten Wertens- und Lebenswillens ist. Der Gesinnungsmilitarismus gerade ist es also, der sich mit größter Friedfertigkeit zusammenfinden kann. Dieser psychologische Zusammenhang erklärt erst vollständig, daß Deutschlands Politik in den letzten vierzig Jahren gleichzeitig stärkste Rüstungspolitik und die friedfertigste Politik aller Großstaaten gewesen ist, daß uns auch bei diesem Kriege jeder partikulare „Zweck", dessen Erreichung der Krieg dienen sollte, in dem Maße fehlt, daß heute noch die tiefgehendsten Differenzen über „Kriegsziele" bestehen. Der Gesinnungsmilitarismus ist eben das gerade Gegenteil eines Militarismus des Eroberungsdranges. Gerade dieser Drang ist mit dem instrumentalen Militarismus aufs engste verbunden. Die Kraft der Pleonexie einer herrschenden Händlerklasse, Finanz- und Industriearistokratie ist ihrer inneren Natur nach im kapitalistischen Zeitalter unbegrenzt. Ist ein Heer als Werkzeug in ihrer Gewalt, so gibt es auch in dessen Anwendung für diese ihre Zwecke kein inneres, kein im Ethos der herrschenden Schicht selbst liegendes Maß mehr, sondern allein nur die äußere Kraft des Widerstandes, auf den solches Werkzeug aufstößt. Ganz anders, wenn — wie es Clausewitz in seiner Erörterung vom Verhältnis des Oberfeldherrn und des Staatsmannes als „Ideal" darstellt — der Oberfeldherr und der oberste Leiter der Politik in einer Person, im König zusammenfällt und wenn das Bildungsgesetz des politischen Willens eines Volkes im Kriege und beim Friedensschluß durch dasselbe militärische Ethos wesentlich mitbestimmt ist,

deſſen konkreter Ausdruck Heer und Heeresverfaſſung ſind.
Hier iſt das Heer nicht „Werkzeug" eines Staates, der ſelbſt
wieder den wirtſchaftsmächtigſten Individuen und Kreiſen
dient, ſondern der Staat ſelbſt iſt es, der im Heere und deſſen
oberſten Führer kulminiert. Ja noch mehr: der Staat ver=
wandelt ſich gleichſam im Kriege in das Heer wie in einen
nur anderen Aggregatzuſtand ſeines immer gleichen Weſens.
Der Staat ſelbſt iſt hier vom militäriſchen Ethos erfüllt.
Denn dieſes Ethos iſt hier keine geſonderte Berufsmoral,
ſondern ein integrierendes Element des Staatsgeiſtes und
Staatswillens, auch im Frieden. Nichts aber gibt es nun,
was militäriſchem Ethos tiefer widerſpräche, als die allem
inſtrumentalen Militarismus weſenseigentümliche Umrech=
nung von menſchlichen Kriegsopfern (Lebensverluſt, Ver=
wundungen der Kriegführenden, Herzeleid der Zurückbleiben=
den uſw.) in durch den Krieg zu erreichende Eroberungen von
Territorien, Handelsvorteile, Abſatzmärkte, Kriegskontribu=
tionen; jede Umrechnung nach dem Muſter: wieviel Herze=
leid und Blut iſt gleichwertig wieviel neuen Territorien, Ab=
ſatzmärkten, Pfunden Sterling? Oder: wie lange ſoll der
Krieg noch weitergehen, wieviele Blutsopfer dürfen noch ge=
bracht werden, damit die Zwecke und Ziele außerhalb des mili=
täriſchen Ethos ſtehender ökonomiſcher Intereſſenverbände
erreicht werden? Würde ſich ein Menſch von echter mili=
täriſcher Geſinnung auch nur im geringſten Maße als
Faktor in eine ſolche Rechnung einbezogen fühlen, gerade er
müßte am ſtärkſten — und weit ſtärker als der typiſche Soldat
des Werkzeugheeres — zu ſofortiger Deſertion bereit, ja von
ſeinem militäriſchen Gewiſſen ſogar genötigt ſein. Schon die

inneren Voraussetzungen solchen Rechnens erscheinen seinem Ethos widersinnig. Es macht ja gerade das Wesen des von uns Gesinnungsmilitarismus genannten Ethos aus, daß nach ihm die vitale Wertreihe des „Edlen" der Wertreihe des „Nutzens" an sich übergeordnet ist, die Ehre zum Beispiel kämpfen (und unter Umständen sterben) zu dürfen allem bloßen Vorteil, den der Tod dem Vaterlande bringen kann, die Auswirkung und Erwirkung der Macht und Freiheit seiner Nation allen möglichen wirtschaftlichen Interessen aller in ihr vorhandenen Klassen. Nicht nur vor der Idee irgendwelcher Kommensurabilität der menschlichen Kriegsopfer und so gearteter „Entschädigungen" schaudert der Gesinnungs= militarist wie vor einer Gesinnungsniedrigkeit ohnegleichen zurück; es erscheint ihm, auch wenn er sich und sein Leben er= halten denkt, sogar direkt hochkomisch und possierlich, er oder seine Freunde und Nachfahren sollten für die Gnade und Schicksalsgunst, die ihm als Kämpfer für sein Vaterland und für seine Freunde als den glücklichen Zeugen seiner Ehre widerfahren ist, gar noch etwas dazubekommen; noch „etwas", da er und sie doch gerade das Schönste, das tiefste Glück im Opfern selbst und in dessen erhebender Anschauung erhielten! Wie sagt doch Aristoteles in der Nikomachischen Ethik, in= dem er die Frage beantwortet, ob Selbstliebe wertvoll sei? Halte man der Bejahung dieser Frage entgegen, es gälte doch für wertvoller, daß der Freund dem Freunde gegebenenfalls sein Leben opfere als daß er es nicht tue, so sei zu erwägen, daß es doch der Opfernde sei, der zwar dem Freunde das hohe Gut des Lebens erhalte, für sich aber das höhere Gut er= wähle: den Ruhm der edlen Tat. Und ganz analog wird der

178

Gesinnungsmilitarist die Forderung einer Gruppe nach dem Kriege, sie beanspruche „für" das Mitgehen ihrer Mitglieder nunmehr erweiterte Rechte im Staate, ganz unbegreiflich finden. War es doch eben das schönste ihrer Rechte, hier mitgehen zu dürfen. Und war es dies für ihr eigenes Erleben nicht, taten sie es nur in einem widerwilligen Muß, so sind sie für den Gesinnungsmilitaristen zwar politisch verwendbar, aber zugleich moralisch verächtlich, daß sie es taten, daß sie nicht den von ihnen für höher (wenn auch fälschlich) gehaltenen Wert ihres Eigenlebens auch praktisch vorzogen und nach Möglichkeit desertierten. Und verdiente solch verächtliche Gesinnung etwa noch Belohnung?

Andere Dinge sind kommensurabel und es kann auch sinnvoll sein, die — nach der üblichen Wendung — „angemessenen Entschädigungen für die ungeheuren Kriegsopfer zu fordern". So können selbstverständlich „angemessene Entschädigungen" gefordert werden für die Kriegskosten, für alle wirtschaftlichen und dinglichen Beschädigungen durch den Krieg. Auch das hat noch einen guten Sinn, zu sagen, es mußten in Kriegen viele Mitglieder des Volkes sterben, damit künftig um soundso viel mehr Menschen desselben Volkes leben können. Eine solche biosoziale Zweckbetrachtungsform, die das Volk selbst (nicht einzelne oder Summe gegen Summen solcher umrechnend) als einen Gesamtorganismus faßt, der bestimmte „Glieder" für ein gesteigertes zukünftiges Wachstum preisgibt, ist auch nach dem Gesinnungsmilitarismus nicht tadelnswert, wenn sie ihm auch zunächst ferne liegt. Nur muß diese Betrachtung zwei Bedingungen erfüllen: sie muß sich ganz in der Sphäre des Objektiven halten und nicht eine subjektive Motivation der Kämpfer darzustellen oder zu fordern beanspruchen. Denn nicht wieviele, sondern was für Menschen in Zukunft mehr leben können, könnten doch für den, der sein Leben hingeben soll, allein ernstlich in Frage kommen.

Ist aus dem Geiste des Gesinnungsmilitarismus heraus jede Abwägung von Blutopfern und Vorteilen unbedingt zurückzuweisen, so folgt freilich hieraus noch gar nichts, sei es gegen, sei es für Annexionen des siegenden Staates. Nur das ist damit gefordert, daß die Prinzipien, nach denen der Sieger Annexionsfragen und sonstige den Wert irgendwelcher sogenannter „Kriegsziele" behandelnde Fragen zu beurteilen hat, ganz andere als jene solcher Abwägung sein müssen. Wie immer sie im einzelnen aussehen mögen, ihre Anwendung wird immer auszugehen haben von den drei obersten Gesichtspunkten: 1) der nur historisch zu eruierenden Missionsidee des siegenden Volkes, 2) der Frage, ob für die Größe und Richtung der sittlichen Aktionskraft und der Machtfülle des siegenden Staates die zu erwerbenden Landesteile geeignete Felder der Betätigung darstellen, unter ihr zurückbleiben oder darüber hinausragen, 3) der Gesamtwohlfahrt des Volkes und deren größte Sicherung für die Zukunft. Die Ergebnisse der Überlegung über Annexion und Nichtannexion nach diesen Gesichtspunkten können auch bei den größten schon gebrachten Opfern Fortführung des Krieges und bei den kleinsten sein Einhalten gebieten. Auf alle Fälle aber hat diese Überlegung in strengster Unabhängigkeit von aller „Rechnung" über Opfer und Gewinn vollzogen zu werden. Es ist hierbei schon völlig wider den Geist des Gesinnungsmilitaris

180

mus, einen Begriff wie jenen der „Kriegsziele" überhaupt an=
zuwenden — so, als ob man dem Kriege vor seinem Ablauf
überhaupt irgendwelche festen „Ziele" stecken könnte, die dann
auch bei beliebigen Opfern erreicht werden müßten. Es gibt
Friedensziele, keine Kriegsziele und eine Entscheidung über die
Friedensziele kann erst zustandekommen, wenn der Kriegswille
der Parteien im wesentlichen gebrochen ist und dem Friedens=
willen Platz gemacht hat. Wenn der Friedenswille da ist,
dann bilden sich auch bestimmte Vorstellungen über Wege
und Ziele heraus, die Bedingungen des Friedensschlusses zu
formulieren. Nicht aber kann je dadurch der Friede ent=
stehen, daß gewisse sogenannte Kriegsziele der kämpfenden
Parteien erreicht sind. Diese werden ohne Voraussetzung
eines schon vorhandenen Friedenswillens stets unendlich aus=
einandergehen. Es gibt kaum einen größeren Volkskrieg der
Geschichte, in dem nicht die sogenannten „Kriegsziele" erst
aus Wucht und Richtung der militärischen Aktionen hervor=
gebrochen wären. Ja, das ist der Sinn jedes echten Krie=
ges, daß Völker mit der Form der bloßen Zweckhandlung
brechen, daß sie sich auf ihr Schwert und ihre Kraft allein
stützend, sehen wollen, welche Kraft sie in sich tragen und in
welche Richtung diese Kraft sie trägt. Die Kraft bestimmt
hier das Ziel, nicht aber ein vorgegebenes Ziel Maß, Art
und Richtung des Kraftaufwandes. Erst das Können, seine
Machtfülle, die ein Volk selbst erst im Kriege voll erfährt,
weist auch seinem Wollen die rechte Richtung.

Es hat sich tieferer Nachforschung ja überhaupt überall als
psychologischer wie historischer Irrtum herausgestellt, den
Ursprung menschlicher Tätigkeitsformen, Einrichtungen,

Sitten aus der Idee des Zweckes heraus zu verstehen. Alle „Zwecke" sind diesen Tätigkeitsformen immer nur nachträglich vorgespannt worden, das heißt nachdem diese Formen im Kerne da waren. Die Zwecke, in deren Dienst eine Tätigkeitsform gestellt wird, können wechseln, wie uns dies die Erscheinung des sogenannten „Zweckwandels" von Tätigkeitsformen, Einrichtungen, Sitten zeigen. Religion, Dogma, Kirche zum Beispiel können Mittel werden, Menschen zu beherrschen, zu lenken und zu leiten. Aber es ist nur Unsinn, sie im Stile der Aufklärungsphilosophie aus solchen Zwecken und als „Mittel" hierzu ableiten zu wollen. Die Strafe kann den Zwecken des Gesellschaftsschutzes, der Vorbeugung, der Besserung der Verbrecher usw. dienen; aber ihr Wesen — die Vergeltung — bleibt von diesen Zwecken ganz unberührt. Gezähmte Tiere können — wenn sie gezähmt sind — als Haus- und Nutztiere, Lasttiere, Luxustiere, Versuchstiere, als Mittel, anderen zu imponieren, als Mittel des kriegerischen Angriffs (Elefanten), ja als bloße stumme Genossen und Freunde des Menschen verwandt werden. Aber nicht aus einer dieser zweckhaften Verwendungsmöglichkeiten heraus wurden sie gezähmt. Für diese und ähnliche Dinge gilt also, daß der den Zweck der Verwendung setzende Willensakt etwas Sekundäres ist und daß nicht ein Beweggrund des „Zuges", sondern ein Triebimpuls des „Stoßes" und insofern ein Überschwang der irgendwie gerichteten Lebensenergie sie ins Dasein rief. So mag ein nach den üblichen Zusammenhängen von Situation, Umwelt und Freude, Glückseligkeit unverständliches weil überschüssiges Gefühl des inneren Reichseins, des Glückes uns die Arme ausstrecken lassen, um irgendeinem

182

mächtigen unsichtbaren Wesen dafür Dank zu sagen. Und in dieser Funktion der Danksagung, aus ihr heraus mögen sich häufig Ideen und Bilder von guten Gottheiten bilden und Glauben gewinnen. Wir oder Andere, denen wir von diesen Glauben mitgeteilt und die wir für ihn gewonnen, mögen nun der guten Gottheit auch in Zuständen der Not oder der Gefahr gedenken und sie anflehen, uns zu helfen. So — aber auch nur so — mag „Not beten lehren". Niemals aber hat die bloße Not die Idee und den Glauben von der guten Gottheit geschaffen. Niemals gilt der Satz: Timor fecit deos. Not mag beten lehren — anbeten lehrt sie nicht. Und kein Gebet, das nicht in einem Akte der Anbetung fundiert wäre, in dem sich die Seele erst zum Gegenstande möglichen Gebets erhebt. Es ist wahr: besondere Bedürfnisrichtung und aus ihr mit Hilfe rationaler Überlegung hervorgehende Zweck= vorstellungen können noch mehr leisten, als eine vorhandene, fertige Tätigkeitsform oder Einrichtung bloß „anwenden". Sie können die besondere reale Ausgestaltung dieser Form und Einrichtung mitbestimmen, sie können gleichsam auswählend aus allen jenen schon im Prozesse ihrer Verwirklichung auf= tauchenden und sinkenden Sonderprojekten dieser Ausgestal= tungen wirken, die an sich gleich gut und gleich möglich aus dem ursprünglichen Stoßimpuls hervorgegangen wären.

Dies alles gilt auch für den Ursprung der Tätigkeitsform des Krieges und für den Ursprung des kriegerischen Standes oder Berufes. Hätte es nicht in der menschlichen Natur von vornherein eine selbständige Triebgrundlage und dazu eine Richtung der Gesinnung und des Ethos gegeben, die — frei= lich in der denkbar wandelbarsten zeitgeschichtlichen Form —

zu einem kriegerischen Leben disponiert hätte, keine Art von
„Bedarf" der Stämme und Völker, weder ein ökonomischer
Bedarf noch sonst einer (etwa Verwendung überschüssigen Be=
völkerungswachstums) hätte zum Kriege und zu einem Krieger=
stand geführt. Die Fragen, wie dieser Stand je dort und da
aussieht, welches Maß von Schätzung er und sein besonderes
Ethos genießt, ob er in der Gemeinschaft eine führende und
vorbildliche oder eine dienende und untergeordnete Rolle spielt,
zu welchen Volkszielen die durch den kriegerischen Geist je be=
sonders ausgezeichneten Gruppen von Menschen verwandt wer=
den, sind mit dieser Disposition zum kriegerischen Leben noch
nicht gestellt; sie gewinnen aber Sinn erst unter Voraus=
setzung dieser Disposition und einer je faktisch vorhandenen
Menschenmenge, die sie in besonders ausgeprägtem Maße
besitzt. Ist eine solche Menschenmenge nicht vorhanden, so
mag es tausend Zwecke geben, die Heere wünschenswert er=
scheinen lassen: es wird doch keine Heere geben. So hat aller
Zweckmilitarismus im Gesinnungsmilitarismus seine letzte
historische und psychologische Wurzel. Ob nun ein ganzes
Volk oder eine andere Sozialeinheit vorwiegend gesinnungs=
kriegerisch genannt werden kann oder nicht, das richtet sich
zunächst gar nicht darnach, ob sie ein Heer und ein wie großes
sie besitzt, gar nicht auch darnach an erster Stelle, wieweit
die geographische und politische Situation zwischen feindlichen
Nachbarn ein Heer notwendig macht, endlich auch nicht dar=
nach, wie groß die Menge der Menschen von kriegerischem
Wesenstypus ist, die es in seinem Kreise enthält. Vielmehr
richtet es sich an erster Stelle darnach, ob der in ihm vor=
handene kriegerische Menschentypus eine vorbildliche und

führende oder keine sogeartete Rolle spielt — ob er und seine Art der Wertschätzung und des Wertvorziehens das vorwiegende Ethos der ganzen Gemeinschaft bestimmt oder ob dieses Ethos durch einen anderen Typus vorwiegend bestimmt wird. An dieser Frage allein hängt es auch, ob der jeweilige Kriegerstand in Hinsicht auf seine praktische Lebensführung und dessen Moralitätsstufe seinem eigenen Ethos, das heißt seiner Wertschätzungsform Genüge leistet oder — nach dieser Form beurteilt — „minderwertig" ist. Es scheint mir ein sehr eigentümliches Gesetz zu sein, daß in allen menschlichen Gemeinschaften nur der je herrschende vorbildliche Menschentypus seinem eigenen Ethos praktisch-moralisch auch voll Genüge tut. Nur da, wo der Priester herrscht und die wichtigsten Verantwortungen für das Ganze der Gesellschaft trägt, pflegt er seinem eigenen Ethos praktisch-moralisch einigermaßen zu genügen. Er verlottert langsam — an seinen eigenen Maßstäben gemessen —, wo er dienen muß oder wo er nur geduldet ist. Analog wird der Kaufmann — gemessen am Kaufmannsethos — da und nur da zuverlässig, reell, solid, streng und gewissenhaft in seiner Geschäftsgebarung sein, wo er es ist, der die Vorbildrolle für die Gestaltung des ganzen Volksethos spielt. In diesem Sinne ist zum Beispiel der chinesische Kaufmann weit vollkommener als der japanische: denn er hat in diesen gesinnungsgemäß unmilitärischen Völkern die Herrentugend, gewissenhaft nach seinem Ethos auch praktisch zu leben. Der herrschende vorbildliche Typus braucht wahrlich nicht immer in dem Sinne gut und vollkommen zu sein, daß auch sein Ethos selbst gut und vollkommen wäre. Dies Ethos kann auch ganz miserabel sein —

gemeſſen an einer allgemeingültigen Ethik. Und doch hat
der herrſchende Typus — nur in ſeiner Formeigenſchaft als
herrſchender — eine durch nichts erſetzliche, ſubjektiv moraliſche
Vollkommenheit: in ſtrengem und geſteigerten Verantwort-
lichkeitsbewußtſein und mit praktiſcher Gewiſſenhaftigkeit
und Genauigkeit nach ſeinem Ethos — wie gut und ſchlecht
dieſes ſelbſt immer ſei — auch zu leben. Macht ſchafft
inſofern auch Verantwortung; Verantwortungsgefühl aber
ſteigert die praktiſche Gewiſſenhaftigkeit. In geſinnungs-
paziſiſchen Ländern, das heißt in ſolchen, in denen der vorbildliche, das geſamte Volksethos formierende Typus paziſiſch
geſinnt iſt (als homo religiosus in Indien, als Beamter,
Bureaukrat und Kaufmann in China, als Kaufmann in
England) wird der kriegeriſche Typus, an ſeinem eigenen Ethos
gemeſſen, immer mehr oder weniger minderwertig, zum Beiſpiel unritterlich, grauſam gegen den Feind, beſtechlich ſein.
Was aber für Völker gilt, das gilt auch für hiſtoriſche Pe-
rioden. Je mehr der Krieg als fremder Ausnahmezuſtand
empfunden wird und die Völker innerlich und triebmäßig
paziſiziert ſind, je größer dabei gleichwohl die Teilnahme der
geſinnungsmäßig paziſizierten Volksſchichten am Krieg wird,
deſto tiefer muß das Ethos und der Rechtsgedanke im Kriege
und während ſeines Ablaufs ſelbſt als inneres ſittliches Re-
gulativ der Kriegführung ſinken. Je mehr der Krieg als
ſolcher dem herrſchenden Ethos widerſtreitet, deſto unge-
ordneter, irrationaliſtiſcher und vom Standort eines kriege-
riſchen Ethos geſehen widerſittlicher muß ſich die Kriegführung
geſtalten. Je mehr der Krieg überhaupt mit dem Makel
des Verbrechens, der Sünde, des Maſſenmordes belegt wird,

desto weniger wird man geneigt sein, sittliche Wesensunter=
schiede in der äußeren und inneren Gestaltung der Krieg=
führung zu machen. Ein Krieg zwischen Pazifisten — er wäre
der Idee nach der unritterlichste, furchtbarste, der haßerfüllteste
und grausamste Krieg, der sich denken läßt. Je größer die
Erwartungen auf die Haager Konvention vor diesem Kriege
waren, desto mehr mußte die Genfer Konvention mißachtet
werden. Der gegenwärtige Krieg ist darum der furchtbarste
und unsittlichste Krieg, den die Geschichte kennt, da er im
großen ganzen gesehen ein Krieg der stark pazifizierten, un=
kriegerischen und hochkapitalisierten Völker Europas ist —
ein Krieg der Völker selbst, nicht ihrer Dynastien und Regie=
rungen —, nicht ein Krieg vorwiegender Standesheere, sondern
vorwiegender innerlich demokratisierter Volksheere. Wo sich
der Mensch als Einzelner oder als kleine Gruppe des Standes
nach Regeln schlägt, beginnt das Volk zu raufen. Und auch
das Raufen wird um so hinterlistigeren Beinstellungen Platz
machen, je weniger es Regel sein wird. Im ziemlich regel=
mäßigen Raufen der oberbayrischen Gebirgsburschen gibt es
noch einige Regeln der Ritterlichkeit. Der Pazifismus erklärt
den Krieg als Massenmord. In der Tat — er wird es, wo die
pazifistische Gesinnung vorwiegend wird. Kein Satz ist ja
auch klarer wie der Satz, daß die Kriegstötung den Charakter
eines Willens zu individueller Personvernichtung, das heißt
einen Willen zum Mord um so mehr annehmen muß, je
stärker der Mensch seinen Existenzkern in seine Leibessphäre
und in seine Sphäre als sichtbares soziales Individuum
verlegt empfindet, und je mehr das irdische Leben des Einzelnen
als höchster Wert und als die einzige Existenzform des Men=

schen gilt. In der Tat wird unter diesen Voraussetzungen eines gleichzeitig singularistischen und materialistischen Lebensgefühls (auf die Urteile des Einzelnen kommt es dabei wenig an) die Tötung im Kriege vom Morde begrifflich völlig ununterscheidbar. Gibt es keine realen Gesamtpersonen, die den Krieg miteinander führen (das heißt Staaten als solche Realitäten gefaßt), so ist der Krieg ja auch ein gegenseitiges Massentöten von Individuen, nicht ist er mehr eine Abwägung der Macht der Staaten vermittels der in jedem Streich auf den fremden Staat gerichteten Tätigkeit der Individuen als „Glieder" und Organe der Staaten. Gibt es ferner keine unsichtbare geistige Person im Individuum, deren Existenz und Würde im Akte des Tötens und in ihrem Gegenschlag noch bejaht und geachtet werden kann, so müssen Tötung und vorsätzliche Daseinsberaubung begrifflich und in der Willenseinstellung zusammenfallen. Beides zusammen aber macht das Wesen des „Mordes" aus. Natürlich müssen Unterschiede wie Franktireurkrieg und Krieg regulärer Heere, Tötung vor der Front und Tötung von Gefangenen, meuchlerisches und offenes Töten unter der Bedingung, daß die pazifisch individualistische Gesinnung sich verbreitet hat, immer weniger empfunden werden.

Aber noch viel stärker wie auf die äußere Kriegsführung wird und muß eine steigende Abnahme des Gesinnungsmilitarismus auf den moralischen Zustand und das moralische Betragen der nicht selbst kämpfenden Teile der Völker während des Krieges einwirken. Die Frage, warum gerade dieser Krieg der haßerfüllteste der neueren Geschichte ist, erhält auch von hierher einige Aufklärung.

Je kriegerischer das Ethos irgendwelcher Gruppen, desto weniger bedürfen diese Gruppen des Hasses als Antrieb, um sich im Kriege gut zu schlagen. Den typischen Bourgeois kann man daher fast definieren als einen Mann, der hassen muß, um Krieg zu führen. Das ungeheure Haßquantum, mit dem dieser Krieg geladen ist, ist ein Zeichen von zweierlei: wie eng die Teile Europas schon zusammengewachsen waren, und wie unkriegerisch der fortschreitende Kapitalismus und der Materialismus der Lebensführung den typischen Durch= schnittseuropäer gemacht haben. So wild haßt man sich nur in der Familie. Wie gering und wie wenig nachdauernd war dagegen der Haß in dem ein ganzes Jahr und sieben Monate währenden japanisch=russischen Krieg! Hier waren die kulturellen Berührungsflächen zum Haß zu klein. Wie kurzdauernd auch zwischen Engländern und Buren! Überblickt man diesen Krieg, so bestätigen sich die obigen Gedanken auch nach den Kurvenzügen, mit denen die Herrschaft des kapita= listischen Geistes unter den nach verschiedensten Gesichtspunkten faßbaren Gruppeneinheiten einerseits, der Haß andrerseits wächst und abnimmt. Man nehme zuerst die Volkseinheit! Das Volk mit dem einseitigsten Kriegerethos, Japan, haßt am wenigsten; es ließ nicht nur in diesem Kriege, sondern auch während des in seinen Bestand soviel tiefer eingreifen= den russisch=japanischen Krieges alle Angehörigen des feind= liches Staates in ihren Ämtern. Die Gefangenen wurden gut behandelt. Der russische Haß (man vergleiche nur das Ver= halten der Gelehrten Rußlands, welche die Streichung der Pe= tenten des Aufrufes an die Kulturwelt aus den Listen der russi= schen gelehrten Gesellschaften ablehnten, mit dem Verhalten der meisten Gelehrten Frankreichs, Belgiens, Italiens, Englands, Amerikas) ist weit geringer als der Haß des Westens gegen uns. Der Affekt hat weit mehr den Charakter einer stumpfen Wut als den des Hasses. (Mit Wildheit gar, Zerstörungs= lust, selbst Grausamkeit hat ja der „Haß" nichts zu tun.) Soweit er vorhanden, ist er (beim Muschik) stärker genährt durch die Idee, daß die Zentralmächte die osmanischen Feinde des Kreuzes unterstützen sowie durch den Gedanken, daß in Ruß= lands Innern das deutsche Element das herrschaftsmächtige und herrschaftsgierige sei als durch unmittelbaren Haß gegen uns. Die Kurve dürfte dann im Sinne zunehmenden Hasses weitersteigen in der Richtung Serbien, Italien, Frankreich, England (das nur zu stolz und zu selbstbeherrscht ist, seinen Haß so unbeherrscht und wütend zu äußern wie Frankreich), Belgien. Diese Kurve aber ist im großen ganzen mit jener zunehmender kapitalistischer Industrialisierung identisch. Je unkriegerischer und pazifischer die Gruppengesinnung bei diesen Völkern war, desto weniger wurde in Gefühl und Gedanken auch Krieg und Mord unterschieden. Daß wenn Krieg „Massenmord" ist, auch umgekehrt ganz konsequent der Mord des Franktireurs mit der Erfüllung der Soldaten= pflicht gleichwertig erscheinen muß, hat uns Belgien zu Be= ginn des Krieges genugsam gezeigt. Innerhalb jedes Volkes aber steigt der Haß mit fast wunderbarer Gesetz= mäßigkeit mit der örtlichen und seelischen Entfernung von Front und Frontgeist. Der zum Angriff und Nahkampf ohne Zweifel nötige Affekt des Zornmutes hat mit giftigem Hasse ja nicht das mindeste zu tun. Innerhalb aller krieg= führenden Nationen hat der Haß seinen Hauptsitz unter den

190

Zurückgebliebenen; und hier wieder findet sich der Haß um so mehr, je weniger die Menschen bestimmte Arbeiten und Pflichten haben, durch die sie sich in die große Gesamthandlung des Krieges einfügen. Das ist nicht verwunderlich. Tat= und Handlungsgeist spülen die Seele wie von selbst vom Hasse rein; nur Ohnmacht hat die bloß gefühls= und phantasiemäßige, das heißt auf die Handlung verzichtende Negation des Feindes, die wir „Haß" nennen, zur Folge. Auch unser Haß gegen England erhielt durch die Unangreifbarkeit der englischen Inseln durch eine reguläre Armee erst seine Schärfe. Innerhalb der Armeen ist der Haß im aktiven Offizierskorps geringer als bei den Reservisten, im Offizierskorps überhaupt sehr viel geringer als bei den Mannschaften, an der Front überhaupt geringer als in der Etappe. Es ist ein tiefer Irrtum, wenn die im Kriege untätige sogenannte „Intelligenz" der Völker den Haß der Völker gegeneinander nur zu formulieren meint. Im Gegenteil ist sie der Hauptsitz und Ursprungsort desjenigen Hasses, der erst durch den Krieg entsprang und nicht nur in ihm sich ableitet; und sie erst war es, welche die übrigen Volksteile mit dieser sittlich verwerflichen, dazu überlegung= und tathemmenden Emotion ansteckte. Die naivste Selbsttäuschung aber ist es, wenn diese „Intelligenz" in der Meinung befangen ist, daß sie durch ihre haßgeborenen Predigten, Gesänge usw. auch für Krieg und Sieg etwas leiste, da sie doch die zum Durchhalten nötigen Affekte in Volk und Armee nähre und befeure. Liebe zum Vaterland und Achtung des Feindes, dazu Angriffszorn (der mit dieser Achtung durchaus in der Seele zusammengeht), und edle Geduld nähren die lautlose Flamme in den Seelen, die zum Siege führt. Feindeshaß läßt sie prasselnd verzischen. Denn unabtrennbar von allem Hasse ist psychologisch einmal die Täuschung, die er über die faktische Realität, hier die Kriegslage, bewirkt; sodann aber die antizipatorische Phantasiebefriedigung des feindseligen Wollens, welche naturgemäß ein Nachlassen der auf die praktischen Ziele dieses Wollens gerichteten Willensenergie und Willensfestigkeit zur Folge hat. Wie der Haß stets ohnmachtgeboren ist, so ist er auch ohnmachtsteigernd und tathemmend — nicht aber befeuernd, wie kriegerische Journalisten immer wieder gegen diejenigen einwenden, die sich gegen den Haß aussprechen. Indem die „Intelligenz" also Volk und Heer mit ihrem Hasse ansteckt, würde sie — gelänge es ihr — auch Volk und Heer mit ihrer Ohnmacht und der bloßen Phantasiebefriedigung ihres Wollens anstecken. Sie würde damit den Siegeswillen hemmen und schwächen.

Es ist ein zweifelhaftes Verdienst vieler Pazifisten, die sich zur Zeit besonders in der Friedenswarte äußern, den Völkerhaß energisch zu bekämpfen. Aber es ist von dem nichtpazifischen — sagen wir gesinnungsmilitaristischen Standpunkt aus, den der Schreiber dieser Zeilen einnimmt, beklagenswert, daß diese Arbeit gerade den Pazifisten überlassen wird. Und es ist nicht nur beklagenswert — es entspricht auch keineswegs dem inneren Zusammenhang, den pazifische und militärische Gesinnung und Moral zur Haßfrage besitzen. Denn so paradox es klingen mag: gerade die überwiegend pazifische Einstellung der europäischen Völker vor dem Kriege samt der Ideologie dieser Einstellung ist — wie dies schon aus der oben angeführten Gesetzmäßigkeit hervorgeht — die Hauptursache

192

dafür, daß der Völkerhaß in diesem Kriege so sehr viel größer ist als bei anderen Kriegen der Geschichte. Die scharfe Scheidung (bis ins Gefühl) zwischen Machtprobe von Staaten und Haß zwischen Menschensummen ist die fundamentalste Voraussetzung jeder kriegerischen Moral. Diese Scheidung aber muß sich in dem Maße auflösen, als jener individualistische Geist herrschend wird, der im Staat nur eine höchste Assekuranzgesellschaft für die Wohlfahrt seiner Mitglieder erblickt. Wo diese Denkart zur typisch=allgemeinen wird, kann pflichtgemäße Tötung im Kriege unter sittlicher Niederringung, ja peinvoller Opferung der natürlichen menschlichen Sympathiegefühle für den Gegner als Menschen auf dem Altar des Vaterlandes (und unter der Einstellung der Achtung für des Feindes Person und Tapferkeit) in der Tat nicht mehr von gemeinem Mord unterschieden werden. Wer jahrzehntelang den Krieg als „Massenmord" beschimpfte, der wundere sich nicht, daß der darnach kommende Krieg da und dort diesen Charakter faktisch annahm. Die berechtigte deutsche Ablehnung der englischen Sportauffassung und des älteren gallischen Tournierstand=punktes im Kriege (man sehe sich die Kriege Ludwigs XIV. gegen England daraufhin an) darf nicht dazu führen, auch das ritterliche Prinzip, das den Krieg erst zum Kriege macht, völlig auszuschalten. Gewiß — der moderne Volkskrieg muß einen Ernst und eine das ganze Volk seelisch mitreißende Wucht entwickeln, die jene an Berufs= und Standesheere, dazu an die Form des Kabinettskrieges gebundene Auffassungen vom „frisch=fröhlichen Krieg" völlig ausschließen. Insofern taten unsere Soldaten recht, als sie in Belgien den Handschlag der gefangenen Engländer nach beendigter Schlacht ablehnten. Aber dieser Ernst und diese Wucht schließt das ritterliche Prinzip der Feindesachtung um so weniger aus, als in jedem Bürger ein Krieger steckt, dessen Geist nur graduell von dem des Berufsoffiziers verschieden ist — und nicht umgekehrt in jedem Krieger ein Bürger. Nach den beachtenswerten Beobachtungen über die Seele des Soldaten, die Everth jüngst bei E. Diederichs herausgegeben, überwiegt an unserer Front eben jene Verbindung von Ernst und Ritterlichkeit. Das entspricht der Geschichte unseres Heeres, die eine sukzessive Erweiterung von Berufsheeren und ihres Geistes darstellt. Daß unsere Front aber den Haß der Daheimgebliebenen ablehnt und zumal die haßgeborene Verkleinerung des Feindes nur als eine Entwertung ihrer Opfer und ihrer Arbeit und Tat oft äußerst schmerzhaft empfindet, das ist durch hunderte von Feldpostbriefen bezeugt.

Ein tiefer psychologischer Irrtum vieler Pazifisten ist dazu noch in der Annahme zu sehen, daß die entsetzlichen Haßerscheinungen dieses Krieges erst durch den Krieg seien bewirkt worden, daß der Krieg daran die Schuld trage, daß ein früher ganz einiges und liebeerfülltes Europa durch die bösen Leute, welche den Krieg veranlaßt haben, in eine haßerfüllte Hölle sei verwandelt worden. Von einzelnen Haß neuerregenden Vorfällen abgesehen, ist aber das gerade Gegenteil der Fall. Diese jetzt explodierenden Haßmengen sind bewirkt und aufgestapelt worden während eines 45 Jahre währenden europäischen Friedens, der im großen ganzen nur ein Nichtkrieg war und dessen Seele eine grenzlose ökonomische Pleonexie der in allen jetzt kriegführenden Staaten herrschenden und tonangebenden Gruppen gewesen ist, verbunden mit sich steigernder gegenseitiger Angst davor, daß der Gegner zur ultima ratio des Krieges greifen werde. Der eingetretene Krieg selbst aber ist es, der diese Mengen giftigen Hasses, den bis zum Kriege nur Kundenhöflichkeit, internationale Courtoisie, Salonstil und Berechnung von der Schwelle des Ausdrucks zurückhielten — ihn eben damit vertiefend und befeuernd — zur wohltätigen Ableitung und dadurch relativ zum Verschwinden bringt. Denn nichts gibt es, was nach bekannten seelischen Gesetzen so verstärkend und vertiefend auf den Haß wirken mußte als jenes berühmte „Schweigen und Darandenken" Gambettas, jener tiefe Widerstreit von innerem Gefühlszustand und äußerer Verhaltungsform. Und so hat dieser Krieg den moralischen Status Europas nur offenbart — durchaus nicht geschaffen oder verändert —, außer zum Besseren eben dadurch, daß er ihn offenbarte. Darum sollte jeder, der einsieht, daß Europa mit so wenig Liebe nicht leben kann, womit es vor dem Kriege lebte vor jedem, auch dem absurdesten Haßdokumente unserer Feinde, ja auch noch der eigenen Volksgenossen, gleich einem Arzte stehen und sagen: „Gott Dank, daß es heraus ist!" Der innere verborgene Haß entwürdigt die Seele mehr wie derjenige, der in Schimpf und verletzender Äußerung ausschlägt. Und vor allem: gerade er hat kein Maß und findet keine Korrektur; die Phantasie ist frei, immer weiter und weiter zu gehen. Ausgedrückter Haß aber — wieviele Beispiele könnte man nennen! — findet alsbald Widerstand durch die eigenen Volksgenossen, vor allem aber Kritik und Korrektur durch die Tatsachen.

Soziologische Neuorientierung und die Aufgabe der deutschen Katholiken nach dem Krieg.*

1. Das allgemein menschliche Gebot der Stunde.

Es liegt im Wesen des Krieges, des großen Scheidungs- und Einigungskünstlers, daß er alle in ihn eingehenden menschlichen Gemeinschaften der scharfen Prüfung unterwirft, inwieweit Innigkeit, Tiefe und Stärke des Zusammenhangs ihrer Teile ihrem vorgegebenen Sinne und Werte faktisch entsprechen. Im Frieden fehlt uns das strenge Maß, solches zu messen. Denn in dem, was die Menschen darüber aussagen, pflegt Unechtes neben Echtem kunterbunt zu liegen. Der Krieg — wieweit immer er Übel oder Gut sei — ist jedenfalls ein Born der Wahrhaftigkeit. Schamhaft verborgene Liebe läßt er sichtbar entbrennen; geschickt maskierten Haß, Rachedurst, Neid aller Arten von Gruppen läßt er emporlodern. Nicht nur der Zuschauer der Gruppe — sie selbst wird sich häufig durch ihn erst klar über sich selbst und über ihre echte moralische Beziehung zu anderen

---

* Dieser Aufsatz erschien zuerst in der Zeitschrift „Hochland", 4., 6., 8. und 9. Heft, 1915/16.

Gruppen. Daß dem gegenwärtigen Kriege, der fast alle Ge=
meinschaften und Gemeinschaftsformen der bewohnten Erde
direkt oder indirekt in diesen seinen Prüfungs= und Richter=
bereich zieht, der gleichzeitig von einer Waffen= und Organi=
sationsprobe längst und mehr wie je ein Krieg zu einer Ge=
sinnungsprobe der Gruppen wurde, — daß diesem Krieg diese
Rolle in ganz besonderem Maße zufällt, braucht nicht er=
wiesen zu werden.

Nicht ganz so klar wie das Gesagte scheint mir zum all=
gemeinen Bewußtsein gekommen zu sein, daß aus diesem
Grunde der gegenwärtige Krieg eine einzigartige Gelegenheit
darstellt — wer darf sagen, daß sie die Vorsehung noch ein=
mal uns geben werde? — zur Neuorientierung der leben=
den Erdgenerationen und der Europäer voran, über den Sinn
und das Wesen der Grundarten menschlicher Gemeinschaft
überhaupt. Was ist Volk, Nation, Staat, Kirche, und was
sollen sie? Wie stehen sie zu Gott und wie zu Sinn, Wert,
Ziel des Menschenlebens? Nicht Krieg, nicht Sieg oder
Niederlage der Parteien können diese Radikalfragen ent=
scheiden. Aber sie neu in Fluß bringen, jeden Menschen —
sei er, wer er sei — innerlich neu auflockern, ihnen ins An=
gesicht zu sehen, das muß dieser Krieg, so ihm neben seiner
realpolitischen Bedeutung überhaupt noch ein Heilssinn für
den Menschen zukommt. Daß solcher ihm zukomme —
welcher Sinn es auch sei —, das darf schon der religiöse
Mensch überhaupt, das darf am wenigsten der Christ be=
zweifeln. Gilt dies aber, so scheint es mir nicht genügend,
nur allgemein von Strafsinn oder — etwas christlicher — von
Läuterungssinn zu reden. Es muß auch gefragt werden:

wofür Strafe, worin Läuterung, und Läuterung zu welcher Art von Umkehr? Lassen wir die Strafe hier beiseite, dann gilt jedenfalls: Läuterung und Erleuchtung zuerst unserer Herzen und Ideen über den Sinn der Gemeinschaftsarten und über Art und Maß von Liebe, die wir ihnen und ihren Gliedern geben sollen, über Art und Maß von Pflichten, die wir ihnen schulden. Dann aber je nach dem Ausfall dieser für jedes Individuum wie für jede Gesamtheit notwendigen Einkehr und Selbstprüfung die Entscheidung, worin weiterzugehen ist auf alter Bahn und worin nötig ist, sich zur Umkehr zu entschließen. Ein alter jüdischer Mythos sagt, Gott habe, bevor er die Welt schuf, die „Umkehr geschaffen, auf daß die Welt bestehen könne". Jeder erwäge den Tiefsinn dieses Mythos.

Sehe ich angesichts dieses Gebotes der Stunde für ganz Europa, ja für die ganze Welt auf unser Volk, so ist es mir, als ob uns deutschen Katholiken dieses Gebot nicht ausschließlich für uns und für unser Heil zukomme. Als Katholiken, das heißt als Menschen, die neben dem Prinzip der Selbstverantwortung auch noch jenes der solidarischen Mitverantwortung in allen, das menschliche Heil und das Gute betreffenden Fragen als verbindlich fühlen und ansehen, haben wir auch allen unserer Kirche Nichtangehörigen zu dienen, das Gebot der Stunde zu erfüllen. Als Deutsche aber müssen wir diesen Dienst mitzuleisten bestrebt sein auch allen Deutschen. Mögen andere, die kein Solidaritätsprinzip, keine Mitverantwortlichkeit eines jeden Menschen für Gutes und Böses in der Welt überhaupt kennen, anders denken und handeln. Uns ziemt es so! Aber wenn wir dies follen, können wir es nicht auch vielleicht ein wenig beſſer als andere Volksgenoſſen?

Ich meine: die Einſtellung auf Welt und Leben, wie ſie die katholiſche Tradition, auch dem ſchlichteſten Glied der Kirche an die Hand gibt, disponiert den Geiſt in hohem Maße dazu, dieſe Orientierung und Neuprüfung ernſt und tief vorzunehmen. Denn dieſe Einſtellung verbietet von vornherein jene allzu einfachen Löſungen, die vor dem Kriege für große Teile unſeres Volkes die Härte des ſelbſtverſtändlichen Vorurteils angenommen hatten. Sie verbietet, jeden „Internationalismus" voranzuſtellen, der auf Beſitzklaſſen oder ſonſtigen bloßen „Nutzintereſſen" nationaler Querſchichten beruht. Sie verbietet jeden ſchrankenloſen ſogenannten „ungebrochenen" Nationalismus, der in Heil und Gedeih der Nation nicht nur ein hohes Gut, ſondern „das höchſte Gut" ſchlechthin erblickt, der, wenn er nicht irreligiös und in banaler Geiſtesenge die Nation gar ſelbſt zu einer Art Gottheit, das heißt einem widerlichen Götzen ſtempelt, doch vermeint, daß durch die Nation hindurch wenigſtens der einzige Weg zu Gott führe. Auch wenn die tiefe innere, nie erzwungene Bereitwilligkeit, welche die deutſchen Katholiken vor dem Kriege zur Tragung aller nur möglichen Laſten für die hohen Güter der Nation, an erſter Stelle für die militäriſche Sicherheit des Reiches an den Tag gelegt hatten, mißtrauiſchem Zweifel in ihren Patriotismus nicht das Zugeſtändnis abgenötigt hat, daß der deutſche Katholik ſchon für ſolche Güter, die er nicht für die „höchſten" hält, Liebe und Opfergeiſt ebenſo groß und ſo tief aufzubringen vermag als andere, die dieſe Güter für die „höchſten" halten zu müſſen ſcheinen, um die gleiche Liebe aufbringen zu können: heute, da das Blut katholischer Deutschen einträchtig mit dem aller anderen Volksgenossen für das Vaterland dahinrauscht und alle obersten Heerführer es laut gesagt haben, mit welch hoher Tapferkeit sich die Soldaten der katholischen Volksteile geschlagen haben, haben wir doch wohl ein erhebliches Anrecht darauf, gehört zu werden, — ohne apriorische Mißtrauenseinstellung in unsere Art von Patriotismus und Nationalgedanken seitens einer bitteren Tradition; also auch mit reinem Sinne darüber gehört zu werden, wie wir unser inneres Leben in das große, ewige Gefüge menschlicher Gemeinschaftsformen hineinstellen, und wie wir es in ihnen strömen fühlen. Wenn Glieder einer weitverzweigten Familie, unter denen Groll und eingerostetes Mißverständnis solcher Art herrschte, daß der bloße Gedanke daran schon den Versuch einer Verständigung ausschloß, herzeinigende Gefahr um einen großen runden Tisch des Hauses zusammenführt; wenn die Bilder gemeinsam verehrter Dinge ringsherum die Seele hinleiten auf pietätvolles Gedenken gemeinsamer Ursprünge: dann kommt es wohl vor, daß sich die Seelen öffnen zur Verständigung auch über solche Dinge, die mit dem einträchtigen, fraglosen Willen, jene Gefahr zu bestehen und zu bekämpfen, nichts Unmittelbares zu tun haben; daß auch verhärtete Herzen den demütigen Ton der Liebe und Weisheit finden. Wie immer aber wir Deutsche nun den „großen Tisch" herum vor und zu Anfang des Krieges denken mochten, eines sollte der menschliche Ausgangspunkt all unserer Erörterung sein: daß wir erschüttert sind bis ins Mark unseres Seins hinein, erschüttert über dieses sich in Haß, Schimpf, Mißverständnis, Lüge moralisch selbstzerfleischende

200

chriſtliche Europa. Nicht von den Blutopfern des Krieges, nicht von der Vernichtung dinglicher Werte rede ich hier. Sie ſind des Krieges Sold, und wer ſie nicht nur unendlich beklagen, ſondern außerdem verdammen würde, dem würde ich nicht folgen. Ich rede von der moraliſchen Anarchie in Geſinnung, Urteil, Verhalten der Menſchen; ich rede von dem faſt vollſtändigen Zuſammenbruch nicht nur aller über= nationalen Einſtimmigkeit in der Beurteilung der faktiſchen gegenwärtigen Weltvorgänge — ſolche ſchließt der Kriegs= zuſtand ſelbſtverſtändlich aus —, ſondern vom Zuſammen= bruch aller auch nur europäiſch, geſchweige univerſal gemein= ſamer geiſtiger Maßſtäbe, ja vom Zuſammenbruch vielfach ſchon des guten Willens, ſich ſolcher vor jedem Urteil und Streit über irgendein Faktum zu bemächtigen. Wer dieſe Erſchütterung nicht erlebt hat, für den iſt das Nachfolgende nicht geſchrieben. Wer ſie aber erlebt hat, der möge dieſe Erſchütterung als Quellpunkt für eine ernſte und gewiſſen= hafte Nachprüfung aller jener Fundamente anſehen, auf die er ſeine Ideen über die Gemeinſchaftsverhältniſſe aufgebaut hat, in denen er ſteht. Er verſchütte nicht dieſen wohltätigen ſinnreichen Schmerz durch automatiſches Wiedereinlenken in die gewohnten Geleiſe ſeiner Meinungen; er ſehe auch nicht feig von ihm weg; er töte ihn nicht durch narkotiſierende Ge= ſchäftigkeit! Und vor allem: er mache nicht zu raſch und zu früh beſtimmte einzelne hiſtoriſche Vorgänge oder menſch= lich individuelles Handeln für das verantwortlich, woran er leidet. Wir Menſchen leiden an ſo vielem, das wir nicht kennen, und oft iſt das Leid nur ein Wegweiſer, das Unbe= kannte zu ſuchen. Ihr Nationaliſten, wartet einen Augen=

blick damit, die Machtsucht Rußlands, Englands Neid, Frankreichs Rachsucht für die Haß= und Giftwogen verant= wortlich zu machen, die jetzt die Welt erfüllen. Ihr Pazi= fisten und Internationalisten, unterlasset auf eine kurze Stunde, den Kriegsvorgang für diese sittliche Verwilderung Europas selbst anzuklagen und den Krieg selbst wieder aus der Pleonexie herrschender Klassen abzuleiten. Vielleicht ver= wechselt ihr ein Symptom mit der Krankheit, ja vielleicht den Arzt. Lebten wir doch zu allernächst und lange diese Erschütterung in uns nach! Dann aber erheben wir uns eine kurze Zeit über Partei, Heimat, Vaterland, ja über unsere Nation, und, auf dieses Europa als Ganzes hinblickend, fragen wir, ob diese Erschütterung nicht ein machtvolles Motiv für uns sein müsse, der tiefen Problematik in unseren bisherigen Ideen über menschliche Verknüpfungsformen — wie sie sind und sein sollen — in das Auge zu sehen. Und im Streben, diese Problematik aufzuhellen, dem jeder für sich ergeben sei, möge auch das Folgende Gehör finden.

2. Nation und ihre Querschichtungen.

Wir Menschen der Gegenwart leben unter zwei gewal= tigen Vorurteilen, die unseren Geist für die rechte Auffassung aller sozialer Verbände oft halb erblinden ließen. Das erste besteht in der Denkgewöhnung, überall nur das historisch positiv Wirkliche und als solches natürlich Wechselnde an den menschlichen Gemeinschaften zu sehen — nicht aber die Wesensarten* von sozialen Verknüpfungsformen, die dieses

* Diese Wesensarten der sozialen Verbände führt in einer strengen Systematik vor der eben erschienene zweite Teil meines Buches über „Der

Wirkliche in einer gewissen, an sich gültigen Rangordnung
konstant überall und immer durchflechten. Es ist das Vor=
urteil des „Historismus". Das zweite Vorurteil besteht in
der geistigen Absperrung gegen die Tatsache, daß es zum
Wesen des Menschen gehört (nicht zu einer zufälligen histo=
rischen Gestalt des Menschen), in einer Vielheit gleich ur=
sprünglicher Verbandsformen sein Leben zu führen, die nur
zum Teil so geartet sind, daß die eine Verbandsart die andere
mitumschließt, zum Teil aber auch so, daß von einer vor=
gewählten Verbandsart aus gesehen (zum Beispiel Staat
oder Nation), die anderen Arten „Querschichtungen" bilden
müssen. Im Gegensatz zu dieser gerechten und objektiven
Einstellung des Geistes auf die menschlichen Verbandsformen
sind wir — nicht etwa nur im Kriege, wo es sich am ersten
rechtfertigen läßt, sondern auch im Frieden und in je wech=
selndem, aber allgemein in steigendem Maße — schon seit
dem Anbruch des bürgerlichen Zeitalters daran gewöhnt,
wenn nicht für unsere Begriffe und Urteile, so doch für unser
tieferes Erleben eine Verbandsform als die ursprünglich
allein gültige „natürliche", „selbstverständliche" anzusehen,
gegenüber der dann die anderen wie in der Luft zu schweben
scheinen. Diese eine Verbandsform ist seit dem Zusammen=
bruch des Legitimismus im wesentlichen für die einen mehr
die Nation, für die anderen mehr der Staat respektive deren
Verknüpfung in dem idealen Maßstab — denn realiter gibt
es so etwas nicht — des „Nationalstaates". Eine Denkweise,
die auf diese letztere Idee so vergafft ist, daß ihr alle anderen

Formalismus in der Ethik und die materiale Wertethik", Halle, Niemeyer
1916.

Verbandsformen dagegen „wie in der Luft schweben", nenne ich das zweite Hauptvorurteil, den „Nationalismus". Vielleicht der schärffte Beweis dafür, daß diese Verbandsform im Haushalt unserer Ideen zu dem „Leviathan" geworden ift, der alle anderen Formen zu verschlingen strebt, ift die Tatsache, daß die der Nationalstaatsidee im Laufe des letzten Drittels des 19. Jahrhunderts entgegengestellten Verbandsformen ganz unterschiedslos — unter Zusammenfassung des denkbar Verschiedensten unter die Einheit eines nur negativen Namens — als „international" bezeichnet wurden. Dieses „Internationale" aber war an erfter Stelle nicht die Scharung um eine Güterart, die man, sei es als „höher" als die Güter, welche Nation und Staat verwalten, empfunden hätte (oder doch als gleichwertig mit ihnen), sondern das zusehends mehr und mehr als „gemeinsam" erscheinende ökonomische Interesse einer bestimmten Besitzklasse in allen Staaten und Nationen, nämlich des „internationalen Proletariats", der „internationalen Arbeit". Ein ökonomisches Interesse also gab den Ausschlag — nicht aber ein positiver, auf überstaatliche Güter gerichteter Wille. Und dieses „Internationale" galt als ein Interesse gegen Staat und Nation, nicht als Wille, im Dienste an einem überstaatlichen und übernationalen Gute auch dem Staat und der Nation (und ihren geistigen und seelischen Grundlagen) noch indirekt mitzudienen. Diese aus dem Klasseninteresse des internationalen Proletariats erwachsene national-negative Denk- und Fühlsform des „Internationalen" wurde nun aber indirekt noch weit mehr: sie wurde schon dem Sprachgebrauch nach zum Prototyp, zur geistigen Auffassungsform aller anderen de

facto an Urſprung, Sinn, Güterbezug grundverſchiedenen quer=
geſchichteten menſchlichen Gemeinſchafts= und Betätigungs=
formen. Unter dieſes eine negierende Wort „Internationa=
lismus‟ wurde zum Beiſpiel in Bauſch und Bogen alles
Folgende eingeſperrt:

1. Die Idee der einen überſtaatlichen und übernatio=
nalen, gleichzeitig aber innernationalen und innerſtaatlichen
Geſamtperſon „Kirche‟, ihrem wahren Sinne nach Idee
des in Chriſto heilsſolidariſchen Reiches aller endlichen auf das
höchſte Gut in einträchtiger Gottes= und Nächſtenliebe be=
zogener Perſonen, der Lebendigen und Toten, der Menſchen
und Engel: umfaſſend (de jure) alle Orte der Welt, wo es
ſolche Perſonen gibt; in keiner Nation, in keinem Staat, in
keinem Kulturkreis darum allein zu Haus, da in allen
„wahrhaft‟ zu Hauſe und allen darum immanent.

2. Das der Idee nach grund= und weſensverſchiedene
Sozialgebilde der immer nur je während einer lebenden Gene=
ration (als Zeitumfang) exiſtierenden, jedes „Geſamtgeiſtes‟
baren Rechtsgeſellſchaft des internationalen Privatrechts,
ein Gebilde, das nur in Form von künſtlichen durch die
Staaten rechtsvermittelten Vertragsbeziehungen exiſtiert, alſo
weder natürliche Lebensgemeinſchaft iſt wie Familie,
Stamm, Gens, Volk, noch geiſtige Geſamtperſon wie
Kirche, Nation, Staat; ein Gebilde, das keine „Glieder‟
hat, ſondern nur „Elemente‟, und deſſen Elemente weder die
in natürlicher Sympathie und Herkunft gegründete Mit=
verantwortung füreinander und für das Ganze haben, die
jeder natürlichen Lebensgemeinſchaft eignet, noch jene höhere
mit individueller Selbſtverantwortung gepaarte, in geiſtiger

Liebe gegründete Mitverantwortung, wie sie innerhalb der sich auf der Grundlage der Lebensgemeinschaften erhebenden geistigen Gesamtpersonen den Gliedern im Verhältnis zueinander und zum Ganzen eigen ist. Wer sähe nicht, daß „Gesellschaft" in diesem Sinne, gerade in den wesentlichsten Zügen das direkte Gegenteil der Kirche darstellt? Hier die Idee einer künstlichen Vertragseinheit, dort die einer realen Einheit. Denn alle Einung der „Gesellschaft" beruht auf zufällig sich deckenden egoistischen Einzelinteressen oder Summen solcher Interessen von Einzelsubjekten, die nur als individualitätslose „gleich" „geltende" Verstandes- und Willensatome aufgefaßt werden und nur eine Eigenschaft haben müssen: die Eigenschaft, vertragsfähig und vertragsmächtig (das heißt mündig, geistesgesund usw.) zu sein. Innerhalb der Gesellschaft besteht ferner keinerlei Solidarität, sondern ausschließliche Selbstverantwortlichkeit (in außerethischem Sinne von rechtlicher Zurechenbarkeit vertragsrelevanter Handlungen). Endlich ist Gesellschaft eine völlig traditionslose, immer nur je gleichzeitig im Zeitstrome und je „gegenwärtig" existierende Gruppeneinheit — in jedem Augenblicke vergehend und nur durch neue Vertragsabschlüsse immer wieder geboren werdend. „Kirche" hingegen: eine in der Zeit dauernde, von den Einzelsubjekten unabhängige, kontinuierliche Gesamtrealität, umfassend Mündige und Unmündige, Einzelsubjekte und alle Arten von sonstigen realen Gemeinsubjekten, vorgestellt im Bilde einer „Mutter", aus deren Schoß jedes Glied erst geistlich geboren wird, ein Ganzes, das das solidarische Gesamtheil, nicht primär der sogenannten Menschheit als Naturgattung, sondern das Gesamtheil des Reiches aller endlichen Perſonen und ſeiner ſonſtigen möglichen Untereinheiten zuſammenfaßt und verwaltet. Hier alſo bei der Rechtsgeſellſchaft ein unterſtaatliches und erſt recht unternationales Quergebilde, das darum „nicht national" iſt, weil es als ſolches nirgends „zu Hauſe" iſt; dort ein Gebilde, das darum „nicht national" iſt, weil es übernational iſt und (erſt recht überſtaatlich) als ſolches aber überall „zu Hauſe", das heißt jeder Nation und jedem Staate de jure immanent. Analog ſteht es mit Gleichheit und Verſchiedenheit der Menſchen als „Elemente" der Geſellſchaft und als „Glieder" der Kirche. In der „Geſellſchaft" iſt alle konkrete menſchliche Verſchiedenheit ausgelöſcht; Verſtandesatome mit Intereſſen fügen ſich hier aneinander — grau an grau. In der Kirche iſt alle menſchliche Verſchiedenheit der Idee nach mit enthalten, gewahrt, geachtet; hier fügt ſich bunt an bunt! Sie will die Farben der Lebensgemeinſchaften (Stämme, Völker), noch mehr die der Nationen und Kulturkreiſe nicht auslöſchen; nicht auch die ſpezifiſchen Begabungen, nicht die verſchiedenen „Geiſter" und Ethosarten der Nationen, nicht auch ihre verſchiedenartigen Einſtellungen auf das Göttliche und ſeine Verehrung und Anbetung, ſondern gerade dieſe Farbenfülle will ſie, fordert ſie für das Geſamtheil des Reiches endlicher Perſonen, und will ſie verwerten dafür — und nur da, wo in einer Heilsfrage die allverbindliche höchſte Idee eines objektiven ſolidariſchen Heilsgutes vergeſſen wird, iſt es ihre Pflicht, Korrektur zu üben, beſonders auch zu dem Ziele, die Welt nicht in der grauen Einförmigkeit bloß einer übermächtigen Volksart erſtarren zu laſſen.

3. Zur „internationalen" Geſellſchaft in dieſem

Sinne gehören nun aber auch einmal alle Staaten (und Kirchen) als Subjekte des rein formalen — nicht also des engeren „europäischen"— Völkerrechts, desgleichen alle internationalen „Abkommen", die, sei es Fragen der allgemein menschlichen und technischen Nützlichkeit (betreffend Verkehrswesen, Eisenbahn, Schiffahrt, Post, Telegraph u. dgl.), sei es Fragen der Anwendung von Zeichen, Maßen und Gewichten, einheitlich ordnen. Auch die künstlichen Terminologien der exakten Wissenschaften und das Problem eines sogenannten Weltzeichensystems (törichterweise „Weltsprache" genannt) für Zwecke des Handels, der exakten Wissenschaft und der Geselligkeit gehören hierher. Endlich auch die internationale „Geselligkeit", Höflichkeit, Weltmode, internationales Hotel- und Badeleben usw. So verschieden diese Materien sind, die irgendeiner formal „internationalen Ordnung" unterliegen können, sie haben alle folgendes gemeinsam: sie betreffen Güterarten oder „Interessen" vom Wesen des Nützlichkeitswertes (bei der Geselligkeit auch des Angenehmen) oder des Wertes der größten Sparsamkeit im Gebrauch von irgendwelchen Mitteln und Zeichen — niemals aber betreffen sie das Heil des Menschen, niemals Materien der geistigen Kultur, niemals auch solche der Macht, Herrschaft und der zentralen Lebenswohlfahrt von realen Gesamtheiten. Kurz, es sind nur die formalsten „zivilisatorischen" und Luxuswerte, die in diesem Sinne eine „allgemeinmenschliche" Ordnung — und zwar ihrer Natur nach — erfahren können und auch erfahren hatten. Auch das formal (wahrhaft) „internationale" Völkerrecht macht davon keine Ausnahme. Niemals können vitale Gesamtgüter und =fragen der Staaten und Völker, sondern immer nur partikulare Handels= und sonstige „Interessenstreitig= keiten" seiner Ordnung unterliegen, wenn nicht gleichzeitig ein moralischer Rekurs auf einen, Staaten und Völker noch umfassenden Gemeinschaftsgeist irgendwelcher Art mög= lich ist, der den bloßen Verträgen erst Halt und Verpflich= tungskraft gibt, also die „Parteien" einer tieferen Treue= pflicht moralischer Natur gegenüber den Verträgen unter= wirft. Ohne diese außerjuristische Basis stehen alle Verträge auf „dem Papier". Solcher „Gemeinschaften" gibt es mehrere. Ein echter, wenigstens moralisch appellierbarer Ge= meinschaftsgeist dieser Art ist zum Beispiel das „europäisch sittliche und rechtliche Bewußtsein" für die europäischen Staaten, ist der „Geist der Christenheit" gegenüber den Heiden, in sehr vermindertem Maße die „Solidarität der weißen Rasse" gegenüber der schwarzen und gelben, der „westlich und mitteleuropäischen Welt" gegenüber der „russisch=asiatischen" und desgleichen mehr. Staatsverträge, die mehr sind als „rebus sic stantibus" abgeschlossene Momentgeschäfte un= bestimmten und bestimmten Termins, bedürfen also zur tragen= den Basis und Umhegung immer einer tieferen Freund= schaft; sie bedürfen einer außerrechtlichen Lebens= oder Geistes= solidarität, einer anderen, als diejenige ist, die aus der bloßen Zugehörigkeit zur natürlichen Menschengattung hervorgeht. Auch die von Fr. Lißt vor kurzem erhobene For= derung einer Gliederung des Völkerrechts, zum Beispiel in ein internationales, europäisches und mitteleuropäisches gehört hierher und macht die Idee solchen Rechtes überhaupt erst fruchtbar.

Auch die bloßen und reinen Klasseninteressen — sowohl die des „internationalen beweglichen Kapitals" als jene der „internationalen Arbeit" gehören noch in diese Schicht des Internationalismus. Denn je reiner eine Gruppe eine bloße Klasse (das heißt eine nach Besitz und Nichtbesitz geordnete Einheit) darstellt, desto mehr ist sie eben auch nur eine Summe ökonomischer Einzelsubjekte ohne jede Realität als Ganzheit, ohne kontinuierliche Dauer über die Einzelsubjekte hinaus, ohne einen besonderen „Geist", „Willen", „Seele", wie ihn schon die Lebensgemeinschaften (Familie, Heimats= gemeinde, Stamm, Gens, Volk) und erst recht die echten Gesamtpersonen (Kirche, Nationen, Staaten, Kulturkreise) zweifellos besitzen.

Hier bitte ich nun eines zu beachten: die all=menschliche Gesellschaft (als formale Zivilisationsgesellschaft, Rechts= gesellschaft, Staatengesellschaft und internationale Gesellig= keit) ist — wie ich zeigte — in gewissem Sinn das äußerste Gegenteil zur Idee der „Kirche". Nach den Güterarten, die sie in sich faßt (formalstes „Recht", „Nützlichkeit", „An= nehmlichkeit"), steht sie tief unter Nation und Staat, Ver= bandsformen, von denen die erste Art wesentlich eine geistige Kulturformeinheit (meist verknüpft mit einer eigentümlichen geistigen Bildungssprache) bildet, die zweite Art aber wesent= lich eine Einheit von Macht=, Herrschafts=, Wohlfahrts= organisation, samt einer materiellen positiven Rechtsorgani= sation darstellt zwecks Ordnung aller der Herrschgewalt des „Staates" unterliegenden Lebensgemeinschaften (insbesondere natürliche Volkstümer, Stämme, Nationalitäten). Alle diese Güter wie „Kultur", „Macht", „Herrschaft", positives

210

staatsgeſetztes „Recht", „Geſamtwohlfahrt" ſind aber ihrem Weſen nach höhere Güter als jene der bloßen Sinnesluſt und des Nutzens, die alle „internationale" Geſellſchaft be= wegen.* Umgekehrt ſteht die Kirche dem Gute nach, das ſie verwaltet, ebenſo hoch über den zu Nation und Staat ge= hörigen Güterarten, als die internationale Geſellſchaft unter ihnen ſteht. „Verlaſſen" ſollen wir gegebenenfalls Familie, Heimat, Volk, Staat, Nation, um dem Einen zu folgen, was wir für unſer und der Menſchheit „Heil" halten. Nur etwas ganz Formales allerdings ſcheinen übernationale Kirche und internationale Geſellſchaft — merkwürdig genug gerade ſie allein von allen ſonſtigen, durch Staaten und Nationen hindurch „quergeſchichteten" Verbandsformen ge= meinſam zu haben: nämlich, daß ſie beide nicht einen Teil, ſondern (de jure) die ganze irdiſche, je lebende Menſchheit in ſich befaſſen oder dies doch beanſpruchen. In der Tat: inſofern die jeweils lebende Menſchheit auch zur wahren Sphäre der „Kirche" gehört, das heißt zum Reiche aller faktiſchen und möglichen endlichen geiſtigen Perſonen (noch= mals geſagt, der Lebendigen und Toten uſw.), beſteht dieſer Anſpruch der „Kirche". Er beſteht ſchon als Anſpruch der Idee der einen wahren Kirche Gottes überhaupt, aber auch als Anſpruch der poſitiven kirchlichen Anſtalten inſofern, als ſie ſelbſt den Glauben haben, dieſe eine wahre Kirche Gottes auch faktiſch zu ſein. Aber dieſe teilweiſe

---

* Was das Verhältnis der an ſich gültigen Rangordnung der Werte zu den Grundarten menſchlicher Verbände betrifft, vergleiche „Der Formalismus in der Ethik und die materiale Wertethik", II. Teil, S. 398, Abſchnitt „Einzel= perſon und Geſamtperſon".

Deckung des Umfanges der Sphäre von internationaler und
außernationaler Gesellschaft einerseits, von übernationaler,
aber gleichzeitig national und staatlich immanenter Kirche
andrerseits, darf uns nicht den wesensverschiedenen Ideen=
gehalt verbergen, der hier und dort den Umfang der Sphären
regiert. Das wesenhafte Augenblicksgeschöpf der inter=
nationalen Gesellschaft umfaßt die Menschheit als eine
irdische, gerade „gegenwärtige" bloße Naturgattung,
die auf die für ihre zweckmäßigste Selbsterhaltung nötigen
Werte und Ziele bezogen ist. Das wesenhafte „Ewigkeits=
geschöpf", die Kirche, umfaßt dieselbe „Menschheit" al=
möglichen Bestandteil eines Gottesreiches endlicher Per=
sonen, das gleichzeitig weltimmanent und welttranszenden
ist — und dies nicht nur in der Dimension der jeweiligen Gleich
zeitigkeit, sondern außerdem in der Dimension einer Zeit
dauer, die unendlich ist, also Vergangenheit und Zukunft den
Sinne nach mitbefaßt. Nicht trotz, sondern wegen diese
unvergleichlich weiteren und größeren Sphäre der Kirch
(gegenüber der internationalen Gesellschaft) kann es mit de
faktischen Erfüllung dieses Anspruches beider Verbands
formen (als Ideen) so grundverschieden bestellt sein, wie e
faktisch bestellt ist. Während nämlich der Anspruch der inter
nationalen Gesellschaftsidee eine faktische Realität immer meh
gewonnen hatte, insbesondere dank der modernen Kommunika
tionstechnik, steht es mit dem Anspruch der Kirche völlig andere
Nicht nur bestehen faktisch eine Mehrheit christlicher Kirchen
das heißt Institutionen, die alle beanspruchen, die „einzige un
wahre Kirche Gottes und Christi" zu sein, es bestehen auße
ihnen die Synagoge, die soziologischen Formen der christliche

212

„Sekten", die bloßen Gefühlsbeziehungen der individualistischen kosmopolitisch=gestimmten pantheistischen Mystik. Vor allem aber bestehen die nichtchristlichen großen asiatischen religiösen Weltanschauungen mit ihren eigentümlichen, aus ihrem eigenen Geiste mitbestimmten Gemeinschaftsformen,* deren faktischer Umfang bekanntlich weit, ja gewaltig viel größer ist als der der gesamten christlichen Lebenssphäre überhaupt. Diese positive historische Wirklichkeit darf nun aber keine Sekunde dazu verführen, die Idee der Wesenseinheit der Kirche im Gegensatz zur Idee der Wesensvielheit der Nationen, Kulturkreise, Staaten preiszugeben, oder von ihr etwas abhandeln zu lassen. Denn es bleibt dabei, daß auch die von aller positiven Dogmatik unabhängige Kirchenidee nur mit schlechtem Gewissen eine Vielheit positiver Kirchenanstalten „zuläßt", wogegen Staat und Nation von Haus aus mit gutem Gewissen eine Vielheit bilden. Umgekehrt ist es — wenigstens in ganz Europa und, wie ich anderwärts** zeigte, im nachdrücklichen Gegensatz zur Orthodoxie und zum russischen Staate — die Idee des „einen Weltstaates", die alle Wesenseinsicht in die Natur soziologischer Verbandsformen und außerdem das europäische Gesamtgewissen gegen sich hat. Und darum gilt: wie immer es de facto sei, die Kirche „soll" ihrem Wesen nach eine einzige sein und der Staat wie die Nation „sollen" ihrem Wesen nach eine

---

* Über den Zusammenhang des religiösen Gehaltes dieser Weltanschauungen mit den Gemeinschaftsformen und dem Wirtschaftsethos handelt neuerdings in höchst erleuchtender Weise Max Weber in den Aufsätzen: „Die Wirtschaftsethik der Weltregionen", Archiv für Sozialwissenschaft und Sozialpolitik, 41. Bd., Heft 2 und 3.
** S. den Aufsatz „Westliches und östliches Christentum".

Vielheit bilden. Und das liegt im Wesen von Einfach=
heit und Teilbarkeit, Mitteilbarkeit und Unmitteilbarkeit der
Güterarten selbst, die diese Formen bewahren und vertreten.*
Gerade um dieses Unterschiedes willen von Anspruch und
Erfüllung sollten sich auch die Vertreter unserer Kirche aufs
ängstlichste hüten, den auf dem Glauben an die objektive
Wahrheit der kirchlichen Heilslehre und deren Verwurzelung
in der einen Offenbarung Gottes in Christo fußenden ge=
waltigen Anspruch der Kirche, für das gesamte Reich end=
licher Personen in Vergangenheit und Zukunft zu gelten,
in eine zu große Nähe zu dem völlig anders gearteten
„Internationalismus" der Zivilisations=Gesellschaft zu brin=
gen. Am schärfsten aber müssen sie es vermeiden, die zurzeit
irgendwie konstatierbare Möglichkeit oder Unmöglichkeit einer
faktischen Allgemeingeltbarkeit der Kirchenlehre und ein=
richtung für die natürliche Menschengattung (das Substrat
der menschlichen „Gesellschaft") zu einer Art Maß des Glau=
bens an die objektive Wahrheit ihrer Lehre zu machen oder gar
die Glaubenswahrheit in irgendeine Abhängigkeit von
dieser faktischen Allgemeingeltbarkeit zu bringen. Das hieße
das Göttliche vom Irdischen abhängig machen; es hieße ver=
gessen, daß die Kirche zur Realisierung ihres Anspruchs die
ganze Zukunft der Weltgeschichte zur Verfügung hat,
ja es hieße schon den philosophischen Satz bezweifeln, daß
selbst alle „Allgemeingültigkeit" in der objektiven Wahrheit,
dem „verum in re" (hier der Offenbarung und ihrer Lehre),
nicht aber dieses verum in re in möglicher Allgemeingeltbar=

---

* Der genaue Nachweis dieses Satzes findet sich „Formalismus usw."
II, S. 434 und d. F.

214

keit für die „Menschheit" gründet.* Brächten uns also etwa
völkerpsychologische und geistesgeschichtliche Untersuchungen
zu Einsichten wie folgende, daß ein Verschwinden der großen
noch herrschenden nichtchristlichen außereuropäischen Gesamt=
weltanschauungen in irgendeiner vorauserkennbaren Zukunft
ausgeschlossen ist oder daß — wenn je ein solches stattfände,
dies nicht durch „historische" Ursachen im engeren Sinne,
sondern nur durch Rassen=, Blut= und Sprachmischung, die
auch die (erblichen) Einstellungsformen der Gruppen auf
das Dasein mitmischen würde, je geschehen könnte, daß mit=
hin die gegenwärtige Kirche eine gewisse Solidarität mit
dem hat, was ich in meinem Kriegsbuche den „europäischen
Geist" nannte,** — ja, daß sie ihrem Geiste nach eine noch
engere Solidarität mit der „abendländischen Christenheit"
gegenüber der „orientalisch=morgenländischen Christenheit"
besitze, als die innerwestlichen Kirchengegensätze auf den ersten
Blick zuzulassen scheinen,*** desgleichen eine weit tiefere Soli=
darität mit der lutherischen Kirche als mit allem, so ungleich
viel stärker typengestaltendem Christentum calvinistischen und
puritanischen Ursprungs — so würden diese Einsichten in
keinerlei Gegensatz stehen zu dem notwendigen Anspruch
der Kirche für das Reich aller endlichen Personen überhaupt

---

* Vgl. über die Verfälschung der Wahrheitsidee und der Idee des
„Guten" in die Idee der bloßen „Allgemeingültigkeit" meine „Abhandlungen
und Aufsätze", 1. Bd. S. 223 u. f.; desgl. strenger „Der Formalismus in der
Ethik und die materiale Wertethik" 1. Teil. Halle, Niemeyer. 2. Teil 1916.
** Vgl. „Der Genius des Krieges und der Deutsche Krieg", S. 253.
*** Eine treffliche Schilderung dieser Verhältnisse, die zugleich obigen Satz
erläutert, gibt neuerdings Hermann Mulert in dem Buche „Christentum und
Kirche in Rußland und Orient", Religionsgeschichtliche Volksbücher, 2273. Heft.

zu gelten, und auch nicht im mindeſten zu irgendwelcher Ein=
ſchränkung der alle natürliche Einſicht überflügelnden und
hehren Glaubenshoffnung führen, es werde einmal ein Hirt
und eine Herde auch de facto die Erde umfaſſen. Indem die
Kirche dieſe beiden Fragen ſcharf trennt, begegnet ſie auch
am beſten der „nationaliſtiſchen Denkweiſe‟, für die es gerade
charakteriſtiſch iſt, die faktiſche Internationalität und Unter=
nationalität der Geſellſchaft mit der Über= und Inner=
nationalität der Kirche reſpektive ihrem Glaubensanſpruch,
eine auch faktiſche Weltkirche einſt zu werden, ewig zu ver=
wechſeln und als negativen „Internationalismus‟ abzutun;
damit aber zu meinen, ſie habe auch den Nationalſtaat als
eine Gemeinſchaftsform für den Inbegriff aller höchſten
Werte, ja als das „ſoziale höchſte Gut‟ überhaupt auf=
gewieſen, wenn ſie faktiſch nur gezeigt hat, daß gegenüber den
geſellſchaftlichen internationalen Ziviliſationswerten
die Nation wie der Staat an ſich höhere Güter verwalten,
als je dieſe „Geſellſchaft‟ ſie in ſich befaſſen und verwalten
kann. Die Kirche iſt übernational, weil ſie die wahre Kirche
Gottes iſt und überkulturelle wie überſtaatliche Güter, eben
die Heilsgüter primär verwaltet; ſie bliebe dies auch, wenn
ſie einen noch viel geringeren Teil der Menſchheit als
Naturgattung umfaſſen würde, als ſie faktiſch heute umfaßt.
Sie war ſchon übernational und ihr Glaube „allgemein=
gültig‟, da ſie ein „Senfkorn‟ war — und wer darf ſagen,
er habe an dem gewaltigen Baume, zu dem das Senfkorn
ſich geſtaltet hat, die Lebenskräfte ermeſſen, die auf die Zu=
kunft der Geſchichte warten? Die Geſellſchaft iſt inter=
national, weil ſie zu ihrer Art von Einung auf alle über

Sinneslust und Nutzen hinausgehenden Werte und Güter prinzipiell verzichtet, weil sie in ihrer Sphäre keinerlei liebesgemeinschaftliche, keinerlei lebensgemeinschaftliche und keinerlei kulturell=geistige Solidarität, am allerwenigsten aber eine solche des Gesamtheiles kennt, sondern allein auf egoistischen Interessen beruht, die durch Vertrag, Konvention usw. ausgeglichen werden.

Der Leviathan der „nationalistischen" Denkweise bringt aber nicht nur Zivilisation, Gesellschaft und Kirche ganz einförmig unter den negativen Ausdruck „Internationalismus", sondern auch noch andere faktische und mögliche Querschichtungen, die gleichfalls ursprünglich in der Menschennatur verwurzelt sind und darum höchstens für gewisse Zeitläufte zurücktreten, nie aber dauernd aus der Geschichte verschwinden können.

4. Ich nenne hier zunächst den vom negativen Internationalismus der Zivilisationsgesellschaft ganz verschiedenen positiven „Kosmopolitismus des Geistes". „Kosmopolitismus" überhaupt (das Wort stammt aus der stoischen Schule) ist ein Begriff, der nicht wie Internationalismus von den „Massen" und „Klassen", sondern von Denkern, Dichtern, Künstlern geprägt wurde. Er bedeutet einen, nicht nur über die gleichzeitigen Völker, Nationen, positiven Kirchen hinwegreichenden, sondern auch die Trennung der historischen Zeitalter überquerenden Zusammenhang der geistigen Minoritäten zur Förderung höchster Ziele der Kunst, Philosophie usw. Er ist also kein Zivilisationsbegriff, sondern eine soziologische Kulturidee. Er ist seiner Sphäre nach enger wie die Idee der Kirche, und zwar in zwiefachem Sinne: einmal

darum, da er nur die Gruppen höchster werktätiger Bildung, nicht also alle Klassen, Stände, Berufe der Völker und Nationen zu umfassen beansprucht wie die Kirche (im höchsten Falle eine pantheistisch-mystische Bildungsreligion aus seinem eigenen Kreise hervorgehen läßt) und sich gleichzeitig nicht an das Ganze und den Kern der Menschen richtet wie alle echte Religion, sondern nur an deren werkbildenden Geist; sodann darum, weil er die Welt und das Leben nicht transzendiert, also auch nicht die Verstorbenen als fortlebende und existierende Seelen, sondern nur als Erscheinungen und Mitbildner der Geschichte umfaßt. Dieser „Kosmopolitismus" kann zugleich gegenüber Volk, Nation usw. sich negierend verhalten. So war es zum Beispiel innerhalb seines Ursprungs im griechischen Kynismus, zum Teil noch während des älteren Humanismus (Erasmus) und der Periode der Aufklärung; er braucht es aber gar nicht. Insbesondere fehlte jenem deutschen Kosmopolitismus, der am reinsten durch die Namen Goethe, Herder und Schleiermacher vertreten wird, dieses negative Moment durchaus. So urteilt Herder: „Kein Volk" ist „ein von Gott einzig auserwähltes Volk der Erde" . . . So darf sich auch kein Volk Europas von anderen abschließen und töricht sagen: bei mir allein, bei mir wohnt alle Weisheit . . . Der Genius der Menschen-Naturgeschichte lebt in und mit jedem Volk, als ob dieses das einzige auf Erden wäre . . . Wir wollen uns freuen, daß die große Mutter der Dinge, die Zeit, jetzt diese, jetzt andere Gaben aus ihrem Füllhorn wirft und allmählich die Menschheit von allen Seiten bearbeitet (Brief z. Bef. d. Hum., Brf. 28).

218

Analog war Goethes Idee der Weltliteratur gebildet in dem Sinne seines Wortes, daß „die ganze Wahrheit" (und das ganze Gute und Schöne) nur durch die „ganze (in Nationen und Völkern gegliederte) Menschheit", eben auf Grund der je eigentümlichen Geistesanlagen dieser Glieder erfaßt werden können. Scheiden wir darum diese Idee aufs allerschärfste auch vom sogenannten Internationalismus der Wissenschaft (insbesondere der exakten)* im modernen Sinne, die das genaue Gegenteil vom „Kosmopolitismus" bedeutet und durchaus in die gesellschaftlich-zivilisatorische Bedeutung des Wortes hineinfällt. Diese letztere Idee geht von der vollen Vertretbarkeit der Forscher aus — soweit die Verschiedenheit ihres Volkstums und ihre Nationalität in Frage kommen. Die erstere Idee dagegen behauptet gerade ihre Unvertretbarkeit, wenn die höchste universale Kunstleistung und -bildung Wahrheitserkenntnis usw. erzielt werden soll. Gerade die eigentümlich individuelle und naive Auswirkung der Volksseelen und Nationalgeister in ihren höchsten geistigen Vertretern verspricht — nach dieser Idee — Weltbilder und Künste, die sich zu einem adäquaten Gesamtbild der Welterkenntnis, respektive zu einem allmenschlichen und höchstwertigen Gesamtkunstwerk ergänzen sollen.

Im Gegensatz zum Kosmopolitismus steht daher nicht etwa die Idee der Kulturnation — die der Gedanke des Kosmopolitismus umfaßt, auf deren Boden er wuchs und auf

---

* Genaueres über die Frage, welche Art von Erkenntnis und welche Wissenschaftsgruppen es ihrer Natur nach mehr oder weniger national bezw. kosmopolitisch und international sind und sein sollen, gibt der Aufsatz „Das Nationale in der Philosophie Frankreichs", Einleitung.

die er sich gerade stützt —, sondern der reflektierte Kultur=
nationalismus. Gerade dieser aber ist ein seinem Ursprung
und Sinn nach völlig internationales Denkschema. Das
ist hier das ganz Merkwürdige: seinem Ursprung nach ist der
Kosmopolitismus im obigen positiven Sinn eine durchaus
nationale, spezifisch=deutsche Idee. Dagegen ist der
reflektierte Nationalismus überhaupt (auch der kulturelle)
seinem Ursprung nach ein ganz internationales Klischee
und Denkschema, dessen letzte Wurzel in den analogen
Interessen der großbürgerlichen Besitzklassen zu suchen
ist, deren Finanz= und sonstiges Kapital stärker innerhalb als
außerhalb der Grenzen der Nationalwirtschaft engagiert ist.
Der spezifisch kulturelle reflektierte Nationalismus aber ist
nur die Ideologie zu diesem Klasseninteresse, das sich übrigens
seine volle Bewußtheit erst im Kampfe (in der „Reaktion"
also) gegen die vor dem Kriege so stark überschätzten inter=
nationalen Klasseninteressen des Proletariats geschaffen hat.
Drum ist denn auch die seelische Einstellung des echt „natio=
nalen" Kulturkosmopolitismus und des faktisch international
klassenhaften sogenannten Kulturnationalismus so wesensver=
schieden wie nur möglich. Der alte deutsch=nationale Kosmo=
politismus glaubt, daß nicht etwa die historische und psycholo=
gische Reflexion auf das, was zum Beispiel „deutsch" sei, die
geistige Arbeit als Ziel und Norm regieren dürfe, sondern allein
die allgemeingültigen Ideen der Wahrheit, des an sich
Guten und Schönen; er glaubt aber zugleich, daß sich gerade,
je mehr und je reiner dies stattfinde, das individuell Eigen=
tümliche jedes Nationalgeistes auch um so reiner und naiver
im Werke seiner höchsten Repräsentanten auspräge und aus=

prägen müſſe. Auch die Nationalidee jeder Nation ſoll ihm
gemäß der nationalen Eigenart jeder konkreten Nation ent=
ſprechen. Dagegen will der „kulturelle Nationalismus" —
das heißt die Ideologie des großen Kapitals in allen Na=
tionen und ſeiner offiziellen geiſtigen Bedientenſchaft (die, wie
es guten „Dienern" ziemt, ihre Dienſte nur halbbewußt tut)
— das Ergebnis der Reflexion darüber, was „deutſch" ſei,
was „franzöſiſch", was „ruſſiſch", „italieniſch", „engliſch",
auch zum zielbeſtimmenden und normativen Wert, ja zum
Zweck für die geiſtige Werkbildung machen und will eine je
eigentümliche Nationalidee der Nationen zugunſten des
allgemeinen internationalen Kliſchee von „Nation" über=
haupt nicht zulaſſen.* — Hier ſei eine Bemerkung geſtattet.
Wir müſſen überhaupt überall ebenſowohl die Schein=
nationaltendenzen von den echten, wie die ſcheinhaften inter=
nationalen und kosmopolitiſchen Tendenzen von den echten
unterſcheiden. Zum Beiſpiel verbirgt ſich (ſiehe den genaueren
Nachweis in meinem Kriegsbuch) hinter dem engliſchen chriſt=
lichen und andersartigen Pazifismus und „wiſſenſchaftlich"
fundierten Freihandelsprinzip (auch vielfach hinter der ſchein=
bar rein religiöſen engliſchen Miſſionstätigkeit) nur das
nationale Intereſſe und der „Weltreichs"egoismus des eng=

* Niemand möge verſäumen, die ausgezeichneten Anmerkungen zu leſen
die Fr. Meinecke in dem Abſchnitt „Nationalismus und nationale Idee" ſeines
Buches „Die deutſche Erhebung von 1914" über den Nationalismus gemacht
hat. An einer Stelle heißt es: „Letzten Endes drohen die Kämpfe, die die
Nationen zur Behauptung und Ausbreitung ihrer Nationalität gegeneinander
führen, den Rivalitäten der Studentenkorporationen zu gleichen, die ſich nur
durch die Farben ihrer Mützen und Bänder voneinander unterſcheiden, im
übrigen aber genau demſelben Ideal ſtudentiſcher Schneidigkeit nacheifern"
(S. 93).

lischen Inselvolkes. Andrerseits verbarg sich hinter dem modernsten, bei allen Nationen wiederkehrenden ebengenannten „Kulturnationalismus" (vor dem Kriege) nur das an sich anationale Klasseninteresse derjenigen Klassen, die in ihren Kapitalinteressen an das Staatsterritorium oder die staatlich nationale ökonomische Interessensphäre überwiegend gebunden sind. Das ist vor allem Großindustrie und national enga= giertes, — an sich anationales Finanzkapital. Aber es ist solches durchaus nicht ausschließlich. Wenn zum Beispiel die Arbeiterschaften der verschiedenen kriegführenden Staaten und Nationen sich ganz verschieden zur parlamentarischen Bewilligung des Kriegsbedarfs verhielten, die russischen, italienischen und serbischen Arbeiterklassen die Bewilligung ablehnten, die deutschen und französischen voll bewilligten, die englischen aber zum größten Teil, so folgte dies Ver= halten genau der Höhe des Lebensstandes der Arbeiterklassen und damit auch dem Maße, in dem sie an der Erhaltung des staatlich=nationalen Wirtschaftsorganismus als solchen interessiert waren. Hier haben wir also durchaus nicht eine direkte Gemütswirkung der Nationalidee, sondern nur eine zufällige Deckung von anationalen Klasseninteressen mit dem Gegenstand dieser Idee. Aber ganz analoge unechte Schein= deckungen finden wir heute auch vielfach ebensowohl zwischen einem falschen „Nationalismus" als auch einem falschen „Internationalismus" — und dem Geiste der Kirche vertreten. Es war fast zum Lachen, in einer Reihe deutscher Zeitschriften Leute an der Arbeit zu sehen, die für ihren Smoking=, Hotel= und Ästheteninternationalismus oder für einen Scheininter= nationalismus, der aus (heute tief bedauerlicher) gemischter nationaler Abstammung seiner Vertreter stammte, aber schon durch den Ton der weinerlichen Darstellung gerade die unversiegliche K r a f t nationalen Wesens bezeugte, die Kirche für sich in Anspruch nahmen, einige sogar plötzlich ihr katholisches Herz erst jetzt zu entdecken schienen. Im Gegensatz hierzu zeigt die Angriffsschrift der französischen Katholiken gegen Deutschland, durch welche unlauteren Mittel es gelingt, für unkritische Menschen den Schein hervorzubringen, daß sich Geist und Interesse der Kirche mit dem nationalfranzösischen Geist und Interesse decke.

5. Die bloß quantitative Fortbildung dieses in Klasseninteressen geborenen internationalen Nationalismus (die gleichzeitig seine wahre „internationale", das heißt in gleichen ökonomischen Klassenstrukturen hier und dort gegründete Natur enthüllte) aber war der sogenannte I m p e r i a l i s m u s der europäischen Nationalstaaten vor dem Kriege. Nicht der Macht= und Herrschaftsgedanke, der dem Staate natürlich und zu allen Zeiten einwohnt, aber nur bei sehr großer Machtdifferenz eines Staates gegenüber den gleichzeitigen der Umwelt zu Weltherrschaftstendenzen führen kann (wie im Falle des römischen Weltreichs), auch nicht eine Ideengruppe wie jene der französischen Revolution (Freiheit, Gleichheit, Brüderlichkeit), die hinter den Weltreichstendenzen Napoleons stand und in der er seinen persönlichen Ehrgeiz und den Gloiredurst der französischen Armee so klug versteckte, nicht auch die Reaktionsideen des übernationalen „Legitimismus" gegen die „Revolution", sondern das ökonomische Klasseninteresse der Großbourgeoisien samt ihrer Teilhaberschaften, beflügelt durch die Eigenart desselben kapitalistischen „Wirt=

schaftsgeistes" drängten nach der sogenannten „Aufteilung der Erde". „Aufteilung" nicht zunächst in staatliche Herrschafts-sphären, sondern in ökonomische Interessensphären; nach Herrschaftssphären nur soweit, als die Interessensphären sich nicht mehr durchflechten konnten, sondern sekundär aus sich heraus auch territoriale Herrschaftsansprüche gebaren. Darum forderte diese den Staat und seine Spitzen immer stärker um-spinnende Klassenschicht, daß er ihr zu Diensten sei und mit seiner Macht nachhülfe. Der sogenannte „Imperialismus" war daher gleichfalls eine typisch internationale Erscheinung (England, Frankreich, Italien, Deutschland); er und die Groß-machtsyndikate, zu denen er führte, stellen nur die (ein wenig schwer wiedererkennbare) End- und Höchsterscheinung desselben, auf grenzenlosen Erwerb ausgehenden kapitali-stischen Geistes (auf dem Boden freier Konkurrenzwirtschaft) dar, der innerhalb der Nationen im kleinen Maße die Er-scheinungen des Trust, des Syndikats und andere gegen die Konsumenten gerichtete Produktionsverbände erzeugte: lauter Erscheinungen, in denen sich zwar durchaus nicht — wie man gemeint hat — der „kapitalistische Geist", wohl aber das Prinzip der freien Konkurrenz (und des Freihandels) langsam selbst zu überwinden begann. Und dieser „Imperialismus" war es, der jene formelle Methodik der europäischen Politik zur Folge hatte, vor der sich noch Bismarck in Praxis und Theorie so ängstlich gehütet hatte: daß nämlich außereuro-päische Handelsinteressen, dazu kolonial- und siedlungspolitische Unternehmungen der europäischen Staaten und sekundär der dadurch mitbetroffenen Nationen nicht nur mitbedingend, sondern wahrhaft gestaltend auch auf die innereuropäische

224

Bündnispolitik, ja selbst auf die durch die Presse mehr gemachten als bloß angezeigten Freundschaften und Feindschaften der Völker und Nationen mitgestaltend zurückwirkte. Diese formelle Methode führte also zu der allgemeinen Erscheinung, die ich anderwärts die „anarchoeuropäische Phase der europäischen Weltpolitik" genannt habe. Sofern diese Methode (samt ihrem letzten Ergebnis, der Verbindung der feindlichen Großmächte in der Entente) durch diesen Krieg nicht aufgehoben wird, muß sie auch bei den denkbar größten Kriegserfolgen der Zentralmächte und im Falle ihrer maximalsten militärischen „Stärkung" mit fast mathematischer Sicherheit zu einer ganzen Reihe weiterer Kriege der gleichen Art und Form führen. Daß diese Folge aber in ihren letzten Konsequenzen den Selbstmord der europäischen Kulturpionierschaft zugunsten Amerikas und Rußlands bedeuten würde, das kann keinen Zweifel dulden. Nur die Ablösung dieser formellen politischen Methode durch eine solche der innereuropäischen Vereinbarung über alle Teilung von bloßen Interessenzonen der außereuropäischen Erdkugel, diese Vereinbarungsform aber gegründet auf die neue Verbandseinheit eines neuen südöstlich und nach Kleinasien hin orientierten „Mitteleuropa", das dann wenigstens als relativ in sich „saturiert" weit weniger Zusammenstoßflächen mit den Weststaaten besäße, als vorher vorhanden waren, kann auf die Dauer diese furchtbare Folge vermeiden lassen.

Die internationale Klassenverwurzelung des Imperialismus als Interessenparteiung schließt indes nicht aus, daß die Idee des Imperialismus als Idee, selbst wieder einen nationalen Ursprung hat — wie insbesondere Schulze-Gäver-

nitz treffend nachwies. Als Idee hat der Imperialismus
seinen Ursprung ohne Zweifel in derjenigen der europäischen
Nationen, die schon seit Jahrhunderten die prinzipielle Außen-
seiterrolle gegen West- und Mitteleuropa gespielt hat und
deren berüchtigte „Gleichgewichts"methode, arbitrium mundi
— und Allseegeltungsanspruch so lange, als die kontinentalen
Staaten mit der Ordnung ihrer inneren Verfassungsange-
legenheiten beschäftigt waren, die drei höchst erfolgreichen
Grunddogmen all ihrer Außenpolitik bleiben konnten. Sie
hat ihren Ursprung in derjenigen Nation, die sich selbst primär
weder als „Staat" noch als „Nation" begreift, sondern als
„Empire", als Weltreich, und die gleichzeitig vermöge des
Zusammenwirkens ihres eigentümlichen Volksgeistes mit den
Bedingungen einer höchst industrialisierten Inselbevölkerung
den Geist des Hochkapitalismus am frühesten und einseitigsten
entfaltete: das heißt in England. Wie für die Fragen der
Staatsverfassung und der Heeresverfassung (Volksheer) die
Ideen der französischen Revolution im ersten Drittel des
19. Jahrhunderts auch dort vorbildlich wurden, wo sie den
besonderen Geist der Völker gegen sich hatten, so wurde in
den letzten zwanzig Friedensjahren der Formtypus des englischen Weltreiches die stärkste idealbildende Kraft für
die Außenpolitik aller europäischen Großstaaten. Das heißt
aber: Da England seit Jahrhunderten prinzipieller Außenseiter gegenüber aller Solidarität europäischer Geistesgüter
und gemeinsamer Kontinentalinteressen war und mit den
Gliedern dieses Staatensystems bloß „gerechnet" hat wie mit
beliebigen anderen außereuropäischen Interessenzonen seines
Empire, so mußte diese allgemeineuropäische Nachahmung

226

und Ansteckung mit dem Formtypus des Zieles der englischen so erfolgreichen Auslandspolitik zu dem merkwürdigen Phänomen führen, daß auch die Kontinentalstaaten, voran Frankreich und Italien, „Außenseiter" des gesamteuropäischen und damit indirekt ihres eigenen wahren Interessenfundamentes wurden. Die stets antieuropäische Außenpolitikform Englands wurde — auf die Kontinentalstaaten übertragen zu einer ihrem Wesen nach selbstmörderischen Politikform auch für Kontinentaleuropa. In Deutschland speziell war die besondere Art und Form der Flottenpolitik der letzten Jahrzehnte — so sehr sie, ja gerade weil sie so „anti"englisch war — nur um so stärker von der Idee des Formtypus des englischen Weltreiches bestimmt; wie denn überhaupt nicht der sogenannte England„haß" oder ein endloser Krieg gegen England, sondern nur eine Wendung des Antlitzes Deutschlands und der Gesamtströmung des deutschen Lebens (des kulturellen wie ökonomischen) vom Blick und von der Richtung Süd=Nord und Südost=Nord zum Blick und zur Richtung Nord=Süd und Nord=Südost die wahren Ursachen einer falschen Nachahmung Englands (und damit manches andere!!) beseitigen kann. Ein gewisses Maß mitteleuropäischer ökonomischer Autarkie und Saturierung der deutschen Menschenexpansionsbedürfnisse an erster Stelle durch landwirtschaftliche Siedelungen im Osten und neue Absatzmärkte für die Industrie in der südöstlichen Richtung kann diese Erlösung von der Ansteckung durch die englische „Reichs"idee vermöge der dadurch mitbewirkten Entspannung der deutsch=englischen und deutsch=amerikanischen Konkurrenz nur beschleunigen. Ausdrücklich bemerke ich aber hier noch, um

Mißverständnissen vorzubeugen: nicht nenne ich „Imperialismus" das bloße Streben nach staatlichen Machterweiterungen überhaupt, soweit sie einer organischen Abrundung des Staatsterritoriums zur Besiedelung oder militärischen Sicherung für die Zukunft dienen. Diese Forderungen können Staatsnotwendigkeiten sein und haben mit einer durch ein Klasseninteresse regierten politischen formellen Politikmethodik nichts zu tun. Nur dürfen auch diese in gewissem Maße sicher berechtigten Forderungen dem höheren Ziele, diese Methodik zu ändern und ihr bisheriges Werk, die Entente zu sprengen, nicht übergeordnet, sondern müssen ihm untergeordnet werden.* Nicht nenne ich auch „Imperialismus" das wohl berechtigte Bestreben der deutschen Volks- und Produktionskraft, erweiterte und dem österreichisch-deutschen Territorium organisch angeschlossene Interessenzonen in der Richtung Südost und Ost unter Wahrung der vollen nationalen Rechte und Freiheiten der beteiligten Völker zu sichern. Nur muß auch dieses Bestreben sogar beiden oben genannten Gesichtspunkten bei allen praktischen Entscheidungen untergeordnet werden. Will man dann auch dies noch Imperialismus nennen, nun wohlan! Wie der kapitalistische Geist grenzenloser, alle Bedarfsdeckung übersteigender Pleonexie überhaupt, so kann auch seine historisch letzte, die imperialistische Erscheinungsform nicht über Jahr und Tag überwunden werden. Wohl aber kann der Imperialismus von seiner alle äußere Politik führenden und bündnisgestalten-

---

* Ein Rechnen mit dem Fortbestand der Entente — sei es nur politisch oder politisch und wirtschaftlich zugleich — darf keineswegs Voraussetzung unserer Erörterungen über „Kriegsziele" sein.

228

den Rolle abgedrängt werden, und wohl dürfen wir hoffen, daß der von Hause aus antikapitalistische, auf Organisation der Wirtschaft für das Gesamtwohl zielende deutsche Geist wie von selbst zu sich zurückkehre und die nötigen Formen finde, wenn er nur von der überstarken Konkurrenz mit England-Amerika und von dem falschen undeutschen Ideal eines Überseereiches englischer Formstruktur befreit ist, das heißt von Kräften befreit ist, die ihn überall und auch in Fragen der Kultur und Religion von seinem wahren Wesen abgelenkt und den tieferen Sinnzusammenhang seiner Geschichte, auch der Geschichte seiner wirtschaftlichen Bildungen zeitweise unterbrochen haben.

Nicht etwas „Höheres" als dieses berechtigte Maß von wirtschaftlicher und Bevölkerungsexpansionstendenz* ist hingegen das, was man die Kulturpolitik des „Imperialismus des Geistes" (K. Lamprecht usw.) genannt hat. Der Widersinn dieser Wortverbindung besteht schon darin, daß man „Geist", „Kunst", „Wissenschaft" usw. mit dem Mittel des „Wollens", „Befehlens", „Herrschens" und „Tuns", ja der „Politik" (zum Beispiel durch Austauschprofessoren usw.) in der Welt direkt propagieren wollte und will, anstatt einzusehen, daß der geistige Kultur- und Menschentypus einer Nation wie von selbst Menschen gewinnen und zu sich und seiner Nachfolge einladen muß, seine Verbreitung aber nie

* Die gewaltige Bevölkerungsvermehrung Deutschlands (sie war innerhalb des 19. Jahrhunderts größer als seit Arminius bis zum 19. Jahrhundert) ist übrigens nicht die Ursache der auf die moderne Industrialisierung gegründeten deutschen Überseepolitik (wie man jetzt immer hört), sondern die Wirkung vor allem der mit der Industrialisierung anfänglich steigenden, neuerdings sinkenden Proletarisierung großer deutscher Bevölkerungsteile.

eine direkt „gewollte", also nie auch eine politische sein kann, sondern nur ein stilles Wachstum sein darf, im äußersten Falle im Gefolge ökonomischer und zivilisatorischer, außereuropäischer Arbeit, nicht aber als deren Führung. Goethe, der in einem bekannten Epigramm seine volle Gleichgültigkeit aussagt, ob „je der Pinsel des Chinesen Werthern und Lotte aufs Glas malen" werde, und der anstatt der „Menschheit" nur dem „Freunde" Karl August gefallen und dienen „will", dem Freunde, der ihm „Gärtchen und Haus geschenkt", hat durch die Gestalten von „Werthern und Lotte" allein sicher gar sehr viel mehr Ausländer für den deutschen Geist gewonnen als alle Austauschprofessoren des modernen Deutschland zusammengenommen. Die Intensivierung des deutschen Geistes nach leider nur zu langer Extensivierung, seine Intensivierung zu neuen großen naiven Gestalten und Werken, sodann aber die Schaffung neuer Selektions- und Entfaltungsmöglichkeiten für die in der „Masse" jetzt verborgenen Talente und Geisteskräfte, die heute eine undeutsche Presse und Zeitschriftenliteratur samt einem auf „gewollte Kulturpolitik" gespannten weltfremden Bureaukratismus vom Lichte absperrt — das ist die Vorbedingung für die — etwa einmal — die Völker wiedergewinnende Kraft eines deutschen Geistestypus. Abgesehen von dieser „von selbst" gewinnenden, einladenden Kraft geistiger Werte, Formen und Menschentypen — die kein „Wille" an ihrer Ausbreitung hemmen, aber auch keiner erzeugen oder „machen" kann —, gilt für „Politik" und „Wollen" auch heute noch jenes vorgenannte Prinzip; das Prinzip des die Eigenart der Nationen in sich schließenden und die Fülle der Menschenveranlagungen achtenden und ehrenden Kosmopolitismus, der vorher entwickelt wurde, und gar nicht gilt der „Imperialismus des Geistes". Denn dieser ist nichts weiter als eine schwachmütige Ideologie des echten und wahren ökonomischen Klassenimperialismus, mit dem er geboren war und mit dem er verschwinden wird.

6. Von den genannten nationalen Querschichtungen ist nun auch das zu scheiden, was ich in meinem Kriegsbuche das „geistige Europa" (früher und bei älteren Deutschen mit dem Kosmopolitischen überhaupt zu sehr verwechselt) und als dessen neu in diesem Kriege sich bildenden Kern „Mitteleuropa" genannt habe. Die Grundformen des Geistes „Europas" in Religion, Ethos, Kunst, Staatsform, Geschichte usw. habe ich dort entwickelt und insbesondere seine tiefgehende innere Solidaritätsform gegen Rußland als Kulturkreis und die übrigen asiatischen Kulturkreise aufzuweisen gesucht. Bornierter Nationalismus mag auch diese Einheiten unter die große Tüte „Internationalismus" so setzen, wie er es ja auch mit der Kirche, dem Kosmopolitismus bis zur Hotelzivilisation ganz unterschiedslos in einem Atem macht. Wir aber finden, daß zwar der Zusammenbruch jenes „Scheineuropa", das sich vor dem Kriege auf allen möglichen Arten von Kongressen und in eleganten Luxusreisenden, Ästheten, Kommisvoyageuren und Diplomaten durch die Salons bewegte, nicht im mindesten irgendein Schade ist, sondern daß gerade dieser Zusammenbruch ein eminentes Verdienst dieses wahrheitsschaffenden Krieges ist, ja daß der Zusammensturz dieses Scheineuropa sogar die fundamentalste Bedingung war, um das wahre und echte Europa erst zu entdecken. Gleich-

zeitig aber fah ich auch, daß, fo wenig auch der europäifche
Gedanke unmittelbar und pofitiv zweckbeftimmend für die
Politik und Kriegführung irgendeiner Nation oder eines
Staates fein darf und kann, — die mögliche Rückwirkung
jedes politifchen Schrittes auf diefe Einheit des ganzen
Europa entfchiedene Achtung verdient, Mäßigung beim
Starken, gerade je ftärker er fich erweift, aber um fo mehr
fordert, je weniger in Selbftfucht erftickte fchwächere Na=
tionen und Staaten diefe Achtung aufzubringen vermögen.
Dagegen darf der neuerdings von Fr. Naumann fo tief aber
zu einfeitig entwickelte Gedanke „Mitteleuropa“ fchon ein
ftärkeres Anrecht auch auf die pofitive Zweckgeftaltung einer
deutfchen Politik erhalten, die — ohne das weitere Europa
fich zu irgendeinem praktifchen Zweck zu fetzen — (etwa in
der albernften amerikanifierenden Art der fogenannten „Ver=
einigten Staaten von Europa“) doch auch in diefem weiteren
Sinne „europäifch“ gefinnt ift. Denn das ift ja klar: vom
puren „Nationalismus“ aus gefehen ift oder wäre ja diefer
ganze Krieg, gerade von unferer Seite aus, purfter Unfinn.
Von diefem Standort aus gefehen hätten wir Öfterreich und
die Türkei — beides Staatsgebilde, nur verftändlich von einer
Mifchung uralten dynaftifchen Legitimismus mit den inneren
gemeinfamen Anfprüchen und Intereffen von Kulturkreifen
verfchiedenfter Nationalität her — eo ipso preisgeben und
insbefondere Öfterreichs deutfche Länder nach einer Teilung
diefes Staates in das Reich hereinnehmen müffen. Der Ge=
danke „Mitteleuropa“ mag in diefem Kriege alfo wohl erft
feftere Formen angenommen haben; entftanden ift er in ihm
fo wenig, daß er ihn vielmehr mit geboren hat. Ihn ver=

232

leugnen heißt also zum mindesten einen möglichen Sinn dieses Krieges überhaupt leugnen. Es ist auch durchaus nicht Mitteleuropa als bloße neue Wirtschaftszoneneinheit, es ist — diesem Gesichtspunkt mindestens gleichgeordnet — Mitteleuropa als ein gewaltiges Bollwerk Gesamteuropas gegen die russische Kulturzone und gegen die englischen (asiatischen, afrikanischen, australischen und amerikanischen) Interessenzonen, vor allem aber als ein Versprechen, daß die englische, für Europa auf die Dauer selbstmörderische Politikform geändert werde — das auch von unserer Seite entschiedenste Bejahung erheischt.*

7. Am weitesten zurückgetreten ist als Querschichtung der Legitimismus, besonders wenn man darunter ein gemeinschaftliches Gefühl der Herrscherdynastien und Verwandtschaften gegenüber dem „revolutionären Volk" versteht. Nicht so ganz ist er es, wenn man den Begriff auch auf den Geist zusammengehöriger Strukturformen des Staates und des gesellschaftlich=sittlichen Aufbaus in ihnen erweitert. Denn hier ist klar, daß die Form der festgefügten Monarchie der Zentralmächte und der Gedanke des Primates der Ordnung über die Freiheit, der Pflichten über die Rechte, endlich auch der organischen Einheit von Kirche und Staat über deren Scheidung, kurz, der Gedanke festgefügter Autorität und Organisation über individualistischen Eudämonismus und über die Ideen der französischen Revolution von

---

* Eine Kritik des viel zu einseitig wirtschaftlich konzipierten Naumannschen Gedankens „Mitteleuropa", der wir uns vollständig anschließen können, gibt Dr. Goetz Briefs in seinem Aufsatz: „Mitteleuropa", Hochland 8. und 10. Heft, 1915/16.

1789 eine ganz eminente Rolle in diesem Kriege spielen und schon bei seiner Entstehung mitspielten; bei unseren Feindesmassen vielleicht sogar die ausschlaggebende! Und das gilt nicht nur gegenüber den sich so gerne „demokratisch" nennenden, das heißt die politische und individuelle „Freiheit" vor die soziale Besitzgleichheit (die unsere Demokratie mit Recht primär anstrebt), die christliche „Brüderlichkeit" aber gar sehr zurücksetzenden Westmächten, sondern vielleicht noch stärker gegenüber Rußland, dessen Krieg geradezu als Fortsetzung der russischen Revolution — also gar nicht als bloßes Werk und Heil der „Autokratie", im russischen Volke faktisch empfunden wird.

8. Schließlich aber nenne ich noch die generative Querschichtung der europäischen Jugend, ihres schon vor dem Kriege erstandenen „Militarismus der Lebenshaltung", das Wort nicht gemeint als politischen Zwecksmilitarismus, sondern als Gesinnungsmilitarismus, das heißt als Form eines edleren, ritterlicheren Lebens, in der die bloßen Triebe und Neigungen der Herrschaft des zentralen Geistes und Willens unterworfen werden und das Leben neu und insbesondere antibourgeois und antikapitalistisch empfunden und auch weltanschaulich gewürdigt wird. Mag in den so stilähnlichen Jugendbewegungen aller europäischen Staaten (auch Englands!) viel Unsinniges, Übertriebenes mitgelaufen sein — sie alle gingen doch ungemacht und unwillkürlich nach dem Ziele, einen Menschentypus als Individuum zu bilden, der das System „freier Konkurrenz" zuerst in der eigenen Seele als Gestoßenwerden von der je stärksten sinnlichen Strebung ausrodet — vielleicht, vielleicht, um dasselbe System einst in den

Formen der Gesellschaft und des Staates, ja schließlich im Verhältnis der Staaten zueinander (das heißt als Imperialismus) ausroden zu helfen.

Jede dieser nationalen Querschichtungen, nicht nur die Nationen und die Nationalitäten erheischen schon heute diejenige besondere Liebe und Achtung, die sie je verdienen, wenn wir einst wieder aus der Finsternis der Gegenwart zum Lichte gelangen wollen.

3. Das Versagen der Kräfte „von unten" und die Hoffnung auf neue Kräfte „von oben".

Prüft man die Kraft des Gegenstoßes, den die eben aufgeführten über- und internationalen Verbände gegen das Aufflammen der nationalen Leidenschaften entfaltet haben, so ist der erste Eindruck, daß diese Gegenkraft im ganzen nur sehr klein und unwirksam war. Sie war sicher sehr viel kleiner, als man vor dem Kriege anzunehmen geneigt war. Insofern die ganz phantastischen Vorstellungen, die man sich in den Jahren vor dem Kriegsbeginn von der völkervereinenden Kraft des Kapitals, der Arbeit, der weltwirtschaftlichen Verflechtung der Handelsinteressen und der gesteigerten Kommunikation gemacht hatte, hierdurch größtenteils zergingen, kann man in dieser Tatsache eine zwar schmerzliche, aber zur Gesundung unseres Geistes überaus wohltätige Korrektur des geheimen Gesinnungsmaterialismus der Zeit erblicken. Denn Materialismus war und ist dieses waghalsige Vertrauen auf die Menschen einigende Kraft all dieser Mächte von unten zu nennen, die zur Erreichung des Zieles, das man ihr unterlegte — nämlich eine einige,

organisierte Menschheit — nichts als „Zeit und Entwicklung"
zu bedürfen schien: keinerlei den bloßen Trieben und Interessen entgegengesetzt gerichtete oder doch von ihnen unabhängige moralische und spirituelle Kraft, keinerlei Liebe,
keinerlei Opfer, keinerlei innere Solidarität, keinerlei übernationale geistig-moralische Autorität. Das gewaltige Natur-
experiment des Krieges, das diese unteren Kräfte und ihre
Wirkungen gleichsam isolierte, hat zugleich ihre Schwäche
und Äußerlichkeit jedem aufgedeckt, der sehen kann. Auch
die Theorien und Gedankenströmungen, die von diesen Kräften
eine allmähliche innere Einigung der Menschheit erwarteten,
sind durch die Tatsachen vollständig widerlegt. Widerlegt
ist die Theorie, die in ökonomischen Klassenkämpfen den
Hauptmotor der Geschichte sah, und vom Siege einer internationalen Klassenschicht den „Sprung in die Freiheit" er-
wartete; widerlegt ist der Aberglaube der Freihändler und
des Liberalismus, der in der Verflechtung der Handelsinteressen eine steigende Eindämmung nationaler Leidenschaften
erblickte; widerlegt ist der Glaube, es bedeute gesteigerte Berührung von Menschen in Raum und Zeit durch gesteigerte
Kommunikation ebenso viel wie gesteigerte Freundschaft und
gesteigertes Verständnis. Alles, was ich im vorigen Aufsatz
unter dem Titel der internationalen „Gesellschaft" zusammenfaßte, hat sich in diesem Kriege als die schwächste und
minderwertigste Form aller Verbandsformen erwiesen.
Sollte diese Erfahrung all jenen, die in der Nation weder das
„höchste Gut" noch die endgültige und ausschließliche Form
der Menschenverknüpfung sehen können, nicht einen anderen
Weg, ja eine Umkehr des Weges und der Methode

236

zu tieferer Einigung der Menschheit empfehlen? Ein neu=
artiges Vertrauen auf andere Kräfte, auf Kräfte nicht „von
unten" her, von Trieb, Egoismus, Interessen her, sondern
auf Einigungskräfte „von oben" her?

Ich werfe nur einen kurzen Blick auf diese Kräfte „von
unten" — mehr zur Erinnerung des Lesers als zur Belehrung.
Da steht an erster Stelle das bewegliche Kapital. Hat es
die volkseinende, kriegshemmende Rolle gespielt, die ihm weit
verbreitete Gedankenströmungen zusprachen? Nichts weniger
als dies! Faktisch war das Prozentverhältnis zwischen den je
außernational=engagierten Quoten der Volksvermögen zu den
an die nationalen Interessensphären gebundenen Teilen dieser
Vermögen fast überall — und höchstens mit der Ausnahme
Frankreichs — zugunsten des Nationalen gestellt. Der weit=
aus größte Teil des Kapitals blieb so national gebunden und
konnte seine Interessen unter die nationale Kulturidee und
das Staatsinteresse nach Belieben verstecken. Wo sich
Kreise verschiedener Nationen gemeinsam an großen Ge=
schäften (Eisenbahnen, Kanalbauten usw.) beteiligten, ent=
brannte häufig ein scharfer nationaler Kampf um die Aktien=
majorität, den die Diplomatien unterstützten. (Vergl. hierzu
die klugen Ausführungen eines kenntnisreichen deutschen Di=
plomaten mit dem Pseudonym Ruedorffer „Grundzüge der
Weltpolitik der Gegenwart", S. 155—64.)

Soweit eine internationale Verflechtung der Kapitals=
interessen bestand, war diese nicht auf einem selbständigen
internationalen Prinzip gegründet, sondern nur die sekundäre
Folge des zufälligen Ineinanderwachsens nationaler Expan=
sionstendenzen. Am stärksten war das französische Kapital

international engagiert. Frankreich hatte man mit Recht den „Bankier der ganzen Welt" genannt. Sein Geburtenrückgang steigerte noch den Reichtum seiner Finanzkreise. Die französische Politik neigte aus diesen Gründen vielleicht stärker der Erhaltung des Friedens zu als die Politik finanziell weniger international interessierter und politisch finanziell weniger determinierter Länder. Und doch wurde auch hier das Kapitalsinteresse häufig den Zielen einer nationalen Außenpolitik untergeordnet, die durch ganz andere als ökonomische Faktoren bestimmt war. Im Jahre 1910 wurde Ungarn versagt, eine Fünfhundert-Millionen-Anleihe in Paris zu realisieren. Denn es wurde gefürchtet, daß sie zu Rüstungen mitverwandt würde, die gegen Frankreich gefahrvoll seien. Gleichzeitig wurde eine französische Finanzierung der Türkei durch die Regierung vereitelt. Starke staatssozialistische Tendenzen in fast allen Ländern hatten den zwiefachen Erfolg, den Staat selbst stärker als vorher mit kapitalistischem Geist zu durchtränken, aber auch das Kapital stärker an das Staatsinteresse zu fesseln. Nun hat freilich auch das national engagierte Kapital an jenem „Frieden", der bloß ein Nichtkrieg ist, sonst aber jedes Kampfmittel erlaubt, überall ein starkes Interesse. Aber gerade dies ist der eigentümliche Charakter seiner Expansionstendenz, daß sie — ohne den Krieg zu wollen — bei jeder starken Hemmung dieser Tendenz durch fast unwillkürliche Rückwirkung auf den Staat und die nicht im gleichen Maße kapitalistisch und pazifistisch gesinnten staatsbeherrschenden Kreise am leichtesten zum Kriege führt. Das Kapital — gewiß auch das national engagierte — haßt den Krieg. Weiß es sich aber in seinem gehemmten Lauf selbst nicht mehr zu helfen, so führt die Aufregung den Finger wie von selbst an die geladene Pistole — und dann freilich ächzt und stöhnt das Kapital, daß die Pistole losgegangen ist. Diese Rolle spielte das Kapital in der russischen Expansion nach der Südmandschurei, die zum Kriege mit Japan führte (Yaluwaldungen-Spekulation), in der Vorgeschichte des Burenkrieges (Jameson), des französischen Marokkounternehmens, der tripolitanischen Annexion, auch in einem gewissen Maße der antiserbischen österreichischen Politik. Das Kapital ist aber auch nicht ganz so stark von der Gesamtmenschlichkeit seiner Eigentümer abgelöst, als unsere zu abstraktive und zu rein ökonomische Betrachtungsform der Dinge es uns zu lehren schien. Die Ausrechnungen der Interessenverflechtung Englands und Deutschlands durch gegenseitige Ein- und Ausfuhr, die so große deutsche Kreise auf eine Neutralität Englands hoffen ließen, waren nicht falsch; aber falsch war die Ansetzung des Gewichtes der politischen Bedeutung dieser Interessenverflechtung. Die nationale Machtidee (Seegeltung) und die rein politisch-ethischen Struktursympathien und Antipathien (zum Beispiel Demokratie kontra Militarismus, Freiheit gegen Autorität usw.) haben sich in Ursprung und Fortgang dieses Krieges weit stärker erwiesen als die rational ausrechenbaren Kapitalinteressen und ihre Verflechtungen und Gegensätze. Ferner, wo die Besitzer des großen Kapitals zu den politisch verantwortlichen Kreisen gehören und die Führung des Staates besitzen, wird die Logik ihrer Interessen sehr stark durch jene ganz andersartigen Motive durchkreuzt, die ihnen ihre politische Verantwortung diktiert. Vielleicht die gefährlichste Rolle, die diese

Besitzer spielen können, spielen sie aber dort, wo diese Verant=
wortung nicht auf sie drückt, wo ihnen der eigentlich poli=
tische Sinn mit der politischen Selbständigkeit und Kenntnis
mangelt, wo sie aber gleichwohl auf indirekte Weise auf
die regierenden Kreise eine starke Wirksamkeit äußern. Wo
sie herrschen, ohne zu regieren! Denn hier pflegen die
eigentlich regierenden militärischen oder Beamtenkreise nur
sehr wenig von den Interessen des Kapitals, dessen Vertreter
aber nur wenig von der politischen Situation zu verstehen,
und es fehlen darum Köpfe, die beides zusammen verant=
worten, zusammendenken und die Resultante ziehen können.
Hier ist auch der soziale Boden für eine zweizinkige Außen=
politik und für das Fehlen einer wahrhaftigen einheitlichen
Verantwortung für die gesamte äußere Staatspolitik der
günstigste — auch für jene Art von deutscher Außenpolitik,
die unsere Einkreisung und insbesondere die steigende An=
näherung Englands und Rußlands nicht zu vermeiden wußte.
— Was lehrt diese Betrachtung? Das Kapital ist an sich
weder national noch international — es ist national indifferent.
Es kann — wenn es sich auf eine positive autonome über= oder
internationale Kraft stützt — ebenso leidenschaftlich nationa=
listisch wie das Gegenteil werden. Und es war, da solche
positiven Kräfte fast völlig zurücktraten, wesentlich national,
im höchsten Falle imperialistisch.

Eine menscheneinende Kraft von „unten" war auch das
internationale Klasseninteresse des Proletariats und seine Or=
ganisation in der „Internationale". Die einzelnen Be=
gebenheiten und Beschlüsse seit Kriegsanfang, die nur das
völlige Versagen dieser Organisation dargetan haben, ihrem

Sinne und ihren noch kurz vor dem Kriege gefaßten Beschlüssen gerecht zu werden, sind in den „Soz. Monatsheften" eingehend beschrieben und gewürdigt worden. Mit der einzigen Ausnahme Italiens wurde die Internationale ein politisches Werkzeug der Entente. Wichtiger aber als alles einzelne ist, daß diese Organisation bei dieser Gelegenheit ihr inneres Lebensgesetz überhaupt offenbart hat. Es lautet, daß sie von der maximalen Armut und der maximalen Niedrigkeit des Lebensstandes der Industriearbeiterschaften der verschiedenen Länder geradezu lebt, das heißt in genau demselben Maße an Bedeutung verlieren muß, als sich dieser Lebensstand hebt. Denn — siehe das oben Gesagte — im selben Maße, als diese Hebung erfolgte und genau nach ihrer Proportion haben sich in Rußland, Italien, Frankreich, England, Deutschland, Serbien die Arbeiterschaften an der Bewilligung des Kriegsbudgets und an dem Eintreten für den Krieg auch gesinnungsgemäß beteiligt. Das mag für uns in Deutschland, wo diese ökonomische Hebung der Arbeiterklasse längst offensichtlich war, sehr erfreulich gewesen sein. Für die Internationale ist dadurch offenbar geworden, daß sie als ökonomische Klassenorganisation gefaßt einen inneren Existenzwiderspruch in sich schließt. Sie erstrebt ein Ziel — Hebung der Arbeiterklasse — mit dessen Erreichung sie immer mehr verschwinden muß. Was also ist für ihre völkerverbindende Kraft in Zukunft zu erwarten? Wir haben die feste Überzeugung, daß sie dem allgemeinen Gesetz des ökonomischen Klassensozialismus gehorchen wird, demgemäß dieser nichts anderes war und ist als der einige Jahrzehnte zurückbleibende, aber gleichzeitig in seiner

Bewegung nachfolgende Schatten der kapitaliſtiſchen Unter=
nehmerſchicht. Während die Intereſſen der kapitaliſtiſchen
Schicht, die im Gegenſatz zur bäuerlichen, vaterländiſch und
heimatlich gebundenen Landbevölkerung, zum Handwerk,
zu dem konſervativen Grundbeſitz und anfänglich auch im
Gegenſatz zu den dynaſtiſchen Intereſſen und Hoheiten die
modernen Nationalkörper recht eigentlich und v o r allen an=
deren Gruppen erſtrebte und trug, ihre Angehörigen nunmehr
bereits ü b e r die Grenzen der nationalen Spielräume hinaus=
trieben und den Imperialismus und die übernationalen Groß=
machtſyndikate entfeſſelten, werden es die Arbeiterklaſſen in
Zukunft ſein, die dieſe ihre älteren n a t i o n a l e n Funktionen
immer mehr übernehmen; ja in nicht allzu ferner Zeit werden
ſie vielleicht einmal das eigentliche nationale Bollwerk werden.
Und zwei ſicher zu erwartende Dinge werden dieſen Prozeß be=
ſchleunigen: der ſicher nach dem Kriege zu erwartende ſteigende
Staatsſozialismus in allen europäiſchen Staaten (teils als
Trägheitswirkung der Kriegseinrichtungen, teils als Folge der
allgemeinen Armut) und die ſchon jetzt überall erfolgende
ſtärkere Heranziehung der Führer der Arbeiterbewegung zu
verantwortlichen Stellungen der Staatsleitung und der Kom=
munalverwaltungen. Mag das je nach der Klaſſenzuſammen=
ſetzung und den ererbten Verfaſſungen der europäiſchen Na=
tionen in ganz verſchiedenem Maße und verſchiedener Weiſe
geſchehen, mag die innerpolitiſche Neuorientierung hier und
dort dieſen Prozeß bald fördernd, bald hemmend durchkreuzen,
mögen überall verſchieden große „radikale Flügel“, die ſich dieſer
Tendenz zum Klaſſennationalismus entgegenſtemmen, als
Reſte der Internationale zurückbleiben: die g r u n d ſ ä t z l i c h e

242

Tendenz der Entwicklung wird es doch sein. Das aber besagt, daß wir auch von dieser zweiten großen Kraft „von unten" eine tiefere völkerbefreundende Wirkung in Zukunft nicht erwarten dürfen; auch dann nicht, wenn die Internationale nach den Kriege — wie zu erwarten — wieder aufersteht und die zurzeit bestehende Ächtung der deutschen Arbeiterklasse seitens der Internationale einmal aufgehoben wäre. Damit ist nicht gesagt, daß eine internationale Arbeiterorganisation solcher Art überhaupt unter gewissen Bedingungen nicht segensreich wirken könnte. Aber diese Bedingungen wären 1. daß sie aufhörte, eine bloße Organisation der ökonomischen Klasseninteressen zu sein und sich der Macht eines religiös-sittlichen Gedankens unterordnete, eines Gedankens, der ein echtes Solidaritätsgefühl jenseits der bloßen herrschenden Klasseninteressen aus sich hervorgehen ließe. Eine erhebliche Ausdehnung der christlichen Gewerkschaften über die jetzt von der Internationale so schwer enttäuschten Arbeitermassen und eine Fortgestaltung der Organisationen, mehr nach der Berufseinheit als nach der bloßen Klasseneinheit, könnte Anknüpfungspunkte in dieser Richtung vielleicht ergeben; 2. müßte sich eine solche Organisation viel stärker auf praktisch erreichbare, von den bloß ökonomischen Interessen scharf abgelöste politische Ziele gesinnungsmäßig einen und müßte aufhören, bloß meinungsagitatorische Erklärungen zu erlassen, die nicht im entferntesten der Stärke der realen Macht und der Kraft des realen Einflusses entsprechen, die ihr auf die Leitung der äußeren Staatspolitik zu Gebote stehen.

So beklagenswert es — am bloßen Erfolge gemessen — ist, daß die nationalen Mächte von Kapital und Arbeit so vollständig als kriegshemmende Ursachen respektive als die seelische Einheit während des Krieges bewahrende Kräfte versagt haben, so erfreulich ist es doch, daß der Welt angesichts dieser fundamentalen Tatsache nun endlich die Augen aufgehen werden über den Wert jener mehr oder weniger materialistischen Welt- und Lebensanschauung, die auf die völkerverbindende Kraft dieser Kräfte das wesentliche Vertrauen gesetzt hatte.

„Nicht von unten her — aus der Materie und aus den Trieben, nur von oben her, aus dem Geist, aus der Liebe, aus Gott kann Einung kommen", rufen diese ehernen Faktoren jedem Menschenherzen laut und vernehmlich zu. Bildet eure Interessenverwebungen und deren Organisationen, bildet auch eure Verträge, so reich, so fein, so verschränkt, als ihr nur wollt und als ihr es dank des gewaltigen Fortschrittes aller der materiellen Güterproduktion und dem Welthandel dienenden Mechanismen und Rechtsinstitute vermöget! Habt ihr nicht neue, aus diesen Verwebungen selbst niemals hervorgehende Geistes- und Liebeskräfte einzusetzen, um sie zu inspirieren und ins Sinnvolle zu lenken — sie allein werden nicht nur heute, sondern bei jeder Stufe ihrer möglichen Ausbildung ihrem tieferen Wesensgesetz gehorchen: mehr teilend und trennend als wahrhaft einend und von innen her sammelnd auf die Menschheit zu wirken.*

---

* Den philosophischen Irrtum zum Beispiel H. Spencers, der Liebe und Solidaritätsgefühl schon in der Tierreihe und dann fortlaufend in der menschlichen Geschichte aus bloßen Interessenverwebungen entspringen läßt (als deren Epiphänomen), habe ich in meinem Buche über die Sympathiegefühle (Niemeyer 1912) eingehend widerlegt.

244

Und dasselbe gilt für alle Steigerung der Kommunikationstechnik. Daß sich Menschen leichter und rascher kennen lernen, Völker, Nationen, Kulturkreise, das ist ebenso häufig Bedingung ihrer gesteigerten Fremdheit, ja eventuell ihres gesteigerten Hasses, als es Bedingung gesteigerten Verstehens, Freundschaft, Liebe sein kann. Für die Wahrheit dieses Satzes ist dieser Krieg das gewaltigste und universellste Beispiel, das die bisherige Geschichte kennt. Er ist geradezu das erste Ereignis der bisherigen Geschichte überhaupt, das unter einer restlosen Teilnahme der gesamten Erdenbewohnerschaft vor sich geht. Er ist in dieser Hinsicht der Kulminationspunkt allmenschlicher Erlebniseinheit in der bisherigen Menschengeschichte, — das erste Erlebnis, das man ohne Einschränkung und Bildlichkeit ein Gesamterlebnis der Menschheit nennen kann. Und nicht trotzdem, sondern eben weil er dies ist, kann er zugleich der haßerfüllteste Vorgang der Geschichte sein, — dasjenige Ereignis, in dem sich die Menschheit durch das Gift des Menschenhasses am stärksten beschmutzte und entwürdigte. Alle Technik, auch die Technik der Kommunikation hat den hohen Selbstwert — nur die törichte, blasierte Romantik einer gewissen modernen Schule bestreitet ihn! — des Menschen Freiheit und Herrschaft über die Natur und über die trennende Gewalt von Raum und Zeit zu bewirken; auch in der Sphäre des sichtbar Materiellen zu zeigen, was der Mensch von Hause aus ist: der gottebenbildliche Herr und König der Erde, schattenhaft ebenbildlich auch in der Richtung der göttlichen Freiheit, Ubiquität und Allmacht. Wie aber diese Attribute Gottes in seiner Wesensgüte und Weisheit eingesenkt sind, so sollten sie es auch im Menschen sein, und sie können — sind sie es nicht — ebensowohl der Hölle als dem Himmel dienen.

Und doch war unser Vertrauen auf diese Dinge, Kapital, Arbeit, Technik als gesinnungseinender Mächte vor dem Kriege geradezu grenzenlos! So grenzenlos, daß wir auch jetzt noch wenig gesonnen sind, uns die ganze Größe und besonders die prinzipielle Natur der Enttäuschung einzugestehen und sie in der Richtung einer Sinnesänderung fruchtbar zu machen. Aber eben dieses mutige Eingeständnis der Enttäuschung ist von höchster Bedeutung! Das Menschenherz ist so eingerichtet, daß es — selbst ohne den Akt des Willens, zum mindesten aber vor einem solchen Aktvollzug — kein langes, tiefes, altes Vertrauen auf gewisse Mächte verlieren kann, ohne in den Zustand eines mächtigen Sehnens zu geraten, die neue Leere durch ein neues uns sinnvolleres Vertrauen zu erfüllen. Wie die Reue mit dem Keim des Guten schon schwanger geht, so die Enttäuschung mit dem Lichte der Einsicht. Alle Götzen und Scheinwerte entschleiern sich in dem schmerzvollen, aber weisheit- und wahrheitfördernden Lichte der Enttäuschung. Diesen Wert aber gewinnt diese heilsame Enttäuschung über die genannten Mächte doppelt, wenn durch den gleichen Vorgang, der sie herbeiführte, das Ziel wertvoller geworden ist, dessen steigendes Weichen in die Ferne die Enttäuschung herbeiführte: das Ziel nicht eines bloß äußeren, durch Institute zu erstrebenden Weltfriedens, wie ihn der sogenannte Pazifismus erstrebte — eine Denkrichtung, die gerade auf die genannten Mächte am stärksten und am allerdümmsten vertraute und auch heute noch ihre unsinnigen Dogmen festhält —, sondern das Ziel einer inneren Gesinnungseinigung, einer Wesensversöhnung der Völker und Nationen in der Richtung ihrer echtesten Wesenszusammengehörigkeiten und entgegen der Richtung bloß zufälliger Interessendeckungen. Kriege mögen dann noch gar viele stattfinden, — aber es werden Kriege sein, die Europa schützen und nicht zerstören, und es werden Kriege sein, die nicht die Seele der Völker mit ähnlichen Giftfluten durchtränkt zeigen wie dieser Krieg.

Zu dieser Enttäuschung über die menscheneinenden Kräfte der „gesellschaftlichen" Mächte — der Mächte „von unten", wie ich sie nannte —, trat aber eine Reihe kaum weniger tiefgehender Enttäuschungen hinzu. Ich nenne unter den wichtigsten diejenige über die politische Demokratie und über die weltliche Kulturgemeinschaft in Wissenschaft und Kunst.

So sehr die Doktrinen der politischen Demokratie dem Kriege an sich und formell abgeneigt sein mögen — die faktischen Massen- und Volksbewegungen, welche durch die steigende Demokratisierung in den Staaten entfacht wurde, waren vielleicht die allerstärksten und entscheidendsten Kräfte, die zum Kriege drängten, außerdem die Kräfte, die seinen Charakter als den haß- und giftreichsten aller Kriege der Geschichte am meisten zu verantworten haben. Wie weit sind wir heute von dem Vertrauen der großen älteren Theoretiker des 18. Jahrhunderts und der praktischen Führer der politischen Demokratie entfernt, die Kriege würden in dem Maße aufhören, als die republikanische oder doch parlamentarische Staatsform sich ausbreite und als in dieser Form die Völker selbst an der Gestaltung ihrer Geschicke teilnehmen! Soweit sind wir — wenn wir Tatsachen als Prüfsteine solcher Doktrinen überhaupt anerkennen wollen — von dieser Anschauung abgekommen, daß wir vielmehr sagen müssen, es sei der Zeitpunkt, von dem aus eine dauernde Friedensordnung der europäischen Angelegenheiten noch am ehesten möglich und einigermaßen denkbar gewesen wäre, jener der Kabinettskriege des 18. Jahrhunderts gewesen, das heißt ein politischer Zustand, da es noch keine internationale, die Leidenschaften grenzenlos aufpeitschende, Presse gab und in dem kühl überlegende, vom Volkswillen unabhängige Kabinette relativ scharf umschriebene politische Einzelzwecke mit Hilfe von Berufsheeren gegebenenfalls durch Kriege zu erreichen suchten. Die Leidenschaften der Massen und Völker blieben dabei außerhalb des Krieges, und nicht um Existenzfragen von Nation und Staat handelte es sich bei diesen Kriegen. Die relativ stärksten Friedensgarantien in den Jahren auch noch vor diesem Kriege waren immer noch der Wille zweier Monarchen der festgefügtesten Monarchien: der Wille des deutschen Kaisers und der leider nur sehr schwache Wille des Zaren. In Rußland hat nichts stärker zum Kriege gedrängt als die demokratischen panslavistischen Leidenschaften, die sich durch kluge Benutzung des Beamtenhasses gegen deutsche und baltische Eindringlinge und des Konkurrenzneides der Kaufleute und Industriellen gegen deutsche Unternehmer auf immer neue und wachsende Volkskreise erweiterten. Leuthner hat in seinem lesenswerten Buche „Der russische Volksimperialismus" Entstehung und Fortgang dieser Bewegung samt dem immer kriegsfreundlicher werdenden Verhalten der Duma vielleicht mit einiger Übertreibung, aber gegenüber dem in

248

Deutschland zu Anfang des Krieges grassierenden Gespenst vom bloßen „Großfürstenkrieg" äußerst treffend geschildert. Und heute wissen wir, daß Neigungen zu einem etwaigen Separatfrieden — das Scheitern des Dardanellenunternehmens und unsere Siege in Serbien und Montenegro haben ja die eigentlichen kriegsbestimmenden Probleme im Grunde bereits entschieden — noch am ehesten von einem Fortgang der seit einiger Zeit das politische Übergewicht bekommenden sogenannten russischen „Reaktion" zu erwarten sind.* In Frankreich gibt dem Kriegswillen eine Schwungkraft, die kaum geringer ist als die Revancheidee, vor allem der Haß der französischen politischen Demokratie gegen unsere Staatseinrichtung; und auf ihr Konto — nicht, wie man bei uns so oft fälschlich sagt, auf das Konto des sogenannten esprit nouveau, nicht auf das Konto des jungen französischen Gesinnungsmilitarismus, nicht auf das Konto der Royalisten

---

* Die so rüstungsbereiten liberalen Dumavertreter der russischen Großbanken, des Großhandels und der Industrie haben trotz ihrer Kriegstreiberei mit den von ihnen vertretenen Schichten während des Krieges dann allerdings fast vollständig versagt. Die Kriegslieferungen, für die sie schon zu Beginn des Krieges Hunderte von Millionen empfangen hatten, wurden nur sehr unvollständig ausgeführt. Dieses von der Reaktion und den sozialrevolutionären Elementen gegenwärtig gleichmäßig verabscheute Verhalten des russischen Liberalismus bot den reaktionären Kreisen eine vortreffliche Handhabe, die Einberufung der Duma zu hindern und nach einer eisernen Faust zu verlangen. Zurzeit scheint es das Hauptbestreben der zum Teil neuen reaktionären Regierung zu sein (insonderheit das Bestreben des Ministers des Innern), die revolutionären Elemente zu einer Revolution zu nötigen, um durch diese einen Grund zur Beendigung des Krieges (nach außen und innen) zu finden, respektive die Verantwortung für die Niederlage auf die Revolution abzuwälzen. Doch höre ich aus kenntnisreicher Quelle, daß die Sozialrevolutionäre dieses Spiel durchschauen und sich darum die anreizenden Maßregeln des Ministeriums gefallen lassen.

(Action française-Kreise), der Bonapartisten oder des jungen republikanischen Kulturnationalismus —, ist die Unversöhnlichkeit Frankreichs mit uns, war die so stark kriegsfördernde sinnlose Angst vor deutschen Überfällen, sind auch die Millionenkredite an Rußland zu schreiben, die Frankreich so stark und über seinen Eigenwillen hinaus an Rußland banden. Umgekehrt hatte — von unseren eigenen politischen Fehlern bezüglich der Behandlung Frankreichs nach Faschoda sei hier abgesehen — jene jüngere französische Bewegung vom esprit nouveau sehr starke Sympathien zu Deutschland, auch zum deutschen Kaiser und zum deutschen Militarismus, die sie vielfach als Vorbilder für ihr eigenes Wirken ansah. Kriegstreibend konnte diese Bewegung nicht nur wegen der Kleinheit ihres Einflusses auf die politisch leitenden Kreise und der Kürze ihrer Dauer, sondern auch deswegen nicht sein, da sie die gegenwärtige Republik für nicht genügend vorbereitet zum Kriege ansah, und gerade sie die Stärke Deutschlands eben durch die tiefere Würdigung seiner Institutionen, seines Autoritäts-, Ordnungs- und seines Pflichtgeistes, als der Kraftquellen dieser Stärke, am allerbesten erkannte. Wären die außerpolitischen Verhältnisse und Bündnisse nicht so eingefahren gewesen, und wäre dieser sogenannte esprit nouveau in der Lage gewesen, aus sich selbst heraus eine äußere Politik Frankreichs zu gestalten: niemand wäre in Frankreich geneigter zu einem Bündnis mit Deutschland gewesen als eben jene Vertreter eines „neuen Geistes". An Frankreich kann man hierin geradezu ein allgemeines Gesetz der Wirksamkeit zwischen Demokratie und Krieg erkennen. —Gewiß „wollten" die führenden Stellen der französischen Regierung in den

250

letzten Augenblicken nicht spontan den Krieg, sondern wurden durch ihre Verpflichtungen gegen Rußland und durch die russische Mobilisierung in ihn hineingezogen. Sie wollten ihn genau in dem Augenblick nicht — als er notwendig geworden war und die Logik ihrer Politik ihn forderte; und da waren es in der Tat vielleicht die Leute des esprit nouveau, die ihn — jetzt — „wollten". Aber eben dies ist die Art der Wirksamkeit der politischen Demokratie überhaupt — in geringerem Maße in allen Staaten. Ohne genauere Übersicht über die weltpolitische Situation und die Größe der Machtfaktoren, ohne Zentrierung der Verantwortung auf einen Kopf und ein Gewissen setzt sie gewaltige Leidenschaften in Bewegung; sie wirft gleichzeitig alle ökonomische Unersättlichkeit der von ihr vertretenen Kreise als unbemessenes Gewicht in die äußere Politik hinein. Sie entfaltet dabei blinde Kräfte, die zum Kriege führen müssen. Im Augenblick aber, da ihr halb blind gewobenes Gewebe reif zum Aufspringen und der Krieg schon im Ausbrechen ist, erklärt dieselbe Demokratie, wie ein unschuldiges Kind in weinerlicher Weise, daß sie „das doch nicht gewollt habe" — und sie macht dann meist noch dazu die verantwortlichen Staatsleiter, die sie zuerst mit elementarer Gewalt geschoben hat, für den Krieg verantwortlich, und fordert für die Zukunft eine „stärkere demokratische Kontrolle für die auswärtige Politik". Auch in Italien fielen die Gruppen, die den Krieg am heftigsten forderten, zum großen Teil mit den Gruppen der republikanischen und freimaurerischen Tendenzen zusammen; ja selbst in England scheinen die einer baldigen Vereinbarung mit Deutschland und dem Frieden geneigtesten Stimmen aus dem

konservativen Oberhaus zu ertönen, dessen immer stärkere
Zurückdrängung von der Regierung in den Jahrzehnten vor
Kriegsbeginn unsere liberal-demokratischen Kreise eher für
eine Friedensbürgschaft als für das Gegenteil gehalten hatten.

Sieht man den Dingen auf den Grund, so wird man
überall finden, wie richtig die Worte von Ernst Troeltsch
sind: „Der moderne Imperialismus ist stark demokratisch,
und die moderne Demokratie schlägt wider Wissen und
Willen in Imperialismus um" (E. Troeltsch „Privatmoral
und Staatsmoral", die „Neue Rundschau", Februar 1916).
Auch der deutsche Imperialismus hatte Ursprung und Trä=
ger wahrlich nicht in den konservativen Mächten. Die
Preußisch=Konservativen widerstanden anfänglich aufs stärkste
unserer Flottenpolitik (die „verdammten Kähne"). Ein dem
deutschen Reichskanzler amtlich nahestehender Diplomat mit
dem Pseudonym „Ruedorffer" schreibt in seinen kurz vor dem
Kriege erschienenen „Grundzügen der Weltpolitik der Gegen=
wart": „Das Wachstum (des imperialistischen Dranges)
hat Schritt gehalten mit dem Wachstum der Interessen —
ja, wenn man Gefühle zahlenmäßig messen könnte, müßte
man wahrscheinlich sagen, er sei ihm vorausgeeilt"(S.110).
Und er bemerkt, daß dieser Drang sich immer weiter demo=
kratisiert habe, daß zum Beispiel „in keiner Zeit und zu keinem
Anlaß die deutsche Regierung so heftige und leidenschaftliche
Angriffe erfahren habe, als während der Marokkoangelegen=
heit und besonders während ihrer letzten Phase". „Die Lei=
tung der auswärtigen Politik wurde mit einer Leidenschaft
angegriffen, welche noch wenige Jahre früher bei einem sol=
chem Anlaß undenkbar war und deren Maßlosigkeit alle

Grenzen der gesunden Vernunft überschritt." „Diese Maß=
losigkeit" — fährt er weiter — „charakterisiert den Seelen=
zustand, in welchem sich die nationalistische Bewegung des
modernen Deutschland befindet" (S. 111). In allen
Staaten gewahren wir denn auch vor dem Kriege wie wäh=
rend des Krieges einen harten Kampf der Regierungen und
verantwortlichen Männer mit der maßlosen Pleonexie ano=
nymer oder halbanonymer, unverantwortlicher demokratischer
Volksströmungen und ihrer so oft vergifteten Preßwaffen.
Und auch die schon genannte Erscheinung kehrt immer wieder,
daß dieselben Kreise, die Träger dieser fast naturhaften un=
gefesselten Tendenzen waren, sich vor faktischer Kriegs=
gefahr höchst pazifistisch aufspielen und eine scheinbar
höchst antiimperialistische Moral gegen jene der konservativen
Mächte und der leitenden Kreise setzen, bei wirklichem Kriegs=
eintritt aber besonders feierlich und wohl auch subjektiv wahr=
haft erklären, daß sie den Krieg doch nicht gewollt hätten.
Sowohl diese allgemeine europäische Erscheinung des Ver=
sagens der Demokratie in der Aufgabe der tieferen Befreun=
dung der Völker als die fernere Tatsache, daß im Laufe des
Krieges — mögen seine Ursachen auch ganz andere gewesen
sein — die moralisch=politischen Gegensätze und Ver=
wandtschaften der Kriegsparteien in Hinsicht auf
die Formstruktur ihrer Herrschaftsverhältnisse eine
fast ebenso große Rolle zu spielen begannen als Gemeinsam=
keiten und Gegensätze der nationalen Macht= und Wirtschafts=
interessen, lassen zusammenwirkend erwarten, daß im kommen=
den Zeitalter die auf politischer Formverwandtschaft
beruhenden Kräfte der Anziehung und Abstoßung eine be=

deutendere Rolle spielen werden, als sie in den letzten vierzig
Jahren gespielt haben. Dieser Krieg hat überall eine Krypto=
revolution gleichsam in seinem Leibe — ja er ist zum großen
Teil, so man auf Europa als auf ein Ganzes sieht, immer
auch eine Art europäischer Revolution, eine Revolution,
bei der die Mittelmächte — mögen sie gleich analoge Teil=
kräfte derselben Art, die ihren Ententefeind primär beseelen,
auch in ihrem eigenen Busen tragen — die ragenden Pfeiler
von Autorität, Ordnung und Vernunft bilden, gegen die
revolutioniert wird. Bismarck hat in seiner Politik (vgl. zum
Beispiel die in seinen „Gedanken und Erinnerungen" ange=
gebenen Gründe, warum er den Rückversicherungsvertrag mit
Rußland machte, und warum er einer Option zwischen Öster=
reich und Rußland in der Bündnispolitik nach Kräften aus
dem Wege ging) den Faktoren der moralisch=politischen
Formverwandtschaften der Staaten einen breiteren
Raum gegeben als die spätere Zeit; und er hat insbeson=
dere bloße nationale Handelsinteressen und noch mehr die Ein=
flüsterungen ihrer Vertreter und Kreise bei der Bildung seiner
Entschlüsse erheblich stärker anderen und höheren Faktoren
untergeordnet, als es später in allen Staaten üblich geworden
ist. —

Über das Versagen und die besondere Art des Versagens
der rein geistigen, ihrem Wesen nach kosmopolitischen (im
früher bestimmten Sinne — siehe 1. Teil dieses Aufsatzes)
übernationalen Zusammenhänge, habe ich mich in meinem
Kriegsbuch und in meinen Bemerkungen „Europa und der
Krieg" (s. „Weiße Blätter", Nr. I, II, III 1915) schon so
eingehend geäußert, daß ich dem nur wenig hinzuzufügen habe.

Bindemächte solcher Art gehören nicht mehr den Kräften „von unten", sondern denen „von oben" an. Und gerade sie haben am wenigsten gehalten, was sie wohl uns allen versprochen hatten. Wie wenig Philosophie und Wissenschaft das von ihr sonst so heilig beanspruchte Prinzip einer Voraussetzungslosigkeit (abgesehen von Tatsachen und rein logischen Prinzipien) durchwaltete, das hat merkwürdigerweise gerade diejenigen am tiefsten enttäuscht, denen ein schärferes erkenntnistheoretisches Bewußtsein von „Voraussetzungen", vereinigt mit einer genaueren Einsicht in die letzten Gründe der welthistorischen Abwandlungen der Philosophie= und Wissenschaftsstile, solche Voraussetzungslosigkeit ernsthaft anzunehmen nie gestattet hatte. Der stets vorhandene, stärker auf Gegeneinanderphilosophieren denn auf Symphilosophein (der Menschen, Nationen und Epochen) eingestellte Charakter der neuzeitlichen Philosophie überhaupt und ihr, gerade in den letzten Jahrzehnten immer aufdringlicher auftretender, alle Gegenstandsbindung des Geistes ablehnender Subjektivismus hat seine zerstörende Gewalt erst jetzt voll an den Tag gelegt. Der Zusammenbruch der inneren Grundlagen der noch zu Kants Zeiten, ja während der Befreiungskriege, ja zum Teil noch während des siebziger Krieges bestehenden „philosophischen und wissenschaftlichen Republik", ist durch den Krieg nicht herbeigeführt worden (wie der auch hierin so naive Pazifismus meint); er hat sich in ihm und durch ihn nur mit einer Deutlichkeit enthüllt, die kaum zu überbieten sein dürfte. Eine leise Erinnerung des Lesers an diesen Tatbestand gewahre ich auch in den Schlußteilen der letzten Abhandlung „Zur Kategorienlehre" (Sitzungsbericht der bayerischen Aka=

demie der Wissenschaften 1915), die uns der kürzlich — uns allen zu früh — verstorbene Münchener Philosoph Oswald Külpe noch kurz vor seinem Tode gespendet hat. Er widerlegt in dieser Abhandlung mit ausgezeichneten Gründen jenen Inbegriff von Lehren, nach denen die Verstandesakte nach ihnen einwohnenden Funktionsgesetzen und sogenannten „Denkformen" die Gegenstände der Realität erst aufbauen sollen, jene Lehren, nach deren der „Verstand der Natur seine Gesetze vorschreibe". Am Schlusse sagt er: „Das individualistische Ideal der Autonomie und Selbständigkeit hat der Transzendentalphilosophie der Erkenntnis Impulse gegeben und Anhänger gewonnen. Die überredende Formel einer kopernikanischen Wendung läßt sich nur aus der Sehnsucht nach Befreiung von dem Zwange äußerer Einflüsse aller Art ganz verstehen (das heißt nicht auf Grund der für sie beigebrachten Argumente; Anmerkung des Schreibers dieser Zeilen). Aber die Herrschaft, die wir dadurch über sie gewinnen, daß wir sie uns angleichen und uns für ihre Eigenart blind machen, ist nicht von grundsätzlicher Sicherheit und Dauer. Nur die Entschleierung behütet vor dunklen Gefahren und läßt uns aus der scientia eine unerschütterliche potentia schöpfen." Die unerhörte Gesamterscheinung, daß in einer Zeit, in der alle Techniken menschlicher Mitteilung bis zum Höchsten und Kompliziertesten ausgebildet sind, die Vorstellungen und Urteile der Menschen über dieselben historischen und andere Dinge auch da, wo alle bewußte Züge und alle besonderen Täuschungsquellen fehlen, so grundverschieden sein können, ist nur der rohe soziologische Massenausdruck und das Gesamtresultat einer traditionell gewordenen Ab-

irrung gerade der in allen Staaten führenden geiſtigen Kreiſe
(deren Anſichten ja auch Erziehungs= und Schulſyſteme überall
entſprechen) über die wahre Stellung der menſchlichen Ver=
nunft im Geiſte des Menſchen und gegenüber dem All,
reſpektive über die Stellung der Wiſſenſchaft in dem Syſtem
der Kultur und der religiöſen Weltanſchauung. Inſofern
iſt der furchtbare Zuſammenbruch der ſtolzen Vernunftauto=
nomie Europas vor einer unerhörten nationaliſtiſchen Ver=
nunftheteronomie nur das letzte und offenkundigſte Zeug=
nis heimlicher inſtinktiver und triebmäßiger Denkbindungen,
die man im Frieden nur nicht bemerkt hatte. Nicht aber iſt
dieſer Zuſammenbruch eine bloß „zufällige Störung‟ des
Fortgangs einer ſinngemäßen Entwicklung. Dieſe Tröſtung
iſt ein Irrtum. Nichts hat ſich hierdurch klarer — gleichſam
durch ein Experiment der Geſchichte ſelbſt — erwieſen als der
Satz: Verſchmäht menſchliche Vernunft ihre Einſenkung in
eine durch einen gemeinſamen Glauben getragene Geſamt=
ſtellungnahme des Menſchen zum Urſprung der Dinge, und
durch ihn hindurch erſt zu Welt und Gemeinſchaft, ſo ver=
mag ſie trotz aller noch ſo großen Leiſtung zur Ordnung und
zur Beherrſchung des Wirklichen nicht wahrhaft ſelbſtän=
dig zu ſein und das Leben zu leiten. Sie hat nicht die
Wahl zwiſchen abſoluter Selbſtändigkeit und Unſelb=
ſtändigkeit. Sie hat nur die Wahl zwiſchen einer freien,
aus der eigenen Erkenntnis ihrer relativen Abhängigkeit und
ihrer Grenzen hervorgehenden Unterordnung unter den Sinn,
den eine religiöſe Geſamtoffenbarung dem Leben und damit
auch ihr ſelbſt gibt, und einer langſam fortſchreitenden,
zwangsmäßigen Verſklavung an ein Triebleben, das ihr Licht

immer stärker verdunkelt und verdumpft. Sie muß zwischen diesen beiden Arten eines freien, bewußten und eines sklavischen, halb= und unbewußten Dienstes wählen! Zwischen bewußt religiösen „Voraussetzungen" und unbewußt nationalen „Voraussetzungen"! Löst sich die Philosophie in bloße Schulen und Richtungen auf, deren Mitglieder sich nur innerhalb ihres Volkes und seiner Sprache, ja meist nur wieder innerhalb der Grenzen der engeren Schulen wie in einer Geheimsprache unterhalten; wird dazu die positive Wissenschaft als Naturwissenschaft immer stärker praktisch und angewandt, auf bloße Aufgaben der Technik und Organisation zugespitzt, als Geisteswissenschaft aber immer stärker in den heimlichen Bann des nationalen historischen Missionsglaubens der Völker hineingezogen, so müssen beide, Philosophie und Wissenschaft, den freien Blick über das All verlieren. Sie müssen jeden aufgeschlossenen Sinn für die Wesenswahrheiten* einbüßen, aus deren Setzung oder Leugnung das Gebot verschiedener weltformender Handlungen nicht folgt, die aber eben darum die ideale Bedeutung besitzen, Menschen mit Hilfe verstehender Liebe um ein gemeinsames Banner der puren Wahrheit und des Geistes zu scharen. Die letzte große Epoche, in der der Schein gegeben war, es könnten Vernunft und Wissenschaft wahrhaftig aus sich allein heraus und ohne religiöse Gesamtinspiration die beste Leitung und Führung menschlicher Angelegenheiten faktisch in die Hand nehmen, war das Zeitalter der Aufklärung, das philosophisch in Deutschland mit dem Werke Kants, in

---

* Das ganze Reich solcher Wesenswahrheiten zu übersehen, ist der Grund= irrtum aller positivistischen und pragmatistischen Denkart.

Frankreich mit dem Werke Auguste Comtes, in England mit jenem Herbert Spencers seine letzte Formulierung fand. Heute, das heißt am katastrophenartigen Abschluß einer Periode, die Schritt für Schritt auch den Geist der Philosophie und der Wissenschaft nationalisierte, fällt es uns wie Schuppen von den Augen, daß jener Schein einer Selbständigkeit auch in jenem Zeitalter nicht den freien Kräften der Vernunft verdankt war, sondern nur der heimlich die Begriffe nährenden Tradition, die aus einem universal gerichteten religiösen Kulturzeitalter, dem Mittelalter, noch Menschen zugegangen war und sie beseelte, die diese Tradition offen und bewußt bekämpften. Das Kapital dieser geisterverknüpfenden, der Vernunft den Schein einer absoluten Selbständigkeit erteilenden, heimlich treibenden Tradition ist im Laufe des 19. Jahrhunderts langsam verzehrt worden. Die alle europäische Geistesgemeinschaft begründenden christlichen Gesamtinspirationen der nationalen Geister verwelkten langsam, oder sie setzten sich neben die eigentliche Kulturarbeit als eine besondere Insel in Geist und Gemüt der noch Gläubigen ab — als ein paar feierliche Gedanken für den Sonntag. Denken wir uns das, was wir mit dem Namen „Vernunft" nennen, als eine absolut selbständige und von Hause aus zur Stiftung von Gemeinschaft und Menschenverständnis höchst mächtige Kraft, so müßte die Folge dieses Prozesses der Traditionsverebbung eine immer tiefergehende Befreundung der Nationen gewesen sein, ja eine immer innigere Scharung um gemeinsame Banner höchster Kulturideen. Aber — das Gegenteil trat de facto ein: eine Zersplitterung sondergleichen, endend mit einer Ausdehnung der Sprachverwirrung des Turmbaus zu Babel in — das Weltformat des Weltkrieges auch der Geister. So ist der Endpunkt des Prozesses, der das menschliche Denken und Anschauen der Welt aus der Struktur einer primär gläubigen und liebesgemeinschaftlich=solidarischen Form seiner Bewegung und seines Fortschritts herauszog und es in jene einer primär=kritischen und nur gesellschaftlichen,* langsam überführte, derselbe Zustand der Anarchie geworden, den uns das Wirtschaftsleben vor seiner neueren staatssozialistischen und nach neuer Genossenschaftsbildung strebenden Periode in den verschiedenen Staaten Europas aufwies, derselbe anarchische Zustand auch, in dem sich die Weltpolitik der europäischen Staaten kurz vor dem Kriege befand (s. den I. Teil dieses Aufsatzes). Und wie merkwürdig haben sich schon jetzt Kampfziele und Thesen der Gläubigen und Ungläubigen umgekehrt! Denen, die man „Feinde der Vernunft" nannte und Liebhaber aller Dunkelheiten, ist heute die geistige Aufgabe zugefallen, die Vernunftfreiheit und ihre relative Autonomie gegenüber nationalistischem Subjektivismus zu bewahren und zu vertreten;** und denen, die man Liebhaber aller Bindungen des Wirtschaftslebens und geborene Feinde der freien Konkurrenz nannte, „mittelalterlich" auch in diesem Teile ihrer Denkweise, ist zugefallen und wird noch weiter zufallen die Aufgabe, ein notwendiges Maß von Liberalismus und Individualismus in Eigentumsrecht

---

* Über diese beiden soziologischen Wesensformen der Denkbewegung vergleiche „Der Formalismus in der Ethik und die materiale Wertethik", 2. Teil, S. 411.

** Ein schönes illustratives Beispiel hierzu ist das jüngst erfolgte Vorgehen der Münchner philosophischen Fakultät gegen Professor Fr. W. Foerster —wie ich ein viertel Jahr nach der ersten Veröffentlichung dieser Zeilen hinzufüge.

und ökonomischer Produktionsform gegenüber einem allge=
fräßigen Staatssozialismus bewahren zu helfen, bei dem
schließlich — wie der sterbende Herbert Spencer prophezeite —
„kein Mann mehr tun kann, was er will, sondern jeder nur,
was ihm geheißen wird". —

Auch die letztgenannten Kräfte von „oben" haben also
gegenüber dem demokratisch beseelten Nationalismus und
Imperialismus — zwei Entwicklungsstufen derselben Sache
— im wesentlichen versagt. Sie haben es darum, weil sie
keine noch höhere, sie inspirierende gesamtreligiöse Kraft
über sich hatten, die teils durch sich selbst, teils durch die Ver=
mittlung von Staat und Geisteskultur kraftvoll und einfluß=
mächtig genug auf die menschliche Natur gewesen wäre, um
die harten Interessengegensätze wenigstens so weit auszu=
gleichen, daß sie nicht auch die moralische und seelische Tiefe
der Volksseelen vergiften konnten. Auch unsere äußersten
Gegner mußten seit langem zugeben, daß ohne eine große, die
rohen ökonomischen Klasseninteressen um ein Banner des
Geistes und Glaubens scharende Partei des Friedens und des
Ausgleichs — ohne eine Partei, die alle Klassen und Stände
zu umfassen vermag —, eine einheitliche deutsche Reichs=
und Nationalpolitik verfassungsmäßiger Form nicht möglich
wäre. Nur ein faktischer Staatsabsolutismus, dem durch
ökonomische Interessenvereinigungen und deren Kammern
die faktischen Bedürfnisse der Klassen zur Begutachtung
angemeldet würden, wäre ohne solche politische Partei in
Deutschland möglich. Wird aber das, was wir hier als
soziologische Wirkungsform einer Glaubensmacht im kleinen
gewahren, nicht auch für Europa und durch es hindurch für

die Welt wieder als nötig befunden werden müssen, wenn die innere moralische Anarchie vermindert werden soll, in der heute Europa erzittert und sich selbst verzehrt? Müssen wir alle nicht gemäß dem Vorhergehenden zur Einsicht kommen, daß nicht diese oder jene Einzelheit in unseren Gedanken über die wahren Kräfte, die Menschen in der Gesinnung vereinen und trennen, nicht dieses oder jenes besondere Vertrauen — sei es auf das Kapital, sei es auf die Internationale, sei es auf politische Demokratie und Kulturbindung — falsch und verkehrt gewesen sind, daß vielmehr die ganze Methode unseres Denkens und Fühlens, die gleichsam „von unten" anfing, um sich von den „Interessen" langsam über Staatsverwandtschaften zur geistigen Kultur zu erheben, das Religiöse aber höchstens nur als eine Art Luxus zu kennen schien, respektive als bloße „Voraussetzung" und „Ergänzung" für die Arbeit an all diesen weltlichen Gebieten betrachtete, — falsch und verkehrt von Grund aus gewesen ist? So falsch, daß wir fürderhin unsere Vertrauenskräfte auf das, was Menschen moralisch eint und verbindet, völlig anders, ja in entgegengesetzter Richtung abwägen müssen, — so ordnen und abwägen müssen, daß wir resolut von „oben" beginnen, von der letzten und höchsten Sanktion aller Gemeinschaft freier geistiger Naturen, von Gott und seinem himmlisch-irdischen Reiche? Und gleichzeitig so grundlegend falsch waren die Gewichte unseres Vertrauens abgemessen, wenn wir glaubten, gemeinsame Interessen führten zunächst zu Verträgen, diese allmählich zu momentanen und dauerhafteren Bündnissen respektive zu Staatenbünden und Bundesstaaten und schließlich zu wahrer sittlicher Solidarität und Gesinnungseinheit — so grundlegend falsch, daß wir vielmehr fürderhin nicht mehr von außen nach innen, sondern von innen nach außen, nicht in der Richtung Interessengemeinschaft — Gesinnungsgemeinschaft und moralische Solidarität, sondern in der entgegengesetzten Richtung unsere Vertrauensgewichte auf die Kräfte wahrer Menscheneinigung verteilen müssen.

Denken wir uns aber so methodisch um, so springt uns erst jetzt in diesem Kriege der ebenso einfache wie furchtbare Tatbestand langsam vollständig und mit all seinen Folgen in die Augen, daß Europa — bisher die Führerin der Menschheit — weder einen Schatz wahrhaft gemeinsamer sittlicher Maßstäbe und eine gemeinsame religiöse Glaubens= und Anschauungsweise der Welt noch irgendeine gemeinsam anerkannte spirituelle Autorität mehr besitzt, durch die hindurch solche Glaubensweise reden, sich formulieren, raten und moralisch — nicht juristisch — richten könnte. Wer da sagen würde, wir hätten dies doch auch schon vor dem Kriege gewußt, der versteht entweder nicht, was ich meine — oder er irrt. Was wir auch vor dem Kriege wußten oder annahmen, war, daß wir zwar keine einheitliche spirituelle Autorität mehr besitzen, die durch das Gewicht ihrer inneren Würde — ohne Zwang — das Leben beraten und geistig leiten könnte; aber dafür meinten wir eine ganze Reihe solcher Autoritäten zu besitzen, bestehend in Kulturzusammenhängen aller Art, in einem „europäischen Gewissen", einer „öffentlichen europäischen Meinung", in bedeutenden hochragenden Einzelpersönlichkeiten (Dichtern, Forschern), in der Wissenschaft, in übernationalen religiösen Gesinnungssolidaritäten usw. Daß hinter der nach unserer Meinung sich stärkenden Vielzahl dieser ragenden Leucht=

und Orientierungstürme für das brausende Leben der licht=
suchenden Massen eigentlich — das Nichts irgendeiner
solchen geistigen Autorität gähne, das — wahrlich — wußten
wir nicht. Daß es keinen einzigen Mann in Europa gibt,
dessen Hoheit gegenüber den Leidenschaften der Massen,
gegenüber dem Treiben der Pressen ein fragloses und all=
gemein anerkanntes Gewicht beanspruchen dürfte, — diese
Tatsache eben verbarg sich unter einer großen Menge euro=
päischer, ja menschheitlicher Geistesgrößen — die nun plötzlich
aufhörten, jenseits der Grenzen ihres Landes solche zu sein
und irgendwelches ernstes Gehör zu finden. Wußten diese
verborgenste Wahrheit des modernen Europa aber wirklich
eine Handvoll von Menschen vor dem Kriege, — auch diese
Wissenden haben es doch erst jetzt gesehen und erlebt.

Langsam und Stück für Stück mag ja aus dem Menschen=
herzen ein tiefes altes Vertrauen, eine das Leben früher einst
leitende oder doch seine vielen Tendenzen bergende Überzeugung
dahinschwinden: der Mensch merkt es nicht. Er fühlt nicht,
wie langsam sich sein Herz an der Tiefenstelle leert, an jener
Stelle, die voll sein muß — mit irgendetwas voll — soll der
Mensch leben und nicht vegetieren. Er merkt es nicht, da der
Prozeß dieser Vertrauensvererbung allmählich geht und nur
kleine Stücke des Vertrauens sich langsam verflüchtigen. Der
Mensch merkt es nicht, weil auch ja immer noch ein letztes
Stück des Vertrauens zurückbleibt, im leerer und leerer wer=
denden Raume des Herzens sich ausdehnt — und so das Leerer=
werden des Herzens verbirgt. Längst redet er nicht mehr von
diesem Vertrauen, dem Geschenk einer langen Geschichte seiner
Ahnen; längst stellt er sich die großen Gegenstände nicht mehr

vor, auf die das Vertrauen ursprünglich zielte, an denen es einst groß und stark geworden — so stark, daß es auch ihn, den fernen Enkel noch heimlich beseelt —. Noch weniger urteilt er mehr, es seien diese Gegenstände auch wirklich, und er glaube an sie. Und doch — er lebt heimlich von dem, was er, gefragt, für falsch erklären — vielleicht sogar verspötteln würde. Da — eines Tages — tritt ein Ereignis in sein Leben ein, das zu überwinden der Rest seines Vertrauens schon zu klein und zu dünn geworden ist. Er will es neu nähren an den großen Gegenständen, die es einst erzeugt; — es gelingt nicht; er hat sie zu oft geleugnet, wenn nicht verlacht; oder sie nähren an anderen Dingen, auf die er das Vertrauen nun hinschiebt; aber er sieht auch hiebei, sie allein rechtfertigen es nicht, sie tragen es nicht. Und nun erst ist der Zeitpunkt gekommen, wo dieser Mensch voll Schreck die große und unheimliche Leere seines Herzens wirklich gewahrt, die er sich so lange selbst verschwieg. Das ist ein großer, wenn auch furchtbarer Augenblick in seinem Leben! Das ist ein Wendepunkt, der nur zwei Bahnen offen läßt: den moralischen Tod oder die Ausfüllung dieser Leere durch ein neues Vertrauen. — So und nicht anders haben wir die Leerstelle einer anerkannten spirituell=moralischen Autorität in Europa schließlich uns zu vollem Gesicht gebracht, und dieser Krieg war nur der aus= lösende Vorgang für jenen Blick, den — so Gott will — noch rettenden Blick in unsere große, wüste Herzens= und Geistesleere. Der Krieg war nicht die Kraft, die diese Leere gegraben; er war die geistige Heimsuchung, die sie uns ent= decken ließ, — auf daß wir uns noch retten könnten. —

Aber dieses nunmehr schon — schon im Kriege — ent=

standene Bewußtsein dieser Leere wird in der Rückschau auf
den Krieg, vom einstigen Frieden her, eine doppelte Sehnsucht
nach der Ausfüllung der Leere bewirken. Kindern gleich, die
im Affekt des Streites alles Mögliche an Zimmergerät und
-schmuck zerschlagen haben, werden die europäischen Nationen
nach dem Kriege gleichsam zurücktreten — und die moralischen
Schäden betrachtend sagen: was haben wir getan? Die
Ursachen dieser Weltkatastrophe werden weit hinaus über
ihre letzten politischen Anlässe erforscht und aus dem Spiel
der Gesamtkräfte der Neuzeit resultierend verstanden werden. Und es wird — sehe ich recht — die Zeit einer großen
Reue und einer großen Buße kommen — gar nicht über den
Krieg an sich, wie die Pazifisten meinen, wohl aber über Sein
und Werden der menschlichen Gesinnungen und über den
Wert der vorbildlichen führenden Menschentypen der voran-
gehenden Zeiten, die diesen Krieg als letztes Symptom ihres
Fiebers aus sich hervortrieben, die ihm vor allem den ihm
eigentümlichen moralischen Gesamtcharakter erteilten. Eine
Zeit, in ihrem Reue= und Bußwillen ähnlich dem Ende des
12. Jahrhunderts, in dem die Seelen nach den dona lacrimarum
verlangten und im Besitz dieses Geschenkes weit und offen wurden, die Sprache Bernhards von Clairvaux zu hören. Gewiß
ist es wahr, daß das Fieber des Nationalismus durch die vor
Kriegsbeginn vorhandenen religiösen Mächte — in ihrer ehe-
maligen inneren Beschaffenheit —, so wenig eingedämmt
wurde, daß vielmehr die Religionen und Kirchen selbst in der
höchsten Gefahr zu stehen scheinen, diesem Fieber in Zukunft
noch mehr zu unterliegen. Ob wir auf die deutsch=englische
evangelische Solidarität blicken, aus der eine so machtvolle

Beeinflussung, ja langsame Umgestaltung des religiösen Lebensstiles auch des deutschen Protestantismus hervorgegangen war (ist doch fast der gesamte religiöse Liberalismus schon seit dem 18. Jahrhundert englischer Abkunft), ob auf das Verhältnis der deutschen und französischen Protestanten, ob endlich — wie wir leider gestehen müssen — auf unser eigenes Verhältnis zu unseren Glaubensgenossen in Frankreich und England (einschließlich der Missionen): überall, selbst innerhalb der letzten Geschichte des Islam, sehen wir ein starkes, oft klägliches Zurückweichen der religiösen Mächte vor den nationalistischen Leidenschaften. Überall auch jetzt Wiedererweckung national-kirchlicher Tendenzen, in England, Frankreich, in Deutschland besonders auf liberal-protestantischem Boden, aber unter schon jetzt hervortretendem Widerstand des älteren Luthertums, das offenbar eine Vermischung mit dem Liberalismus fürchtet. Dazu tritt eine so scharfe literarische Beleuchtung der nationalen Färbungen der Glaubensinhalte — bis hinauf zur Gottesidee selbst —, daß für den oberflächlichen Betrachter ein Zeitalter der Volks- und Heldengottheiten emporzusteigen scheinen könnte, das schon mit der Idee einer universalen Menschheits- und Erlösungsreligion prinzipiell bricht.* Aber auch nur für den oberflächlichen Betrachter! Denn gerade diese Erscheinung scheinbarer Nationalgottheiten ist einerseits nur der Weg, auf dem sich eine im Kerne ungläubige Zeit und der ungläubige Teil ihrer Massen eines tieferen Lebensgrundes überhaupt wieder bemächtigt; und sie ist auf der anderen Seite schon für die

---

* So mit offenbarer Bejahung dieser Entwicklung Kjellen in seiner Schrift: „Die Ideen von 1789 und 1914".

Durchschnittsvernunft unseres Zeitalters so beleidigend und auch auf kürzere Dauer so unerträglich, daß sie weit stärker als weithin sichtbares Symptom für eine dem Wesen des religiösen Bewußtseins widerstreitende langsame nationalistische Umspinnung des Glaubens durch die Entwicklung Europas vor dem Krieg und als ein Mahnzeichen zur Umkehr und zum Abbruch solcher „Entwicklung" wirken muß. Wäre die Nation, wie vor dem Kriege auch tief religiöse Menschen und Gruppen geglaubt haben, auch nur ein je „besonderer Weg zu Gott", ein Weg, der keines übernationalen Führers und Orientierungspunktes bedürfte, was bürgte dann dafür, daß diese verschiedenen „Wege" bei dem Ziele auch nur derselben Gottesidee endigen und nicht auch zu verschiedenen Gottheiten führen? So schlagen diese für unser Zeitalter so grotesken Erscheinungen der „Volksgottheiten" — die ja doch niemand ernstlich glaubt — als herbe Kritik nur auf jene ja gleichfalls schon grundirrige Theorie vom „besonderen Weg der Nationen" zurück! Auch vielfach falsche Begründungsarten der religiösen Grundwahrheiten, nach denen diese Wahrheiten gar keiner besonderen Erkenntnisquellen und diesen entsprechender Anschauungsstoffe bedürften, ihre Annahme vielmehr nur eine sogenannte „Voraussetzung" für das moralische Handeln oder für die kulturbildende Wirksamkeit wären, oder aber nur letzte „Ergänzungen" weltlicher Erkenntnis und Kulturarbeit, sei es durch den Verstand, sei es durch „Herz und Gemüt", oder nur für die Tatkraft der Völker wohlgeeignete Spornmittel und ihre Gruppen tiefer einigende soziale und nationale Kitte (die ersteren Methoden der Begründung waren bei uns, die

268

letzteren in Frankreich im Schwang) — auch diese Begründungsarten werden durch die Tatsachen genau in dem Maße bloßgestellt und auf ihre geringe Haltekraft abgewogen, als sich das nicht schon in Gott von Hause aus gegründete, sondern erst den Glauben an ihn tragen sollende moralische und kulturelle Bewußtsein so e n g, weil so stark national bedingt, erwiesen hat. Das noch nicht religiös inspiriert gedachte preußische Volksethos hätte eben auch eine andere „Voraussetzung" von Gottesidee nötig als das ebensowenig inspiriert gedachte englische und französische Volksethos. —

Die Leere, von der wir sprechen, wird zusehends wachsen — und sie wird fordern, — E r f ü l l u n g fordern! Keine Verzweiflung an lang gehegten Ideen und daraus fließenden Erwartungen kann der Mensch ertragen, ohne daß starke Antriebe daraus erwachsen, bloße Palliative abzulehnen, mit denen er sich bislang begnügte. In demselben Maße, als der Arbeiter zum Beispiel auf seine Internationale fälschlich vertraute, in dem Maße überhaupt, als die falsche Glaubensutopie eines Zukunftsstaates durch rein ökonomische naturnotwendige Entwicklung verblaßt — und dieser Krieg hat ihr schon jetzt den letzten Rest gegeben —, in dem Maße, als die Politik der Arbeiterklasse gleichzeitig ein nüchternes Geschäft von Fall zu Fall wird, in demselben Maße wird die Seele des Arbeiters, ja wird die Seele der ganzen K l a s s e auch dem Lichte echter Religion wieder zugänglich und darnach verlangend werden.* Ähnliches gilt für die europäische Jugend, deren Herz nach dem Kriege stürmisch nach tieferen

* Die Enttäuschungen über die mannigfaltigen Religionssurrogate (ein solches war auch der Zukunftsstaat) ist der Weg zur echten Religion.

Lebensquellen verlangen wird, als die unmittelbar überkom=
mene Bildung ihrer Väter sie ihr bieten konnte. — Ich könnte
aus Feldpostbriefen davon vieles erzählen. —

Darüber nun, daß die Strukturform, welche das durch den
Krieg neu erregte religiöse Bewußtsein suchen wird, in der
faktischen Gestaltung der katholischen Kirche — den immer
noch ragendsten übernationalen Turm aus Geist, Seele und
Gewissen — ein formales Vorbild schon jetzt besitzt, und
daß sie als solches Vorbild auch weit über ihre Angehörigen
hinaus gegenwärtig schon erkannt und empfunden wird, dar=
über hege ich schon jetzt keinen Zweifel.

Aber ein anderes ist die Frage, ob und wieweit ihre positiv=
historische Gestalt jene neuentstandenen Leeren füllen kann,
wieweit auch sie selbst dazu die Hand bieten und sich mit ihrem
reichen Born von Gnaden und Weisheiten öffnen wird, um
jener neu erstandenen Sehnsucht mit Erfolg zu genügen. Und
auch das wird nun zu fragen sein, wieweit der nach dem Krieg
zu erwartende neue weltpolitische Rahmen, in dem die
Kirche ihr hohes Werk zu tun hat — darin ein neues Mittel=
europa — die allgemeinmenschliche Mission der Kirche fördern
oder hindern wird; und endlich erhebt sich die Frage, was
wir von uns aus praktisch und ideell dazu werden tun können?

Darüber will ich in dem abschließenden Teile noch einiges
mir bemerkenswert Erscheinende sagen. —

4. Potenz und neue Verantwortung.

Die bisherigen Versuche der deutschen katholischen Welt,
sich der durch den Krieg geschaffenen neuen Welt= und Ge=
mütslage, den festen, dauernden Richtlinien der katholischen

270

Weltanschauung gemäß geistig zu bemächtigen, mußten — soweit sie sich literarisch niederschlugen — bedauerlicherweise stark unter dem Zwange erfolgen, sich gegen die Angriffe des Auslandes zu verteidigen. Diese unerfreuliche Aufgabe, besonders durch die französischen Angriffsschriften notwendig geworden, wurde durch das Buch von Rosenberg und die ausgezeichnete Sammlung von Pfeilschifter* in vortrefflicher Weise gelöst. Und dennoch erscheint es mir beklagenswert, daß durch diese von außen bedingte Nötigung die ersten Gedanken der deutschen katholischen Welt über sich selbst, über ihre bisherige Stellung im Ganzen Deutschlands und in der Kirche, über ihre zukünftigen Aufgaben usw. nicht in Form einer ruhigen, alles Wesentliche gegeneinander abwägenden Betrachtung der einschlägigen Wirklichkeit sich entfalten durften, sondern unter den Zwang gerieten, Licht und Schatten ebenso zu verteilen, wie es jener notwendig gewordenen Stellung der Selbstverteidigung entsprach. Der Geistes- und Gemütslage, in der die jeder Gruppe heute notwendige Selbsteinkehr, fruchtbare Selbstkritik, gegebenenfalls Reue, Buße und Selbsterneuerung allein erfolgen kann, ist nun diejenige Gemütslage, welche die Verteidigung gegen ungerechte Angriffe nötig macht, so entgegengesetzt wie nur möglich. Wer sich zu beweisen und zu verteidigen genötigt ist, dem fehlt der objektive Blick für sein ganzes Sein. Er muß dasjenige hervorkehren, was er an sich für gut hält und dem er eine starke Beweiskraft gerade für die besondere Seelenbeschaffenheit seines Gegners zubilligt. Alle Gewissens-

---

* S. „Deutsche Kultur, Katholizismus und Weltkrieg", hrg. von Pfeilschifter, Herder 1915.

erforschung, auch die Gewissenserforschung eines ganzen Vol=
kes oder einer Gruppe fordert ein ruhiges, von außen möglichst
unabgelenktes Beisichselbstsein. Sollte ich unrecht haben,
wenn ich wenigstens jetzt die Zeit für gekommen halte, aus
dieser inneren Verteidigungsstellung herauszugehen und diese
neue Haltung des Beisichselbstseins zu gewinnen? Der großen
Versuchung, um des ungerechten oder doch alle Grenzen über=
schreitenden Vorwurfes willen auch etwa keimende gerechte
Selbstvorwürfe zu vereiteln, kann nur so widerstanden werden.
Ich kann nicht finden, daß das reine Gewissen und das heilige
Rechtsbewußtsein, mit dem wir diesen Krieg begannen und
bestehen, oder daß die gewaltigen Kraftquellen des kriege=
rischen Vorstoßes, die diese beiden Dinge für uns bilden, durch
eine solche Umstellung unseres Blickes berührt oder gar ge=
schädigt werden könnten. Als Deutsche, nicht als Katholiken
zogen wir in diesen Krieg. Recht und Pflicht es zu tun und ihn
mit Ehren zu führen, war durchaus nicht an die Frage ge=
bunden, einen wie großen Raum der katholische Geist und
katholisches Wesen in Deutschland vor dem Kriege besaßen.
Die auch religiös gebotene Vaterlandsliebe einer Gruppe ist
echt nur da, wo sie nicht abhängt von der für diese Gruppe
mehr oder minder befriedigenden Beschaffenheit des betreffen=
den Landes, sondern allein davon, daß dieses Land „unser"
Land ist. Jeder Hauch eines Religionskrieges fehlt diesem
Kriege, und gerade darum ist Recht und Pflicht, ihn zu führen,
nur soweit von religiösen und kirchlichen Fragen berührt, als
das allgemeine religiös=kirchliche Ethos über Krieg und Krieg=
führung dabei eine Rolle spielt. Hierin ist unser Gewissen
rein. In keiner Weise aber sind dieses Recht und diese Pflicht

272

von der Frage berührt, was dieser Krieg und seine Folgen
für die innere Beschaffenheit der katholischen Bevölkerungs=
teile der verschiedenen Staaten und Nationen oder für die
äußere Ausbreitung der Kirche und ihres Einflusses bedeute.
Weder unser religiöses Heil noch das Heil irgendeiner anderen
Gruppe von Gliedern der Kirche, am wenigsten aber der Be=
stand dieser Kirche selbst kann von dem wechselnden Geschick
endlicher Staaten und Nationen bedingt sein. Der Bestand
und der Beruf der Kirche ist nicht gegründet auf dem Wohle,
der Macht und der Selbständigkeit irgendeines irdischen
Staates und Reiches. Erst mit dieser lebhaft empfundenen,
tief vertrauensvollen Sicherheit des Glaubens im Rücken
werden wir einerseits jenen Mut zur Tat finden, der uns
auch in den harten Stoff des gegenwärtigen Lebens die christ=
lichen Prinzipien wird einprägen lassen, andrerseits die Ruhe
und Objektivität, die uns die Verhältnisse in unserem eigenen
Lande so betrachten läßt, wie sie wirklich sind; nicht so, wie
wir momentan das Bild haben wollen, das andere Völker
von uns und von unserer Lage in Deutschland haben.

All unsere Tätigkeit wird — wie auch der Krieg ausgehe
— in einem neuen, zum Teil durch die Nachdauer des Hasses
verengten, zum Teil erweiterten weltpolitischen Rahmen er=
folgen. Für die irdische Auswirkung religiöser Lebenspotenzen
sind die Veränderungen solcher Rahmen von gewaltiger Be=
deutung. Das Werden und die Ausbreitung der Kirche selbst
in den ersten Jahrhunderten war an den Rahmen des römi=
schen Reiches und seine Veränderungen geknüpft. In dem
wunderbaren Ineinandergreifen der Kausalreihen, die den
Wechsel irdischer Machtverhältnisse und den gleichzeitigen

Wechsel der religiösen und geistigen Kraftfaktoren bedingen, können auch Kriege einen Sinn erhalten, der mit den Ursachen dieser Kriege und den subjektiven Zielen der Kriegsparteien wenig oder gar nichts zu tun hat. Um nur ein Beispiel zu nennen: der gesamte Protestantismus begrüßte in der Schlacht von Waterloo eine neue Aussicht, Hoffnung und Fernsicht für die Entfaltung des protestantischen Prinzips. Aber solchen Sinn zu früh erkennen wollen, das sollen unsere kurzsichtigen Menschenaugen unterlassen. Nicht nur darum, weil nur die Vorsehung die wundersame Verknotung der Gesamtheit der Fäden übersieht, sondern auch darum, weil dieser „Sinn" für das Gegenwartswesen notwendig nie eindeutig sein kann. Jeder solche Sinn eines historischen Ereignisses kann sich mit jedem Fortgehen der Geschichte radikal ändern, in dem er späterhin in einen ganz neuen Sinnzusammenhang eintritt. Gelänge es etwa jetzt unseren Feinden, den sogenannten „preußischen Militarismus" und die Bismarck'sche Reichsbildung zu zertrümmern — welchen völlig anderen Sinn erhielte die Geschichte 1870—1916, erhielte Bismarcks Gestalt auch für uns, als der Sinn war, den wir über 40 Jahre lang ihnen erteilt hatten? Erst nach Ablauf der ganzen Geschichte der Welt hat — streng genommen — jedes Ereignis auch seinen voll eindeutigen Sinn im Sinnzusammenhang des Ganzen. Geschichte ist etwas, was nicht nur darum nie vollendet ist, weil es eine für den Menschen undurchsichtige und auf seine Freiheit gestellte Zukunft gibt. Geschichte ist sinnunvollendet auch in jeglichem Teile, der an ihr vergangen ist: denn jede dieser vergangenen, immer nach Sinneinheiten gegliederten Teil-Wirklichkeiten der Geschichte ist — soweit sie auch zurückliegen mag — ebensowohl der Wiedergewinnung einer neuen lebendigen Wirksamkeit auf die Gegenwart und auf einen beliebigen Teil der Zukunft fähig (Renaissancen, Reformationen usw.) als der Veränderung ihres bisherigen und der Neugewinnung eines Sinnes, die sie erst kraft des ferneren Geschichtsablaufs findet. So ist jeder endgültige Sinn auch der vergangenen Geschichte noch abhängig von dem, was wir tun. Wie die Menschen nicht ausschließlich selbstverantwortlich, sondern auch ursprünglich sittlich füreinander mit verantwortlich sind, so sind auch die Epochen und historischen Ereignisse durch eine erhabene Solidarität des Sinnes miteinander verknüpft. Die bloß naturhafte Wirklichkeitsbasis der historischen Vergangenheit ist es nur, die unveränderlich und gleichsam unerlösbar hinter uns liegt. Die historische Sinnhaftigkeit und Sinnfülle ihres Gehaltes dagegen sind nicht in gleicher Weise unerlösbar. Sie sind noch veränderlich und gleichsam erlösbar durch das, was wir tun und was wir mit unserer Geschichte anfangen. Und wie es kein noch so verhärtetes böses Herz gibt und keine seiner Handlungen, deren bösen Sinn der Reueakt nicht auslöschen, ja zur mitwirkenden Kraft eines neuen, ohne diese seine Mitwirkung vielleicht unmöglichen Guten machen kann, so gibt es auch kein Ereignis in der Weltgeschichte, das, wie höllisch es auch aussehe, im Sinnzusammenhang der Dinge nicht zum ersten Keime eines neuen Guten und einer schöneren und besseren Phase der menschlichen Geschichte werden, ja durch uns also mitgestaltet werden könnte. Darum dürfen wir es nicht bloß beklagen, sondern müssen es auch als wesensnotwendige Folge des göttlichen Geschenkes unserer Freiheit ansehen, daß unserer Menschenerkenntnis an keiner Stelle der noch ablaufenden Geschichte der volle und eindeutige Sinn eines vergangenen Geschichtsereignisses je gegeben sein kann. Selbst wenn wir ihn finden könnten — wir sollten ihn nicht suchen. Schließt aber gerade jene freie Mitgestaltung der Geschichte eine volle und eindeutige Sinnerkenntnis schon als Versuch aus, so fordert solche Mitgestaltung doch zugleich, daß wir in jedem Zeitpunkt des nie ruhenden geschichtlichen Stromes die jeweilige Stromrichtung aus dem Lichte unserer Weltanschauung und unseres Glaubens heraus beurteilen, um die gebotene Richtung auch unserer Mitgestaltung zu bestimmen. Wir bedürfen einer Glaubens= und Tathypothese, die sich nicht gleich Hegels Lehre und anderen ähnlichen Lehren vermißt, in die verschlossenen Wege der Vorsehung einzudringen. Wir müssen vielmehr vom festen Grunde unseres Glaubens und der Existenz einer solchen Vorsehung ausgehen und dann diesen festen, unwandelbaren Bestand mit dem neuen beweglichen Element der historischen Situation zu einem konkreten Leitbild unseres Wirkens und Handelns verarbeiten.

Bevor ich an die Zeichnung eines solchen, auf den neuen weltpolitischen Rahmen bezüglichen Leitbildes herangehe, ist aber der religiösen Potenz selbst zu gedenken, die sich in ihm auswirken soll. Denn ohne diese Potenz, ohne ihre kraftvolle Beschaffenheit und ohne ihre innere Klarheit bedeutet ein neuer weltpolitischer Rahmen gar nichts; ja er kann, je günstiger er sich gestaltet und je mehr er die Verantwortung Deutschlands für Europas und der ganzen Welt Schicksal respektive unseren Anteil an dieser Verantwortung steigert,

ogar leicht über die fehlenden geistigen Energien hinweg=
äuschen, die diese neue Verantwortung zu vollstrecken hätten.

Die schon erwähnte Haltung der Selbstverteidigung hat
s mit sich gebracht, daß wir zurzeit weniger geneigt sind,
nser Sein und Verhalten an den großen Prinzipien und
Idealen der christlichen Weltanschauung selbst — soweit sie
Form und Art menschlichen Zusammenlebens und =wirkens
etrifft — zu messen, als auf den Nachweis bedacht sind, es
ehe bei uns besser oder doch nicht schlechter aus als bei anderen
Völkern. Diese relativ vergleichende Betrachtung und
Abwägung unserer religiösen und sonstigen Lebenskräfte und
güter gegen die fremden ist für den Zweck der Verteidigung
egen Angriffe unerläßlich. Nähme sie aber das Zentrum
nseres Geistes ein, so müßte jede Art tieferer religiöser Ge=
nnung ihr alsbald widersprechen. Schon die Form dieser
Betrachtung führt mehr zum Hochmut als zur Demut, das
eißt zu einer Tugend, die unabtrennbar ist von der Haltung,
ch direkt und unmittelbar an Gott und seinem heiligen
Willen zu messen. Erwartet gar eine Gruppe einen Zuwachs
on Verantwortung zur Führerschaft in dem ihr gegebenen
Menschenumkreise, fühlt sie zugleich lebendig genug das nach
euer vernünftiger Formung dürstende Chaos um sie her,
azu die ganze Größe und Gefahr der Selbstzerstörung, in
er Europa heute schwebt, so hat sie um so mehr die Pflich:,
uf direkte Weise die Wirklichkeit mit ihren Idealen zu
ergleichen und mehr nach oben und nach vorne zu blicken als
nf das, was sie im Rückblick geleistet hat, oder zur Seite
nd gar nach unten.

An dem gesamteuropäischen Prozesse, der die christliche

Weltanschauung als stärksten Geisteskitt Europas in steigendem Maße zersetzte und ihre irgendwie positiveren Vertreter in steigende Opposition zum herrschenden Zeitgeiste brachte, hat auch Deutschland auf eine ihm besondere Weise teilgenommen. Die „besondere Weise" bestand erstens darin, daß der Übergang aus einer vorwiegend ideal und geistig gerichteten Periode zu einer vorwiegend real und ökonomisch denkenden Zeit in einer weit plötzlicheren sprungartigen Form geschah, als in anderen Ländern; dazu in jener besonderen spezifisch deutschen Sachlichkeitsekstase, die ein Prinzip bis in die äußersten Konsequenzen zu entwickeln pflegt. Ganz richtig urteilte der Generalquartiermeister von Stein in seinem Neujahrswunsch 1915: „Unserem Volke würden schnelle und leichte Siege nicht zum Glück gedient haben. Die nach den Erfolgen des Feldzuges 1870/71 hervorgetretenen Auswüchse würden sich noch stärker geltend gemacht haben. Seit jener Zeit hat der gewaltige Aufschwung einen größeren Ausschlag zur materiellen Richtung verursacht. Der Ausgleich zwischen geistigen und materiellen Kräften war noch nicht vermittelt." Diese Plötzlichkeit einer rein auf Naturbeherrschung, Besitz und Organisation der Kräfte gehenden Machtentfaltung, getragen nicht wie in anderen Ländern durch ein sie begrenzendes Streben nach Glück und Lebensgenuß, sondern angetrieben durch das harte, in sich unbegrenzte formale deutsche Pflichtethos, hat weit und breit Gesinnungen erzeugt, die der Religion, und besonders der christlichen Religion überhaupt sehr ungünstig gewesen sind. Kein Wunder daher auch, daß nicht erst seit dem Kriege, sondern schon lange, bevor dieser den Haß des Auslandes schürte, dem ausländischen, aber auch dem geburtsdeutschen Beobachter nicht zwar Deutschlands Gesamtwirklichkeit, wohl aber seine repräsentative Gesellschaft, deren Literatur, Wissenschaften, Theater, Universitätswesen aller christlichen Inspiration ferner, ja leerer von aller Religion überhaupt erschien als die Gesellschaft und die analogen Kulturinstitute fast aller anderen Länder — selbst Frankreich nicht ausgenommen, wenn wir nicht zu ausschließlich auf den Staat sehen. In einem Aufsatz „Die Religion im deutschen Staate" (1912) erzählt Ernst Troeltsch von einem „frischen, tapferen schottischen Pfarrer", der ihm sagte, in Deutschland möchte er nicht Pfarrer sein, das sei überhaupt kein christliches Land.* Und E. Troeltsch, ein liberal=protestantischer Theologe, setzt selbst hinzu: „In der Tat, wer nur die deutsche Belletristik, nur das deutsche Universitätswesen kennte, würde mit vollem Rechte sagen können, daß er von der Christlichkeit unseres Landes nichts bemerke. Nicht umsonst taucht in jedem Jahr= zehnt in irgendeinem Buche hervorragender Zeitbeurteiler die Frage auf: Können wir noch Christen sein?" Ganz richtig hebt Troeltsch auch im selben Aufsatz den gewaltigen Kon= trast hervor, der hinsichtlich der sozialen Bedeutung der Re= ligion und der Kirchen zwischen den Ländern englischer Zunge und Deutschland bestand. „Die Jingos dürfen es nur selten wagen, das Christentum als den Krankheitskeim des modernen Machtstaates zu bezeichnen, wie dies unser Pangermanismus eifrigst tut, und wie es die stille Voraussetzung der neudeutschen Schneidigkeit ist." In keinem Lande hat lebendige Religion so wenig gruppenbildende Kraft rein aus sich selbst heraus

---

* Ernst Troeltsch „Gesammelte Werke", Bd. II.

erwiesen, als in den letzten Jahrzehnten bei uns, und in keinem Lande wurde die jeweilige Haltung der Bevölkerungsschichten gegenüber der Religion und Kirche in höherem Maße als bei uns durch außerreligiöse Interessen bestimmt. Und doch waren diese Interessen durch Tradition mit einst ursprünglich religiösen Geisteshaltungen verschmolzen. Soweit stärkeres und charakteristisches kirchliches religiöses Bewußtsein vorhanden ist, lebte es in weit größerem Maße als anderswo von der Trägheitskraft dieser Tradition und von den weltlichen territorialen, politischen, sozialen stammhaften Verwebungen, in die religiöse Traditionen eingingen. Im Liberalismus — von einer Handvoll ernster Theologen und Prediger abgesehen — war zur Selbstverständlichkeit gewordene, hochnäsige, bildungsstolze Indifferenz und Verachtung für jeden, der Religion überhaupt pro oder contra „ernst" nimmt, in den Massen des Proletariats dagegen war der herrschende Affekt kaum verschleierter Haß gegen eine Religion, von der sie glaubten, daß die herrschenden Schichten sie dem Volke nur „erhalten" wissen wollten zu dessen Niederhaltung. So blieb eine vornehmlich traditionalistisch gesinnte Religionshaltung im wesentlichen auf Adel, Bauerntum und einen gewerblichen und handwerklichen kleinen Mittelstand, das heißt auf solche Klassen beschränkt, die in ihrer Bedeutung für die Mitgestaltung des deutschen Totalgeistes durch die Entfaltung des modernen industrialistischen Deutschland als qualitative Gesinnungsmächte immer stärker zurückgedrängt worden sind, und die erst durch die Macht des Stimmzettels wieder einen politisch nicht zu übergehenden starken Machtfaktor darstellen.

280

Eine zweite Besonderheit der deutschen Entwicklung bestand darin, daß diese in sprunghafter Form und im Rhythmus einer beispiellosen Schnelligkeit zum vorwiegenden Industriestaat vor sich gehende Umbildung der Lebensauffassung der nach außen und nach innen als repräsentativ geltenden Schichten keinerlei ihrer Richtung adäquate Veränderung in der Staatsverfassung und -verwaltung zur Folge hatte. Nominell blieben die alten Herrschaftsverhältnisse erhalten. Auch keinerlei wesentliche Umbildung des Verhältnisses von Kirche und Staat fand statt (wie eine analoge Entwicklung in Frankreich sie brachte). Ja nicht einmal ein energischer Kampf der Kirchen mit dem neuen Geiste des doch zu faktisch vorwiegender Herrschaft gelangenden neukapitalistischen Großbürgertums trat ein. Diese Umbildung erfolgte vielmehr rein in der sozialen Sphäre, ohne auf die öffentlichen Institutionen eine mitumbildende Wirksamkeit zu äußern. Eine dritte Besonderheit besteht darin, daß das positivere Christentum in diesem Wandel Deutschlands und seines repräsentativen Geistes gleichsam übersprungen wurde, da die Natur dieses Wandels ja an erster Stelle gar nicht das Christentum, sondern jede Art von Weltanschauung betraf, die Dasein und Leben in geistigen Mächten verankert fühlt, und die in der Bildungsrichtung des Menschen in eine Welt geistiger Zusammenhänge hinein den höchsten Wert des Lebens erblickt. Das heißt, der Wandel konnte darum am positiven Christentum gleichsam vorübergehen, da er eine viel allgemeinere Lebenseinstellung betraf, die allerdings auch Voraussetzung des Christentums ist. Der christliche Theismus war dem Kerne der Denkweise, die in Fichte, Schelling, Hegel gipfelte, das heißt jenem sei es mehr logisch oder ethisch oder dynamisch gefärbten idealistischen Pantheismus im Grunde nicht weniger entgegengesetzt, als der in den dreißiger Jahren anbrechenden, seit der Gründung des Reiches in einem noch neuen Zug von Schüben sich steigernden Lebensrichtung eines ganz innerweltlich gerichteten, in ökonomischen Interessen= fragen zum größten Teile aufgehenden öffentlichen Daseins. Die Voranstellung geistiger Sach= und Persönlichkeitswerte über Macht und Besitz aber teilte dieser Pantheismus mit den älteren deutschen religiös=kirchlichen Lebensmächten. Und gerade darum, weil diese tiefe innere Wandlung — wenigstens der für Ausland und Inland repräsentativen Schichten Deutschlands — am Christentum so sehr vorüberging, daß es nicht einmal zu einem resoluten Kampf kam, konnten die christlichen Kirchen politisch weit ungefährdeter bestehen bleiben als in anderen Ländern. Sie mußten sogar — die verschiedenen Kirchen aus verschiedenen Gründen — einen im Verhältnis zu den Weststaaten unvergleichlich größeren politischen Einfluß — weit hinaus über ihren Einfluß im noch wesentlich ideal und geistig gerichteten Deutschland — gewinnen, da sie als Schick= sals= und Kampfgenossen von einem Staate begrüßt wurden, der nach der geistigen Umwandlung Deutschlands und nach der Umschichtung seiner Gruppen allen Grund hatte, den tiefen Widerstreit zwischen dem neuen, auch ihn innerlich und un= offiziell immer mehr mitergreifenden kapitalistischen Geiste, und seiner auf die ältere deutsche, vorwiegend agrarische Da= seinsweise zugeschnittenen feudalobrigkeitlichen Form zu ver= bergen. Man muß begreifen, daß zwei der merkwürdigsten Phänomene des modernen Deutschland eine gemeinsame

282

Wurzel haben: der Widerstreit eines vorwiegend industriali-stischen Massenstaates und einer der Form nach vorwiegend monarchisch-konservativen Beamten- und Obrigkeitsregierung und die Erscheinung von kirchlichen Lebensformen, die fast im selben Maße, als sie jeden zielbestimmenden Einfluß auf die geistig, sozial und ökonomisch führende deutsche Gesellschaft verloren hatten, gleichwohl durch den Staat hindurch einen politisch wachsenden Einfluß auf Gesetzgebung und Regie-rung gewannen. Nehmen wir einen Augenblick an, es wäre der neuen großbürgerlichen Schicht der führenden Großindu-strie und des führenden Handels gelungen, an Stelle ihres rein faktischen, sehr mächtigen, unverantwortlichen und darum innerlich unbegrenzten, unfaßbaren und unkontrollierbaren Einflusses auf die maßgebendsten Personen des Staates jenen verantwortlichen Einfluß zu gewinnen, der (in einer dem parlamentarischen System des Westens angenäherten Form des Auswahlautomatismus) in der Übernahme der wichtigsten Ministersessel seitens dieser Kreise bestanden hätte, ganz ge-wiß wären in diesem Falle nicht nur zu einem erheblichen Grade die konservativen Kreise und das Zentrum, sondern es wären auch die Kirchen in eine zum Teil mit der Arbeiter-klasse gemeinsame Oppositionshaltung getrieben wor-den. Diese dem echten christlichen Geiste zur Entfaltungs-richtung nicht nur Deutschlands, sondern Europas vor dem Kriege durchaus, ja allein im Grunde angemessene Oppositions-einstellung der christlichen Kirchen hätte wahrlich nicht aus-schließlich Nachteile gehabt. Sie hätte das geistige Leben der Kirchen befruchtet, hätte sie aus ihrer starken Neigung zur religiösen und geistigen Verknöcherung aufgestört und

283

hätte vor allem eine tiefere Geistesauseinandersetzung sowohl
mit der nun zum Teil gemeinsam oppositionellen Arbeiter=
klasse wie mit den Mächten von Wissenschaft, Bildung,
Kunst angeregt, die beide ihnen unter dem tatsächlichen ent=
gegengesetzten, politisch für sie so viel günstigeren Zustande
im Grunde mit vollendeter Teilnahmslosigkeit gegenüberstehen.
Eine stark gemeinsam interessierte wie gemeinsam gesinnte
radikal=konservative und ökonomisch=demokratische Opposition,
die eine so geartete Regierung in Schranken gehalten, vor
allem aber die geistigen Einflüsse der regierenden Klasse
auf das innerdeutsche Kulturleben zusehends gebrochen hätte,
würde unter der natürlichen Mitwirkung des begrenzenden
Einflusses, den Verantwortlichkeit auf die bloße Interessen=
politik aller führenden Kreise ausübt, vielleicht ein weit
weniger kapitalistisches und materialistisches Deutschland
geschaffen haben, als es das Deutschland vor dem Kriegs=
beginn gewesen ist. Ich meinerseits zweifle nicht, daß es nach
dem Kriege zu einer ähnlichen Umformung der innerdeutschen
Verhältnisse kommen wird, ja ich sehe eine der wahrheit=
schaffenden Wirkungen des Krieges darin, daß schon jetzt
nicht geringe Anzeichen dafür vorhanden sind, daß die Dinge
diesen Lauf nehmen werden.* Gewiß wird eine erhebliche Er=
weiterung des politisch verantwortlichen Einflusses der großen
Bourgeoisie nur eine Durchgangsphase in unserem öffent=
lichen Leben bilden und bilden dürfen. Auch darf man in
sehr ernster Weise die Frage stellen, ob es zur Nötigung,
daß Deutschlands politisches Leben diese Phase jetzt wahr=

* Diese Anzeichen haben sich seit der erstmaligen Niederschrift dieses
Satzes Woche um Woche vermehrt.

284

scheinlich durchqueren muß, kommen mußte. Ich meinerseits glaube Gründe zu haben, diese Frage zu verneinen. Doch ist der gegenwärtige Zeitpunkt nicht geeignet, diese Frage öffentlich zu erörtern. —

So besonderer Natur die Faktoren sind, die zu der Art und zur Größe des Gewichtes geführt haben, das der Katholizismus im gegenwärtigen Deutschland besitzt, so unterlag seine spezifische innere Entwicklung seit der Beilegung des Kulturkampfes doch auch in sehr weitgehendem Maße dem allgemeinen, oben bezeichneten Entwicklungsschema des deutschen religiös-kirchlichen Lebens überhaupt. Dieses Schema vor allem erklärt eine Erscheinung wenigstens mit, die man sich nicht verbergen darf: den fast unermeßlichen Abstand, der zwischen seinem allmählich gewonnenen politischen Gewicht und der Rolle besteht, die er im deutschen geistig-kulturellen Leben spielt. Alles, was in Weltanschauungs- und Lebensgesinnungsbildung sowohl im Inlande wie im Auslande für repräsentativ für das moderne Deutschland galt und gilt und eine stärkere Beachtung über die engsten konfessionellen Kreise hinaus überhaupt erfährt, ist leider von dieser Rolle kaum berührt worden. Wir dürfen diese Tatsache um so ruhiger erörtern, als wir wissen, daß das interne kirchliche und religiöse Leben unter den deutschen Katholiken tiefer und ernster ist als irgendwo. Für jede religiöse Organisation ist aber dies die unbedingte Hauptsache, gegen die alle Leistung und Mitwirkung auf dem Boden der Weltkultur weit zurückzutreten hat. Wenn aber dieses so kraftvolle und innerlich lebendige religiös-kirchliche Leben gleichwohl nicht jenen natürlichen Ausdruck und Niederschlag im Kulturschaffen und in jener Inspiration, Stilisierung und restlosen Durchdringung aller wesentlichen Arbeitsgebiete des höheren Geisteslebens findet, die es auf allen historischen Höhepunkten gefunden hat, so müssen gerade, weil die Tatsache selbst so sicher steht, auch ganz besondere Ursachen der Hemmung oder Ablenkung wirksam sein, die ihm diesen Ausdruck und diese Formungskraft versagen. Die Energieverteilung der tieferen Kräfte, die aus dem inneren geistlich-kirchlichen Leben und der immer neuen Berührung der Gläubigen mit dem Gnadenschatze der Kirche hervorgehen, kann somit die richtige und dem Range, den das Christentum den verschiedenartigen Gütern auf allen seinen Höhenpunkten zuteilte, angemessene nicht gewesen sein. Steht diese Frage der gegenwärtigen Energieverteilung — nicht des Vorhandenseins der religiös-sittlichen Energie selbst — zur Erörterung, so kommen hier nun freilich außer jener allgemeinen für alle deutschen Kircheninstitute gegebenen Situation auch besondere Ursachen für die katholische Kirche, und außerdem noch eine Reihe von Ursachen in Frage, die über die Unrichtigkeit dieser Energieverteilung die Beteiligten leicht hinwegtäuschen können.

Daß die deutschen Katholiken ihr stärkstes Einheitsbewußtsein nicht an einer rein religiösen oder kulturellen oder sozialen Frage ausgebildet haben, sondern in der Reaktion gegen den ihnen aufgenötigten, im Grunde außerreligiösen politisch motivierten „Kulturkampf", der sie selbst wieder nicht als Katholiken, sondern als vermeintlich „zentrifugale" Elemente des neuen Reiches traf, hat die Lage und den Charakter des Katholizismus in Deutschland in toto in einem Maße bestimmt, das nicht leicht überschätzt werden kann. Eine erste Folge davon war, daß die begabtesten und tüchtigsten Elemente der deutschen Katholiken in allem, was über die Erfüllung ihrer unmittelbarsten kirchlichen Pflichten hinausgeht, bis zur Gegenwart sich unvermittelt in eine wesentlich politische Atmosphäre gehoben fühlten, und daß das Bewußtsein von ihrer und ihrer Kirche Bedeutung in Deutschland an erster Stelle den Schwankungen folgte, welche die Mißerfolge und welche die schließlich immer stärkeren Erfolge dieses Kampfes abwechselnd aufwiesen.* Der Katholizismus galt ihnen während des Kulturkampfes als ein zu verteidigendes Bollwerk, als eine Stadt Gottes, um deren inneres, ruhiges Wachstum, um deren Ausgestaltung in Werken ihres eigentümlichen Geistes man sich während dieser Verteidigung natürlich wenig kümmern konnte. — Als aber schließlich Friede eintrat und Position für Position in der Richtung des Werdens einer die deutsche Reichspolitik positiv mitgestaltenden Macht gewonnen wurde, nahm die Aufgabe der für die Katholiken besonders schwierigen Anpassung an Geist und Aufgaben des neuen Reichskörpers so viel Kraft in Beschlag, daß eher noch weniger Kraft zu einem inneren Ausbau und einer stilbildenden Auswirkung der katholischen Weltanschauung übrigblieb als während der doch auch einen stark außerpolitischen religiösen Idealismus mitgebärenden Kampfzeiten. Geist und Aufgaben des neuen krieggeborenen Reichskörpers waren aber im wesentlichen nicht durch das bestimmt, was er

---

* Während sich Bildung und Geist bei den Nichtkatholiken aus dem deutschen politischen Leben vor dem Kriege immer stärker zurückzogen, fand bei den Katholiken eher das Gegenteil statt.

als freudig und begeistert begrüßte Erfüllung uralter deutsch=
nationaler, auch katholischer Hoffnungen bot, sondern durch
die beiden Hauptkräfte seines Ursprungs: die preußische Vor=
machtpolitik und der Bedarf einer bestimmten ökonomischen
Klassenschicht, der Bedarf des liberalen Bürgertums nach
völliger Beseitigung der inneren Zollschranken und nicht so
sehr nach einer Festigung der national=kulturellen als der
national=wirtschaftlichen Einheit. Wenn schon die Fülle
des alten deutschen nationalen Kulturgeistes, niedergeschlagen
in unserer großen klassischen und romantischen Dichtung, in
den freien philosophischen Gebilden eines universalisierten und
idealisierten Protestantismus nicht vermochte, sich mit dem
neuen Reichsgeiste auf lebendige Weise zu durchdringen, und
dies obgleich hier wenigstens eine stärkere Kontinuität vor=
handen war, als sie jetzt das Ausland mit seiner oberfläch=
lichen Scheidung des Deutschlands Goethes und Krupps sieht,
so konnte um so weniger die Rede davon sein, daß die katho=
lische Weltanschauung — ich sage nicht dem neuen Reiche
seinen Stempel aufgedrückt, was ja schon vermöge des quanti=
tativen Verhältnisses der Katholiken zu Andersgläubigen und
Indifferenten ausgeschlossen ist —, nein, daß die katholische
Weltanschauung auch nur zu irgendeinem herausfühlbaren
Elemente des deutschen Geistes in seiner neuen Gestalt hätte
werden können. Nur einige sehr indirekte Folgen dieser Welt=
anschauung auf dem Boden des Naturrechts und der staats=
philosophischen Prinzipien trafen mit dem Bedarf des Zeit=
alters nach sozialpolitischer Milderung der Klassengegensätze,
nach Organisation der Arbeit so glücklich zusammen, daß
wenigstens auf diesem Boden auch das Katholische eine spür=

288

bare Realität in der Gesamtgestalt des neuen Deutschlands erhielt. Daß ein Staatslexikon vielleicht die monumentalste und eigenartigste geistige Leistung der deutschen Katholiken im verflossenen Zeitalter war, ist für die Eigenart ihrer ganzen Situation eminent bezeichnend. Aus dem Gesagten ergibt sich die wichtige Lehre, daß die künftig zu erwartende und zu erstrebende stärkere Durchdringung des deutschen Gesamtgeistes mit Katholizismus — wenigstens von seiten des Ethos her — kein gesondertes Problem ist. Es ist vielmehr nur ein Teilproblem des viel weiteren und größeren, wie weit überhaupt die Fülle des Deutschen in Deutschland in Anlagen und Kräften sich gegen die aller Ehren werten, aber als Stützen eines so großen Volkskörpers viel zu einseitigen Kräfte aufarbeiten könne, die das Reich schufen, nämlich gegen die Verbindung des ganz militärförmigen alten preußischen Staates mit dem Wesen und Ethos des neuen Unternehmertums, samt der ihm opponierenden, aber in Blickrichtung und Lebensauffassung auch in der Opposition noch stark von ihm abhängigen Sozialdemokratie. Das Maßverhältnis der Kräfte des gesamtdeutschen Wesens zum spezifisch preußischen bestimmt im neuzuerwartenden Deutschland zwar nicht eindeutig auch das Maßverhältnis katholischer und außerkatholischer Weltanschauung im deutschen Gesamtgeiste. Aber es ist dafür grundlegend mitbedingend in dem Sinne, daß seine Ausgestaltung zugunsten des gesamtdeutschen Wesens auch eine Voraussetzung für den stärkeren Einschlag ist, der als katholisches Ethos in das deutsche Gesamtethos einzugehen vermag.

Diesem einseitigen Eingehen der Energie der deutschen

katholischen Bevölkerung in das politische Fahrwasser sind eine große Reihe von paradoxen Erscheinungen zuzuschreiben, in denen die Erscheinung des Katholischen in Deutschland so scharf vom Ausland absticht. Eine der merkwürdigsten Erscheinungen ist hierbei die Gleichzeitigkeit einer, vom katholischen Ethos aus gesehen, vielleicht übermäßigen und eminent hurtigen Anpassung der deutschen Katholiken an den neuen Reichsgeist in politischer, ökonomischer und organisatorischer Richtung und einer davon ganz gesonderten, eher gegen diese als mit dieser Anpassung sich entfaltenden, vom übrigen deutschen Leben ganz abgelösten Winkelkultur, die Kunst, Philosophie, Wissenschaft, schöne Literatur und Literatur der Erbauung gleichmäßig umfaßt. Die relative Armut der deutschen Katholiken und die Tatsache, daß eine relativ zu anderen konfessionellen Schichten viel größere Mehrzahl derselben dem Bauern und dem kleinen Mittelstande angehört, vermögen wohl die primitivere Form der technischen und sonstigen Ausgestaltung dieses abgesonderten Kulturwillens in Buchhandel, Presse und Zeitschriftenwesen, Ausstellungen usw., nicht aber vermögen sie die Tatsache selbst und noch weniger die im Verhältnis zu anderen Ländern — auch Österreich — zweifellos weit geringere Bedeutung der Inhalte dieser abgesonderten Kultur verständlich zu machen. In Deutschland sind — im Unterschied zu Frankreich, England, Italien — die allerhöchsten geistigen Kulturleistungen aus dem bürgerlichen Mittelstande, ja häufig dem Untermittelstande (Kant, Fichte zum Beispiel), hervorgegangen. Dinge, wie Herstellung, Ausstattung, Druck, Art der Darbietung und Maß der Verbreitung, können erst in diesem letzten

Zeitalter der Bibliophilie, der schönen Einbände, der Verwandlung des Dichtertheaters in ein Regisseurtheater und des literarisch „führenden" Deutschland überhaupt in ein völlig undeutsches, halb ästhetenhaft abgeschlossenes, halb kapitalistisch-marktschreierisches Wesen, das den verdorbenen Geschmack des Großstadtpublikums mit immer neuen Sensationen zu füttern hatte, als tiefere Gründe der Nichtbeachtung der katholischen Leistungen in Frage kommen. Das aber sind Gründe, die für die gleiche Nichtbeachtung bestehen, die in dieser Zeit auch allen außerkatholischen echt deutschen Leistungen höheren Wertes zuteil wurde. Weder zeitlich vorher gelten diese Gründe, noch gelten sie für jene tiefergehende Nichtbeachtung, die bis zum Kriege auch innerhalb der von obigen Modekrankheiten noch nicht erfaßten Bildungsminorität Sitte und fast selbstverständliche Sitte gewesen ist. Der Grund liegt also doch wohl tiefer: im Mangel eines inneren Impulses nach freier Auswirkung der katholischen Weltanschauung im Reiche des Geistes und an der Furcht vor den glaubensschädigenden möglichen Wirkungen einer mehr als apologetischen Auseinandersetzung mit der modernen deutschen Kulturwelt — sei es in der Form maßvollen, aber in der Sache radikalen Kampfes, sei es durch Versuche tieferer Synthesen. Der durch die einseitig politische Bindung der katholischen Geistes- und Willensenergie bedingte Mangel dieses Impulses war zweifellos auch der Hauptgrund dafür, daß die gewaltigen Krisen, in denen sich im Zeitalter des Hochkapitalismus alle religiösen und kirchlichen Grundfragen und Institutionen innerhalb und außerhalb der Kirche befinden, in den deutschen katholischen Kreisen ein nur sehr geringes Echo, geschweige gar ringende Mitarbeit gefunden haben. Wenn insbesondere die sehr verschiedenwertigen Strebungen und Gedankenansätze, welche die kirchliche Autorität unter dem Namen des Modernismus zusammengefaßt hat, in Deutschland wenig, ja fast keinen Anhang und keine Mitarbeit gefunden haben (im Gegensatz zu älteren Zeiten, da gerade deutsche Theologen und Laien der modernen Philosophie und Geschichtsmethodik oft nur allzu bereit entgegenkamen), so darf man auch diese, an sich erfreuliche Tatsache nicht ebenso erfreulichen Ursachen zuschreiben, als dies meist geschieht. Es war an erster Stelle nicht eine gesteigerte Demut vor dem auf katholischem historischen Boden selbst gewachsenen Weisheitsborne und ein aus ihr folgendes Bestreben, diese Weisheit für die Abwendung der Schäden der Zeit selbsttätig zu heben und in klaren Begriffen auszuprägen, was zu der geringen Anteilnahme an dieser großen inneren Krise der Kirche geführt hat, sondern — außer der engsten Fachtheologie — ein Fehlen jener gesteigerten geistig-religiösen Lebendigkeit, die überhaupt dieses ganze Gebiet von Fragen mit jener tiefen Verantwortung und seelenaufwühlenden Schärfe ergreift, die sie verdienen. Die philosophischen und ethischen Arbeiten des Schreibers dieser Zeilen stehen dem bald kantischen, bald subjektivistischen und psychologistischen, philosophischen Unterbau des englischen, französischen und italienischen Modernismus so fern als irgend möglich ist. Die obige Äußerung kann daher nicht in Gefahr kommen, für eine solche pro domo gehalten zu werden. Es hätte Erwünschteres gar nicht geben können, als daß gerade aus dem deutschen Katholizismus — der ja eine besonders günstige Ge-

legenheit hat, zu sehen, zu welchen Verstiegenheiten, zu welcher
Geistesdürre und -leere, zu welcher Verworrenheit dazu die
deutsche Kantscholastik geführt hat — eine zielsichere, auf
strengsten Objektivismus aufgebaute Gegenbewegung gegen
den Modernismus entstanden wäre, eine Bewegung, die nicht
eine falsche „Anpassung" an die Moderne, sondern eine
wahre geistige Bewältigung der modernen Problemlagen
durch eine gründlichere Sachphilosophie gewesen wäre — in
welche Disziplin auch die Enzyklika gegen den Modernismus
den Schwerpunkt der Frage gegenüber der Geschichte mit
vollem Recht legt. Aber hiervon war ebensowenig irgendetwas zu verspüren als vom Modernismus. Versuche in
einer nicht vom Verfasser dieser Zeilen geteilten, aber lehrreichen und fruchtbaren Richtung blieben den Bestrebungen
der Schule von Löwen und französischen Forschern vorbehalten. Die deutsche kirchentreue Philosophie arbeitete, wo
sie Bedeutendes schuf, fast ausschließlich in gelehrter historischer Einzelarbeit oder sie machte, wo sie systematisch war —
das heißt Philosophie, nicht Geschichte der Philosophie —, an
Theorien und Systeme der auf protestantischem oder indiffe-
rentem Boden gewachsenen deutschen Philosophie (welche dem
Autor gerade zufällig bekannter als andere geworden waren),
mehr aus dem Geist des Opportunismus, als aus dem Geist
streng sachlicher Prinzipienforschung verständliche, oft sehr erhebliche „Zugeständnisse" — „Zugeständnisse", die in der
Philosophie immer ungründlich sind und den Schein ihrer
Harmlosigkeit nur ihrer mangelnden logischen Sachkonse-
quenz verdankten. Ich muß gestehen: die logische Einheit und
die Einheit des Geistes- und Daseinsstils, die nach der Lektüre

solcher Arbeiten ein streng thomistisches, lateinisches Lehrbuch der alten Schule gewährt, ist für mich — so wenig ich dieser Schule mich zugehörig fühle — immer eine Quelle tiefster Befriedigung und jenes geistigen Genusses gewesen, den jedes einheitlich durchgeprägte Werk gewährt. Andrerseits bedeutet das Fehlen jener bestimmten Art von „falscher Anpassung" bei uns Deutschen, wie sie der Modernismus an die Moderne vollzog, keineswegs, daß bei uns jede falsche Anpassung, zum Beispiel die Anpassung an unseren immer kapitalistischer werdenden Staatsgeist — bei freilich konstantem, feudal-obrigkeitlichem und bürokratischem Ämter- und Würdenaufbau — gefehlt hätte. Die sehr starke Anpassung, die sich durch die gesteigerte positive Mitgestaltung der Reichsgeschicke wie von selbst ergab, war zwar keinerlei bewußte Anpassung an den Gehalt der Prinzipien der außerkatholischen Geistesmächte, aber sie war eine um so tiefer gehende Anpassung darum, weil sie eine meist nur halbbewußte Anpassung an außerkatholische Maßstäbe gewesen ist. Besonders in der Selbstbeurteilung, in der Beurteilung des eigenen Schaffens, des eigenen Wertes, der eigenen Überlegenheit ebenso wie der eigenen sogenannten „Inferiorität" trat diese Anpassung hervor. Dieses Phänomen ist nur um so merkwürdiger, wenn es mit ausdrücklicherem und starrerem Festhalten engerer Prinzipieninhalte verbunden ist, als es andere katholische nichtdeutsche Schichten aufweisen. Es ist ein Phänomen, das vielleicht die meisten Beteiligten selbst nur wenig bemerken und das in sein vollstes Licht erst da tritt, wo höher gebildete Personen, die nicht aus einer katholischen Familientradition herausgewachsen sind und sich kraft eigener Lebenserfahrung, eigenen Nachdenkens und eigener Geschichtsbeurteilung dem Ideenkreise und der Institution der katholischen Kirche nähern, über ihre Erfahrungen befragt werden. Mit der höchsten Verwunderung, die sich von Berührung zu Berührung steigert, pflegen sie — die sich zum Katholizismus durchgelebt haben — dann zu bemerken, wie gewaltig hoch die bald ausgesprochene, bald verschämt verhüllte Schätzung ist, welche auch hervorragende deutsche Katholiken einer großen Menge der verschiedensten Dinge, Gruppen, Personen, Einrichtungen, Theorien, Literaturwerken usw. im modernen repräsentativen Deutschland entgegenbringen, die sie selbst während des Prozesses dieses Hindurchlebens zur Kirche mit am tiefsten abgestoßen und so abgestoßen haben, daß diese Abstoßung sogar eine mitbedingende Kraft ihrer Hinbewegung zur Kirche geworden war. Ich kenne eine ganze Anzahl von Personen, die diese Erfahrung in verschiedenster Form ausdrückten. Einige gebrauchen das Sprichwort, es sei ihnen, als ob sie „vom Regen in die Traufe" gekommen seien. Andere fanden, daß die moderne deutsche Kultur oder das, was man so nennt, bei den deutschen Katholiken offenbar viel höher geschätzt werde, als ihre Hauptvertreter sie selbst schätzen — ja als sie sich selber schätzt. Wieder andere finden, daß, wenn man innerhalb des katholischen Lebenskreises eben dasselbe, nur ein wenig unvollkommener, primitiver, sozusagen zweiter Garnitur, finde, was man vorher vollkommener, entwickelter und, gleichsam erster Garnitur, ohne Befriedigung besaß, es sich dann wenig verlohne, sich ihm anzunähern. Gewiß! Diese Anpassung an fremde Wertmaßstäbe, teils an das norddeutsch-preußische Nurarbeit-, Nurpflicht-, Nurleistungsethos, teils an das neudeutsche, undeutsche Kraftethos, teils an eine sehr eng historisch bedingte Art von „Wissenschaftlichkeit" in Geschichtsforschung und Philosophie, teils an ebenso eng umgrenzte ästhetische Formideale usw., ist eine Art der Anpassung, die sich schwer auf Formeln bringen läßt; sie ist von jener Art, wie sie der ausländische Modernismus der Prinzipien wollte, gar sehr verschieden. Bei uns werden auf jedem Gebiet die Prinzipien ohne jede Anpassung festgehalten; aber die Fülle der lebendigen Folgerungen aus diesen Prinzipien, insonderheit jene Folgerungen, die das Leben selbst in jedem seiner Schritte vollziehen sollte, sind doch häufig in weitestem Maße preisgegeben. Würde man gar sozusagen induktiv zu den einzelnen faktischen Werthaltungen, -schätzungen und -abschätzungen vieler deutscher Katholiken die zugehörigen Prinzipien erst suchen, das heißt so suchen, wie ein solcher Prinzipien zu gewinnen pflegt, der die Prinzipien nicht durch Tradition, Lehre usw. erhalten hat, sondern sich zu ihnen langsam hinaufgelebt hat, so möchte es sehr die Frage sein, ob diese Prinzipien nicht vielleicht in gleichem oder sogar in noch höherem Maße von den traditionell kirchlichen abweichen würden, als es jene des ausländischen Modernismus getan haben.

Trotz dieser zum größten Teil durch die Eigenart der Situation der Kirchen in Deutschland überhaupt und zum kleineren Teil der katholischen Kirche im besonderen verschuldeten Schwächen des katholischen Deutschtums — Schwächen, deren Erkenntnis allen Plänen von Zukunftsgestaltung vorherzugehen hat —, hat dieses katholische Deutschtum, von seiner Glaubensreinheit ganz abgesehen, Leistungen von einer

296

Größe und einem Reichtum aufzuweisen, die uns das tiefste Vertrauen in seine innere Kraft und deren fernere Auswirkung unter günstigeren Umständen setzen läßt. Aber die eigenartigste dieser Leistungen, seine grundsatzfeste und zielsichere politische Organisation und sein blühendes, straff organisiertes Vereinswesen (katholischer Volksverein, Bonifaziusverein, Gewerkschaften usw.) sind Werte, die es in höherem Maße eigenartigen Begleitumständen der Wirksamkeit des katholischen Geistes im modernen Deutschland als dessen zentralem Springquell selbst verdankt. Es verdankt sie zum größten Teile der ganz hervorragenden Anlage des neuen Deutschen überhaupt zu planmäßiger rationaler Organisation und der diesen Willen leicht aufnehmenden Fügsamkeit und leichten Führbarkeit der großen Massen. Es verdankt sie dazu weniger dem Zuwachs eigener positiver, aus der Religion selbst entfalteter geistiger Kräfte oder steigender Anerkennung der katholischen Weltanschauung in den führenden Schichten als der steigenden Zersetzung der politischen Umwelt in ökonomische Interessengruppen, und dem rapiden Wachstum der bis vor den Krieg das Wesen unseres Staates negierenden Parteien, das heißt es verdankt sie Faktoren, die vor dem Staat jede Art von sozialer Ausgleichspartei — was immer der Inhalt ihres Programms sein möchte — an Bedeutung steigern müssen, auch dann steigern müssen, wenn der Staat und seine Führer ihrem eigenen Geiste nach den inhaltlichen Parteizielen solcher Partei völlig ferne stehen, ja gegebenenfalls ihm innerlich feindlich gegenüberstehen. Das heißt, das katholische Deutschtum verdankt diese spezifischen Vorzüge nicht spezifisch katholischen Kräften, son-

dern einer unter der Führung Preußens und der bildnerischen
Wirksamkeit des Vorbildes seiner Eigenart von Militaris=
mus besonders hochentwickelten allgemein deutschen Anlage;
und es verdankt seine diesbezüglichen steigenden Erfolge nicht
wachsender Vertiefung seines katholischen Wesens, sondern
den steigenden Fehlern und Mängeln von Bevölkerungs=
gruppen, mit denen das Reich an sich lieber regieren möchte,
aber bisher nicht regieren konnte. Auf diese Momente allein
darf aber die fernere Entwicklung des katholischen Deutsch=
tums nicht angewiesen sein. Die Dauer der Wirksam=
keit, besonders des letzteren sehr negativwertigen
Moments ist mit Sicherheit eine begrenzte; sie wird
durch den unser Parteiwesen neukristallisierenden
Krieg noch erheblich verkürzt werden. Der beginnende
Zerfall der Sozialdemokratie allein beweist es. Vor allem
aber ist es überhaupt eine mißliche Sache, daß ein so großer
Teil eines Volkes wie die deutschen Katholiken von den Feh=
lern und der Parteizerklüftung des anderen Volksteiles
geradezu leben soll; und dies doppelt, wenn es sich um Fehler
handelt, die gerade der ethische Solidaritätsgedanke unserer
Religion nicht nur in unseren eigenen Reihen, sondern auch
außerhalb dieser Reihen aufs schärfste zu bekämpfen gebietet.
Aber auch das erste positivwertige Moment der Organisa=
tionskraft und Organisierbarkeit vermag eine freiere, größere
Entfaltung des katholischen Wesens in Deutschland nicht
zureichend zu tragen, wenn nicht das spezifische, katholisch=
geistige Leben in diesen wachsenden Organisationen auch un=
abhängig von deren Ausbreitung und Verästelung aus seinen
zentralen Wurzelpunkten heraus wachsen wird; wenn nicht

298

zu den spezifischen deutschen Leistungen des katholischen
Deutschtums auch Wachstum und Leistungen spezifisch katho=
lischer Kräfte im Ganzen des Deutschtums hinzutreten.

Leider ist auch die an sich erfreuliche Annäherung der Kon=
fessionen in Glaubens= und Sittenfragen während der letzten
Jahrzehnte vor dem Krieg, von deren sichtbaren Resultaten
Professor Kiefl in dem Pfeilschifterschen Buche einige aus=
gezeichnet dargelegt hat, an erster Stelle nicht durch eine
Steigerung des positiven religiös christlichen Gedankens oder
durch verständnisvollere Liebe zwischen den Angehörigen der
Konfessionen, sondern durch analoge für das ganze Deutsch=
tum negative Momente erwirkt worden, wie wir sie für das
Emporkommen der politischen Organisation der deutschen
Katholiken tätig fanden. Zu diesen negativen Momenten
rechne ich vor allem die wachsende Ausbreitung einer der
christlichen Ideenwelt überhaupt feindlichen Stellungnahme
sowohl bei den Massen wie — dem Tempo nach noch ge=
steigert — in der oberen führenden Gesellschaft, eine Erschei=
nung, welche die Absteckung eines den Konfessionen noch ge=
meinsamen ideellen Aktionsgefüges als natürliche Reaktion
der gläubigen Gruppen erheischte. Hierher gehören Tatsachen
wie die starke Kirchenaustrittsbewegung, die erst in den letzten
Jahren vor dem Kriege einsetzende erfolgreiche Propaganda
für den früher nur in ganz kleinen Zirkeln verbreiteten Mo=
nismus aller Färbungen, für Christian Science und Theo=
sophie, vor allem aber die nicht einmal dieser inneren resoluten
Kampflage gegen das Christentum mehr fähige, zur einfachen
Selbstverständlichkeit gewordene und zur „Bildung" gerech=
nete religiös=metaphysische Indifferenz unserer intellektuell

führenden liberalen, auch für den Arbeiter im geheimen vorbildlichen Schichten. Der Protestantismus nahm durch alle diese
Bewegungen mehr Schaden als der Katholizismus. Hieraus
begreift sich sein Bestreben, sich in allen Fragen der Bekämp-
fung dieses Übels mit Hilfe des Staates und der Gemeinde
(Schulpolitik usw.) auf die katholische Mitwirkung in
höherem Maße als vorher zu stützen und das konfessionelle
Vorurteil stärker wie früher zurückzustellen. Zu den „negativwertigen Momenten" rechne ich aber auch — wenigstens unter
religiösem Aspekt gesehen — die Gründe, die zu einer erheblich stärkeren theologischen und historischen Verständigung
über Bibelkritik, die Geschichte des Christentums, den Wert
seiner Gedanken und Einrichtungen geführt haben. Gewiß
lagen hier alle jene oben genannten praktischen Motive der
Opportunität oder gar Motive politischer Art völlig ferne.
Soweit es sich aber nicht um ein Reflexlicht handelt, das geboren in den Wirrnissen der sozialen Frage und den neuen
sozialen Organisationsaufgaben (an die das katholische Ethos
so viel besser angepaßt ist als das individualistische des deutschen Protestantismus) auch die historischen Ideen und Institute der katholischen Vergangenheit bis zur Zeit der
Urkirche und Frühkirche zurück, schärfer bestrahlte und auch
protestantischerseits alles höher bewerten lehrte, was einst
analoge Organisationsprobleme bewältigt hat, war dies stärkere Zusammenkommen der Theologen und Historiker doch
vor allem durch jene innere Wandlung der deutschen liberalen insbesondere historischen Theologie bedingt, die schon im
Jahre 1908 Ernst Troeltsch in einer Arbeit „Rückblick auf
ein halbes Jahrhundert der theologischen Wissenschaft" mit

folgenden Worten charakterisieren konnte: „Sie (die neueren Theologen) betrachten den Protestantismus als das Prinzip der freien Forschung in religiösen Dingen"; „da, wo man den Protestantismus historisch nicht in diesem Sinne zu deuten wagt, da geht man auch über den Protestantismus selbst hinaus". „Damit aber hat die theologische Wissenschaft ein neues Gepräge bekommen. Sie ist in Wahrheit konfessionslos, protestantisch nur insofern, als sie die Freiheit der Wissenschaft als eine protestantische Forderung betrachtet und alle Befreiungen vom historischen Protestantismus keine Annäherungen an den Katholizismus sind. Sie hat die allgemeinen wissenschaftlichen Methoden der Schwesterfakultäten akzeptiert." Oder noch einfacher und schärfer: „Man kann die Veränderung auch so ausdrücken: die Theologie ist nicht mehr liberal, sondern wissenschaftlich." „Ob es in jeder Hinsicht ein Fortschritt ist, ist eine andere Frage." Troeltsch führt weiterhin eine „völlige Entzweiung von Wissenschaft und Praxis" im linken und mittleren Protestantismus als eine dieser Folgen an. Ich muß nun gestehen, daß ich in Fällen, da dieses rein historische Forschungsprinzip auf Positionen oder auf Werturteile führte, die den Positionen katholischer Forscher weitgehender entsprechen als die des älteren Liberalismus aus der Tübinger Schule und der später aus der Ritschlschen Schule erwachsenen Theologie, nichts weniger erblicken kann als eine konfessionelle Annäherung. Ganz abgesehen davon, daß rein wissenschaftlich theologische Vorgänge die religiös-kirchlichen Einstellungen der Gläubigen (auch noch der Theologen als Gläubiger) überhaupt nicht wesentlich abändern können — sondern auf protestantischer Seite eben nur zu jener völligen „Entzweiung von Wissenschaft und Praxis" führen konnten, von der Troeltsch spricht, kann in der Abnahme an konfessionellem oder, sagen wir besser, an jedem religiös normativen Interesse überhaupt bei der einen der in Betracht kommenden Gruppen, und kann in einer darin fundierten wachsenden Übereinstimmung mit den Positionen der katholischen Theologen kein Wachstum konfessioneller Verständigung gesehen werden. Selbst im heißesten Glaubensstreit liegt noch mehr Verständigung als in diesem rein zufälligen Sichberühren von völlig divergenten Denkrichtungen — zum mindesten die stillschweigende Verständigung, daß es überhaupt etwas gäbe, worüber hier ernsthaft zu streiten ist: Einen objektiven christlichen Wahrheitskern. Eine konfessionelle Verständigung, die auf mehr beruht als auf diesen angeführten negativen Momenten, könnte nur auf einem anderen Wege erzielt werden. Dieser Weg ist die beiderseitige möglichst tiefe und intensive Aufnahme und Verarbeitung der neuen und lebendigen Erfahrungen dieser Kriegszeit und das schöne Ringen darum, vom beiderseitigen festen Glaubensstande aus die Wurzeln der neuen religiösen und moralischen Zerfallserscheinungen abzugraben. Wer dieser Aufgabe besser angepaßt ist, wer hier mehr schenken und geben kann, der wird darin auch der anderen Konfession einen neuen Tatbeweis liefern für die Echtheit, Tiefe und Kraft seines Glaubens und seiner Christlichkeit.

5. Neue Lage und neue Aufgaben.

1. Unsere Begegnung mit den Zurückkehrenden.

Allen Fragen voran — besonders allen Fragen politischer
Art — steht die religiös-ethische: wie sollen wir denen begegnen, die aus dem Kriege zurückkehren — zurückkehren mit
aufgewühlten Seelen, auf alle Fälle gesteigerten religiös-
metaphysischen Sinnes — fragend, zweifelnd und doch mit
einem neuen Selbstgefühl durchwoben, das sich nicht durch
spitzfindige Beweise und nicht durch Forderung kindlicher
Unterwürfigkeit wird abspeisen lassen, das vielmehr männlich
von uns verlangen wird eine klare, überzeugende ernste Deutung der geschauten und gelittenen furchtbaren Realität und
Angabe von Wegen, sie zu heilen. Das ist keine Frage land-
läufiger Apologetik, sondern eine Frage der geistigen Mission des katholischen Glaubens und der katholischen Kirche.

Viele sind der Wege und Seitenwege zum wahren Glauben — so viele, als das Göttliche selbst Wege und Seitenwege besitzt, zu uns und zu unserem Herzen zu gelangen. Auch
für bestimmte historische Weltsituationen sind diese Wege
nicht die gleichen. Für diejenige Situation, in der wir uns
befinden, ist der Weg über das christliche Ethos der nächste
und gegebene. So meint es wohl auch die höchste kirchliche
Autorität, die in einer der großartigsten und tiefsten ihrer
Kundgebungen die christliche Liebesidee und ihr Ideal in
den Mittelpunkt gestellt hat. Nach Liebe hungert die Welt
wie nie zuvor und wer zu ihr die Herzen wecken, wer ihr die
rechte Richtung auf den rechten Wegen geben kann, der rechtfertigt auch den Glauben mit, der die Kraft hat, sie also

zu geben. Schon diese so einfache Tatsache gibt unserem Glauben eine besondere göttliche Mission in dieser Zeit und legt uns eine besondere Verpflichtung auf. Denn ist nicht — wie besonders Möhler in seiner Symbolik ausgeführt hat — der Wurzelpunkt der Differenz zwischen unserer und der protestantischen Auffassung der Kirche in der Heilsbedeutung gegründet, welche die Liebe im Gefüge der religiösen Akte hier und dort besitzt? Und ist es nicht für die Wiederbefreundung der Völker ebenso sehr wie für die Fortbildung des typischen Bildes des Deutschen im Bewußtsein des Auslandes, desgleichen für die Heilung der Schäden, die der Krieg in jedem Lande geschlagen hat, von der höchsten Bedeutung, daß die gewaltige Kraft, die in der rechten, von allem bloßen Humanitarismus scharf unterschiedenen religiösen Liebesidee dann liegt, wenn sie mit dem konkret zur Kirche ausgestalteten Prinzip der sittlichen Stellvertretung aller mit allen in Schuld und Verdienst vereinigt ist, sich auf eine neue Weise klar und fest sowohl in Begriffen wie in der Praxis darlege? Die Moral bloßer Pflicht, Arbeit, Pünktlichkeit, Gesetzlichkeit auf individualistischer Grundlage, die unserer Jugend, sei es in den Formeln Kants oder in anderen, bisher gelehrt und gepredigt wurde, ist nicht nur theoretisch* unhaltbar; daß sie n i c h t zureicht, das ist jetzt auch ihren früheren Bekennern fühlbar geworden. Auch handelt es sich hier nicht um unfruchtbare Ermahnungen zu einer abstrakten Menschenliebe, sondern um die Wiedergewinnung der metaphysisch-religiösen Überzeugung,

---

* Vgl. des Verfassers „Der Formalismus in der Ethik und die materiale Wertethik", I und II im „Jahrbuch für Philosophie und phänomenologische Forschung", Halle, Niemeyer 1913 und 1916.

daß Liebe auch die Urkraft ist, die den Weltzusammen=
hang trägt, daß aus diesem Bekenntnis mit Notwendigkeit
eine ganz bestimmte Kirchenidee hervorgeht, und um den wahr=
haften anschaulichen Aufweis der packendsten Beispiele von
Menschen und solchen Gemeinschaften, die nach dieser Über=
zeugung eingerichtet waren und in denen das Leben wahrhaft
also gelebt wurde.

Man gebe unserer Jugend möglichst einfache und groß=
zügige Darstellungen dieses Tiefpunktes unseres Glaubens in
die Hände und beginne alle weitere Sinneslenkung durch die
allmähliche Erweiterung der Folgerungen, die sich hieraus
ergeben. Überhaupt ist es ja von großer Wichtigkeit, daß
man in aller Begegnung mit den neu aufgewühlten Ge=
mütern nicht die abgeleiteteren Dogmen, Lehren, Gebräuche
zuerst oder doch en bloc mit den unserer Situation entsprechen=
den einfachen und höchsten Grundideen unseres Glaubens in den
Vordergrund stelle, sondern vielmehr diese einfachen Grund=
ideen selbst immer neu herausarbeite und immer nach Ab=
messung der inneren Ferne und Nähe, die jemand zu unserer
Weltanschauung schon besitzt, auch das bemesse, was ihm
ferner geboten werden soll. Stellt sich in dieser Darbietung
eine Hemmung ein — bedingt durch die tausendfältigen Vor=
urteile des betreffenden Menschen und die aus ihnen resul=
tierende Ablehnung irgendeines Punktes —, so gehe man nicht
weiter und freue sich herzlich der schon erreichten Geistes=
gemeinschaft. Jede schon vorhandene Geistesgemeinschaft,
wie partiell immer sie sei, erkenne man an und hüte sich, durch
das alte Theologenlaster der Konsequenzmacherei sogleich
zeigen zu wollen, wohin „eigentlich" die noch bestehende

Differenz führen und treiben würde. Der Katholizismus gäbe sich selbst verloren, wenn er in der Form das protestantische Prinzip in sich aufnähme, daß er sich als Protestantismus gegen die moderne Welt auftäte. Die innere, in den Seelen selbst wirksame Sachlogik unseres Glaubens ist erhaben und tief genug — ist nur einer seiner höchsten Punkte ergriffen —, um der Unterstützung durch immer neue subjektive „Beweis"= mittel eines menschlichen Lehrers nicht so stark zu bedürfen, als man häufig meint. Und die Psychologie belehrt uns, daß jeder Gedanke, zu dem ein Mensch frei sich selbst aus einer lebendig ergriffenen Grundidee heraus hingeführt fühlt, in ihm gewaltig viel tiefere Wurzeln schlägt, als der Gedanke, zu dem er, durch auch noch so bündig scheinende Beweise, sich bloß überführt sieht. Verlernen wir dabei die alte deutsche Untugend, unsere Gedanken in zu geschlossenen System= kolonnen zu entwickeln, die der Breite und Fülle der Lebens= erfahrungen der Menschen nicht gerecht werden; und auch die zweite Untugend, jedes Zusammengehen und =wirken bei nur teilweiser Geistesgemeinschaft deswegen auszuschlagen, weil eine ganze und volle unmöglich ist. Der Verfasser ist kein besonderer Freund Englands — aber hier können wir wirklich von den Engländern lernen, welche die Kunst teil= weisen Zusammengehens einer Gruppe mit einer Mehrheit von anderen Gruppen bei begleitender menschlicher Achtung der Personen und unter kluger Zurückstellung der trennenden Momente in besonderem Maße besitzen. Die zwiefache Ge= fahr endlosen Streites oder falscher Gedankenanpassung da, wo die Verhältnisse zur Einheit des Handelns zwingen, wird auch für das Verhältnis von Konfessionen durch die

306

Beachtung dieſes Prinzips erheblich vermindert. — Solches Verfahren entſpricht auch allein dem Weſen und der Wachs- tumsform der katholiſchen Kirche, ihrem grundbejahenden Charakter und der Breite ihres Fundamentes in den Dingen. Sie darf ihren erhabenen Vorzug, die ethiſch-religiöſen Ge- ſamterfahrungen und Teiloffenbarungen der Gruppen der Menſchheit weit reicher, breiter und tiefer in ſich aufgenom- men, nach dem Höchſtpunkt der Offenbarung in Chriſto ab- gemeſſen und zu ihm hinzentriert, dann aber als ſo geläutertes Nährelement in ihren großen geiſtigen Organismus hinein- gearbeitet zu haben, nicht dadurch aufgeben, daß ſie durch die Notwendigkeit, ſich von religiöſen und kirchlichen Gruppen eines weit engeren und dünneren Fundamentes abzugrenzen, auch ihr eigenes Fundament mitverengt und den Prozeß eines ferneren gleichartigen Wachstums ſelbſt unterbricht. Nur darum vermag ſie zum Beiſpiel auf die Reſultate der jungen religionsgeſchichtlichen Forſchung, vermochte ſie ſchon auf die Neuwertung der Antike in Humanismus und der deutſch- klaſſiſchen Literaturepoche mit ſo viel tieferer Ruhe zu blicken als andere Kirchen, weil ſie ſelbſt in dieſer Geſchichte zwar nicht verankert iſt, aber von ihrem göttlichen Anker aus durch ſie ſo offen und willig ſich nähren ließ. Sie könnte dies in Zukunft nicht mehr, wenn ſie, anſtatt überall das Poſitive und Gute zu bejahen, ſich verführen ließe, ſich nur reaktiv zu verhalten.

Aber zu den genannten ſpezifiſchen Punkten der Stärke und Zeitangemeſſenheit des katholiſchen Ethos gehört — immer im organiſchen Zuſammenhang mit dieſem Höchſtpunkte — noch weit mehr. Ich nenne hier nur einige, ohne die Sache

erschöpfen zu wollen. — Wir hatten — wie schon Fr. W.
Foerster in seinem Aufsatz „Christus und der Krieg" schön
und treffend ausgeführt hat — die heroischen Elemente der
christlichen Vorbilder, insonderheit diese Elemente im Bilde
Christi selbst, zeitweise zu sehr unterdrückt. Oder noch besser:
wir hatten übersehen, daß alle die spezifischen Kardinaltugen-
den und sittlichen Werte, die bei endlichen Menschen nur in
scharf gesonderten typischen und in solchen Mustern erscheinen,
die auch alle die spezifischen Fehler ihrer spezifischen Tugenden
haben müssen, zwar durch die göttliche Liebe und den heiligen
Erlöser- und Gesetzgeberberuf des Heilands einzigartig über-
ragt, neugestaltet und in ihm ihrer sonstigen spezifischen Fehler
beraubt sind, daß sie aber gleichwohl in ihm vorhanden sind,
und daß jene höchsten der Berufe und Tugenden Christi gleichsam auf den Pfosten jener menschlicheren sich organisch erheben. Es ist nun aber, wie mir scheint, geradezu ein Gesetz
des sittlichen Erkennens, daß die Nichtachtung der höheren
Zwischenwert- und Zwischenidealstufen, auf denen sich
die höchste Wertstufe und das höchste abschließende Sitten-
ideal erhebt, nicht nur zur mangelnden Würdigung von Erscheinungen führt, die eben diesen Zwischenstufen entsprechen,
sondern auch zu einer Senkung, Herabminderung, Ver-
menschlichung — in heutiger Zeit wäre sie Verbürger-
lichung — der höchsten Wertstufe und des höchsten Ideals.
Ein geistiges Auge, das in unserem Herrn den gelassenen,
sorglosen, verschwenderisch spendenden, aber auch den leiden-
starken und tapferfrohen Helden nicht gewahrt, wird — obzwar Er gar sehr viel Höheres ist und Gewaltigeres als ein
Held — auch den Erlöser und Hohepriester nicht voll gewahren.

Und ebenso kann der Erlöser für das geistige Auge nicht sichtig werden, das nicht auch den höchsten Priester, den Arzt der Seele — den „Heiland" im engeren Sinne — oder den gestrengen Herrn und Richter, oder den Künstler und Dichter in ihm gewahrt, obzwar Er gar sehr viel mehr ist als dies alles zusammen. Da nur Verwandtes sich voll zu verstehen pflegt, so kann sich unser begrenzter Blick der ganzen Fülle Seiner sittlichen Vorbildlichkeit nur dadurch leise annähern, daß man aus den Bildern und Eindrücken der verschiedenen Berufstypen immer neue Belehrung schöpft und alle diese Bilder dann zu einer gewissen synthetischen Einheit im Geiste bringt. Nicht nur das Bild, das der Held von Ihm besitzt, oder das Bild von ganzen Völkern, die einer vornehmlich heldischen Moral huldigen, ist durch das des Priesters und des homo religiosus zu ergänzen — auch das Bild des Priesters durch das Bild des Helden von Ihm. Darum sollen auch unsere Priester lernen von unseren jungen zurückkehrenden Helden, was ihnen im Krieg Jesus gewesen ist. Analog mag es zum Beispiel eine ganz besonders gefärbte Arztensgüte unseres Herrn geben, die vielleicht nur der Arzt an ihm vollständig nachfühlt. Gleiches gilt auch von den Bildern, welche die spezifisch begabten Nationen von ihm besitzen, wie vom „russischen Christus" mit seiner besonderen Art von Demut oder von jenem Christus, dem nach einem Worte Gladstones jeder zu dienen hat, der ein „echter Gentleman" ist. So fest und dauernd die Gestalt Christi für das begriffsmäßig urteilende Bewußtsein festgestellt ist — jene nur anschaulich zu fassende und zu fühlende Fülle seiner sittlichen Wesenheit vermag kein besonderer ethischer Typus, kein Berufsideal, keine Nation, keine Rasse der Menschengeschichte vollständig und adäquat zu umspannen. Trotz Seiner Unveränderlichkeit entfalten die Begabungen, Interessen, die Nöte, die Verwandtschaften mit einzelnen Zügen Seines Wesens, seitens der Menschentypen, der Berufe, der Zeiten und Völker immer neue Seiten und Ansichten, immer neue Reichtümer und Geschenke unseres Herrn. Und darum darf keines dieser Bilder so erstarrt und fixiert werden, daß es im tieferen Eindringen in Sein Wesen nicht mehr wachsen könnte. Auch darf nicht sofort „Widerspruch" genannt werden, was nur ein Wachstum unseres Anschauungsmaterials ist, nach dem wir erst unsere Urteile zu bilden haben, die sich ja allein widersprechen können. Je größer eine Zeit, aber auch je größer ihre Not, desto größer muß der fühlbare Zuwachs zum Bilde des Herrn sein — wenn anders die Zeit auf Seine Hilfe noch vertraut. Darum kann nur eine ehrfürchtigere Fernstellung gleichsam des Ganzen Seiner sittlich-religiösen Fülle, eine Zurückstellung aber zugleich zu einfacher und eingerosteter Formeln, die Ihn umschreiben oder Seine Forderungen in anwendbaren Regeln erschöpfen wollen, uns dem Kerne Seines Wesens näher führen.

Diese ehrfürchtige Fernstellung ist notwendig auch darum, weil jede Zeit neigt, nach ihrem eigenen besonderen Charakter das Bild des Herrn zu vereinseitigen. So ist gewiß, daß die jungen germanischen Völker die Neigung zeigten, Jesus unter dem Schema ihres heldenhaften Herzogsideals aufzufassen, die Gefolgschaftstreue der Mannen auch in die Nachfolgeidee mit aufzunehmen; Ihn in Epos, Lied und Malerei auch mit solchen Zügen behaftet darzustellen. Die Zeit selbst pflegt von diesen Beschränkungen und Verengungen des göttlichen Meisters durch ihre eigenen Vorbildskategorien wenig zu merken — und erst die folgende Zeit beginnt sie gemeinhin zu sehen. Es wäre undemütig, zu meinen, daß wir weniger dem Tribut der Zeit unterworfen wären als andere Zeiten — nur darum, weil uns unsere eigene Enge so wenig bewußt ist. Was unsere Vorfahren in bezug auf die Heldenattribute, die sie dem Herrn verliehen, sicher zu einseitig und zu viel taten, das taten in der langen Friedensperiode vor dem Kriege wir zu wenig. Wir neigten, Sein Bild zu verbürgerlichen und je nach dem entweder Sein Einzigartiges in der historischen Umwelt Seiner Zeit verschwinden zu lassen oder die von Ihm gepredigte Liebe zu politisch, zu sozial, zu volksapostelhaft zu fassen. „Hilligenlei", das schreckliche Buch, Uhdes Bild, die blaß=nazarenischen Auffassungen des Herrn in der Malerei überhaupt — auch häufig der kirchlichen —, die sozialistischen Konstruktionen über das Urchristentum, die Ernst Troeltsch, die ich selbst und die zuletzt Kiefl bekämpft haben, sind nur die äußersten Karikaturen dieser allgemeinen Neigung gewesen. Sie selbst war allen Gläubigen dieser Zeit mehr oder weniger eigen. Nietzsches sachlich grundverkehrte, überschießende Angriffe auf das Christentum waren von diesen Karikaturen leider ganz bestimmt. Aber auch Urteile, zum Beispiel von Fr. Paulsen, Chr. Sigwart und anderen über die „Einseitigkeit" der christlichen Moral und ihre Unfähigkeit, der „heroischen" Seite des Lebens gerecht zu werden, könnte ich anführen, die erst durch diese vorhergehende Verengung verständlich werden.

Wie es nun aber gilt, die heldenhaften Elemente, die herbe

Leidenskraft, die „Freiwilligkeit" der Ablehnung dargebotener Weltherrschaft um des Gottesreiches willen (im Unterschied vom Nicht-haben-können), die Ritterlichkeit in der Behandlung eigener Neigungen im Bilde des Herrn wieder hervorzukehren, so gilt es nicht minder, den Zurückkehrenden zu zeigen, daß dies alles nur ein über allem rohen Eudämonismus und Utilitarismus der Lebensauffassung zwar hocherhabenes Verhalten, aber doch nur die Basis ist für ein mögliches christliches Leben, ein notwendiger Stützpunkt der eigentlich christlichen Persönlichkeit im „Charakter" des Menschen — keineswegs dieses Leben und diese Persönlichkeit selbst. Heldengottheiten und Volksgottheiten stehen in einem inneren Wesenszusammenhang, — genau wie Menschheitsreligion und Erlösergottheit. Der Grundakt des Willens, aus dem der Held erwächst, ist der Akt der Selbstbeherrschung und Selbstregierung; der Werk, an den er die hierdurch gesammelten Kräfte hingibt, die Steigerung des Gesamtdaseins seines Volkes. Erst seine Selbstherrschaft und Selbstbeherrschung berechtigt ihn zum Herrschaftswillen über andere und zur Forderung ihres Gehorsams. Daß aber auch dieses herrschaftliche Wollen das Ziel eines an sich Guten in sich aufnehme, ja, daß es mehr Regungen der Neigung und des Triebes unterdrücke, die von Natur aus Richtung auf das Schlechte haben als solche mit Richtung auf das Gute, das liegt in solcher Selbstherrschaft noch gar nicht. Wo der Mensch in sich unterdrücken müsse, wo sich hingeben, was seinem Wesen nach nur einem Höheren und einer Gnade verdankt werden kann und darum von unzeitigem Wollen nur abgesperrt werden muß, das weiß der Mensch, der nichts kann als sich selbst beherrschen, noch nicht. Er kann Liebe, Mitleid, Güteregungen ebensowohl unterdrücken wie Anwandlungen der Angst, der Furcht, der Schwäche, der Faulheit. Und ebensowenig weiß der Nurheld, was denn nun mit dem gesteigerten Leben seines Volkstums anzufangen sei — wenn es da ist. Er bedarf in dem allen höherer Unterweisung. Auch der Teufel ist mehr wie bloß schwach, auch das Böse wurzelt im Willen, nicht im Triebe, und auch der Teufel könnte noch Teufel sein auf eine heldenhafte Art. Daraus folgt, daß es nun gilt, jene im Kriege so gewaltig geübte Selbstbeherrschung auf die Verwirklichung höherer als bloßer Lebenswerte (auch solche der Gesamtheit) zu beziehen, ihre neuentfalteten zentralen Energien in die Bahnen der Liebe und des Geistes zu leiten, und den trotzigen Willensstolz zu brechen, der aus bloßer Heldenhaftigkeit so leicht erwächst. Erst der im Herzen demütige Held, dessen Selbst= wie Fremdherrschaft sich im geheimen als ein heiliges Dienen weiß, und dessen Seelentiefen auch im rauhen Befehl still und voll zarter Milde bleiben — dazu immer bereit und geöffnet, das nie durch den Willen zu Erreichende aus der Höhe aufzunehmen und es zur neuen Kraftquelle auch des Willens werden zu lassen —, erst dieser ist der überbarbarische, der christliche Held.

Wie die Heldenhaftigkeit und die Selbstbeherrschung, so muß auch die solidarische Kameradschaft zwischen Offizier und Untergebenem, muß der neue Gefühlsdemokratismus mitten in der scharfen Disziplin und der Grad= und Dienstabstufung des Soldaten — der nichts mit politischer Demokratie zu tun hat — als Ausgangspunkt genommen werden für die Einbildung der über die bloß naturhafte Volkssolidarität in Kampf,

313

Leiden und Verantwortung erhabenen chriſtlichen Solidari=
tätsidee ſelbſtändiger individueller Perſonen in Schuld und
Verdienſt in die Gemüter. Gerade hier liegt ein Haupt=
punkt unſerer Stärke. Das Ethos unſerer andersgläubigen
Volksgenoſſen kennt im Grunde das regſame Gefühl einer
urſprünglichen — das heißt nicht erſt auf Verſprechungen
fundierten — Mitverantwortung eines jeden für jeden, kennt
die Idee einer organiſchen und unſichtbaren Verwebung aller
Teile der ſittlichen Welt in Zeit, Raum und darüber hinaus
im Gottesreich nur mangelhaft. Ihm iſt die Mitverant=
wortung immer erſt eine Folge von ſelbſtverantwortlicher freier
Übernahme einer fremden Verantwortung, nicht iſt ſie ein
urſprüngliches, jede Handlung und jedes Erleiden zart be=
gleitendes und alle Handlungen — eigene und fremde — über=
ſpannendes ſittliches Erlebnis, ein Erlebnis, das nur den je be=
ſonderen Punkt, für wen die immer empfundene Mitverant=
wortung gerade gilt und wofür ſie gilt, häufig ehrfurchtsvoll
dahingeſtellt ſein laſſen muß. Die Korpus=Chriſti=Idee der
Kirche — das Vorbild aller echten chriſtlichen Gemeinſchaft
überhaupt — iſt entweder durch die moderne Entwicklung zur
atomiſierten Geſellſchaft der politiſchen Demokratie aufgelöſt
worden oder — wie vielfach bei den konſervativen Schichten —
in die heidniſche Vorſtufe einer allmächtigen, zu grenzenloſer
Forderung an das Individuum befugten Volks= und Staats=
ſubſtanzialität zurückgefallen, für welche die individuellen Per=
ſonen ausſchließlich „Glieder“ ſind. Durch dieſes grundfalſche
Entweder=Oder, in das ſich die Parteien nur zu gerne teilen,
iſt nicht nur die wahre Gemeinſchaftseinheit auch unſeres Vol=
kes als Geſinnungseinheit ſtark zerbrochen worden; es wurde

hierdurch auch die Hochspannung des christlichen Lebensideals ins Bequeme und Leichte gezogen — jene Hochspannung, die gerade in der Erlebnissynthese liegt, daß wir uns gleichzeitig als freie, selbstverantwortliche, geistige, individuelle Seelen mit Ewigkeitszielen wissen, die nicht auf kumuliertem Vätererbe beruhen, sondern aus den Schöpferhänden Gottes frei hervorgehen — und gleichwohl auch als wahrhaftige „Glieder" einer sittlich und heils=solidarischen Körperschaft, deren höchstes unsichtbares „Haupt" Christus ist. Es gilt also gleichzeitig, den Individualismus der „liberal" Denkenden nicht — wie es heute so oft geschieht — zu leugnen, sondern zu vergeistigen und mit religiös=sittlichem Gehalt zu durchdringen und unter energischer Abwehr jenes bald mehr heidnischen, bald mehr modern=pantheistischen Staatsbegriffes (Fichte, Hegel, Marx) die im Kriege so stark erlebte Volkssolidarität als Unterstufe der sittlich=religiösen Solidarität der Menschheit (und jene als nur berechtigt, wenn sie durch diese tiefere Solidarität überwölbt ist) gegen den liberalen und demokratischen Individualismus festzuhalten. Eben hierzu ist jene Kameradschaft des Krieges wohl geeignet. Sie muß zunächst in das Grundverhältnis der Stände, Berufe und Klassen im Leben des Friedens hineingeleitet werden, als eine Gefühlsschwingung, die auch hier so wenig wie im Kriege diese Gruppen=, Standes= und Organstellungsunterschiede der Menschen im Staate aufheben, gleichwohl aber die im Kriege so stark erlebte Stellvertretung im Tod, Leiden und im Dienen an dem Ganzen auch in Schaffen und Arbeit bewahren soll. Vom „Kameraden" zum frei die Verantwortung für das Ganze auf sich nehmenden und in jedem Schritt empfindenden Bürger und

„Volksgenossen" und von diesem zum „Bruder in Gott" führen Stufen, die in ihrer Rangverschiedenheit weder übersehen noch in der Weise übersprungen werden dürfen, als könnte man sofort die letzte Stufe erklimmen. Das kann man nicht! Dieser Sprung mißlingt so sehr, daß er den ganzen Menschen sicher unter die zweite und erste Stufe zurückfallen läßt.

Aber die spezifische Kraft, die unser Glauben der sittlich-religiösen Solidaritätsidee bei gleichzeitiger Festhaltung des Ewigkeitssinnes der persönlichen Individualität besitzt, ist dadurch nicht erschöpft. Dieselbe Idee und die Gefühlskraft, die sie trägt, ist gemäß der besondern Güterarten, welche die an Umfang verschiedenen menschlichen Gruppen zusammenschließen, in abgestufter Weise auf alle Gruppen auszudehnen. Zunächst auf die Völker und Nationen. Hier wird sie wie von selbst zum Prinzip des Zusammenklanges und der Achtung der Völkerindividualitäten, ihrer Freiheit und Selbständigkeit. Jedes Volk ist für das Ganze der solidarischen Menschheitsaufgabe unersetzlich und einzig in seiner Art. So lautet das schon im ersten Teile genannte Prinzip kosmopolitischer Ergänzung aller Anlagen und Leistungen. Das ist nicht eine opportunistische „Verbindung" des nationalen mit dem „internationalen" Gedanken, das ist ein drittes, selbständiges Prinzip, das jene beiden zu bloßen Teilwahrheiten herabsetzt. Indem wir es den Zurückkehrenden lebendig entwickeln werden, werden wir den schönsten Beruf betätigen, der gerade unser nach dem Kriege wartet: der furchtbaren, gerade uns doppelt spürbaren moralischen Isolierung unseres Volkes entgegenzuarbeiten, die der Haß einer Welt um dieses Volk gezogen hat. Es sei hier

nicht unterſucht, ob es ein Zufall oder eine tiefere Notwendigkeit
iſt, daß die deutſch-katholiſche Bevölkerung zu einem erheblichen Teile mit denjenigen ethniſchen und territorialen deutſchen Bevölkerungsteilen zuſammenfällt, die der Haß des
Auslandes nur begleitend, nicht zentral getroffen hat. Auf
alle Fälle erleichtert uns dies und gebietet uns dies dieſe
ſchönſte Aufgabe. Ihre ernſte Inangriffnahme iſt aber nur
möglich, wenn wir — immer auf der unbedingten Grundlage
des Vertrauens und Glaubens an unſer Volk und den guten
Kern ſeiner Staatseinrichtung — gleichzeitig nach außen
und nach innen operieren. Bloße Rede fruchtet nach außen
nur wenig. Frucht bringt nur, daß wir in allen grundlegen-
den Richtungen, die das Bild des deutſchen Menſchen
in der Welt beſtimmen — im Ausland ſelbſt wie an den
Grenzen unſeres Landes —, unſere Art, unſer Ethos, unſeren
Geiſt unter ſtrengerer Feſthaltung ſeines Eigentümlichen als
vor dem Kriege und weniger mitgeriſſen durch die norddeut-
ſche hochkapitaliſtiſche Entwicklung weit ſchärfer zur Erſcheinung bringen als bisher. Nicht die Inhalte unſeres
Glaubens — was wir nicht fordern dürfen —, aber die katholiſche Lebens- und Kulturform, die beſondere Stilform katho-
liſcher Menſchlichkeit, ihre größere Weitherzigkeit, Milde,
Weichheit, Friedfertigkeit — ſagen wir ruhig auch ihr ſo oft
auch in unſeren eigenen Reihen als „Inferiorität" beklagtes
gemilderteres Tempo im Arbeits- und Emporkömmlingswillen,
ihre tiefere, hingegebenere Weltfreudigkeit und ihre heitere
Harmonie, ihr konkreterer Realismus gegenüber den abſtrak-
ten Ordnungs- und Einheitsgedanken, ihre volksverwurzeltere
Naivität und ihre vertraulichere, unbekümmertere Art, aus

lebendigen Traditionen heraus resolut zu leben, und das Ge= wachsene immer mehr zu lieben als das, wenn auch noch so klug, Gemachte —, diese und jene noch weniger in Begriffen faßbaren Züge des katholischen Wesens dürfen nicht wie bisher fast unsichtbar neben dem repräsentativen Deutschtum und seinem Geiste stehen, sondern sie müssen sich ihm wahrhaft so einweben, daß sie auch in seinem Gesamtbilde, in Insti= tutionen, Werken, Waren, daß sie besonders im Umgang mit dem Ausland und der Verwaltung angrenzender Länder fühlbar werden. Soll dies möglich sein, so müßten wir uns dieses unseres menschlichen Stilgefüges und seines besonderen Wertes auch wieder schärfer bewußt werden und müssen dieses Gefüge als Ideal auch festhalten da, wo es in manchen Dingen, die in Deutschland vor dem Kriege am höchsten im Preise standen, zur sogenannten „Inferiorität" führt. Ja, wir müssen einmal die Ideale und Maßstäbe, bei deren Vor= aussetzung das Urteil „Inferiorität" erst einen Sinn gewinnt, energisch in Frage ziehen, die nicht immer für ihren Wert allzu vielversprechende historische Herkunft dieser Ideale aufdecken und eventuell diese Ideale, nach denen wir „inferior" wären, nicht aber unsere sogenannte Inferiorität, ruhig aber scharf bekämpfen. Die einzig mögliche „Inferiorität" für eine Gruppe kann doch nur sein, daß sie nicht nach dem Stile ihrer Ideale lebt, nicht aber daß sie nicht nach fremden oder solchen lebt, denen sie sich unwillkürlich anzupassen vielleicht nur zu geneigt war. Soll dieser Prozeß einer schärferen Selbstscheidung vonstatten gehen, so gebietet aber auch echte Vaterlandsliebe, daß wir das Märchen zerstören, es sei aus= schließlich nur „Neid auf die deutsche Tüchtigkeit" usw.,

318

dazu nur Irrtum und Mißverständnis, was den Haß einer ganzen Welt gegen uns hervorrief. Ganz abgesehen von allen besonderen Gründen verbietet uns allein schon das sittliche Solidaritätsprinzip anzunehmen, es sei die ganze Welt von nichts als Neid, von nichts als sittlicher Täuschung erfüllt. Dazu legen wir, wenn wir von Neid sprechen, der Welt eine Art von ausschließlicher Schätzung dieser „Tüchtigkeit" unter, die ja ein Gefühl des Neides erst möglich machte, die sie aber faktisch weit weniger besaß und besitzt, als wir uns in unserem Subjektivismus häufig einbilden. Es ist ganz richtig an der Neidthese, daß ein großer Teil der Völkerwelt das Gefühl hatte, mit dem besonders hervorstechenden Typus neu=nord= deutscher Tüchtigkeit und im Falle der zunehmenden und noch gesteigert gedachten Weltgeltung seiner Anforderungen an Arbeit, Ordnung, Genauigkeit, Pünktlichkeit, Anpassungs= fähigkeit an fremde Bedürfnisse usw., seiner Maße auf allen Gebieten des Lebens nicht konkurrieren zu können und dahinter „inferior" zurückbleiben zu müssen. Neid aber ist das noch nicht. Ich kenne ganze Rudel von Menschen, mit denen ich an solcher „Tüchtigkeit" nicht nur nicht konkurrieren kann, sondern auch gar nicht konkurrieren will, ohne sie im minde= sten zu beneiden. Manche von ihnen bedaure ich sogar trotz, ja ein wenig wegen ihrer „Tüchtigkeit", deren Exzeß sie hin= dert, auch noch tugendhaft und weise zu sein. Man braucht nicht immer konkurrieren zu können und zu neiden, wenn man bei erzwungener Konkurrenz schlecht abschneidet. Es ist auch möglich, daß man neidlos nicht konkurrieren will, dar= um aber folgerichtig bei erzwungener Konkurrenz den Konkur= renten nicht überflügeln, sondern den Zustand, konkurrieren zu müssen, beseitigen wollen muß. Geben daher auch wir, deren Ethos uns erlaubt, hier das Ausland etwas besser zu verstehen als diejenigen Volksgenossen, deren etwas eingeschränkte und vermauerte Selbstgefälligkeit sich immer nur beneidet wähnt, dieser Tüchtigkeit denjenigen Wert, der ihr gebührt — aber auch nicht mehr. Und dann sehen wir soweit auf unsere Geschichte, um genau wahrzunehmen, daß die sittlichen und geistigen Anlagen unseres Volkes doch ganz erheblich reicher sind, als daß sie durch den kategorischen Imperativ plus dieser Tüchtigkeit gedeckt werden können; und daß die Einseitigkeit dieses Bildes, das die Welt von uns besitzt, nicht ausschließlich im schlechten Sehen, sondern auch darin gegründet ist, daß die Entwicklung des modernen Deutschlands viele dieser ethischen Anlagen unseres Volkes nicht gerade unterdrückt, aber doch bis zur Unsichtbarkeit verborgen hat. Aus dem vielstimmigen Chore der deutschen Stämme, der deutschen Kirchen, der Stände und Berufe usw. klangen die Töne eines fast grotesken einseitig ökonomischen Arbeitsernstes mit oft unmotiviertem Säbelgerassel gemischt und begleitet von dem schrillen Geklimper einer national unselbständigen, sensationell aufgeputzten Literatur und Kunst so auffällig und aufdringlich heraus, daß diese unmusikalische Musik wahrlich kein Herz gewinnen konnte, geschweige andere Völker zur Nachfolge auffordern. Das Vornehme in Deutschland und die so gewaltige Fülle dessen, was sich in Kontinuität mit der ebenso zarten als erhabenen Seelengeschichte unseres Volkes wußte, schlich still, unerkannt und ungewertet jenseits dieser Aufgeregtheit einher und begann schon in der Gefahr, es mit der deutschen Öffentlichkeit, sei es pro, sei es contra zu

320

tun zu haben, eine Kalamität zu sehen. In kleine und immer schärfer sich vom Markte absperrende Kreise flüchtete auf allen Gebieten jenes Gute, das die bloße gnadenlose Tüchtigkeit hätte begnaden, adeln und liebenswert hätte machen können. Geist und Bildung (zum Beispiel auch unsere Universitätsgelehrten) zogen sich aus dem politischen Leben, die höhere Dichtung aus dem kapitalistisch gewordenen Theaterwesen zurück. Diesem schroffen Dualismus von Arbeit und Seele haben wir wiederum das Solidaritätsprinzip und den Gedanken ihrer beiderseitigen Durchdringung unter Führung der Seele entgegenzuhalten, und zwar nach allen Richtungen: Volklich (Deutsches Reich — Österreich), stammhaft (Südwest — Nordwest), konfessionell und beruflich. Die eifersüchtig verängstigte Abschließung aber fast aller feineren Geister in Wissenschaft, Kunst, Religion vom Volkstum und von einer nur mehr automatisch arbeitenden Öffentlichkeit, — eine Haltung, die jetzt den Wert stolzer Vornehmheit trägt, muß den Unwert demutloser verwegener Selbstgerechtigkeit aufgeprägt erhalten. Das Bewußtsein, welche Opfer, welche Entsagung die breiten Massen und die Führer der ökonomischen Arbeit zu bringen haben, damit es den freien geistigen Berufen ermöglicht werde, zu sein, wie sie sind, zu leben, wie sie leben, muß deren Vertreter durchdringen. So wie weiland Kant, als er zum ersten Male Rousseau las und sich ernst und gewissenhaft frug, welches Recht er denn habe, in einer Welt, die dreiviertel aller menschlichen Kräfte bloß zur Lebenserhaltung und zum negotium aufbraucht, das otium des Philosophen pflegen zu dürfen, müssen auch unsere Träger höchster Kultur einmal lernen, ihre Existenz problematisch zu ſetzen. Jener ſelbſtgenügſamen Arbeitstüchtigkeit aber muß gezeigt werden, daß das Chreſimon ohne das Kalon und ohne freien Aufſchwung der anbetenden Seele zum Höchſten den Sinn keines lebenswürdigen, menſchlichen Lebens erſchöpfen kann, daß ferner die Kunſt, ſich auf edle Weiſe zu freuen und die Welt zu genießen, nicht minder gelernt, geübt und einer inneren Erziehung und Kultur unterworfen werden muß als die Kunſt zu arbeiten und Geld zu verdienen; endlich, daß ein grenzenloſer, ausſchließlich ſachlich durch die Forderung des Amtes oder des Geſchäftes beſtimmter unmenſchlicher Arbeits= und Pflichteifer wenig bewundernswert iſt, daß er vielmehr höchſt lächerlich iſt — ein Skandalon vor den Weiſen und Religiöſen aller Zeiten —, mindeſtens ſo lächerlich, als der Epikureer verächtlich, der ſich durch ſeine Genußſucht um die Freude bringt, und pſychologiſch nur erklärbar daraus, daß in einem armen, dürftigen, Bewunderung und Liebe wenig erweckenden Lande, eine verwickelte Geſchichte einen Volks= typus ſchuf, der die Form ſeines zwar einſeitigen, aber an ſich herrlichen heroiſchen Ethos eines unbedingten Ordnungsgeiſtes und Staatsſinnes vermöge einer tief einſchneidenden Wand= lung der Zeit (die den ökonomiſchen Wert über die politiſchen und ethiſchen Werte des Staates ſetzte), auf Inhalte und Gegenſtände der Betätigung übertrug, die den relativen Selbſt= wert politiſcher Werte nicht entfernt beſitzen und die nichts ſind, wenn ſie nicht auf den Menſchen und auf die Be= förderung ſeines Glückes zurückbezogen werden. Mit dem= ſelben inneren Pathos und der leidenſchaftlichen Unbedingt= heit, mit der ſtolzen Gleichgültigkeit gegen Leben, Wohl, Glück, mit denen Kleiſts Prinz von Homburg in den Kampf zieht, kann man unmöglich — Würste und Semmeln machen wollen, wenn man nicht selber grotesk-komisch und ob der kapital-enorm-kolossalen Wurstleistung, mit der kein anderer Wurstmacher konkurrieren kann, allen Wurstmachern der Erde hassenswert erscheinen will. Überhaupt muß der Geist des „Kapital-enorm-Kolossalen" aus unserer Gesamterscheinung etwas zurücktreten. Und dazu ist als Erstes nötig, daß wir die machbaren und unmachbaren — im höchsten Falle in ihrem Wachstum liebevoll pflegbaren Dinge erheblich schärfer voneinander unterscheiden lernen. Ob wir auf so verschiedene Sachen blicken wie die Erörterungen über Bevölkerungspolitik von rechts und links (man denke nur an die schauderhafte Drohung mit dem „Gebärstreik" vor dem Kriege, durch die man einer gleich schauderhaften, einseitigen staats- und industrie-politischen Abzweckung des immer neuen Wunders der Menschengeburt begegnen wollte), oder ob wir den Blick auf unsere Verwaltungs- und Sprachenpolitik in Polen, Dänemark und im Elsaß richten, ob auf manche Züge der verflossenen Außenpolitik (Panther), ob auf die Formen, wie man deutschen Geist künstlich zu verbreiten gedachte (Austauschprofessuren), ob auf unsere Kolonisationsmethoden, ob auf unsere vielen neuen Religions„gründer" und Schulübermenschen, ob auf die vermeintlich kulturgestaltende (!) Absicht mancher unserer Verleger, ob auf weitverbreitete Anschauungen über die vermeintlichen, nur wieder durch Gewalt faßbaren Gewaltkräfte, die das englische Weltreich schufen — immer wieder dieselbe Erscheinung, Unmachbares machen zu wollen, nur Quellendes und Wachsendes „gründen" zu wollen (wie schrecklich schon der Ausdruck Reichs„gründung"!),

21*   323

oder fremdes Gewachsenes auf diese unsere neumodische Art als gegründet und gemacht anzunehmen —, überall jene primitiv-jugendliche Wollens-Tuns-Gewalt-Überschätzung, die auch Ruedorffer in seinem Buche so treffend gegeißelt hat. Überall das Verkennen des alle Kulturverbreitung leitenden Gesetzes von einladendem Vorbild und unwillkürlicher, durch einen Zug der Seele bestimmter Nachfolge, überall der Mangel an Sinn für die Indirektheit des Wirkens, an die sich das Werden gewisser Güter allein knüpfen kann und die dann folgende Verwunderung, daß es auch trotz der kapitalsten Willensanstrengung — „nicht geht". Ach, nur wegen dieser Willensanstrengung, dieser ewigen Hochspannung auf nur durch willentliche Nichtintention zu Erreichendes, wegen dieses mangelnden Sinnes für Geschenk- und Gnadenhaftigkeit alles Besten in dieser Welt, „geht" es so oft nicht!

Diese einseitige norddeutsche Energieanspannung des rationalen Willens hat Gewaltiges und dauernd Vorbildliches auf dem Boden unseres Staats-, Wirtschafts- und technischen Lebens geschaffen — aber sie hat in den Dingen und dem Wesen gewisser für ein Volk unentbehrlicher Werte ihre strenge Grenze. Nimmt sie die ganze Seele in Beschlag, färbt sie ab auf immer weitere Teile der deutschen Bevölkerung, so muß sie langsam den Blickpunkt der Gesinnung wider die beste Absicht der Menschen und sogar entgegen ihrer vielleicht ideal gerichteten Weltanschauung auf immer niedrigere und niedrigere Schichten des Daseins und der Welt der Werte hinlenken. Denn das ist ein Gesetz unseres Lebens, daß die Dinge, je höher sie in der Ordnung ihres Ranges stehen, unmittelbarer Herstellbarkeit durch den rationell bestimmten Willen um so weniger fähig sind. Glaube, Liebe in den Seelen, die Schönheit von Wald und See, die Heiligkeit, die Harmonie, die Heiterkeit der Existenz, ein Gebet, das sich zum Herrn hinaufschwingt und sein Ohr fühlbar erreicht, der Genius und sein aus ihm drängendes Werk, Kindersegen — alles, worin wir unser Dasein enden und abschließenden Sinn gewinnen fühlen —, sogar die froh= gespürte Kraft unseres rationellen Willens selber noch be= dürfen zwar eines wollbaren Systems von Vorkehrungen, welche Verhinderungen und Störungen des Werdens dieser Dinge abhalten, sie selbst aber kommen ungerufen, „Kindern Gottes gleich", wie Goethe sagt, und der Magier, der alles dies herbeizitieren möchte, stört vielmehr ihren Weg zu uns. Nur die untere Welt des Mechanisierbaren ist dieser Art willensmäßiger Faßbarkeit und künstlicher „Organisation" völlig fähig: so der Drill, nicht aber die Erziehung, die drei= viertel von der Vorbildhaftigkeit des Erziehers lebt; so der Fortschritt gemäß einer Methode in den Wissenschaften, nicht aber das Auffinden der Methode selbst und ihr Geist; so die Verfassungsgesetzgebung im Staate, nicht aber die freie nach Verantwortung dürstende oder sie ängstlich meidende kritiklüsterne Gesinnung, die sich ihrer bedient. Mag nun auch unter den deutschen Katholiken, schon infolge ihrer Über= politisierung, die nicht immer so „königliche Kunst" des Wol= lens stark überschätzt worden sein, so ist doch die Fülle der Punkte des äußeren und inneren Universums, welche katho= lischer Weltanschauung noch für pflegbares Leben und Wachs= tum, für Geschenk und Gnade, für Wunder und Zufall durchlässig erscheinen, von Hause aus größer und mannig=

faltiger über die Welt verstreut als dies bei der Weltanschau=
ung anderer Gruppen der Fall ist. Es ist nur not, daß wir
diese Tatsache auch schärfer in die Erscheinung treten lassen,
daß wir Liebe und Kontemplation, die sich mit dem Gehalt
und Sinn der Dinge befruchtet und in ihr Wesen eindringt,
dem Hypervoluntarismus und dem rationalistischen Bestreben,
die bunte Welt in das Rechenexempel eines geschlossenen be=
herrschbaren Kausalnetzes aufzulösen, überall entgegensetzen.
So in der Philosophie und den Wissenschaften, deren ge=
heimer jüngster Zug von selbst in diese Richtung zielt, so in
Staat, Verfassung und Sitte. Urgegebene oder orga=
nisch gewachsene Weltelemente zu bewahren vor
rationaler Unifizierungswut (sie bedrohe nun Nationen
und Sprachen, oder die Stämme und Bundesstaaten in
unserem Reiche) — das ist eine Formel, unter die sich vieles
bringen ließe, was wir zu tun haben.

Ein zweiter spezifischer Kraftpunkt unseres Ethos wie unserer
Ethik kommt hinzu: die Idee der Abstufung der Welt=
güter. Die Verschiebung des alten herrlichen preußischen
Staats= und Sachgeistes auf grenzenlose, wirtschaftliche Ar=
beit und Geldverdienen der Individuen, die unserem nord=
deutschen Kapitalismus das Spezifische gibt — sowohl den
Zug edlen Pflichtgeistes wie seine geheime groteske Donqui=
chotterie —, wäre nicht möglich gewesen, wenn der Gedanke
einer hierarchischen Abstufung der objektiven Werte
(und ihr folgend' der objektiven Güterwelt) nicht durch ein rein
subjektives Gesinnungsethos und durch die falsche Lehre, es
komme bei allem sittlich bedeutsamen Tun nur und ausschließ=
lich auf das Wie und gar nicht auf das Was an, fast völlig

verdrängt worden wäre. Auch die Standesidee verlor damit ihre tiefere Verwurzelung. Denn nur dann läßt sich der Charakter einer grenzenlosen Pflicht nicht jedem beliebigen Inhalt, zum Beispiel auch dem Geldverdienen oder der Erzeugung von Nähnadeln aufdrücken, wenn es ein dauerndes Maß auch für die Ordnung und Rangabstufung des materialen Lebens= und Kulturgehaltes eines Volkes gibt und wenn bei abirrenden oder einseitigen Entwicklungen des Volkslebens eine Berufung an dieses Maß erlaubt ist. Der urkatholische Gedanke solcher Abstufung und die alle Besten — nicht nur unseres Volkes, sondern ganz Europas — beherrschende Idee, daß die Zukunft nicht mehr der bloßen Entfaltung maximaler, individueller und rationaler Kräfte und Leistungen gehören werde, wie in dem die Neuzeit beherrschenden liberalen Konkurrenzsystem, sondern der Idee einer organisatorischen Bemeisterung dieser Kräfte und der Idee ihrer Unterwerfung unter ein konkretes sittliches Volks= und Gesamtideal, ziehen sich gegenseitig an und gehören innerlichst zusammen. Die besondere Ausprägung, die dieser Gedanke im Thomismus gefunden hat, eine Ausprägung, welche die mittelalterliche Standesordnung und ein vorwiegend agrarisch=handwerkliches Dasein zur Voraussetzung hat, entspricht freilich nicht mehr den Aufgaben unserer Zeit. Um so mehr entspricht ihnen der aller katholischen Ethik zugrunde liegende Gedanke einer solchen objektiven, an sich gültigen Abstufung der Güterwelt überhaupt, und einer ihr entsprechenden dauernden Ordnung der menschlichen Stände, Berufe und Gruppen. Nur unter der Voraussetzung dieses Gedankens kann ein ernster Versuch, die atomisierte moderne

Gesellschaft wieder zu organisieren, ihr ein dauerndes Haus ihres Lebens zu zimmern, und zwar nach allen Richtungen hin, angefangen von dem Gewerkschafts= und Genossenschafts= wesen, den Trusts und Syndikaten bis zur übernationalen Organisation der Staaten — ein sinnvolles Bestreben sein. Nur unter dieser Voraussetzung kann auch das zerrissene metaphysische Kontinuitätsgefühl des Menschen zwischen seiner besonderen Tätigkeit in Beruf, Arbeit, Lebensgenuß und der Weltordnung samt ihrem Schöpfer wiederhergestellt werden. In einer unter Inspiration des religiösen Gedankens organisierten Menschengemeinschaft hat die kleinste Arbeit eines jeden einen weit über ihren unmittelbaren Zweck und die individuelle Absicht des Einzelnen hinausgreifenden fühlbaren Sinn. Er weiß sich in ihr einen geheimen Befehl vollstrecken, der durch die verschiedenartigen Gesamtheiten, denen er an= gehört — Stand, Berufsgemeinschaft, Volkstum, Nation usw. — mit verschiedener Stärke hindurch ertönt, der aber seinen letzten Ausgangspunkt im Gesamtsinne hat, den Gott, der Herr dieser Weltordnung, gegeben hat. Dieser Sinn und diese höhere Weihe der Arbeit ist dem modernen Men= schen verloren gegangen und damit ein Weltsinn seiner Arbeit überhaupt. So steht er neben der Welt, in seine subjektiven Zwecke verstrikt, die sich immer anarchischer widerstreiten — nicht wahrhaft in der Welt. Wir Deutschen sind in das System der freien Konkurrenz im Innern des Staates weit mehr durch die nationale Konkurrenz mit anderen Nationen (besonders mit England), in denen dieses Prinzip historisch schon viel früher ausgebildet war, langsam hineingezogen worden, als daß es sich aus unserem deutschen Wesen selbst

heraus entfaltet hätte. Deshalb verlor bei uns auch die öko=
nomische Bemühung des Einzelnen — und dies gerade in den
höheren, verantwortungsvollen, führenden Unternehmerschich=
ten — bis heute nie ganz jenes begleitende Gefühl eines Amts=
und Dienstcharakters an das höhere Volksganze, ein Gefühl,
das auch Nationalökonomen wie Rodbertus, A. Wagner,
Sombart, Jaffé und andere so scharf hervorhoben. Das
deutsche Wesen und der katholische Gedanke haben hier eine
tiefe ursprüngliche Formverwandtschaft. Nur wird
auch dieser schöne deutsche Vorzug zu einem Nachteil, näm=
lich zu einem gleichsam automatischen und versachlichten und
darum noch unbegrenzteren Mammonismus, wenn er nicht
mit dem Gedanken der Wertabstufung der Güter und der
Organisation der Stände und Berufstätigkeiten verbunden
ist. Daß wir solches Ethos und solche Ethik der Abstufung
der Güter wiederfinden sollen, ist heute auch von Philosophen
(zum Beispiel von O. Külpe) und von protestantischen Theo=
logen wieder anerkannt worden. Unter den letzteren ist es
Ernst Troeltsch, der ausgezeichnet auseinandersetzt (siehe dessen
„Grundprobleme der Ethik"), wie sachlich unmöglich es ist,
die evangelische Sittenlehre mit Hermann und anderen auf
eine autonomformale, rein subjektive Gesinnungsethik zurück=
zuführen, und ihr reiches, lebendiges, vom Dreigestirn der
Gottes=, Selbst= und Nächstenliebe bestrahltes Inhaltsgefüge
auf jenen leeren, öden und übersteigerten Pflichtgedanken zu
reduzieren, mit dem Kant edle, aber sehr einseitige und für
das Ganze des Menschenlebens völlig unzureichende typische
Züge des Preußentums (besonders Friedrichs des Großen)
apologetisierte, und diesem ganz eng historisch und lokal be=

dingten Ethos den Schein eines Gebotes der „reinen Ver=
nunft" selbst gegeben hat. Troeltsch hat an der gleichen
Stelle gleichfalls eine solche Güterabstufung gefordert — frei=
lich ohne dabei über den historischen Relativismus hinaus zu
gelangen. Troeltsch selbst sieht auch ein, daß „eine solche
Lösung des Problems sich in mancher Hinsicht der katholischen
annähert" („Ges. Schriften", 2. Band, S. 667), und er
findet, daß die augustinisch=neuplatonische Idee einer Stufen=
folge der Güter einen Hauptvorzug der katholischen Ethik
ausmache. „Dadurch gewann und besitzt die katholische Ethik
eine Beweglichkeit, Anpassungs= und Nüancierungsfähigkeit,
die die protestantische Ethik bei ihrer Egalisierung der sittlichen
Forderung und bei ihrer Individualisierung durch den bürger=
lichen Beruf nicht besaß. Diese hat dadurch an Strenge und
Ernst, an bürgerlicher Leistungsfähigkeit gewonnen, aber sie
ist eben damit auch etwas nüchtern und ganz überwiegend
bürgerlich geworden." (A. a. O.) Durch eine innige Ver=
knüpfung des Abstufungsgedankens der Güter und Berufe
und des Solidaritätsgedankens wird es auch allein möglich
sein, für die Lösung unserer wirtschaftlichen, sozialpolitischen
und wirtschaftspolitischen Aufgaben ein höchstes Urteilsprinzip
zu finden. Keine größere Gefahr liegt heute vor, als die
immer weiter sich ausbreitende Meinung, es könne und solle
ein noch dazu im Kriege und durch den Krieg geborener
Staatssozialismus im Frieden bestehen bleiben, ja noch er=
weitert werden; und es läge, sofern dies geschehe, darin ein
Mittel, die Wunden zu heilen, die der Kapitalismus auch
unserem Volke physisch und moralisch geschlagen hat. Sehen
wir von der weltwirtschaftlichen und regierungstechnischen

Unmöglichkeit der Sache hier ab, so ist schon dies ein radikaler Irrtum, daß Staatssozialismus als solcher, das heißt Vermehrung der Staatsbetriebe, irgendwelche Gewähr dafür sei, daß diese Betriebe in weniger kapitalistischem Geist, das heißt weniger im Geist grenzenlosen Mehrhabenswollens betrieben würden als Privatbetriebe, und daß solcher Staatssozialismus — zumal wenn er aus einer durch den Krieg noch gesteigerten Herrschaft der auch vorher herrschenden Klassen von oben „gemacht" wird — einen stärkeren Ausgleich der Besitzunterschiede herbeiführen müsse. „Kapitalismus" bedeutet weder die naturnotwendige Phase einer ökonomischen Gesamtentwicklung, noch eine vorwiegende Art der technischen und kooperativen Gütererzeugung (durch Maschine und bestimmte Betriebsformen, das heißt Industrealismus), noch eine Form der öffentlichen Rechtseinrichtungen (freie Konkurrenz im Gegensatz zu Staatsbetrieb). Das Wort bedeutet primär allein ein bestimmtes Wirtschaftsethos und die Herrschaft eines bestimmten Menschentypus, der es trägt. Darum kann auch ein Staat — sofern er durch diesen Typus vorwiegend repräsentiert ist — selbst genau so kapitalistisch gesinnt sein, wie andrerseits der Einzelne zu anderen Zeiten nicht kapitalistisch gesinnt war. Zum Solidaritätsprinzip aber verhält sich der Staatssozialismus prinzipiell so, daß er — wenigstens in gesteigerter und systematischer, nicht bloß beiläufiger Form verwirklicht — als eine furchtbare, alle individuelle Freiheit und Regsamkeit, alles kraftvolle und hohe Gefühl der Selbstverantwortlichkeit aufsaugende bittere Medizin für gewaltige, unerträgliche Schäden nur da notwendig werden kann, wo das Wirtschaftsethos von allem

331

Solidaritätsgefühl und -bewußtsein völlig entleert worden ist; wo darum nur noch die Form des Staatszwanges und die rationale Gesetzesform imstande sind, diejenige Mitberücksichtigung des Allgemeinwohles zu erzwingen, die in einem durch das Solidaritätsprinzip und -gefühl bewegten Wirtschaftsganzen die Kraft dieser ethischen Arbeitsbeseelung aus sich heraus und ohne Staatszwang herbeiführt; und zwar so herbeiführt, daß sich die diesem Gefühle folgenden, durch es gespeisten Wirtschaftssitten von unten her in freien Genossenschaftsbildungen des Berufes, der Produktion und Konsumtion und in deren Rechtsbildungen niederschlagen. Ein unitarischer Reichsstaatssozialismus ist also gerade vom Solidaritätsgedanken aus, von der in ihm festgehaltenen individuellen Selbstverantwortlichkeit und Eigenart auch des ökonomischen Individuums aufs allerschärfste zu bekämpfen. So würden wir der „Bienenstaat" ja wirklich werden, den schon jetzt das Ausland als eine furchtbare Karikatur von uns malt. Die indirekten Folgen des Geistes-, Glaubens- und Gemütszwanges, den solche noch fernere Übersteigerung des modern zentralisierten und durch den Krieg noch neu zentralisierten Staates im Gefolge hätten, wären gar nicht abzumessen — und dies um so weniger, als die Klassen und Gruppen, aus denen die Funktionäre dieser neuen Staatsaufgaben notwendig zu entnehmen wären, doch wohl nicht nur als ökonomische Fachleute und Techniker, sondern als ganze Menschen mit all ihren spezifischen Vorurteilen ihre Tätigkeit ausüben würden. Wenn wir darum in einem übersteigerten Staatssozialismus die Heilung der vom kapitalistischen Ethos zerfressenen europäischen Gesellschaft nicht zu sehen vermögen, sondern bloß eine Übertragung dieses Ethos auf den Staat, so ist es nur um so mehr notwendig, daß der Katholizismus aus den Tiefen seiner Weltanschauung eine eigentümliche, sowohl theoretisch wie praktisch nach allen Richtungen wohlabgewogene Stellung zur Gesamterscheinung des Kapitalismus gewinne. Es wird also auch nötig sein, daß man sich in strengerer, gründlicherer, radikalerer Weise als bisher mit dieser Gesamterscheinung und mit den mannigfachen Hypothesen auseinandersetze, die zu ihrer geschichtsphilosophischen und historischen Erklärung seit Karl Marx von Gelehrten wie Max Weber, W. Sombart, Franz Oppenheimer, W. Rathenau, E. Jaffé usw. aufgestellt worden sind. An dieser Stelle auf diese weitschichtige Frage einzugehen, ist nicht möglich. Nur von der Gewinnung der geistigen Disposition, es ernsthaft zu tun, sei hier einiges gesagt.

Wenn ich meinen Eindruck des bisherigen Gesamtverhaltens (des praktischen und theoretischen) der deutschen Katholiken vor dem Kriege, auch der katholischen Gelehrten und Politiker zum Kapitalismus in einige Schlagworte zusammenfassen darf, so möchte ich sagen: Sie war zu opportunistisch, sie ermangelte eines genügenden inneren geistigen Abstandes zu dem Eigentümlichen des Kapitalismus in seiner historischen Ganzheit, ein Abstand, der freilich nur erwachsen kann erstens aus der vollen Erkenntnis des Kapitalismus, zweitens aus dem tiefen, auch gedanklich, religiös, philosophisch und historisch unterbauten Bewußtsein und Gefühl, daß er dem Christentum, der Kirche, der katholischen Weltanschauung und ihren Wurzeln als etwas Fremdes, Anderes und im Kerne ganz Unversöhnliches gegenübersteht; daß Katholiken, die als solche ihren Glauben und ihr Ethos auch leben und breit und stilvoll darstellen wollen, in einem Leben unter der Herrschaft des kapitalistischen Ethos und des aus ihm hervorgegangenen Kultursystems nur wie in der Fremde leben können und nie in seinem Gehäuse sich wahrhaft wohnlich einzurichten vermögen. Weiter finde ich in diesem Gesamtverhalten eine mangelnde Erkenntnis des systematischen Charakters des kapitalistischen Lebenssystems, das heißt der inneren notwendigen Abhängigkeiten, die zwischen seiner ökonomischen Seite, der aus seinem Ethos hervorgegangenen Weltanschauungstendenz, seinem Verhalten zur Religion, seiner gesellschaftlichen Gliederung, seiner Wissenschaft und seiner Kunstideale, seiner Auffassung des Geschlechtslebens bestehen, — der Tendenz nach auch da bestehen, wo sich einzelne Gruppen und Individuen von der Auswirkung solcher Tendenzen freihalten. An Stelle dieser Erkenntnis finde ich auch unter den Katholiken noch weithin die Ansicht, es handle sich hier nur um ein paar „Auswüchse" einer normalen und sinnvollen Geschichtsentwicklung, und zwar begrenzt auf das rein praktisch-ökonomische Gebiet der Güterproduktion und Verteilung, die durch ein wenig Sozialpolitik zu heilen seien — um Dinge also, mit denen Glaube, Weltanschauung, Philosophie, Kunst, Wissenschaft im Grunde nichts oder nur wenig zu tun haben. Und ich fand weiter — und zwar besonders bei den deutschen Katholiken — eine durch die früher geschilderte besondere Stellung der Kirchen im Reich und der katholischen Kirche im besonderen begreifliche zunehmende Befangenheit, ja eine halbbewußte Gefangennahme weniger durch die praktischen Impulse vielleicht, die das

kapitaliſtiſche Ethos demjenigen, der es beſitzt, erteilt, als viel=
mehr eine Befangenheit durch die dieſem Ethos entſprechenden
Maßſtäbe, Ideale, Werte, ſamt einem heimlichen Sich=
meſſen an dieſen Idealen und Werten. Gerade hier finde
ich die „falſche Anpaſſung" an ein Modernes, das doch ſchon
zuſehends in der Selbſtauflöſung begriffen iſt und das alle
tieferen, vorſchauenden Geiſter — welcher Herkunft auch
immer — gegen ſich hat, am ſtärkſten, weil am wenigſten be=
wußt verwirklicht. Während gerade jene großen oder doch be=
deutenden religiöſen Menſchen, die tiefere Wirkungen auf die
ſpezifiſch moderne Welt ausübten und Wege zu ihrem Ohr
und ihrem Herzen fanden — ich trenne hier mit Abſicht nicht
national und konfeſſionell und nicht nach Standpunkt —,
während ein Tolſtoi, Leontjew, Doſtojewski und Mereſch=
kowski zum Beiſpiel in Rußland, ein Kirkegaard und Jo=
hannes Jörgenſen in Dänemark, Eucken, Rathenau, Bonus,
J. Müller, Troeltſch, Förſter in Deutſchland, Newman
und ſeine Freunde und Nachfolger in England, Rénan,
Paul und Auguſte Sabatier, Ollé Laprune, Loiſy, Blondel,
Mignot, Bourget, Mercier, Claudel, Jammes in Frankreich
und Belgien und noch viele andere jedenfalls und trotz ihrer
unermeßlich verſchiedenen Grundanſchauungen in irgendeinem
Grade aufs tiefſte leiden an dem furchtbaren Problem
„Chriſtentum und Kapitalismus", während ſie alle in irgend=
einem Grade Abkehr von ſeinem Geiſte und ein Neuwerden
in einer irgendwie gefaßten göttlichen Macht fordern, kann
man bei den deutſchen Katholiken nichts oder doch nur ſehr
wenig dieſes Geiſtes erblicken; beſonders nichts, was auch ein
überkonfeſſionelles Gehör fände. Es wiegt eher dort und

335

da das Bestreben vor, die Überweltlichkeit des Lebenszieles zwar im Prinzip festzuhalten, aber gleichzeitig die Konformität derjenigen Aufgaben mit dem katholischen Ethos immer neu beweisen zu wollen, die das hochkapitalistische Wirtschaftsleben dem Menschen setzt. Selbst die Geschichte wird gerne unter diese Beleuchtung gerückt und damit sowohl die Eigenart des Modernen als des Alten in dem ihr Charakteristischen verdeckt. Um indes nicht mißverstanden zu werden, möchte ich hinzufügen, was ich unter der Einhaltung einer „geistigen Distanz" gegenüber dem Kapitalismus verstehe.

Da ist zu allernächst denn scharf zu trennen die Frage des inneren geistigen Verhaltens der Katholiken als Glieder ihrer Kirche zum Kapitalismus (samt dem diesem Verhalten entsprechenden öffentlichen Wirken in Staat, Parlament, Gemeinde, Erziehung und Lehre), und das praktische Streben des Katholiken, als Privatperson oder als Mitglied einer ökonomischen Organisation ökonomisch aufzusteigen, und einen steigend höheren Anteil an der nationalen Güterproduktion und Konsumtion zu gewinnen. Dieses letztere Streben muß in all seiner bisherigen Energie nicht nur erhalten, sondern nach Möglichkeit noch gesteigert werden. Gerade je mehr die in dem System des Kapitalismus liegende sittliche Anormalität dem Katholiken zur Klarheit seines geistigen Bewußtseins kommt, und je entschiedener er einsieht, daß unter der Herrschaft des kapitalistischen Geistes jede Art von geistigem Einfluß auf die Gesellschaft an den ökonomischen Aufstieg geknüpft ist — ein furchtbares, anormales, durchaus nicht universales Gesetz! —, desto klarer und zweckbewußter muß sein praktischer Wille werden, durch diesen Aufstieg auch

336

seinen verlorenen geistigen Einfluß zurückzugewinnen und zu steigern. Das ganze Elend unseres geistigen Lebens beruht ja eben darauf, daß heute eine kleine Clique, die zum Träger des hochgespanntesten kapitalistischen Geistes geworden ist, durch ihre Wortführer, (die bewußten und unbewußten,) durch ihre Presse, durch ihre Zeitschriften, Verlage, „Mäzene" usw. allein vermöge ihres Kapitalbesitzes entscheidet, welches Theaterstück, welche Komposition als gut und schlecht gilt, wer als repräsentativ für deutsche Kultur und deutsches Wesen anzusehen sei. Darf man doch seit langem in unserem Lande Dinge über Gott und die heiligsten Einrichtungen ungestraft und ungeächtet sagen, die man nicht nur über keinen Prinzen, sondern über keinen der führenden Leute des Kapitalismus sagen darf — ohne daß man ihre Macht zu spüren bekomme. Das Kapital besitzt heute seine Gelehrten, seine Publizisten, seine Hofnarren — selbst seine Mystiker für Arbeitsferien. Es besitzt eine ganze Klasse geistiger von ihm abhängiger Drohnen und unbewußter Dienerschaften; und nur darin besteht deren Hauptscheidung, ob sie sich stärker auf die Macht des Unternehmertums oder die gleichfalls gewaltige Macht der organisierten Arbeiter und ihrer Klassen stützen. Ist ja doch in einem großen Teile der Arbeiterklasse nach einem jungen seiner Natur nach vergänglichen Rauschzustand derselbe kapitalistische Geist mächtig geworden, der die Arbeitgeber dieser Klasse durchdringt. Jeder irgendwie geartete geistige Einfluß ist heute an den ökonomischen Aufstieg seiner Träger geknüpft — also auch der Einfluß des katholischen Geistes. Ist aber nun dieses kein Widerspruch, daß wir den Kapitalismus mit Hilfe derselben Mittel bekämpfen

wollen, die er selbst uns liefern soll? Es gibt heute ein kleines
Häuflein — fast möchte ich das Paradoxon gebrauchen —
katholischer Pietisten und Romantiker, die einen solchen Wider=
spruch behaupten, die ein gewolltes, zeitfremdes Abseitsstehen,
fast einen Willen zur Armut (und doch nicht das edle frei=
willige Mönchsgelübde der Armut), begleitet von einem
bitteren Insichgekehrtsein und ein wenig sentimentalen Klagen
über die „schreckliche Zeit“ von den Katholiken fordern. Ich
habe ihnen stets widersprochen. Jetzt, wo es das flüssige Eisen
der Zeit in jeder Richtung zu schmieden gilt, ist ihre Stimme
doppelt falsch und gefährlich. Ich empfinde ihr Verhalten
dem Geiste nach als wenig übereinstimmend mit dem katho=
lischen Ethos. Schon darum, weil dies ihr Verhalten eigent=
lich extrem individualistisch ist, und weil es das Gesamtheil
preisgibt für die fromme Gefühlsseligkeit kleiner Kreise; ich
empfinde es auch darum so, weil alle echte Frömmigkeit sich
an den objektiven Inhalten des Glaubens, an großen Sitten=
vorbildern und im Prozesse der Formung und Leitung der
Welt nach diesen Vorbildern entzündet — wogegen Reflexion
und Selbstbeobachtung der frommen Gefühle die wahre
Frömmigkeit abschwächt und tötet. Ich empfinde es endlich
so, da es die echte Weltliebe, das heißt die Liebe zur Welt
Gottes vermissen läßt, damit aber auch den Drang verlöschen
macht, die Welt auch am heutigen Tage liebenswert für
Alle zu gestalten; da es die Welt — die Welt Gottes —
selbst zu verraten scheint, um des heutigen üblen Zustandes
willen, in dem sich die Welt befindet. Vor allem aber: Ge=
rade dieses scheinbar „vornehme“ Verhalten ist eine innere
Fesselung an den Kapitalismus, und sein Geist ist gleichfalls

338

eine mangelnde innere und geiſtige Diſtanznahme zu ſeiner
Geſamterſcheinung. Und dies hat wieder zur Folge, daß dieſe
große, herrliche Gotteswelt dem alſo Unzufriedenen durch ſein
Gebanntſein in die bloße ſoziale Gegenwart gleichſam ver=
ſteckt wird. Verſtändlicher ſcheint mir die Haltung jener, die
ich die ökonomiſchen Moraliſten unter den Katholiken nennen
möchte. In ihrem Verhalten zu den Individuen predigen ſie
gegen den materiellen Geiſt der Zeit, gegen die zu große
Sucht zu genießen und um materieller Genüſſe wegen reich
zu werden uſw., das heißt ſie predigen ſo, wie man es auch
in China und Japan und zu allen Zeiten tun ſoll, aber
auch zu allen Zeiten tun kann.

Sie ſehen aber dabei folgendes zu wenig: 1. Der Ka=
pitalismus als Lebensgeſinnung hat mit ſo allgemeinen
Dingen wie Genußſucht, Streben reich zu werden uſw. nur
ſehr wenig zu tun. Der asketiſche Verzicht auf ſinnvollen
Genuß gehört ja gerade zu ſeinem Weſen, und wenn nicht
Welthaß, ſo iſt doch Stumpfheit gegen die Werte und alles
höhere Glück der Welt ſeine Seele. 2. Der Kapitalismus
iſt zwar nicht, wie die Sozialdemokraten ſagen, nur eine Folge
von „Verhältniſſen“ und „Einrichtungen“, die von aller
Menſchenkraft unabhängig und auch ihren Zielen entgegen
den „Geiſt“ einer Zeit überhaupt erſt bildeten; er iſt viel=
mehr ſelbſt eine beſtimmte Abwandlung des hiſtoriſchen
Geiſtes. Aber obzwar „Geiſt“, iſt er doch objektiver und
durch Prozeſſe von Jahrhunderten gültig gewordener Geiſt
und daher für die Einzelindividuen allerdings ein Schick=
ſal, deſſen inneren Sondergeſetzen ſich auch ihr praktiſches,
ökonomiſches Streben notwendig anzupaſſen hat, ſo ſehr ſie

22*   339

dabei das Ganze dieses Geistes und Schicksals von sich und ihrer Seele innerlich fernhalten mögen.

Wie nun diese Gruppe von Katholiken diese Tatsache übersieht, so vergißt sie damit auch, daß Moralpredigten an die Individuen so wenig ändern können wie bloßer Staatssozialismus nach irgendwelchen moralischen Maximen gerechter Verteilung der Güter, da ja eben der Staat dieses Geistes nicht etwa böswilligerweise voll ist, sondern genau so voll sein muß wie die durch die objektiven geistigen Mächte der Zeit gebildeten Einzelindividuen — will er nicht im internationalen Verkehr untergehen. Und sie sowohl wie auch die erst erwähnte Gruppe von Katholiken vergessen ferner, daß es gegen einen falschen Geist der Zeit niemals ein anderes Kampfmittel gegeben hat und geben kann — so man das rechte Ziel entgegen der Zeit im Auge hat — als Kampf mit den Mitteln der Zeit. Mit der ganzen Schulung der antiken Rhetorik und Dialektik bekämpfte Augustin das eitle Wesen der spätantiken Rhetoriker und Dialektiker. Denn er hatte diesen „Geist" als Geist genügend vergegenständlicht und aus dem Kerne seiner Seele ausgerodet, um die Formen seiner feinsten Technik wider ihn handhaben zu können. In der Zeit und mit Hilfe ihrer Technik den Geist der Zeit zu überwinden — auch uns selber noch, soweit wir diese Technik gebrauchen müssen —, das scheint mir auch heute die notwendige Einstellung für alle katholischen Aufgaben. Wenn also die politische Organisation, die einen großen Teil deutscher Katholiken in sich befaßt, wenn katholische Organisationen aller Art den ökonomischen Aufstieg der katholischen Volkskreise emsig zu bewirken streben, so soll dies Verhalten

nicht nur bleiben, sondern sich eher noch steigern. — Jene
größere geistige Distanz, die erst eine ernsthafte theoretische
und praktische Gesamtstellung zum Kapitalismus möglich
macht, schließt dieses gebotene praktische, ökonomische und
politische Verhalten keineswegs aus. Haben wir diese Distanz
aber gewonnen, so dürfen wir auch nicht mehr an der schweren
Gewissensfrage vorübergehen, ob, solange als der kapitalistische Geist und der Menschentypus, der sein Träger ist, die
offene oder versteckte Herrschaft in Europa führen, es für die
innere religiös-sittliche Hochwertigkeit einer christlichen Kirche
ein gutes Zeichen sei, daß sich ihre Vertreter behaglich in
diese Herrschaft teilen, oder ob es nicht ein besseres Zeichen
sei, wenn in solchem sozialen Gesamtzustande die Kirche bewußt leide und — bei aller tatkräftigen Wahrung ihrer
Interessen — zu den herrschenden Klassen des neukapitalistischen Typus in bewußter Opposition stehe. Ich bekenne
frei, daß mir in einer kapitalistischen Welt eine leidende, op-
ponierende Kirche fast a priori eine Notwendigkeit erscheint.
Ich kann daher — so beklagenswert die Lage der Kirche in
Frankreich in den letzten Jahrzehnten vor dem Kriege gewesen
ist — in dieser einen gewaltigen, jungen, religiösen und sozialen Idealismus entbindenden Lage prinzipiell nur den
ehrlichen, wahrhaftigen und formalen Ausdruck der gewaltigen
Spannung erblicken, die zwischen dem christlich-kirchlichen
Ethos und dem kapitalistischen Wesen und den aus ihm ab-
geleiteten Regierungsformen faktisch besteht. Ehrlichkeit,
offene und radikale Auseinandersetzung der Gegensätze — das
war immer ein Vorzug des sonst so wahrlich nicht fehlerarmen
französischen Wesens. Diese elende, leidende Lage der Kirche

unter einer im Kerne plutokratiſchen Regierung ſagt nur
in einem großen weithinſchauenden Symbole die Wahr=
heit aus: Man kann nicht Gott dienen und dem
Mammon. Auch die Übervorſicht und die Sprödigkeit,
welche die deutſchen Katholiken — nicht immer — aber doch
im großen ganzen gegenüber jedem antikapitaliſtiſch gerichteten
Zuſammengehen mit den ſogenannten „revolutionären“ Par=
teien gezeigt haben, ſollten ſie durch eine tiefere Beſinnung
auf das, was gemäß der katholiſchen Weltanſchauung Grund
und Weſen aller Revolution und alles revolutionären Geiſtes
ausmacht, und was auch Grund und Weſen des heute Eu=
ropa durchfreſſenden Revolutionsgeiſtes iſt, auf Grund der
Lehren des Krieges neu überprüfen. Chriſtlich und katholiſch
iſt nach meiner Anſchauung die Grundvorſtellung, daß feſte,
wohlgeordnete Herrſchafts= und Dienſtverhältniſſe zwiſchen
den hiſtoriſch gewachſenen Ständen — alle verwoben im chriſt=
lichen Solidaritätsgedanken, nicht nur das unter Menſchen
Seinſollende darſtellen, ſondern auch die tiefſte geheime Seh n=
ſucht der menſchlichen Natur. Iſt dieſer grundkonſervative
Glaube wahr, ſo ſchließt gerade er die geſchichtsphiloſophiſche
Maxime in ſich, jede hiſtoriſch gegebene Revolution oder
einen vorfindlichen revolutionären Geiſt niemals auf eine pri=
märe aktive Bösartigkeit der Maſſen zu ſchieben, die ſich
gegen eine an ſich wertvolle und berechtigte Herrſchaft auf=
lehnten, ſondern primär ſtets und immer auf Abfall und
auf urſprünglich, wenn auch dann vererbte und tradierte freie
Schuld einer herrſchenden Schicht. Überall und zu
allen Zeiten ſuchte das Volk den guten Herrſcher. Alle
Revolutionen waren nur Stationen auf dem Wege dieſes

342

schweren Suchens. Der materialistische Revolutionist, der keinen vernünftig teleologischen Sinn der Weltordnung kennt, von welcher Ordnung auch die soziale und politische nur ein Bestandteil ist, mag den „vollaktivistischen" Glauben haben, es gebe eine ursprüngliche revolutionäre Energie in den Massen, welche wirklich neue Phasen der Geschichte einzuleiten vermöchte. Der Christ glaubt es nicht. Auch der Teufel ist nur ein abgefallener Engel. Auch das Böse ist nur Folge eines freien, zentralen Willensaktes, der „sub specie boni" sich vollzieht. Das Böse ist nichts an sich Gewolltes und keine bloße Überwältigung des Wollens durch den unteren Trieb. Auch die moralische Hölle, in der sich zur Zeit Europa selbst verzehrt, ist nur ein furchtbares Mahnzeichen, daß es begonnen hat, die Herrschaft über seine Angelegenheiten zu verlieren, und daß die wesentlich kapitalistischen Hände, in die diese Herrschaft teils direkt wie in Frankreich, und durch die Zersetzung der englischen Adelsherrschaft und des Oberhauses auch zusehends in England, teils indirekt und Gott sei Dank noch gehemmter durch die älteren Fürsten und Feudalgewalten bei uns und in Österreich überging, sich unfähig erwiesen haben, diese Angelegenheiten zu verwalten. Die erstaunliche politische Unsicherheit der Völkerinstinkte und der Regierungen hinsichtlich der Kriegsziele, die nicht nur eine deutsche, sondern zum Teil eine allgemeine europäische Erscheinung ist und die von der wunderbar einheitlichen technischen Heeresorganisation und Kriegsführung besonders unseres Volkes so grotesk absticht, ist nicht die Schuld der Personen der leitenden Staatsmänner. Sie ist nur eine Teilerscheinung der Herrschaft der kapitalistischen Interessen, die sich als bloße Interessen von

Haus aus nicht einigen können, ja eine Teilerscheinung der
Herrschaft der Mittel über die Zwecke, der Technik über das
Ethos in unserer Zivilisation überhaupt. Wundern wir uns
darum nicht, wenn dieser Krieg mit einem seinen ungeheuren
Opfern an Blut und Gut völlig unproportioniertem Maß
von politischen Effekten auf allen Seiten und für alle
Kriegsparteien enden sollte. Sein gewaltiger Heilsinn, sein
Mahnzeichensinn wird gerade dann nur um so reiner
erstrahlen und um so deutlicher auch dem trübsten Auge sich
merkbar machen. Ist nun — so sei mir erlaubt zu fragen —
nach dem moralischen Ultimatum dieses Krieges, dieses Um=
kehrrufes Gottes an alle Völker Europas bezüglich Erhaltung
und Verlust der bisherigen Führerschaft dieses Erdteils in
der Zukunft der Welt, nicht die Zeit gekommen, da sich alle
Gruppen jeder Nation und in jeder Nation, die an der Herr=
schaft des Menschentypus kapitalistischer Gesinnung leiden,
oder doch gemäß ihrer traditionellen Weltanschauung hätten
leiden sollen, trotz aller sonst auseinandergehender Interessen
und Ansichten stärker zusammenzuscharen hätten, um dieses
gemeinsam Feindliche energisch zu bekämpfen? Auf diesem
Boden könnten sich finden das Älteste und das Neueste, die
Kirchen und die Massen, Adel und Volk, der Geist und die
Arbeit. Nur resolute Oppositionsstellung einer zu lange schon
mit einer fragwürdigen Herrschaftschicht paktierenden Gruppe
kann unter Umständen ihre und ihrer Weltanschauung Ret=
tung sein. So rettete zum Beispiel Disraeli den englischen
Konservativismus, indem er ihn in das Lager der Opposition
überführte. —

Aber kein Willensentschluß, keine Art Neuorientierung

vermöchte gegen den Europa zerstörenden Riesen, den Geist des Kapitalismus und Mammonismus ernste Erfolge erzielen, käme nicht ein organischer Prozeß all denen, die an diesem Kultursystem leiden, zu Hilfe: der Prozeß des langsamen Ab- und Aussterbens des rechnerischen Menschentypus samt seiner Erbanlagen, des Typus also, der die kapitalistische Wirtschaft und Kulturgesinnung in allen Ländern trägt. Auf diesen Prozeß selbst sei hier nicht eingegangen.* Aber jedenfalls ist es dieser Prozeß, der wie für alle mehr gläubige als kritische Denkweise, so auch für die Sache der deutschen Katholiken, für die Ausbreitung ihres Wesens und ihrer Weltanschauung heimlich wirkt — der indirekt auch macht, daß sich eben durch diese Ausbreitung langsam neue Maße des Lebens bilden und verbreiten müssen, Maße, nach denen die kapitalistische „Inferiorität" der Katholiken zu einer menschlichen Superiorität werden wird. Es ist nicht ohne eine gewisse Heiterkeit zu sehen, welche teils gutgemeinten, nur wenig wirksamen, teils lächerlichen, teils allen Ernstes unsittlichen und verwerflichen „Maßregeln" und gesellschaftlichen Sittenänderungen gegenwärtig in allen Kulturstaaten die vorwiegend liberalen Kreise sich selber vorschlagen, um den schon vor dem Kriege auch bei uns so plötzlich aufgetretenen Bevölkerungsrückgang in ihrer Mitte einzudämmen — im großen ganzen freilich so, daß sie dabei ihre Weltanschauung, ihr Ethos, ihre Lebensgesinnung entweder möglichst wenig zu ändern oder sogar — wie im Falle der Forderung der sozialen und moralischen Billigung

* Vgl. hierzu das, was ich in „Abhandlungen und Aufsätze" Bd. II im Aufsatz „Die Zukunft des Kapitalismus", S. 397 und d. F. ausgeführt habe.

der unehelichen Geburten, ja deren Auffassung als einer abfindungswürdigen „Leistung" der unehelichen Frauen an den Staat und seinen Industrie= und Militärbedarf — noch in die Richtung des Libertinismus steigern können. Ein preußischer Geheimer Kommerzienrat, der eine hohe Gemeindestellung seiner Stadt bekleidet, sagte mir jüngst, man müßte sich ernstlich überlegen, ob man die Monogamie beibehalten könne. Ich möchte hier nicht näher auf diese große Frage eingehen. Nur als symptomatisch hebe ich hervor den Tiefstand ebenso wie die kindliche Naivität einer Denkweise, welche Ordnung und Ziel des geheimnisvollen Vorgangs des Menschwerdens primär als eine staatspolitische Angelegenheit betrachtet und nicht an erster Stelle als eine allgemeinmenschliche religiös=sittliche Frage ansieht, als eine Frage, deren rechte oder je bessere Lösung auch der betreffenden Nation und dem betreffenden Staate zu gute kommen, niemals aber in unmittelbarer Abhängigkeit von der Idee einer bestimmten nationalen Wohlfahrt oder eines momentanen Staatsbedarfs primär gestellt und ausschließlich auf Nation und Staat abgezweckt werden darf. Aber leider ist diese Denkweise über die menschliche Natur in so abgründiger Täuschung begriffen, daß sie vermeint, es könne der Industriebedarf und der Bedarf des Staates an Militär für die „Kriege der Zukunft" — wie man gerne hinzusetzt — es den Müttern besonders verlockend erscheinen lassen, viele Kinder zu gebären. Welche sinnlose Überschätzung der Öffentlichkeit und des rationellen Willens! Je größere Triumphe aber die Narrheit auf diesem Boden auch feiern möge, desto wichtiger wird es, daß die bewährten Weisheiten der christlichen Geschlechtsmoral mit ihrem streng formalen Grundsatz an der Spitze, es sei besser, daß ein Mensch lebe, als daß dies nicht der Fall sei, mit ihrer prinzipiellen Ablehnung der sogenannten „Rationalisierung" der Fortpflanzung — sei es in negativer oder positiver Richtung — und mit der allgemeinen durch Priester und Beichtstuhl erfolgenden Verurteilung aller die Fortpflanzung ausschließenden Maßnahmen und Mittel, innerhalb der Kirche durchgeführt, theoretisch noch tiefer begründet und in dieser Begründung auch über die Grenzen der engeren Kirchenangehörigkeit verbreitet werden. Denn auch hier liegt ein spezifischer Kraftpunkt des katholischen Ethos, der nicht nur unserem Volke quantitativ zugute kommt, sondern bei kraftvoller Durchführung die tiefste und stärkste Gewähr bietet, daß allmählich ein anderer qualitativer Menschentypus an die Spitze der europäischen Angelegenheiten gelange als der bisher an dieser Spitze befindliche. Und dieser Gesichtspunkt der Qualität ist viel wichtiger als jener der bloßen Quantität.

2. Der neue Rahmen.

Dürfen wir annehmen, daß das gesteigerte Verantwortungsgefühl für das Schicksal Europas, das mit Deutschland überhaupt auch die deutschen Katholiken durch diesen Krieg gewannen, und daß ein in den angedeuteten Richtungen erfolgendes Wachstum der Potenz des deutschen Katholizismus einen günstigeren außer- und innerpolitischen Rahmen zur Entfaltung finden werden als er vor dem Kriege bestanden hat? Zu dem, was ich über die vermutliche kirchenpolitische Rückwirkungen des Krieges bereits vor eineinhalb Jahren in meinem Buche „Der Genius des Krieges"* bemerkt habe, möchte ich hier nur einiges Wenige hinsichtlich der deutschen Katholiken hinzusetzen, das nicht im entferntesten den Anspruch macht, die große Frage zu erschöpfen.

Vor allem: Besteht Aussicht, daß auch aus äußeren mehr politisch gearteten Gründen jene geistige Energieverteilung des katholischen Deutschtums, die mir als einer der wichtigsten Punkte erschien, sich in der Richtung ändere, daß ein höheres Maß von Energie in außerpolitisches und außersozialorganisatorisches geistiges Wirken eingeht — auf religiösem, erzieherischem, literarischem, philosophischem, künstlerischem Gebiet — als bisher?**

Was das sozialorganisatorische Wirken betrifft, so ist es fast selbstverständlich, daß sich diese wertvollste und erfolgreichste Richtung der bisherigen Energie der deutschen Katholiken nach dem Kriege schon darum erhalten und weiter differenzieren wird, da es ja die furchtbaren Schäden zu heilen gilt, die der Krieg hervorgebracht hat. Indem sich aber ganz ungesucht in seinem Verlaufe auch eine geistige Verarbeitung

---

* A. a. O. S. 321 und d. F.
** Es handelt sich bei dieser Frage durchaus nicht darum, die grundfalsche Scheidung eines politischen und eines religiösen Katholizismus im Sinne zweier Denkweisen oder gar geschiedener Gruppen wieder einzuführen oder auch nur vorauszusetzen. Der „religiöse Katholizismus" beruhte nur in einem zur Tugend umgebogenen Akt der Resignation; er widerstreitet als eine Form pietistischer Vereinsamung sogar dem Wesen einer Weltanschauung, welche die Einprägung des Reiches Christi in den spröden Stoff der menschlichen Wirklichkeit zum Nutzen der menschlichen Gesamtheit — und nicht bloß einer religiösen Aristokratie oder Sekte — anstrebt. Auch das politische Handeln ist eine Form dieser Einprägung. Es muß also mit dem Glauben und dem religiösen Ethos in fühlbarer organischer Kontinuität stehen-

der kaum zu überschätzenden religiösen und sonstigen Er=
fahrungsfülle unserer zurückkehrenden Krieger direkt oder
indirekt durch neue und erweiterte Berührungen mit deren
Anverwandten usw. einstellen wird, können gerade aus diesem
Nehmen und Geben die mannigfaltigsten Impulse auch
geistigen Schaffens gewonnen werden; darum ist Beteiligung
der Studenten und Gebildeten gerade hier mehr wie je wün=
schenswert. Hier sehe ich also keinen Widerstreit, sondern
nur das Verhältnis der gegenseitigen Förderung.

Etwas anders steht es mit der rein politischen Betätigung
und den ihr und ökonomischen Zwecken dienenden Organi=
sationen. Die Existenz und Notwendigkeit dieser politischen
Betätigung braucht gewiß nicht im mindesten in Frage ge=
zogen zu werden. Dennoch bestehen meines Erachtens starke
Gründe zur Annahme, daß sie sich in Zukunft eines geringeren
Maßes von Energie zu bedienen brauchen, als dies bisher
der Fall war. Dazu wäre freilich die unverzügliche Ab=
schaffung der Reste der Kulturkampfgesetzgebung erste Be=
dingung — eine Bedingung, deren Eintritt um so aussichts=
voller ist, als die Hauptelemente unter den Trägern des bis=
herigen Widerstandes gegen diese Abschaffung nach dem
Kriege kaum an politischem Boden gewinnen dürften. Je
mehr die Ursache zu wirken aufhört, die seinerzeit die katho=
lische Geistesenergie so einseitig in die Politik hineinzog, desto
mehr muß auch eben diese Wirkung sich ermäßigen. Daß
uns aber kulturkampfartige neue Probleme auf die Dauer
nicht bevorstehen — wie immer der Krieg an diesen oder jenen
Punkt solcher Natur gerührt haben mag —, dafür bürgt
nicht nur die gesamte Entwicklungsrichtung, die das Deutsche

Reich bis vor Kriegsbeginn genommen hat, samt der neuen, positiven, sich um „Mitteleuropa" drehenden Aufgaben, sondern sogar noch die besonderen neuen, früher angedeuteten Möglichkeiten, die nach meiner Ansicht für eine stärkere Oppositionsstellung des Zentrums zur künftigen offiziellen Reichspolitik bestehen. Träte eine dieser Möglichkeiten ein, so könnten es sicher nicht kulturkampfartige Probleme sein, die sie hervorriefen, sondern an erster Stelle Fragen der christlich=positiven Weltanschauung überhaupt, bei denen das Zentrum auch Konservative und einen Teil der Protestanten, an zweiter Stelle Fragen einer demokratischeren Gestaltung der Besitzsteuer und analoger Verhältnisse, bei denen es die soziale und politische Demokratie an seiner Seite hätte. Kulturkampfartige Fragen wären auch dann ausgeschlossen, wenn sich meine gelegentlich ausgesprochene Vermutung, es werde der Krieg liberal oder freikonservativ gesinnter Finanzkreise, die schon bisher eine sehr starke indirekte Mitherrschaft ausübten, auch nominell und formell in höherem Maße als bisher an die verantwortlichen Spitzen der Staatsleitung führen, bestätigen sollte. Wie solches auf die allgemeine Politik zu wirken pflegt, davon hatten wir im Falle Dernburg ein Beispiel, dessen Lehre nicht vergessen werden sollte.

Etwas skeptischer kann man bei Aufwerfung der Frage sein, ob und wie weit etwa zu erwartende Annexionen oder doch Angliederungen von Territorien mit katholischen, dem Reiche innerlich und wohl noch auf längere Dauer widerstrebenden Volksteilen an die deutsche Machtsphäre nicht Zündstoffe für kulturkampfartige Probleme enthalten könnten.

Ich denke hier an erster Stelle an die belgische, an zweiter Stelle an die polnische Frage. Die Vorsicht gegenüber diesen Zündstoffen scheint mir zu gebieten, daß, wie immer die Lösung dieser schweren Fragen erfolge — sie nicht so erfolge, daß der reichsdeutschen politischen Vertretung katholischer Interessen eine zu starke und einseitige, politische und moralische Verantwortung für das politische Ergehen dieser widerstrebenden Volksschichten aufgebürdet werde. Dies scheint aber nur dadurch vermieden werden zu können, daß diese Volksschichten entweder staats- und verfassungsrechtlich vom Deutschen Reiche völlig abgesondert bleiben, oder — so dies nicht der Fall sein könnte — innerhalb des Staatsgefüges, dem sie einverleibt werden, unter dem Genusse einer möglichst vollständigen politischen Freiheit ihre eigenen, von der Vertretung der katholischen Interessen der Reichsdeutschen gänzlich abgesonderten Vertretungen besitzen. Mitteldinge dürften hier von Übel sein.

Es mag vielleicht solchen evangelischen Kreisen, deren Haltung zu den Annexionsfragen auch durch die Furcht bedingt ist, daß ein Zuwachs katholischer Bevölkerungsteile zur Machtsphäre des Deutschen Reiches der politischen Vertretung eines großen Teiles deutscher Katholiken einen erheblichen Machtzuwachs bringen werde, eine Beruhigung sein, wenn wir — die wir eine gewisse Entspannung der politischen Energie des deutschen Katholizismus herbeisehnen — diese Furcht nicht nur nicht teilen können, sondern prinzipiell und unter Voraussetzung des Gesagten, eher das Gegenteil von solchem Zuwachs erwarten. Denn je größer das quantitativ bedingte, natürliche auch politisch wirksame Schwer-

gewicht des katholischen Elementes im politischen Gesamt-
körper des Reiches ist, desto mehr kann die Anspannung der
künstlichen politischen Willensenergie — die stets eine Sache
der Minoritäten zu sein pflegt — relativ vermindert werden.
Je verschiedener zugleich die ökonomischen und sonstigen Interessen dieses Elementes sind, desto schwieriger muß es auf
die Dauer werden, deren Vielfalt durch eine zu zentral ge-
leitete und zu einseitig oder doch zu unmittelbar kirchlich inspirierte politische Organisation zu umspannen. Und gleichzeitig muß eben durch diese teilweise politische Entspannung
ein stärkeres Maß katholischer Geistesenergie für Nicht-
politisches frei werden, und es muß der Katholizismus unseres
Landes eben damit innerlich leichter und im Atem gleichsam
tiefer und freier werden, in dem er sein geistiges Wesen auf
nichtpolitischem Boden ausschwingt.

Diese Überlegung besitzt auch ihre nicht geringe Bedeutung
für die erheblichste Verschiebung des Rahmens der Wirksamkeit der katholischen Kräfte, die wir von der Zukunft zu erwarten haben: Jener „neuen Arbeitsgemeinschaft des Friedens" mit Österreich-Ungarn, im „Dienste der wirtschaftlichen
und kulturellen Wohlfahrt der immer enger verbündeten
Reiche", die nach den Worten der letzten gewichtigen Rede
des Reichskanzlers vom 5. April d. J. „der Kriegsgemein-
schaft" folgen wird. Es gibt nur wenig so Treffliches, was
insbesondere über eine notwendig gewordene Revision unserer
Geschichtsauffassung, mit kurzen Worten Friedr. Naumann
in seinem bekannten Buche über diese konfessionelle Seite des
Problems „Mitteleuropa" gesagt hat (S. 63—70). Er
fordert, „daß wir in Mitteleuropa eine Geschichtsauffassung

gewinnen, bei der Katholik und Protestant ohne ein Aufgeben ihrer geistlichen Werte und Ehren sich als Bestandteile einer gemeinsamen Vorzeit begreifen", und er findet, daß jene neu= deutsche Geschichtsauffassung (Treitschke wird als Beispiel genannt), nach der "Luther das deutsche Christentum brachte und dieses über den großen Kurfürsten, Friedrich II., Kant, Hegel zum neuen deutschen Reiche führte" in einer "möglichst geraden Linie von Wittenberg nach Berlin" eine protestan= tische Geschichtskonstruktion ist, die "als grundlegende Reichs= tradition nicht aufrecht erhalten werden kann, nachdem der Kulturkampf von allen Seiten beigelegt wurde und von keinem wieder wachgerufen werden soll und wird". Er führt dann so ehrlich und offen, wie es seine Art ist, die protestantischen Bedenken angesichts der Tatsache an, daß "bei Gemeinsamkeit von Deutschland und Österreich=Ungarn der deutsche und mit ihm der ungarische Protestantismus als Minderheitspartei erscheint". Diese Bedenken bezögen sich vor allem auf die Gefahr, daß sich "leicht eine ganz Mitteleuropa füllende päpstliche Partei bilden kann, die sich dann für weltpolitische oder handelspolitische Leistungen in einzelstaatlichen, konfessio= nellen Bevorzugungen bezahlen läßt und die nach außen hin den Charakter des Deutschtums als katholisch und nicht als evangelisch in die Erscheinung bringt". Was seine eigene Person betrifft, so setzt Naumann hinzu: "Auch ich gestehe, daß für mein geschichtliches Denken hier eine große Sorge bleibt, und zwar um so mehr als im Kriege die Verbindung zwischen den Evangelischen Englands und Deutschlands sehr gelockert ist und wir nicht wissen, ob sich das Gemeinschafts= gefühl des deutsch=englisch=amerikanischen Protestantismus so bald wieder herstellt". Was eine „leicht ganz Mitteleuropa füllende päpstliche Partei" betrifft, so erkennt Naumann, indem er auf die gar sehr verschiedenen Grundhaltungen der Klerusse der verschiedenen österreichischen Nationen und Staaten und die nicht minder verschiedenen Interessen ihrer katholischen Bevölkerung hinweist, dieses Gespenst einiger evangelischer Kreise als das, was es ist: eine pure Angstphantasie. Aber die Bedenken, die auch ihm, selbst unter der kaum von irgendjemanden in Frage zu ziehenden Voraussetzung, daß „die Kirchen- und Schulfragen niemals mitteleuropäische Bundesangelegenheiten werden sollen und dürfen", verblieben sind, möchten wir durch eine wohlbegründete Vermutung erschüttern. Jenes quantitative Übergewicht ist nur vorhanden bei gleichzeitig mannigfaltigsten Interessen der national verschiedenen katholischen Bevölkerungsteile des neuen „Mitteleuropa". Hinzukommen die neuen kulturellen Anziehungen, die sich zwischen süddeutschen und österreichischen, nordostdeutschen (schlesischen und polnischen), nordwestdeutschen und belgischen Katholiken im Ganzen jenes breiten neuen Bündnishauses wie von selbst ergeben werden. Dies alles aber bringt für Christlich-Soziale wie für das deutsche Zentrum, also für beide Teile, notwendig ein gewisses Maß von politischer Dezentralisation mit sich und damit zugleich auch eine Tendenz zu schärferer und reicherer Differenzierung der politischen Vertretungen der gesamtkatholischen Bevölkerung von „Mitteleuropa" überhaupt: also das Gegenteil einer „einheitlichen päpstlichen Partei". Dieser Vorgang aber kann der nach unserer früheren Betrachtung erwünschten Energieumverteilung der katholischen Kräfte nur günstig sein. Aber auch

354

abgesehen hiervon kann eine — wie gesagt, nicht durch eine gemeinsame Schul-, Kirchen- und Kulturpolitik getragene —, sondern durch gesteigerten Verkehr und teilweise Wendung des deutschen Lebensstromes nach Südosten erfolgende natürliche Lebensdurchdringung auch auf geistigen Gebieten dem Katholizismus beider Länder, ja dem gesamten geistigen Leben in der uns erwünscht scheinenden Richtung nur förderlich sein. In Österreich hat die katholische Weltanschauung teils durch die Verschiedenheit der Volkscharaktere, teils durch die vom Reiche sehr abweichende soziale Gliederung ihrer Vertreter und besonders des Klerus, teils dadurch, daß die Hände der österreichischen Katholiken ein geringeres Maß von Schwielen des politischen Kampfes aufweisen als bei uns (auch religiös zur einseitigen Betonung der Unterscheidungslehren im ganzen weniger genötigt waren), einen gleichsam offeneren und naiveren, auch einen aufnehmbareren und geistig verdauungskräftigeren Charakter behalten als in unserem Lande. Zu weniger scharfer Organisation genötigt, aber auch — schon durch den Volkscharakter und die nationalen Gegensätze — zu solcher Organisation minder befähigt, hat sie doch weit stilbildender auf das Gesamtleben und dies auch weit hinaus über die Grenzen der Konfessionsangehörigkeit eingewirkt. Die ganze Kraft, deren sie fähig ist, entfaltet ja eine religiöse Weltanschauung überhaupt erst da, wo ihre stilbildende Wirkung so mächtig ist, daß sie auch die Gegner ihrer Dogmen und Einrichtungen noch auf fast unbewußte Weise zwingt, sich geistig nach den Stilformen zu verhalten, die sie ausgeprägt hat. Wer hierfür Gefühl besitzt, wird auch zum Beispiel in der außerkirchlichen Literatur, Philo-

sophie, Kunst Österreichs, ja oft selbst der antikirchlichen bis
zur Gegenwart, diesen katholischen Lebensstil wahrnehmen.
In dieser stilbildenden Kraft aber können wir in höherem
Maße die Schüler des österreichischen Katholizismus sein als
dieser unser Schüler. Vor dem Kriege waren die Berüh=
rungen des höheren Geisteslebens überhaupt zwischen beiden
Ländern auffällig gering. In Philosophie, Nationalökono=
mie zum Beispiel fehlten sie fast völlig; selbst in den Fach=
kreisen war die Methode dieser und anderer Geisteswissen=
schaften eine gar sehr verschiedene, und die Berührung nur
äußerlich. Man denke nur an die Wirksamkeit Kants, die
bei uns übermäßig, dort gegenüber Herbart, Franz Brentano,
dem englisch=französischen Positivismus ganz geringfügig war.
Die ungarische Akademie gar ließ ihre Berichte in französi=
scher Sprache drucken. Die deutsche Philosophie stand mit
der englisch=amerikanischen in weit tieferem Konnex als mit
der österreichischen. Literatur und Malerei beider Länder,
überhaupt sehr stark unter der Mitwirkung fremder Vor=
bilder arbeitend — verkehrten aufs stärkste unmittelbar mit
Paris, aber sehr wenig untereinander. Schon jetzt und schon
in den letzten Jahren vor dem Kriege beginnend, hat sich zum
Beispiel hinsichtlich der Philosophie und Literatur hierin ein
erheblicher Umschwung vollzogen. Zwischen der österreichi=
schen Philosophie, besonders der Brentanoschen Schule und
der deutschen, herrscht engere Wechselwirkung. Die unter
Husserls Führung in Deutschland aufkeimende Phänomeno=
logie hat ihre Keime gleichfalls in den Lehren Franz Brenta=
nos und Bolzanos und ist durch diese Forscher hindurch auch
mit gewissen Grundideen der Scholastik eng verknüpft. Auch

356

in der experimentellen Psychologie hatten sich stärkere gegen=
seitige Einflüsse angebahnt. Eine besonders von Prag aus=
gehende junge literarische Richtung (zum Beispiel Werfel,
Brod) gewinnt in Deutschland zusehends an Anhang. In
all diesen Dingen darf man nichts „wollen" — geschweige
mit politischen Mitteln. Und das kosmopolitische Prinzip ist
im früher bestimmten Sinne auf alle Fälle als höchster
Grundsatz zu wahren. Aber man darf hoffen, daß sich durch
einen stärkeren Strom des deutschen Lebens nach Südosten
und durch die schärfere kritische Beleuchtung, unter welche
die Gesamtäußerungen des englischen und amerikanischen
Geistes unter uns — doch wahrlich nicht ohne sehr tiefgehende
und umfassende Gründe — gekommen sind, die schon vor=
handenen geistigen Berührungen mit Österreich noch erheblich
steigern werden.

Wenn unter diesen Wirkungen das Gefühl evangelischer
Weltgemeinbürgerschaft in unserem Lande leiden sollte, so
wäre seitens unserer andersgläubigen Volksgenossen nichts ein
größerer Irrtum als die Meinung, daß den Katholiken dies
eine geheime Freude bereite. Die starken, gegen die russische
Orthodoxie gemeinsamen, Grundlagen des abendländischen
Christentums, vor allem aber das christliche Gemeinbewußt=
sein und allgemeine Missionsinteresse gegen das Außerchrist=
liche und gegen den Unglauben in unserer europäischen Mitte,
müssen uns jede Erschütterung übernational zusammenhalten=
der echter, gleichsinniger religiöser und sittlicher Mächte auch
dann aufs tiefste bedauern lassen, wenn kirchenpolitische Vor=
teile für die katholische Kirche oder Steigerung ihres Einflusses
in Deutschland damit verknüpft sein sollten. Was ich meiner=

seits nur für fraglich halte, ist: ob die Gleichsinnigkeit des englisch-amerikanischen Protestantismus mit dem deutschen, und auch dem neudeutschen in den Jahren vor dem Kriege, nicht aus Gründen und Motiven erheblich über schätzt worden ist, die nicht ursprünglich der religiösen Sphäre angehören, sondern stärker als in dieser Sphäre in allgemeinen Anpassungs- und Amerikanisierungstendenzen wurzeln, die sich im Gefolge der Entfaltung unseres Welthandels und unserer Außenpolitik eingestellt hatten. Für das eigentliche Luthertum, dem übrigens die Tendenz auf kosmopolitische religiöse Verknüpfung der Völker von Hause aus am wenigsten von allen protestantischen Gruppen einwohnt und das die am meisten organischen, bodenständigsten, historisch durchschlagkräftigsten — darum freilich auch für die Reinheit religiöser Ideen gefährlichsten Verwebungen mit bestimmten territorial engbegrenzten Menschentypen, Standestraditionen und Vorurteilen einzugehen liebt, ist die Weltenweite der Verschiedenheit des religiösen Geistes vom englisch-amerikanischen Religionstypus zu offenkundig, als daß darüber etwas Besonderes zu sagen wäre.* Sein Kern steht — nicht dogmatisch, aber psychologisch — heute noch dem katholischen Wesen näher als der englisch-amerikanischen Grundform des Protestantismus. Nicht genau das Gleiche gilt natürlich für den modernen deutschen Protestantismus, der aus der so stark von der englischen Aufklärung bestimmten deutschen Aufklärung wesentlich mit herauswuchs. Doch war

---

* Vgl. hierzu die ausgezeichnete Charakteristik, die Ernst Troeltsch in seinen „Soziallehren der christlichen Kirchen" von beiden protestantischen Lebenstypen entwirft.

auch diese Verbindung lange eine sehr indirekte. Soweit der Protestantismus insbesondere durch die klassische und romantische deutsche Literatur und durch die deutsch-spekulative Philosophie der Fichte, Hegel, Schleiermacher sich bewegen ließ und sie bewegte, soweit er die mehr oder weniger pantheistische Metaphysik dieser Strömung als Unterbau und die ihr eigentümliche Tendenz nach harmonischer Einheit von Glauben und Wissen als Prinzip wählte, war er vom englisch-amerikanischen Typus so ferne als nur denkbar möglich. Anders wurde es mit dem so stark und eingreifend wirksamen Auftreten der Theologie Albrecht Ritschls, der in mehr als einem wesentlichen Punkte diesem englischen Typus nahe kam. So in der Wahl einer positivistischen und sensualistischen philosophischen Erkenntnistheorie als Basis der Theologie, in seiner Leugnung jeder Art von Metaphysik und natürlicher Theologie, seinem scharfen Kampf gegen alle mystischen und beschaulichen Elemente der Frömmigkeit und gegen alle Askese, in seiner scharf dualistischen Trennung von Glauben und Wissen unter gleichzeitiger Umdeutung des Glaubens in einen willensartigen Akt, in seiner ganz antilutherischen Verkleinerung der Erbsünde und Leugnung der bei Luther so wichtigen, „gottgewollten Abhängigkeitsverhältnisse" des Menschen, in seiner einseitigen Isolierung des Jesusbildes aus allen tieferen religions- und kulturgeschichtlichen Zusammenhängen mit Antike, Judentum und Orient und ähnlichen Zügen mehr. Ethisch aber scheidet sich die von Ritschl und seiner Schule wieder stark hervorgehobene Verneinung jedes über die religiöse Beseelung des Berufs hinausgehenden Gottesdienstes und sakramentalen Kultus dadurch)

von der lutherischen Berufsidee, daß der Beruf, der bei Luther
mehr ein historisches als gottgewollt empfundenes Schicksal
ist, das man demütig auf sich zu nehmen und dessen Pflichten
man treu zu erfüllen hat, bei Ritschl ganz ein frei und indivi=
duell gewähltes wird, und daß eine rastlose, positive Aktivität
auf die Welt (in Staat, Wirtschaft usw.) die Sanktion
einer „Arbeit für das Reich Gottes" erhält. Die letzteren
Elemente dieses Ethos sind aber nachweisbar aus dem Cal=
vinismus und seinen englisch=amerikanischen Fortbildungen
entlehnt. Es waren auch innerhalb des deutschen Prote=
stantismus schon lange vor dem Kriege starke Kräfte an der
Arbeit, die Voraussetzungen und Hauptideen dieser Theo=
logie zu entwurzeln. Ihre philosophische Grundlage ent=
spricht der Zeitphase neudeutscher Geistesgeschichte, da Philo=
sophie sich auf etwas naturwissenschaftliche Erkenntnis= und
Methodenlehre beschränkte, um nach dem materialistischen
Rausche der vierziger, fünfziger und sechziger Jahre zunächst
überhaupt wieder einmal etwas mehr als bloß historisch da
zu sein — das heißt sie entspricht einer Phase, die schon längst
als völlig überwunden gelten kann. Damit erklärt sich
aber auch jener äußerste Dualismus von Glauben und Wissen,
den diese Theologie zur Grundlage hat. Wie ihre historische
Basis vor der jungen Religionsgeschichte und der Geschichts=
erforschung der ersten christlichen Jahrhunderte zerschellt, hat
Troeltsch in einer Auseinandersetzung mit Niebergall sehr
lehrreich gezeigt.* Es ist auch darum nicht zu erwarten, daß
sich die Züge, die eine gemeinsame Stilbasis protestan=
tischer Frömmigkeit zwischen dem deutschen und englisch=

---

* S. E. Troeltsch „Gesammelte Werke", Bd. II.

amerikanischen Typus bilden könnten, in Zukunft verstärken werden.

Weit wichtiger und für Zukunftsaspekte einer ganz anderen Größenordnung bedeutsam, erscheint mir für die Auswirkung unserer religiösen Kräfte ein anderes: Das schon seit dem russisch-japanischen Kriege langsame Hervortreten einer historischen Weltepoche, in der die seit den Anfängen der europäischen Geschichte gegebene Selbständigkeit, Eigenentwicklung und gleichsam europäische Immanenz der Geschichte der „germanisch-romanischen Völkerwelt" — mit welchem treffenden bescheidenen Ausdruck L. v. Ranke das ersetzte, was zum Beispiel ein Bossuet und Hegel früher sehr unzureichend „Weltgeschichte" genannt hatten — zum Abschluß kommt und die Tatsache, daß durch den gewaltigen Prozeß eines aktiven Hereintretens der großen asiatischen Völkerwelt in die Geschichte und ihren Gang eine eigentliche „Weltgeschichte" erst entsteht. Verschlagenen und verträumten Riesen gleich wischen sich die großen halbasiatischen und asiatischen Völker langsam aber zusehends — vom europäischen Kapitalismus aufgeweckt — den Schlaf von Jahrhunderten aus den Augen. Ein heftiger Drang beseelt sie, einst noch ein anderes zu werden als bloßes Objekt europäischer Kolonisation und Ausbeutung — ein anderes als Dienstboten Europas. Mit dem gewaltigen Prozeß der Besinnung Rußlands auf sein wahres Wesen — vollzogen in seinen großen Schriftstellern, in seiner nun wohl endgültigen Abwendung von der seit Peter wechselnd wiederkehrenden Europäisierungspolitik — begann es. Das kluge, energische, anpassungsfähige Japan ergriff die Fahne Ostasiens und fordert „Asien für

Afien". China erzittert in einer Revolution, von der niemand ahnt, was sie in ihrem brennenden Schoße birgt. Indien steht vor einem Wendepunkt seiner Entwicklung. Durch die mohammedanische Welt rast das bisher nur da und dort auf= glühende Feuer des heiligen Krieges. Wie immer man diese Tatsachen — jede im Grunde unmeßbar und grenzenloser Möglichkeiten schwanger — einschätzen möge: wer fühlte nicht, daß Europa gründlich aufgehört hat, der allein wesentliche und ausschlaggebende Schauplatz der Welt= geschichte zu sein und daß sich die erst in der Bildung be= griffene Weltgeschichte in einer noch vor vierzig Jahren ganz unerhörten Weise nach Asien hinüber spielt? Daß und wie Europa samt seiner amerikanischen Kulturkolonien erst durch diese neue Weltlage das Bewußtsein seines eigentümlichen, positiven begrenzten Wesens und Geistes erhalten hat und noch mehr erhalten wird, daß Europa erst hierdurch endgültg aufhören wird, seinen Geist mit dem Weltgeist selber zu ver= wechseln und sich als die selbstverständliche Zentralsonne der Weltgeschichte vorzukommen, habe ich in dem Abschnitt meines Kriegsbuchs „Die geistige Einheit Europas" eingehend ausgeführt. Was man mit einer erstaunlichen Naivität bisher für Europäisierung gehalten hatte, war und wird sein nur an sich durchaus wünschenswerte steigende Mechani= sierung der unteren menschlichen Lebens= und Bedürfnis= gebiete — nicht zentrale Umwandlung des Geistes jener Völker= welt. Ja, die tiefen, bis in die letzten Kategorien der Gottes= anschauung, Weltanschauung und Daseinswertung gehenden Differenzen dieser Völkerwelten von dem europäischen Wesen werden sogar im Maße, als die Zivilisierung und Mechani=

fierung wächst, auf diesem immer gleichmäßigeren Hintergrunde erst ihre volle Plastizität und Schärfe für Anschauung und Gefühl gewinnen.

Damit aber rückt die geheimnisvollste Stunde, welche die historische Zukunft der Kulturmenschheit in sich birgt, heran: die Stunde einer Auseinandersetzung der metaphysischen und religiösen Lebensgrundlagen Europas und Asiens. Und so wie jener aktive Eintritt Asiens in die menschliche Gesamtgeschichte etwas grundsätzlich Andersartiges ist wie eine bloß quantitative Erweiterung europäischer Kolonialpolitik oder gar sogenannter „Europäisierung", so wird auch diese „Auseinandersetzung" etwas anderes bedeuten als ein bloßer quantitativer Fortschritt und eine Erweiterung der bisherigen europäischen Missionsmethoden. Einmal stärker als bisher ausgestattet mit den leicht übertragbaren, mechanischen Methoden und Erfindungen, für Arbeit und Krieg, denen Europa es zeitweise verdankte, daß es diese Völkerwelt nur als Objekt seiner Tätigkeit ansehen konnte — und nicht als gleich würdige Subjekte der Geschichte —, wird dieselbe Völkerwelt auch aufhören, sich im Geistig-Religiösen nur als Objekt der christlichen Mission zu empfinden — und insbesondere als Objekt der vorzüglich englischen Missionsmethoden, deren religiöse Erfolge sich immer erst auf die Zivilisationsverbreitung und den Bedürfnissen des englischen Handels aufzubauen pflegten. Soll dem Christentum überhaupt, soll dem abendländischen Christentum, das wir für den reineren und hochgearteteren Ausdruck der vom Herrn gestifteten Religion halten, bei dieser Auseinandersetzung Heil widerfahren, so wird ein irgendwie gearteter stärkerer Zu-

fammenſchluß der abendländiſchen Kirchen und Sekten ganz
ungewollt und wie von ſelbſt eintreten müſſen; ja in Phaſen,
deren zeitliche Größe freilich noch ganz unmeßbar iſt, auch ein
tieferer Zuſammenſchluß der abendländiſchen und morgen=
ländiſchen Kirchen.

Nicht gelehrte, philoſophiſche und theologiſche Verhand=
lungen, nicht gutwillige, aber durch des Gedankens Bläſſe
angekränkelte Unionsverſuche der Kirchen nach Art unſeres
hochgeſinnten, hierin aber von den Vorurteilen der Auf=
klärungsperiode abhängigen Leibniz, ſondern die innere reli=
giöſe Kraft in der Bewältigung dieſer Aufgabe,
dazu die Fülle und Breite der Verwurzelung der Kirchen und
Sekten des Abendlandes und ſeiner Kulturkolonien in der
Ganzheit der religiöſen Geſamterfahrung der Menſchheit,
werden es dann entſcheiden, um welche derjenigen abend=
ländiſchen religiös=kirchlichen Komplexe herum, die auf den
Titel der „wahren Kirche Chriſti" Anſpruch erheben, dieſer
ſteigende Zuſammenſchluß erfolgen wird. Dies natürlich nur
ſoweit, als menſchliches Ermeſſen und menſchliche Kraft hier
überhaupt in Frage kommt. Und welches kann und wird
nach ſolchem Ermeſſen dieſe Kirche ſein?

Als Katholiken glauben wir natürlich — den Weisſagungen
des Herrn und Stifters der Kirche folgend — ohne weitere
Vernunftgründe, es werde die unſrige ſein. Sehen wir aber
von dieſem Glauben einmal hier ab, ſo ſei es erlaubt, dieſe
Ausführungen mit einem Gedanken zu beſchließen, der hier
nur ohne die tiefere Begründung, deren er fähig iſt, ange=
deutet ſei.

Sucht man religiöſe, deſkriptive (nicht normative) Ideal=

typen, unter die man asiatische und europäische Religiosität trotz der so tiefen religiösen Differenzen innerhalb beider Religionskreise einordnen kann, so drängten sich mir bei Gelegenheit ausgedehnter Studien die folgenden auf.

Asiatische Religiosität — betreffe sie die vielfachen religiösen Formen Japans, Chinas oder Indiens, hier jene des Brahmanismus oder Buddhismus, ja auch die spezifisch asiatischen Elemente des Judentums und des Mohammedanismus — tendiert zu einem Idealtypus, innerhalb dessen Bereich der menschliche endliche Geist die ursprüngliche und die intensivste Aktivität gegenüber dem hat, was für „göttlich" oder als Gott gilt, oder was doch den absoluten Grund und Sinn alles Seins für die betreffenden Völker ausmacht. Selbsterlösung des Menschen durch Erkenntnis oder sonstige innere geistige und äußere kultische und asketische Akte ist hier der Weg zu Gott. Dieses „Göttliche" selbst oder dieser Weltgrund ist bei den sämtlichen, als spezifisch asiatisch empfundenen religiösen Weltanschauungen wesentlich inaktiv (zum Beispiel der Himmel bei den Chinesen als „Ordnung", das die Welt erträumende Brahman) angeschaut und ist dem sich ihm nähernden Gemüte als immer zunehmende Stille, Ruhe, Verschwebung aller lebendigen Regsamkeit und Aktivität in pures Sein, Nichts oder Ordnung gegeben. Gleichzeitig aber gehört es zu diesem Idealtypus, daß der ihm Angehörige der Sinnenwelt sich vorzugsweise passiv, quietistisch, gleichgültig über ihre Beschaffenheit verhält und wenigstens keinen aus seiner Religion selbst herausfließenden Antrieb empfängt, diese Sinnenwelt zu bearbeiten, zu formen, rational zu gestalten; keinen Antrieb wenigstens, der über das pädagogischtechnische Ziel hinausgeht, das sich entweder der Kultus selbst steckt oder das eine Art Vorbereitung zu Kult und Askese, respektive eine Vorbereitung der innerlich aktiven Selbsterlösung vom Bann des Irdischen darstellt. Man möchte geradezu sagen: Weltarbeit, Weltformung, Zivilisation irgendwelcher Art ist hier nur eine Art Erweiterung und Vorbereitung des Kultus, das heißt des spezifischen irgendwie geordneten Dienstes am ruhenden Göttlichen.

Der weiteste Abstand von diesem Idealtypus ist von Religionsformen gebildet, bei denen der Mensch gegenüber dem als göttlich Geltenden sich ausschließlich empfangend, aufnehmend, passiv verhält, das Göttliche aber seinerseits ganz wesentlich lebendige Aktivität ist (in irgendeinem Sinne des Schaffens, der Weltlenkung, der Erlösungsliebe, des Offenbarens, des Begnadens usw.), gleichzeitig aber der Mensch die höchstgesteigerte Aktivität auf die Sinnenwelt in Arbeit, Formung, Zivilisationsbildung entfaltet. Die extremsten Formen dieses Idealtypus stellen ohne Zweifel die protestantischen christlichen Konfessionen dar — unter ihnen wieder die gesteigertste Form des Calvinismus und der aus ihm abgeleitete, englisch-amerikanische religiöse Menschentypus. Passivität gegenüber dem aktiv gedachten Göttlichen, höchste Aktivität aber auf die Welt und die dem Asiatischen ganz entgegengesetzte Tendenz, den Kult in die Welt- und Berufsarbeit aufgehen zu lassen, sind also hier wesentlich. Aller Gottesdienst ist hier Berufsdienst. Homo religiosus europaeissimus möchte ich darum den englisch-amerikanischen, immer mehr oder weniger puritanischen religiösen Menschentypus nennen und ihn dem indischen Typus als den gesteigertsten asiatischen entgegenstellen.

Von diesen beiden Idealtypen aus gesehen, stellt sich uns Wesen und Geist der katholischen Kirche gleichwie eine harmonische Synthese dar — ich sage nicht, sie sei in einem genetischen oder logischen Sinne eine solche Synthese. Alle ihre Vorstellungen über das Verhältnis von Freiheit und Gnade, Gottesdienst und Weltdienst zielen in die Richtung dieser Harmonie. Ja, sie erscheint geradezu als die Brücke zwischen Asien und Europa als religiöser und metaphysischer Einheiten. Und wie kann es anders sein? Ward sie nicht geboren und geprägt zu einer Zeit, da das spätere Auseinandertreten der europäischen und der asiatischen Geschichte nur erst Möglichkeiten waren? Ist nicht ihre spezifische Idee von Hierarchie, Priestertum, Sakrament, Anbetung, spezifischem Dienst am Göttlichen von dem Geiste Asiens stark mitbestimmt und mitgenährt? Wie sollte diese Kirche nicht auch gemäß der einfachsten menschlichen Überlegungen zur Führung in den zu erwartenden Auseinandersetzungen berufen sein, berufen zu einer Stunde, da das Sichineinanderleben Europas und Asiens auf völlig neuer gewaltig erweiterter Stufe wiederbeginnt, das während des historischen Ursprungs der Kirche kurz und vorübergehend zwischen den geographischen Ausläufern Europas und Asiens aufflammte — der Glaube darf sagen, so aufflammte, als wäre dieses Aufflammen für die möglichst tiefe Einsenkung des göttlichen Geistes in die menschliche Völkerwiege und in die vielseitigsten Kräfte dieser Völkerwelt von Gott besonders gefügt gewesen? Keine Religionsform, die auf zu enger, zu spezifischer, zu europäischer oder gar nur nordeuropäischer Basis ruht, keine, welche die lebendige Kontinuität zu dem religiös-metaphysischen Wesen Asiens verloren hat, kann die Führung der Christenheit in dieser Auseinandersetzung gewinnen. Nur was jetzt schon, ja schon seit seiner Geburt am universalsten religiös genährt ist, wird erwählt sein können, die erweiterte Geschichtssphäre des Universums mit seinem eigentümlichen religiösen Geiste aufs neue zu nähren.

In der erhabenen Sicht dieser Aufgaben wird unserem Volke und Österreich, wird „Mitteleuropa" keine der kleinsten Rollen zufallen. Dies schon — wenn aus keinem anderen Grunde, so aus Gründen unserer und Österreichs geographischen Lage, die uns zur Welt Asiens von vorneherein in eine mehr als überseeische kolonisatorische und das heißt immer wesentlich äußerliche Beziehung setzt. Geht der hohe Besitz des bisher französischen Patronats über die Christenheit des Orients, ein Besitz, mit dem Frankreichs Regierungspolitik entgegen vielfacher Warnung schon vor dem Kriege so leichtsinnig gespielt hat, ganz oder teilweise an uns über, so erwächst uns gerade für die voraussichtliche welthistorische Zukunft eine ganz besonders starke Mitverantwortung für unserer Kirche Geschick im Südosten, ja, für die rechte Form der Ausbreitung des christlichen Geistes in der heidnischen Welt überhaupt. Auch um diese Verantwortung zu tragen und um ihr gerecht zu werden, ist die Steigerung unserer religiösen und geistigen Potenz unter dem Lichte dieser Ausblicke eine Notwendigkeit.

Ich sprach in meinem Buche vom „Genius des Krieges" über eine zu erwünschende oder zu erwartende „Steigerung des Einflusses der germanisch-slawischen Völkerwelt im Ganzen der Kirche". Ich möchte aber über den Sinn dieses Aus-

druckes nicht mißverstanden werden. Es ist zunächst die Wesensart der Kirche, alle Kinder, Gruppen, Völker, die ihrer geistlichen Leitung anvertraut sind, mit gleicher Liebe zu umfassen
— so zu umfassen, wie die gegenwärtige höchste Autorität es
in vorbildlicher und für den gesamten Erdkreis sichtbarer
Weise getan hat. Es ist weiter ihre Art, die reichen Indi-
vidualitäten der Volksgeister zu ehren und ihre besonderen
Begabungen in das reiche Gefüge ihrer lebendigen Ziele mit
möglichster gegenseitiger Anpassung beider aneinander
hineinzustellen. Der Vorwurf, der den deutschen Katholiken
von andersgläubigen Volksgenossen so oft mit all der hiezu
möglichen historischen Unterbauung gemacht wird, daß die
institutionellen Formen unserer Kirche das Gepräge des romanischen Geistes — zurück bis auf das alte Imperium ro-
manum — an sich trügen, ist aber von obigem Grundsatze
aus gesehen nicht gerechtfertigt. Er ist es ebensowenig, als der
gewaltig erweiterte Vorwurf, den wenige Überradikale, wie
Schopenhauer, Lagarde, Dühring, Nietzsche in gewissem
Maße, neuerdings A. Bonus, dem Christentume überhaupt
machen; es sei ein asiatischer Import oder es sei eine bloße
Fortsetzung des Judentums, derer sich der „germanische Geist"
oder der europäische zu schämen hätte. So wie es einfach un-
verrückbar wahr ist, daß Asien auf religiösem Gebiet ent-
deckerischer gewesen ist als Europa, und im Judentum
zuerst die Grundlage aller höchsten Religionsformen, der persönliche Theismus, an das Licht trat, so ist es auch einfach
wahr, daß der romanisch-lateinische Geist überhaupt — und
nicht nur im Kirchlichen — eine tiefere Begabung in der Auf-
findung klarer, festgefügter, dauerhafter Lebensformen

erwiesen hat als der germanische, individualistischere, ehrfürch=
tigere, aber weniger k l a r e Geist. Das gilt für das Recht, für
die formellen Mittel des ökonomischen Verkehrs vom Kredit=
papier bis zur doppelten Buchführung, für die Formen der
Dichtung und das Formale in den Künsten bis zu den Me=
thoden der modernen exakten Wissenschaften, die ja auch in
Italien und Frankreich zuerst gefunden wurden. Warum
sollte es für die kirchlichen Institutionen und zu einem großen
Teile auch für die religiösen Gedanken= und Kultformen
n i c h t gelten? Auch zeitlich und historisch ist es ja nur eine
sonderbare Naivität, die in der falschen Ausdehnung des nur
für die mechanische Zivilisation gültigen Fortschrittsbegriffes
auf die Gesamtheit höherer Güterwelten wurzelt, zu meinen,
es müsse jedes Zeitalter, das auf irgendeinem Gebiet Neues
und Mustergültiges hervorbringt, auch auf allen anderen
Wertgebieten, zum Beispiel der Religion, gleichfalls etwas
Neues und Mustergültiges hervorbringen können; und es sei
a priori ausgeschlossen, daß ein einzigartiges Zeitalter der
Geschichte, vermöge einer in Zukunft nie wiederkehrenden
Harmonie besonderer Kräfte und äußerer sozialer, politischer
und sonstiger Konstellationen etwas aus sich hervorgehen ließ,
was d a u e r n d e n Wert auch für die g e s a m t e Zukunft der
Geschichte hat — da die Hervorbringung die ewige und zeit=
lose vor Gott stehende Wertreihe an einem bestimmten Punkte
am deutlichsten abspiegelte. Wie das Erstgesagte diejenigen
vergessen, die eine Religion und Kirche „aus den Tiefen des
germanischen Geistes" wünschen, so vergessen das Letztgesagte
diejenigen, die dieses zerdachte und vergrübelte, jedes tieferen
Gemeingeistes bare moderne Europa oder etwas ganz Unbe=

stimmtes, was auf das Heute folgen soll, für fähig halten, eine funkelnagel „neue Religion" aus sich zu gebären.

Sprach ich also von einem stärkeren Einfluß der germanischen Völker in der Kirche, so ward an Institutionelles, Dogmatisches und dergleichen nicht im entferntesten gedacht. Ich meine nur zweierlei: einmal, daß gerade die Kräftigung der religiös-kirchlichen Elemente und Gruppen in den romanischen Ländern, die einem vermutlichen Sturze der positivistischen, freimaurerischen, auf alle Fälle antikirchlichen Regierungen derselben Länder wahrscheinlich folgen würde, nicht unabhängig von dem erhofften Siege der Mittelmächte sei; und daß diese Tatsache in einem uns günstigen Falle auch von der Leitung der Kirche nicht vergessen werden dürfe. Sodann meinte ich, daß jenes höhere Maß von Verantwortung, die uns im Orient erwächst, so wie sie einmal durch eine Reinigung unserer Grundsätze und Gesinnung von aller Art früher angeführter falscher Anpassung erst verdient werden kann, ein andermal auch eine stärkere Würdigung unseres besonderen Wesens seitens der kirchlichen Spitze von selbst zur Folge haben werde, als bisher zu dieser Würdigung bestehen mochten.

Es gibt aber keinen Punkt, den ich erwähnte, keine die deutschen Katholiken und ihre Kirche betreffende Forderung, und keinen Wunsch und keine Hoffnung, deren Erfüllung nicht an die oberste Bedingung geknüpft wäre, daß die Spitze der katholischen Kirche, der Heilige Vater, in Zukunft eine andere und gewichtigere Garantie Seiner Freiheit, Souveränität und faktischen Selbständigkeit in der Ausführung aller ihm geboten erscheinenden Akte besitze, als die

Italiens, eines einzelnen Staates. Die Folge ergibt sich von selbst. —

Europa — wer immer sein Bewohner sei — hüte den heiligsten Rest übernationaler spiritueller Autorität, den es — daran so unsäglich arm geworden — heute noch besitzt! Es behüte ihn wie seinen Augapfel! Denn im Bestande dieser Autorität, in ihrer vollen Freiheit und Selbständigkeit — in der freien Fern= und Weltsicht dieses geheiligten Auges — hat die Geschichte, hat dieser Krieg mit blutigen, weithin leuchtenden Flammenzeichen auch einen letzten Hort der eigenen Freiheit und Selbständigkeit des europäischen Geistes der Welt sichtbar und deutlich werden lassen.

Vom Sinn des Leides

Ein Kernstück in den Lehren und Wegweisungen, welche die großen Religiösen und Philosophen den Menschen gaben, war überall und zu allen Zeiten eine Lehre vom Sinn des Schmerzes und des Leides im Ganzen der Welt, darauf gebaut aber eine Anweisung und Einladung, ihm richtig zu begegnen, das Leid richtig zu erleiden. Beides wäre nicht einmal sinnvoll, wäre das Leben der Gefühle ausschließlich und restlos eine stumme, blinde Wirklichkeit von Zuständen, die sich nach der Regel der Kausalität in uns folgten und verbänden. Aber so ist es nicht. Zum mindesten eine gewisse Klasse von Gefühlen gibt im Erleben selbst so etwas wie einen „Sinn", eine „Bedeutung", durch die das Gefühl gewisse Wertunterschiede eines Seins, eines Tuns oder eines Schicksals, das uns widerfährt, wiedergibt oder auch schon vor deren Eintritt antizipiert und — vorzeichnet; durch die es einlädt und fordert, manches zu tun, manches zu unterlassen.

Im Ermüdungsgefühl liegt irgend etwas, das in der Sprache des Verstandes hieße: „Höre auf zu arbeiten" oder „Lege dich schlafen". Das Schwindelgefühl am Abgrund will sagen: „Tritt zurück". Seine Warnung rettet uns vom Fallen, indem es uns ein Fallen vorspiegelt, ehe wir faktisch

zu fallen beginnen. Furcht, die uns eine mögliche Lebens=
schädigung anzeigt, ehe sie eintritt, und uns hierdurch die
Flucht erleichtert; zur Tätigkeit spannende Hoffnung, in der
sich uns ein Gut verspricht, ehe wir es besitzen; Scham, in
deren Gefühlsvollzug Leib und Seele ihren verschlossenen
Wert vor der Öffentlichkeit für das Auge des Würdigen und
die Hingabe an ihn bewahren; Appetit und Ekel, in denen sich
uns Nützlichkeit und Schädlichkeit einer Speise emotional
darstellen; Reue, die unsere Vergangenheit entlastet und uns
frei zu neuem Guten macht, indem sie schmerzvoll reinigt und
verwirft: das alles sind Beispiele davon, daß Gefühle einen
ihrem Erleben selbst einwohnenden Sinn haben können, der
sich von ihrer kausalen Herkunft und von der rein objektiven
Zweckmäßigkeit im Lebenshaushalt, wie sie zum Beispiel den
mannigfachen Schmerzarten zukommt, gar sehr unterscheidet.
Aber wie es nicht sinn= und bedeutungsleer ist, so ist das Ge=
fühl auch nicht bloßer Zustand. Es gibt auch emotionale
Verhaltungsweisen oder Funktionen, die sich auf das rein Zu=
ständliche des Gefühls in mannigfach variabler Weise auf=
bauen können: derselbe Schmerz und Leidenszustand (nicht
etwa bloß der ihn bedingende Reiz) kann in sehr verschiedenen
Graden und Arten funktionell gefühlt werden. Bei historischer
Konstanz der Reiz= und Wachstumsschwellen, zum Beispiel
körperlicher Schmerzen, kann die Leidensschwelle und die
Leidenskraft in der Geschichte der Zivilisation gar sehr ver=
schieden abgestuft sein; und dasselbe gilt für die Freuens=
fähigkeit gegenüber den Lustzuständen; sie ist um so größer,
je geringer und flüchtiger die Lust sein kann, welche die emo=
tionale Funktion des „Sichfreuens" ins Spiel setzt. Auch der

374

Art nach kann die emotional-funktionelle Aufnahme eines und desselben Gefühlszustandes wechseln. Wir können uns einem Leide „hingeben" oder uns gegen es anstemmen, wir können es „ertragen", „dulden", schlicht „leiden", ja können es „genießen". Immer bedeuten diese Worte wechselnde Arten des Fühlens, die mit dem Gefühlszustand noch nicht eindeutig bestimmt sind.

Aber noch ein Stockwerk über diesen „Gefühlsfunktionen" stehen diejenigen Betätigungen und Akte unserer geistigen Persönlichkeit, die der Größe, dem Ort, dem Sinn, der Fruchtbarkeit unserer Gefühlszustände im Ganzen des Lebensraumes und -zusammenhanges einen völlig verschiedenen Charakter erteilen können. Hier liegen Unterschiede der Aufmerksamkeit, zum Beispiel der Beachtung und Nichtbeachtung der Gefühle, Unterschiede der Willensbetätigung, die Schmerz und Leid suchen oder fliehen, sie wahrhaft überwinden oder nur verdrängen können, Unterschiede der Bewertung (als Strafe und Sühne, als Läuterungs- oder Besserungsmittel usw.), endlich Unterschiede der religiösen und metaphysischen Deutung, durch die sie über ihren unmittelbaren Erlebnissinn hinaus als Glied in den Zusammenhang der Welt eingefügt werden. Jede Leidenslehre enthält darum auch eine besondere Symbolik unserer Herzenserregungen, ein Hineindeuten lenkender, sinnvoller oder sinnleerer Kräfte in ihr mannigfaches Spiel. Ist also das rein Empfindungsmäßige und Zuständliche an Schmerz und Leid gleich Tatsache und Schicksal alles Lebendigen, — es gibt doch über diese blinde Tatsächlichkeit hinaus eine Sphäre des Sinnes und eine Sphäre der Freiheit, an der die großen Heilslehren ansetzen.

Es sei zunächst erlaubt, einige Haupttypen solcher Leidens-
lehren zu betrachten. Blicken wir in der Geschichte umher,
so erblicken wir viele Wege der Leidbegegnung. Wir gewahren den Weg der Leidensvergegenständlichung und Resignation; den Weg der hedonistischen Leidensflucht; den Weg
der Leidensabstumpfung bis zur Apathie; den Weg des heroischen Kampfes und der Leidensüberwindung; den Weg der
Leidensverdrängung und der illusionistischen Leidensleugnung;
den Weg der Justifizierung durch Auffassung allen Leidens
als Strafleiden; endlich den wunderbarsten und verschlungen-
sten der Wege, den Weg der christlichen Leidenslehre, den
Weg des seligen Leidens und der sich im Leiden selbst vollziehenden Erlösung vom Leide durch Gottes barmherzige Liebe:
den „Königsweg des Kreuzes".

Der erste dieser Typen stellt sich uns historisch in größerer
Reinheit zuerst in der Lehre Buddhas dar, kehrt aber bis
zu Spinoza und Goethe in mannigfachen Verkleidungen und
Zusammenhängen wieder. Die späteren Brahmanischen Upa-
nishads, die zuerst eine endlose Wanderung der Seelen durch
immer neue Leiber lehrten, deuten alle Leiden als Strafen
für Verfehlungen in einem früheren Leben. In der Sankya-
und Yogaphilosophie erst tritt jener metaphysische Pessimismus zutage, der das Leid im Grunde des Seins selbst verankert und es soweit reichen läßt, als die alles Wirkliche
umfassende Sphäre des Strebens und Drängens in Ding und
Mensch reicht. Auf diesem Grunde baut Buddha auf, der
große Lehrer des Todes, diese Seele voll süßer, heiterer Herbst-
lichkeit in der Grundstimmung. Er will einen Weg zur Beendigung dieses rast- und endlosen, nach dem Gesetz von

376

Schuld und Sühne sich vollziehenden Wanderns zeigen. Dieser Weg ist eine fortlaufende Loslösung des überindividuellen Selbst von aller individualisierenden Begierde, das heißt von jener Kraft, die den brennenden Wirklichkeitsakzent auf die puren Inhalte der Welt wechselnd setzt und die mit dem Leide gleichumfänglich ist. So ergibt sich ihm die Sphärengleichung: Begehren = Wirklichkeit = Leid = Individualität. Diese Loslösung erfolgt in der Vergegenständlichung von Leid und Begier, im reinen Bildwerden dieses eisernen Zusammenhangs von Leid, Begier und Wirklichkeit. Eine innere Technik des erkennenden Hinausdrängens von Begier, Schmerz und Leid aus dem Zentrum der Seele dient dieser Vergegenständlichung. Auch Liebe, die „Erlösung des Herzens"*, nicht des Herzens positive Beseligung wie bei den Christen, auch Mitleiden haben ihm nur als Vehikel dieser Erkenntnis Bedeutung. Zielpunkt dieses Weges ist hier nicht Errettung der Person, Herausarbeiten eines seligen individuellen Selbst aus der dunklen Verworrenheit des Organischen. Das Ziel besteht in jener Begehren, Individuum und Leid auflösenden und erlöschenden Meeresstille des Gemütes, in der sich das All und die Individualität entwirklichen, indem sie ganz Bild werden. Gleichzeitig aber soll das Gefühl der Einbeschlossenheit des eigenen Leides in das große Weltleid und in seine Notwendigkeit zur milden Resignation stimmen.

Aus diesem metaphysisch=pessimistischen Zusammenhang des Indischen herausgenommen, findet sich eben jene Technik,

---

* Dies ist — nach Pischels Übersetzung — der ständig wiederkehrende charakteristische Beiname der Liebe in den Predigten Buddhas.

auf optimiſtiſcher Baſis, auch bei Spinoza und Goethe.
Ihre theoretiſche Grundlage iſt hier, es beſtehe der Affekt
von Hauſe aus nur in „verworrenen, unklaren Vorſtellungen
und Gedanken", in einem Mangel alſo an Tätigkeit des
Vernünftigen in uns. Alſo, heißt die Folgerung, muß ſich der
Affekt durch klärende Durchdringung und Vergegenſtänd=
lichung ſchließlich vollſtändig löſen laſſen, ſo wie ein Sternen=
nebel im Fernrohr ſich in ein Sternmoſaik auflöſt. Dieſer
Weg iſt ſicher nicht ohne Wurzel in den Tatſachen unſeres
Seelenlebens. Jenes Ergriffenſein und Durchdrungenſein des
Ich vom Leid ſcheint abzunehmen, wenn wir dem Leide und
ſeinem Gegenſtand gerade und feſt ins Geſicht blicken; wenn
wir gleichzeitig es ſelbſt wie aus uns heraus zum Gegen=
ſtande ſetzen und es durch eine Art iſolierender Umzingelung
hemmen, unſer ganzes Leben zu färben. Auch hier läßt ge=
ſteigerte Aufmerkſamkeit das Gefühl zergehen. Aber dieſer
Weg führt nicht weit und ſeine theoretiſche Grundlage iſt
falſch. Gefühle ſind nicht „verworrene Gedanken". Es gibt
eine Leidenstiefe und =ſtärke, an der jene Aktion zerbricht, ja,
indem ſie anſtatt das Leid ſelbſt nur die Leidgegenſtände
ergreift, ſogar den entgegengeſetzten Effekt hat: Verdrängung,
Sammlung und Verdichtung des Leides wie zu einer objekt=
loſen im Gemüte ſchwebenden Maſſe. Und man darf fragen,
ob der ſteigende Peſſimismus der indiſchen Geiſtesentwicklung
nicht erſt gerade durch dieſe jahrhundertelang geübte Leidens=
technik hervorgebracht wurde. Vor allem aber: woher die
Kraft zu jenem Außerſichſetzen, wenn nicht ſchon ein tiefer
gelegenes Glück jene Kraft erteilt? Alle Leidüberwindung
iſt faktiſch Folge, nicht Urſache eines tiefer gelegenen Glücks.

378

Und bittere oder mild-heitere Resignation, da doch alles leidet, — ein Weg, den auch Schopenhauer, den Indern folgernd, gerne empfiehlt! Dieser „Trost" ist fragwürdig! Vornehmer jedenfalls ist die Seele, die sich im Leide zurückzieht und die es befriedigt, allein zu leiden und dabei Freude um sich zu sehen, — der die wachsende Gemeinschaft im Leiden mit doppelter Schwere aufs Herz fällt.

Hat sich die hedonistische Leidensflucht, der Versuch, durch die Kraft des Willens einen positiven Lustüberschuß herzustellen, besser bewährt? Schon die früheste griechische Geschichte dieser Lehre von Aristippos bis zu dem Pessimisten Hegesias, der seine Zuhörer in den Tod treibt (Peisithanatos), und zu Epikur, der an Stelle des positiven gegenwärtigen sinnlichen Lustmaximums, das Aristipp als höchstes Gut lehrte, die bloße Schmerzlosigkeit und Gemütsruhe setzt (Ataraxie), spricht nicht dafür. Aber das Umschlagen dieses Lebenssystems in den trostlosesten Pessimismus ist nur ein konkretes Beispiel für ein inneres Gesetz des Geistes. Es gibt Dinge, die gerade dann nicht eintreten, wenn sie zum bewußten Zwecke des Handelns gemacht werden; und Dinge, die um so sicherer kommen, je mehr man sie vermeiden will. Solcher Art ist Glück und Leid. Das Glück flieht vor dem Jäger in immer weitere Fernen. Das Leid nähert sich dem Flüchtling, je schneller er flieht.

Aristipp beginnt damit, zu sagen, er wolle nicht nach Reichtum, nach Pferden, Freunden, Frauen streben, sondern nach seiner Lust an ihnen; nur ein Tor strebe nach Dingen und Gütern; der Weise nur nach seiner Lust an diesen Dingen und Gütern. So verwandelt Aristipp die Fülle der Welt und ihren inneren Wertgehalt, an deren Geschautheit und an deren Sachformung als gnädige Begleiterscheinung nur dasjenige erblüht, was wir „Glück" nennen, zu einem armseligen Hilfsgerüst für den Aufbau flüchtiger Lustempfindungen an seinem einsamen Leibe. Zu einer Reizquelle für dieses Leibes Lust. Er will nicht fragen, ob seine geliebte Freundin ihn wieder liebe; denn wenn er einen Fisch esse, frage er auch nicht, ob er dem Fisch, sondern nur, ob der Fisch ihm schmecke. Aber Aristippos selbst ist hier der „Tor". Er zieht, ohne es zu merken, zuerst den Boden weg, auf dem die Blume des Glückes blüht: die freie liebevolle und tätige Hingabe an die Welt. Er bemerkt nicht, daß selbst die Lust, je tiefer sie befriedigt, nur dann eintritt, wenn man nicht diese Lust, sondern ihren Gegenstand und seinen inneren Wert praktisch intendiert, und er sieht nicht, daß das vom eigenen Ich abgewendete Verlorensein in dem Subjekt der an unserer Liebe erwachenden Gegenliebe eben der Kern des Glückes der Liebe ist. Er bemerkt nicht, daß es ein strenges Gesetz des Lebens ist, daß die praktische Herstellbarkeit der Glücksgefühle durch unmittelbar sie selbst intendierendes Wollen und Handeln mit der Tiefe und Dauerhaftigkeit dieser Gefühle stetig abnimmt, und daß streng genommen nur die sinnlichen Lustgefühle praktisch herstellbar sind;* er beachtet nicht, daß der Schmerz nur im selben Maße willentlich vermeidbar ist, als er sich der sinnlich peripheren Zone nähert. Und er erkennt nicht, daß mit dieser Vermeidungspraxis seiner Ursachen das Leiden am gleich großen

---

* Vgl. meine Ausführungen im „Jahrbuch für Philosophie und phänomenologische Forschung", II, Bd. I, 1916 in der Abhandlung: „Der Formalismus in der Ethik und die materiale Wertethik", II. Teil.

Schmerze so erheblich wächst, daß der Endeffekt durch Steigerung der Leidensempfindlichkeit für den doch unumgänglich dem Menschen zuteil werdenden Schmerz nur größeres Leiden sein kann. Er sieht die Grundtatsache nicht, daß das Gefühl nur Quelle und Begleiterscheinung, nicht aber Ziel des Wollens sein darf. So mußte die Technik der Leidensflucht in Todessehnsucht enden.

Die drei nächstgenannten Wege: Leidensabstumpfung bis zur Apathie, heroischer Kampf gegen das Leiden und Leidensverdrängung bis zum Versuch seiner Wegillusionierung, sind im Altertum alle zusammen, bald mit Vorwiegen des einen oder anderen, vom Kynismus und von dessen späterem Abkömmling, der stoischen Schule, beschritten worden.

Die Richtung der Entwicklung zielt hierbei vom Pole des heroischen Leidenskampfes, wie ihn voll antiker Großartigkeit die Sage des Herakles, des Heiligen der von Antisthenes begründeten kynischen Schule, vor Augen führt, bis zum Pole der Selbstsuggestion und Wegillusionierung bei den jüngsten Stoikern. Die heroische Kämpferstellung gegen das Leid, das die Götter und die auch noch über sie erhabene Moira senden, ist die antike Leidenshaltung kat'exochen. Sie ist ebenso verschieden von der hedonischen Leidensflucht, als von christlicher Leidensliebe und Aufnahme seiner als des gottgesandten, freundlichen Arztes der Seele. Der antike Leidensheld flieht nicht das Leiden. Im Gegenteil! Er sucht es auf und wirbt darum in der Sphäre von Abenteuer, Gefahr, harter Arbeit. Er sucht es auf gleich einem ritterlichen Feind, an dessen Niederringung durch Kampf, Geduld, Beharrlichkeit er das Maß seiner Kräfte und seines Wertes für sein und der Umwelt Bewußtfein ermißt. Er ſucht zugleich den Ruhm des Leidensbezwingers. Dieſes faſt ſportsartige Sich= ſelbſtermeſſen, das nur ſekundär förderliche Folgen für die Umwelt und ihre Wohlfahrt abwirft, — das iſt die Seele des antiken Leidensheldentums, iſt auch die Seele der antiken Askeſe. Das Pathos der Ruhe, Gelaſſenheit und Feſtigkeit, meiſt vermiſcht mit der Geſte des deklamierenden Rhetors, mit denen der antike Held ſo gerne ſtirbt — ſelbſt Sokrates' Tod entbehrt dieſer Züge nicht ganz —, wurde bis auf Friedrich den Großen, deſſen Briefe von dieſem ſtoiſchen Geiſte ſtark gefärbt ſind, immer wieder nachgeahmt.

Aber dieſe heroiſche Stellung hat enge Grenzen ihrer Wirkſamkeit. Sie verſagt vor dem tieferen Leid der Seele, das ſich der Macht des zupackenden Willens entzieht. Sie tauſcht den Ruhm ihrer Siege über die äußeren Leiden des Lebens nur zu oft mit dem tieferen Leide der Herzenshärtung und der kalten Verbitterung; ſie verdrängt das Leid nur in die Tiefe der Seele, — wie aus Stolz, ſich ſelbſt den Punkt zu geſtehen, wo der zupackende Wille verſagen mußte. Und vor allem bleibt dieſe heroiſche Seele ganz abhängig von dem Bilde, das ſie Anderen und mindeſtens ſich ſelbſt in der Re= flexion zuwirft. Tief und richtig urteilt der Hl. Auguſtin vom heroiſchen Selbſtmord der geſchändeten Lucretia im Gottesſtaat: „Sie ſchämte ſich fremder Schandtat, an ihr, nicht mit ihr begangen, und dieſes römiſche Weib, nach Ruhm mehr als begierig, fürchtete, wenn ſie am Leben bliebe, in der öffentlichen Meinung als eine Frau zu gelten, die gerne über ſich ergehen ließ, was ſie gewaltſam über ſich hatte ergehen laſſen. Darum glaubte ſie zum Zeugnis ihrer Geſinnung jene

382

Strafe den Menschen vor Augen halten zu sollen, da sie ihnen ihr Gewissen nicht vorweisen konnte."

Die Abstumpfungsaskese stellt sich nun vor allem da ein, wo der aktive heroische Wille versagt. In ihr resigniert der antike Leidensheld. Diese Askese ist die antike Sklaven=moral des Leidenden, wie der Heroismus die antike Herren=moral des Leidenden ist. Epiktet vertritt sie gut. Dieses Abstumpfungsverfahren aber reißt, soweit es Erfolg hat, nicht nur die Wurzeln aller höheren und niederen Freuden mit aus der Seele heraus. Dieses vernunftstolze Ideal der Apathie gilt einem Phantom, das verwirklicht, sofort zu=sammenbräche, da der Mensch, der es erreicht hätte, all jener Führungskräfte und Weisungen entbehrte, die das Spiel der Gefühle unserem Leben erteilt. Dies Ideal ist „das Gespenst, das über Gräbern geht". Vor einigen Jahren wurde eine Patientin der Charcotschen Klinik genau beschrieben, die als Nachwirkung einer Krankheit den Aus=fall einer größeren Zahl von Provinzen der organischen und seelischen Gefühle erlitten hatte. So besaß sie keinerlei Zeit= und Dauergefühl, kein Gefühl des Hungers und der Sättigung, keinen Appetit und Ekel, kein Ermüdungsgefühl und keinerlei Sympathiegefühl für ihre eigenen Kinder. Sie mußte auf die Uhr sehen, um fünf Minuten von zwei Stun=den zu unterscheiden; sie mußte ohne Leitung von Hunger und Appetit nach der Uhr essen, ebenso nach der Uhr schlafen gehen usw. Gegenüber ihren Kindern konnte nur das Urteil, es seien ihre Kinder, keinerlei Sympathie zu ihnen sie zu pflichtschuldigem Handeln bewegen; ihr Existenzbewußtsein war fast auf das „cogito ergo sum" zusammengeschrumpft, und nur mit Grausen konnte sie ihr eigenes Wesen und Leben wie ein Fremdes gewahren. Dieses unglückliche Geschöpf, das all seinen Geist zur einfachsten Fortführung seines Daseins verwenden mußte, mag eine annähernde Idee davon vermitteln, wie der ideale stoische Mensch aussähe, — wenn es einen solchen gäbe.

Aber noch ein anderes Verfahren als jenes der Abstumpfung bringt schon die stoische Schule auf. Es besteht in der Leidensleugnung, die bald mehr in Form einer metaphysischen Rechtfertigung der Übel der Welt, bald mehr in der Form einer Art von Selbstsuggestion erfolgt. Im metaphysischen Optimismus des 17. und 18. Jahrhunderts bei Spinoza und Leibniz ist die erste dieser Formen wieder stark hervorgetreten; in der so merkwürdig erfolgreichen Christian-Science-Bewegung in Amerika die zweite. Gemäß der ersten Richtung soll das Bild der Übel, die uns leiden machen, nur daraus entspringen, daß unser Standpunkt zur Welt zu egozentrisch und zu partikular ist. Wo wir Übel sehen, da stehen wir nach dieser Lehre der Welt gleichsam zu nahe, so wie der Zuschauer dem Bilde zu nahe stehen kann, so daß er nur Farbenflecke gewahrt, wo faktisch Sinn und Harmonie ist. Also konstruiert sich diese Art von Metaphysik zu jeder Reihe von Übeln eine unsichtbare Ordnung von Realitäten, in deren Verein das nur „scheinbare" Übel aufhört ein Übel zu sein und zum Gute wird. Aber wie groß und verbreitet sollen denn die Übel sein, daß es endloser Konstruktion und Phantasie nicht gelänge, sie in einen solchen unsichtbaren Zusammenhang einzureihen? Diese Metaphysik beweist nichts, indem sie alles beweisen will. Dazu ist sie

384

wahrhaft ruchlos, da sie jede Tatkraft untergräbt, die Übel zu bekämpfen.

Die zweite Richtung führt sich schon in der Stoa mit dem Satz ein, daß Leiden nur „in unserer Vorstellung, und durch sie", nicht durch die Dinge selbst bestehe, die Vorstellung aber durch energisches Denken zu unterdrücken oder so zu verändern sei, daß das Leiden aufhöre. Mit diesem Satze setzt eine im späteren Altertum sich steigernde Verdrängungs= und Illusionstechnik gegenüber den Leiden des Lebens ein (verbunden mit einer systematisch geübten Selbstsuggestion, es sei „der Schmerz kein Übel"). Und diese Technik greift um so mehr um sich, als das Weltgefühl der spätantiken Welt immer negativer bestimmt wurde. Wie bei den Gläubigen der Christian=Science macht man schon hier den ernstgemeinten Versuch, Übel, Leid und Schmerz aus der Welt einfach hinauszuwerfen. Es war der letzte Versuch Laokoons, des tiefen Symbols der schwer leidenden Antike, sich der nach ihm züngelnden Schlangen zu erwehren. Die christliche Lehre vom Leidenssinn und der rechten Leidensbegegnung trat in die Welt.

Das Alte Testament hatte mit großer Konsequenz dem Leiden einen Justifikationssinn unterlegt. Alles und jedes Leiden sollte schließlich Strafleiden sein, Verwirklichung einer göttlichen Vergeltungsgerechtigkeit schon auf Erden, Strafe für die Sünde, für die des Individuums, der Eltern oder des ganzen erbsündigen Geschlechts. Aber gewaltig erhob sich die Stimme des leidenden Gerechten häufig schon in den Psalmen, am ergreifendsten im „Buche Hiob", aufs neue im „Kohelet", gegen diese furchtbare Deutung, die zum Weh jedes wie immer schuldlosen Leidens das Weh über eine irgendwo begangene Sünde noch hinzufügt, für die es Strafe sei. Ein Gedanke, der einen Menschen unserer Tage schon herb dünken mag, der Gedanke, Gott züchtige eben die, die er liebe, und er züchtige sie, nicht um sie zu strafen, sondern um ihr Wesen aus dem Gemenge des Irdischen zur religiösen Treue herauszuläutern, durfte dem unglücklichen Job wie eine warme, milde Stimme der Erlösung in die Seele klingen. Aber nicht dieser Gedanke, der seine ganze Macht erst in der christlichen Welt entfaltet, sondern die Glut seiner messianischen Hoffnung, die gleich einer Feuergarbe vor ihm herschritt, hat den in seiner Geschichte so vielbewährten Leidensheroismus Judas gezeitigt.

Von diesen Deutungen, Medizinen, Techniken, Narkosen aus gesehen, durch die der antike Genius das Meer des Leides austrinken wollte, mutet die christliche Leidenslehre wie eine völlige Umkehr der Einstellung zum Leide an. Zunächst: eine gewaltige Entspannung, die an sich schon wie eine Erlösung wirken mußte, eine Entspannung durch schlichte Anerkennung, durch naiven Ausdruck von Schmerz und Leid. Kein antiker Leidenshochmut mehr, der sich des Leides rühmt, weil seine Größe die eigene Kraft ermißt und der Umwelt weiset. Aber auch kein Stolz, es sich selbst und anderen unter dem Schein des Gleichmutes oder unter der Rhetorik des leidenden und sterbenden „Weisen" zu verbergen. Der so lange verhaltene Schrei der leidenden Kreatur durchtönt wieder frei und herb das All. Das tiefste Leid, das Gefühl der Gottferne selbst, spricht Jesus frei am Kreuze aus. „Warum hast Du mich verlassen?" Und keinerlei Umdeutung mehr. Schmerz ist Schmerz, ist Übel, Lust ist Lust, und positive

Seligkeit, nicht bloß „Friede" oder Buddhas „Erlösung des Herzens", ist das Gut der Güter. Auch keine Abstumpfung, sondern seelenweichendes Durchleiden des Leidens in Eigen= und Mitleid! Aber für dieses Erleiden des Leidens quillt nun eine ganz neue Kraftquelle auf, fließend aus einer in Liebe, Erkenntnis und Tat erst zur Enthüllung gelangenden selig geschauten höhern Ordnung der Dinge. Und dieses Erleiden des Leides hat einen neuen Sinn: Läuterung durch Gottes barmherzige Liebe, die das Leid als einen Freund der Seele sendet. Erst durch dieses beides zusammen schien es dem Christentum zu gelingen, das Leid ohne Umdeutung, in seiner vollen Schwere und unter Anerkennung seines Übelscharakters als Wesensfaktor in die Welt= und Erlösungsordnung aufzunehmen und es dennoch von einem zu bekämpfenden Feinde zum bewillkommneten Freunde der Seele zu machen. Läuterung, nicht Strafe; auch nicht Besserung. Die große Paradoxie des Judentums, der „leidende Gerechte", verschwindet wie ein Tropfen im Meere im Bilde des schuldlosen Leidens eines Menschen für fremde Schuld, eines Menschen, der zugleich Gott selbst ist und der Alle auffordert, ihm auf seinem Weg des Kreuzes nachzufolgen. Das Leiden darf wieder schuldloses Leiden sein. Ja, es gewinnt durch die göttliche Qualität des Leidenden einen wunderbaren neuen Adel.

„Läuterung" aber: was bedeutet dieses Wort? Es bedeutet nicht, wie eine falsche pathologische Leidenssucht sich es oft ausgelegt hat, daß man durch bloßes Leiden sittlich oder religiös wachse; oder gar, daß willkürliche Zufügung von Schmerz und Leiden in der Askese entleibliche und Gott näherbringe. Es bedeutet, daß die Schmerzen und Leiden

des Lebens unſeren geiſtigen Blick mehr und mehr auf die
zentralen Lebensgüter und auf die Heilsgüter hinlenken, all
jene Güter, die uns nach dem Glauben des Chriſten in der
Gnade und Erlöſung Chriſti angeboten ſind. Es bedeutet alſo
nicht Schöpfung einer ſittlichen oder religiöſen Qualität, ſon=
dern Reinigung und Scheidung des Echten vom Unechten,
langſamen Abfall des Niedrigen vom Höheren im Zentrum
unſerer Seele. Die Auffaſſung, daß Leiden an ſich Gott
näherbringe, iſt weit mehr griechiſch und neuplatoniſch als
chriſtlich, und nur die griechiſch=öſtliche Kirche hat vom
dritten Jahrhundert bis auf den heutigen Tag dieſe Auf=
faſſung auch in das Chriſtentum hineingetragen*. Die ruſſiſche
Leidensſucht und die ruſſiſche vereinſamende Mönchsaskeſe
haben darin ihren Urſprung. Dieſer Unterſchied wird noch
klarer, wenn man die innere Weſensverknüpfung von Leiden
und Liebe in der chriſtlichen Leidenslehre begreift. Die Auf=
forderung, in der Kreuzesgemeinſchaft mit Chriſtus und in
Chriſtus zu leiden, iſt verwurzelt in der zentraleren Auf=
forderung, gleich Chriſtus und in Chriſtus zu lieben.
Nicht in der Kreuzesgemeinſchaft wurzelt alſo die Liebes=
gemeinſchaft, ſondern in der Liebesgemeinſchaft die
Kreuzesgemeinſchaft. Darum hat auch die chriſtliche Askeſe
nicht normative Bedeutung, als wäre ſie ein ſelbſtändiger
Weg zu Gott, ſondern ſie hat nur die techniſche Bedeutung,
Opfer an Gütern, an Glück zu dem Ziele ertragen zu lernen,
um ſie zu bringen, wenn die Liebe es fordert. Dieſe Askeſe
löſt auf dieſe Weiſe nicht von Gemeinſchaft; ſie zielt auf ſie
zurück. Sie iſt nicht Vorbereitung einer durch ſie zu erreichen=

---

* Vgl. den Aufſatz; „Weſtliches und öſtliches Chriſtentum".

den ekstatischen Kontemplation Gottes durch das einsame Individuum, sondern sie ist Vorbereitung zur Liebestat, in deren Vollzug sich der Fromme am tiefsten in Gott und in Christo weiß. Und so bleiben die sogenannten passiven Tugenden der Ergebung, Geduld, der demütigen Aufnahme des Leides doch der aktiven Tugend der tätigen Liebe untergeordnet.

Aber ihren tiefsten Sinn erhält diese Leidenslehre doch erst durch eine Einsicht, in der sie auch die weltliche Psychologie der Gegenwart nur voll bestätigen kann. Das ist die Einsicht in den Gnadencharakter aller tieferen Glücksgefühle und die weitere Einsicht in die Gesetzmäßigkeiten, die zwischen den Tiefenniveaus der Gefühle,* deren Wirksamkeit und Befriedigungserfüllung bestehen. Die christliche Leidenslehre fordert mehr wie ein geduldiges Ertragen der Leiden. Sie fordert, besser: sie zeigt auf ein seliges Erleiden, ja sie meint in ihrem letzten Kerne, daß nur ein seliger Mensch, das ist ein Gottgeborgener, auf richtige Weise Leid und Schmerz erleiden, das Leid lieben und, wo notwendig, es aufsuchen kann. In den Korintherbriefen läßt Paulus die Seele ansteigende Jubelhymnen singen, mitten in der Schau des fortschreitenden Zerfalles ihres Leibes und ihrer irdischen Güter. Er läßt sie die Leiden des Erdkreises heranlocken, damit sich die Seele an ihnen der vollen Tiefe ihrer zentralsten Geborgenheit und Gerettetheit in Gott immer noch seliger bewußt werde, als sie es schon vorher gewesen. In den Märtyrerakten aber ist als gelebt beschrieben, was hier erlebt und gepredigt ward. Nicht das Brennen bloßer Aussicht auf ein seliges Jenseits, sondern

* Dieser Begriff der Tiefenniveaus der Gefühle ist genauer entwickelt a. a. O. im Jahrbuch.

389

erlebte Seligkeit im Besitze eines gnädigen Gottes mitten in der Marter entband im Märtyrer diese wunderbaren Kräfte.

Als Luthers Töchterchen Magdalene gestorben war, sagte Luther: „Ich bin ja fröhlich im Geist, aber nach dem Fleisch bin ich sehr traurig. Ein Wunderding ist's, wissen, daß sie gewiß im Frieden und ihr wohl ist, und doch noch so traurig sein." Das ist das merkwürdige Widerspiel zum Eudaimonismus! Der Eudaimonist weiß nicht, daß wir in verschiedenen Tiefenschichten unserer Seele zugleich negativ und positiv gefühlsmäßig bestimmt sein können, wie Luther es hier so plastisch beschreibt; daß von der Zone der sinnlichen, ausgedehnten, am Leibe lokalisierten Gefühle (Schmerz, Wollust usw.) bis zur Seligkeit und Verzweiflung unseres tiefsten Selbst gewisse Niveaus des Gefühls liegen, auf deren jedem die Qualitäten der Lust und Unlust möglich sind; daß wir zum Beispiel froh einen Schmerz leiden und unfroh die Blume eines Weines genießen können. Er weiß nicht, daß die innere Gesetzmäßigkeit der Zusammenhänge und der Abfolge der Gefühlserlebnisse auf einem bestimmten dieser Niveaus prinzipiell unberührt bleibt von der Ordnung und Folge eines anderen Niveaus, — wie immer dabei die Aufmerksamkeit zwischen den Niveaus hin= und herschwingen möge. Er weiß nicht, daß die Gefühle dem Wollen und der Absicht um so mehr entzogen sind, je tiefer und zentraler sie sind; oder anders ausgedrückt, daß die positiven Gefühle, je tiefer sie sind, immer mehr Gnadencharakter annehmen. Vor allem aber kennt er nicht die gesetzmäßige Art, nach der die Gefühle als Quellen des Wollens und Tuns, — nicht als intendierte Ziele, für die er sie nehmen will, — zwischen diesen Niveaus wirken. Er sieht nicht, daß nur die Mißbefriedigung auf einem zentraleren Niveau des Gefühls, im letzten Grunde also die Unseligkeit des innersten Menschenkernes, die Willenstendenz zur Folge hat, auf einem der äußersten, sinnlichen Zone steigend näheren Niveau ein Lustgefühl als Surrogat für die innere Glücklosigkeit zu bewirken; daß aber umgekehrt der Mensch auf dem peripherer gelegenen Niveau um so leichter und um so seliger Schmerz und Leid erleiden kann, je befriedigter er auf dem zentralwärts gelegenen Niveau, das heißt ein je seligerer Mensch er ist. Er sieht nicht, daß aller Hedonismus schon ein Zeichen der Verzweiflung ist! Er sieht nicht, daß die Erfahrung der Läuterung, das ist die Erfahrung, durch das Leiden auf den periphereren Niveaus in die immer tieferen „Burgen der Seele" einzukehren und hier sich dem Empfang einer höheren Welt geistiger Kräfte steigend geöffnet zu finden, mit Sinn dazu führen kann, diese Leiden zu lieben; sie zu lieben als die barmherzigen Hammerschläge, durch die der göttliche Bild-hauer die Form eines idealen Selbst aus dem Material einer anfänglich in die Verworrenheit des Sinnlichen verlorenen Existenz heraushaue.

Der Eudaimonist sucht die Lust! Er findet — Tränen. Der Jünger Christi besitzt die Seligkeit. Er sucht den Schmerz, um dieser Seligkeit und seiner wahren Güter immer tiefer und klarer bewußt zu werden. Für den antiken Menschen, der im Grunde Eudaimonist bleibt, war die äußere Welt heiter und lustig. Aber ihr Kern war ihm tief traurig und dunkel. Hinter dieser fröhlichen Publizität und Oberfläche der Welt, die man die „heitere Antike" nennt, gähnt „Moira" und Zu-fall. Für den Christen ist die äußere Welt dunkel, nächtlich und voll Leid. Aber ihr Kern ist nichts als lauter Seligkeit und Entzücken. Und das ist der eigentümliche Kreisprozeß in seinem Verhalten zum Leide: Indem er nach Verzicht, kraft eigener Vernunft und ich-zentrierten Wollens dem Leide hedonisch zu entfliehen, es in der Einstellung des Heros niederzukämpfen, oder es in stoischem Troße zu tragen, seine Seele durch Christus hindurch der Kraft Gottes auftut, und sich seiner Barmherzigkeit empfiehlt und dahingibt, kehrt die zentrale Seligkeit gnadenartig in ihn ein, die ihn selig jedes Leid als Kreuzessinnbild tragen läßt. Indem er aber das Leid wie einen Freund, im Bewußtsein, es sei ein Läuterungsmittel aus den Händen der barmherzigen Liebe, empfängt, wird er eben jener Seligkeit, die es ihn tragen läßt, immer fester und klarer gewiß. Alle Kraft zum Erdulden des Leides quillt ihm so aus einem tieferen Glücke. Alles Leiden legt den Hort dieses Glückes noch tiefer in sein Selbst hinein als er lag. Dieselbe Liebe aber, die der Christ Gott und Christus nachvollzieht (im Sinne des „Omnia amare in Deo"), und die ihn zu Leid und Opfer führt, ist auch die Quelle der Seligkeit, die es ihn froh ertragen läßt. Und diese Seligkeit des Liebens ist immer noch tiefer und größer, als das Leid ist, zu dem die Liebe führt:

„Wenn du dahin kommst, daß dir Trübsal und Bekümmernis süß werden, und dir um Christi willen wohl schmecken, dann schätze, daß es wohl um dich stehe. Dann hast du das Paradies auf Erden gefunden. Solang dir Leiden schwer ist, und du es zu fliehen suchest, als ob du ihm entrinnen wolltest, solange gehet es dir übel und unrecht, und gehet dir überall nach die Flut der Trübsale." (Thomas a Kempis.)

Liebe und Erkenntnis.

Man lernt nichts kennen als was man liebt und je tiefer und vollständiger die Kenntnis werden soll, desto stärker, kräftiger und lebendiger muß die Liebe, ja Leidenschaft sein", schreibt Goethe schon in seinen jungen Jahren. Auf die mannigfachste Weise und in zahllosen Zusammenhängen hat er im Laufe seines Lebens diesen Gedanken wiederholt. Neben dies Urteil möge ein bekannter Satz Leonardo da Vincis gestellt sein: „Jede große Liebe ist die Tochter einer großen Erkenntnis". Der Deutsche und der Genius der Renaissance — auch G. Bruno stimmt Leonardo in seiner Lehre von der heroischen Liebe bei — bringen so Liebe und Erkenntnis in eine tiefste und innerlichste Beziehung von gegenseitiger Förderung; jedoch so, daß bei Goethe jeweilig die Bewegung der Liebe den Akt des Erkennens, bei Leonardo der Akt der Erkenntnis den Akt der Liebe fundiert. Beide aber zusammen widersprechen damit dem landläufigen und — soweit ich sehe — spezifisch modernen Bourgeoisurteil, daß Liebe eher „blind" als sehend mache, daß mithin alle echte Erkenntnis der Welt nur durch die äußerste Zurückhaltung dieser emotionalen Akte und durch das gleichzeitige Absehen von den Wertunterschieden der Gegenstände, deren Werte mit diesen Akterlebnissen in einem tiefen Zusammenhang der Erlebniseinheit stehen, beruhen könne. Als der alte Streit zwischen Liebhaber und Kenner begleitet dieser Gegensatz die moderne Geschichte. Und doch wagt gegen dieses seit der Aufklärungsperiode vorwiegende Urteil niemand Geringerer als Blaise Pascal in seinem Gespräch über die „Leidenschaften der Liebe" den schier unglaublich klingenden Satz zu setzen: „Liebe und Vernunft sind ein und dasselbe". Und dies ist hierbei Pascals tiefere Meinung, daß im Verlaufe und Prozesse der Liebe erst die Gegenstände auftauchen, die sich den Sinnen darstellen und die die Vernunft hernach beurteilt. Auch ebenderselbe Spinoza, der gegen alle „anthropomorphe" Weltbetrachtung bis zur Verurteilung des Wirkens, des Kraft- und Zeitbegriffes (deren Anwendung auf die an sich seiende Welt er schon für „anthropomorph" hielt), am schärfsten Front macht, der die Leidenschaften „wie Flächen, Kreise und Linien" betrachten will, hat in seiner Lehre von der „höchsten Erkenntnisstufe", da der Geist „Gott selbst erfaßt und genießt", das heißt im Amor Dei intellectualis gerade die umfassendste und adäquateste Erkenntnis des Seins mit dem liebevollen Hangen an dem Gegenstand zu einer innigsten Erlebniseinheit als verschmolzen angesehen.

Sieht man von feineren Nuancierungen ab, so zeigt die Lösung dieser großen Frage eine gewisse welthistorische Typik, die hier nur in großen Zügen angedeutet, nicht historisch im einzelnen verfolgt sei.

Trotz aller tiefen Gegensätze des indischen und griechischen Geistes (natürlich auch ihrer Liebesideen), die keine der fragwürdigen Hypothesen von der östlichen Herkunft der griechischen Spekulation je aufzuheben vermag, läßt sich im welthistorischen und nichtgenetischen Verstande doch von einem indisch=griechischen Typus der Auflösung unserer Frage reden — einer Auflösung nicht nur in theoretischem Sinne, sondern in Erleben und Tat selbst, denen nachher auch die eigentliche Theorie folgte. Bei Indern und Griechen sind ontologisch ge= sehen die Werte Funktionen des Seins, noetisch aber ist die Liebe eine abhängige Funktion der Erkenntnis. Dort ist der höchste Wert jene Entwirklichung des Gegenstandes, die ihn in bloße Bildhaftigkeit erhebt, hier der höchste Seinsgrad, das ὄντως ὄν Platons. Gerade daß die Werte hier und dort in so grundverschiedener, ja entgegengesetzter Weise Seins= funktionen sind, läßt die angeführte sachliche Einheit der Lehren um so plastischer hervortreten. Denn die Richtung des indischen Geistes setzt diese Abhängigkeit auf ontologischer Seite so, daß der positive und zentralste Wert am Nichtsein, und das heißt hier vor allem an dem im Fortgange des „Heils= weges" zunehmenden Schwinden des Wirklichkeitskoeffizienten der puren Inhalte und Washeiten der Welt haftet; denn dieser „Wirklichkeitskoeffizient" ist es, der uns nach dem in= dischen Grunderlebnis also bannt und brennt, daß die Fülle und Weite der Weltinhalte darin um so mehr ertrinken, je heißer und unser Begehren bindender wir ihn erleben. Das Wirklichsein der Weltinhalte ist für den Hauptzug des in= dischen Denkens nur das Erlebniskorrelat des triebhaften Be= gehrens. Im Prozesse des Begehrens allein, „als" Be= gehrungsgegenstand also allein, ist hiernach die Welt „wirk= lich" oder „unwirklich", in dem Maße wirklich als sie heftig begehrt ist, in dem Maße arm zugleich als sie wirklich ist; erst im Maße als sie nicht=wirklich vor uns steht, ist sie reich und breitet sie ihre Fülle aus. Das heißt im selben Maße, als mit dem Erkalten der Begierden auch das Brennen des Gegensatzes von „Wirklichkeit" und „Unwirklichkeit" er-erkaltet und der positive oder negative Wirklichkeitskoeffizient an den Sachen verschwindet. Nicht für uns als pur er-kennende Geister also, sondern nur für uns als triebhaft wollende und nicht wollende, für uns als handelnde Wesen nehmen die puren Inhalte der Welt jenen sonderbaren Unter-schied von „wirklich" und „unwirklich" an. Analog ist hier zunächst „Erkenntnis" ein steigendes Überwinden der Wirk-lichkeitsakzente an den Inhalten der Welt. Sie erfolgt durch steigende Vergegenständlichung und asketische Willkürlich-machung der ihnen korrelaten Begierden und ihrer für den natürlichen Menschen automatischen Bewegungsfolgen. In-dem die Begierde so immer weiter und weiter unter und außer das erkennende Subjekt gedrängt wird, verschwindet auch der positive und negative Wirklichkeitsakzent an den Inhalten der Welt. Im Mahâ-Bhârata wird der den Geist an die Wirklichkeit fesselnde Faktor immer neu als Begehren und Handlung beschrieben. „Das Handeln geht unabhängig vom eigentlichen Sein des Menschen in ihm vor und Weisheit besteht darin, daß man die Handlung bloß in der Natur vorgehend und das eigentliche Ich als völlig ge-schieden von ihr betrachte. Nur die irdisch Verblendeten setzen den Grund ihrer Handlungen in sich, der bescheidene Weise hält sich nie für den Täter." (Vergleiche hierzu W. von Humboldt, „Über die unter dem Namen Bha-gavad-Gîtâ bekannte Episode des Mahâ-Bhârata." Ge-lesen in der Akademie der Wissenschaften am 30. Juni 1825.)

396

„Liebe" aber im Sinne der Inder ist, nach ihrer inhaltlich gegenständlichen Seite betrachtet, der Übergang, die Tendenz und Bewegung des „wirklichen" oder des Begierdegegenstandes zum immer außerwirklicher werdenden Erkenntnisgegenstande; und eben damit die steigende Fülle dieses Erkenntnisgegenstandes; nach ihrer Aktseite aber ist sie der bloße erlebte Übergang von Nichtwissen in Wissen. Wie also das, was im Aktvollzug begierdefreier Liebesemotion auf der gegenständlichen Seite vorgeht, für den Inder die steigende Entwirklichung, das sich vollendende Bild=werden (nicht etwa „Vorstellung" werden im subjektiven Wortsinne) des Gegenstandes ist, so ist diese Liebesemotion selbst nichts Selbständiges, kein ursprünglicher positiver Aktus des Geistes, der das Fortschreiten der Erkenntnis etwa bewirke, sondern nur der Prozeß des jeweiligen Erkenntniswachstums selbst, ja, wenn wir ganz streng sein wollen, nur eben das Erlebnis jenes Wachstums an Erkenntnis selbst. Aus diesem hier angenommenen Wesenszusammenhang eines ontischen Prozesses der Entwirklichung der Welt und eines geistigen Prozesses im Menschen, dem steigenden Ab= und Herausfall der Begierden aus dem Zentrum des Ich, respektive der Vergegenständlichung der Begierde — aus diesem „Axiom" des indischen Welterlebens — ist uns eine Voraussetzung des Verständnisses alles dessen gegeben, was in dem indischen Schrifttum zu verschiedenen Zeiten über die „Liebe" gesagt wird. Überall muß sie hiernach zunächst als Folge, nie als Ursprung der Erkenntnis erscheinen. Auch was an der Liebe ethisch und religiös gewertet wird, ist lediglich Frucht dieser Erkenntnis. Niemals spielte hier die Liebe so wie als christliche „Gottes= und Nächsten=

liebe" eine gleich ursprüngliche oder gar eine ursprünglichere Rolle wie die Erkenntnis. Das indische Axiom steht in strengstem Gegensatz zum Christentum, dessen größter Denker Augustin die Liebe ausdrücklich zur ursprünglichsten Bewegungskraft des göttlichen wie menschlichen Geistes macht; der auch im offenbaren Gegensatz zu der Lehre vom seligen Nous des Aristoteles sagt, daß sie „mehr als alle Vernunft beselige". Die indische Liebesidee ist also ebenso schroff intellektualistisch wie die griechische des Platon und des Aristoteles. Auch für Platon ist der Eros gleichzeitig Übergang von einem geringeren zu größerem Wissen und (objektiv) Tendenz der dem μὴ ὄν (der „Materie") noch angehörigen Sinnendinge am ὄντως ὄν, an der „Idee", am „Wesenhaften", Anteil zu gewinnen. Eros ist Trieb und Sehnsucht des „Nicht-seienden"-Schlechten zum „Seienden"-Guten. Beide Grundvorstellungen über Liebe und Erkenntnis — die indische wie die altgriechische — haben auch ohne weiteres den Satz zur Folge, daß der Beginn alles Heilsprozesses nicht wie im Christentum in einem, aller Menschentätigkeit vorhergehenden Liebes= und Gnadenakt einer außermenschlichen Macht, „Gottes", also einer tranzendenten Erlösungsaktion gesetzt ist, deren Folge erst die Mitteilung eines heilsnotwendigen Wissens (das heißt „Offenbarung") ist, daß vielmehr alle Erlösung Selbsterlösung des Individuums durch den Erkenntnisakt ist. Darum gibt es in der Sphäre indischen Denkens keinen selbst die Attribute Gottes tragenden Erlöser, sondern nur einen Lehrer der Weisheit, dessen Lehre den Weg des „Heiles" weist. Wo immer Liebe als abhängige Funktion der Erkenntnis gedacht ist, muß sich ja diese Folge notwendig ergeben. Jede Mitteilung eines heilsnotwendigen Wissens müßte ja im Gegensatz zu selbstgefundenem Wissen bereits durch Liebe des Mitteilenden zu dem, der die Mitteilung erhält, fundiert sein. Mag also — im schärfsten Gegensatz zum christlichen Gedankenkreis mit seiner Idee vom unendlichen Wert und der wahrhaften Substanzialität jeder individuellen Seele —, die volle Erreichung der Erkenntnis in der puren Kontemplation — dort des ὄντως ὄν, hier des „Nichtseins" — auch mit einer Auslöschung des Individuums, seinem Verschweben in die Sphäre eines überindividuellen Seins zusammenfallen, so ist doch Tat und Weg zu diesem Ende ganz und allein an die Aktion des Individuums gebunden. Nach Möhlers tiefen und wenig verstandenen Ausführungen in seiner Erstlingsschrift über die „Einheit der Kirche" ist im ursprünglichen Christentum die Haltbarkeit einer religiösen Überzeugung in der einheitlichen Liebesgemeinschaft der ganzen Kirche geradezu ein Wahrheitskriterium der jener Überzeugung entsprechenden Lehre. Der „Heretiker" „muß" irren, unangesehen der ihm etwa gegebenen Evidenz über den Inhalt seiner Lehre. Er muß es schon auf Grund jenes christlichen Wesenszusammenhanges von Liebe und Erkenntnis, der jede „echte" Erkenntnis an den Durchgang ihrer Bewährungsmöglichkeit in der ganzen historischen und gleichzeitigen Liebesgemeinschaft der Kirche bindet. Nichts davon hier! Liebe ist Folge, nicht Bedingung des allein in der Erkenntnis gelegenen Heils. Für die spezifisch indische Fassung ist (hier wieder im Unterschied zur griechischen) mit obigem Axiom auch der besondere ethische Charakter der indischen Liebesidee gesetzt. Nach dem prägnanten immer wiederkehrenden Ausdruck zum Beispiel in den Predigten Buddhas ist Liebe die „Erlösung des Herzens". (Vgl. Pischels Übersetzung der hierhergehörigen Stellen der Predigten in seinem Büchlein: „Die Lehre Buddhas".) Das heißt sie ist positiv heilswertig nicht als „Hinzu" zu einem positiven Wert (läge er in „Gott", im „Nächsten" oder in Schönheit und Leben in der Natur), sondern allein als ein „Weg von sich", also als Seins- oder Wirklichkeitsverneinung, die sich mit der sukzessiven Aufhebung des überhaupt nur durch den begehrenden Leib gesetzten „Individuums" in der Kontemplation ja von selbst und auch außer uns als ontischer Prozeß der Entwirklichung vollzieht. Da zu diesem „Weg von sich" nicht nur der Nebenmensch, sondern auch ebenso die gesamte lebendige und tote Natur Anlaß werden kann, ist im Gegensatz zum Christentum auch die Liebe zu dieser Natur (besonders zu Pflanzen und Tieren) in gleicher Weise in das Liebesgebot eingeschlossen wie die Nächstenliebe. Immer aber ist Anlaß der Liebesaktion hier nur das Erleben eines „Anderssein", eines „Nicht-Ich" als solchen — nicht irgendwelches positive Sein oder ein positiver Wert in ihm, sondern eben nur dies, daß es Nicht-Ich ist. So wird der Teil des indischen Axioms, nach dem die Wertsteigerung des Gegenstandes Folge der Entwirklichung des Gegenstandes ist, auch für den Grundcharakter der Bewegungsform der indischen Liebesemotion wirksam. Diese Liebesbewegung ist ganz und gar „Altruismus", das heißt ganz durch ihren terminus a quo allein bestimmt und ihr terminus ad quem ist ganz gleichgültig, — sofern er ja eben nur Anlaß wird für die „Erlösung des Herzens". Nur die Rolle solcher zufälligen „Anlässe" zu einer radikalen Umkehr des Lebens spielen zum Beispiel offensichtlich die Begegnungen mit dem Kranken, dem Bettler usw., die den jugendlichen Buddha zu seiner Bekehrung führen.

Damit verbindet sich in der Sphäre der indischen Erlebnisstruktur der Welt ein dritter Zug, der seine Konstanz durch die reichen, vielseitigen Entwicklungen der religiösen Spekulation der Inder hindurch behält. Die Liebe als die bloße Abhängige des Erkenntnis- und Entwicklungsprozesses, — ja nur dessen eigenes Wachstum im tiefsten Grunde, — ist kein Erlebnis, das wirklich individuelle Personen zum Ausgangspunkt und Zielpunkt hätte. Sie ist im Gegenteil das emotionale Durchschauen der Nichtigkeit der individualpersönlichen Existenzform überhaupt. Denn Grundlage der Individuation ist nicht, wie in der christlichen Sphäre ein autonomes, geistiges, personales Prinzip, sondern nur Leib und Begierde, mit deren Vielzahl das eine und identische geistige Erkenntnissubjekt in den Menschen eigenartig verhaftet ist. In der Liebe sollen wir also auf intuitive Weise nicht Sinn und positiven Wert des anderen von uns geschiedenen Seins erkennend ergreifen und es in tiefer Bejahung seiner Existenz und seines Wertes umspannen, sondern wir sollen im Gegenteil seine Existenz und seinen Eigenwert gleichzeitig mit unserer eigenen Existenz als aufgehoben — beide zusammen also als ertrinkend und ersterbend in der seligen Fülle des „Nichts" vergehen und verschweben fühlen. Ontisch entspricht darum der vollen, erreichten Erkenntnis, die natürlich auch die Liebe, die ja bloßes Wachstum der Erkenntnis bis zu diesem Ziele ist, hinter sich lassen muß, die endgültige Auf-

hebung der Individualität, nach Buddhas Reform ihr Ein=
gehen in „Nirwana“. Diesem großen letzten Heilsaktus und
echtem „Tode“ gegenüber ist der leibliche Tod des Indivi=
duums nur der trübe Schein eines Todes, ist er faktisch nur
Wanderung des Individuums als einer Begierdeeinheit in
das Gehäuse eines neuen Körpers, also immer auch Beginn
eines neuen, immer wieder in Liebe und Erkenntnis zu über=
windenden „Lebens“. Nicht als Lehrer der individuellen
Fortdauer, die für die indische Welt gerade das Selbstver=
ständliche und immer mehr Gefürchtete war, also das schon
in der „natürlichen Weltanschauung“ dieser Rasse Enthal=
tene, sondern als Verkündiger der Möglichkeit eines echten
endgültigen „Todes“ wurde Buddha der „große Lehrer“ der
Erlösung. (Siehe auch Pischel.) —

In scharfem Gegensatz zu dem indisch=buddhistischen Typus
der Verhältnisbestimmung von Erkenntnis und Liebe, Sein
und Wert, sieht der griechische Typus Erkenntnis wie
Liebe auf ein positives Sein und eine positive Vollkommen=
heit von Hause aus bezogen. Und seit der Zeit der Griechen
bleibt diese letzte Seinsbejahung gleichsam das Apriori aller
europäischen Religion und Spekulation. Je reicher und ge=
steigerter das Sein als Gegenstand der Erkenntnis ist (die
Idee der „Steigerungsgrade“ des Seins ist ein spezifisch grie=
chischer Gedanke) desto absoluter und reiner ist auch die Er=
kenntnis. Absolute Erkenntnis ist darum Erkenntnis eben des
ὄντως ὄν. Die positiven Werte der seienden Dinge sind hier=
bei bloße Funktionen der in ihnen enthaltenen Seinsfülle, wo=
gegen die negativen Werte „Böses“, „Übel“, „Häßliches“
usw. im äußersten Gegensatz zum Buddhismus — auf Seins=

mangel, auf das μὴ ὄν und seine Beimischung zurückgeführt wird. Die Werte bilden hier also nicht ein eigenes ursprüngliches Bereich von fühlbaren Qualitäten. Analog hierzu ist auch die Liebe (subjektiv) eine primäre Hinwendung zu einem positiven Wert, das heißt zu einer Seinsgestalt einer gewissen Seinsfülle, sie ist nicht ursprüngliche Abwendung von einer solchen. Sie ist Seinsbemächtigung in der Erkenntnis, also nicht Seinserlösung wie bei den Indern. Objektiv aber und als kosmisches Agens verstanden, als das sie schon seit des Empedokles Lehre von Liebe und Haß als der zwei Bewegungskräfte der vier „Elemente" der Welt auch von den folgenden Denkern immer mitverstanden wird, ist sie ein Prinzip der Zeugung und Hervorbringung immer neuer und reicherer Seinsgestalten. Sie ist — wie Platon im Symposion sagt — ein „Zeugen im Schönen" — ein Begriff, der von der tierischen Zeugung bis zur geistigen Konzeption des Philosophen, des Künstlers, des Staatsmannes und Feldherrn eine ungeheure fein abgestufte Leiter von Zeugensarten und Zeugungszielen umspannen möchte. So fließt vom ältesten Aphrodite- und Eroskult bis zu den geistigsten Hervorbringungen des Platon und Aristoteles eine noch fühlbare Kontinuität der Konzeption der Liebe als eines Agens positiven Schöpfungsdranges. Der ontischen Stufenleiter von Schöpfungsarten entspricht die Stufenleiter, in der der Geist von der Liebe zu immer gesteigerten Gestalten und Formen der Welt fortgezogen, sich schließlich den „Ideen", und unter ihnen der Idee der Ideen, der Idee des Schönguten selbst als des ὄντως ὄν bemächtigt, beginnend bei den schönen Pferden über schöne Leiber der Jünglinge und Knaben, über schöne Sitten und

Einrichtungen hinweg zur puren Idee des Schönen selbst, von deren ekstatischer Schau Diotima dem aufhorchenden Sokrates erzählt.

Nach anderen, nicht minder wesentlichen Richtungen aber gesehen, behält die griechische Konzeption eine tiefe Gemein= schaft mit der indischen. Zunächst darin, daß die Liebe ganz intellektualistisch nur als Abhängige des Erkenntnisfort= schrittes, als Übergang und „Bewegung" einer ärmeren zu reicherer Erkenntnis verstanden wird, als ontisches Agens aber als Drang des μὴ ὄν am ὄντως ὄν, des Scheinhaften am Wesen Anteil zu gewinnen. In der merkwürdigsten und denk= würdigsten Verbindung von erotisch vergeistigter Freundschaft, sozialen Reformplänen, die ganz von der Idee innerer Reform des Individuums (nicht von Reform von Einrichtungen) ihren Ausgang nahmen, mit in Frage und Antwort (Dialog) fort= schreitender Begriffsforschung hatte Sokrates seine Lehre vom Eros als Musageten der philosophischen Forschung und von der Erziehung als geistiger Hebammenkunst gewonnen, durch die das Gold in den Seelen der Jünglinge hervorzulocken und sie so zum Begriff ihres idealen, individuellen Wesens zu bringen seien (Selbsterkenntnis). Auch die platonische Eroslehre, mit der Kunstform des Dialogs eng verhaftet, verleugnet diesen ihren Ursprung nicht, so hoch sie sich auch über die Lehre des Sokrates hinausschwinge. Wie die Liebe ganz allein auf Erkenntnis bezogen ist, ja nur „Streben von unvollkommener zu vollkommener Erkenntnis" für Platon bedeutet, zeigt die Bestimmung, daß weder die Unwissenden noch die vollkommen Wissenden (zum Beispiel Götter) lieben können, sondern nur die φιλόσοφοι, das heißt eben die „Lieb=

404

haber der Weisheit". Liebe, Eros ist der Sohn des Reichtums und der Armut, des Wissens und des Nichtwissens. Und darum ist die Gottheit nur Gegenstand der Liebe, nicht selbst liebend — wie in der christlichen Sphäre. Wo immer diese doppelte Bestimmung der Liebe wiederkehrt in der Geschichte, daß sie dynamisch der Erkenntnis nicht vorhergehe, sondern folge und daß sie teleogisch nur Weg, Methodos zum Ziele der wachsenden Erkenntnis sei, da war die theologische Konsequenz stets das heidnische Trugbild jener starren, nur in sich selbst glänzenden Gottheit, die nicht wiederliebt, die nur Gegenstand der Anbetung der Kreaturen ist, nicht aber mittätiges Subjekt jener „vertraulichen Wechselrede der Seele mit Gott", als die schon Gregor von Nyssa das christliche Gebet definiert. Auch nach Spinoza, der dieses griechische Prinzip wieder aufnimmt, kann niemand fordern, daß Gott seinen eigenen amor dei intellectualis auch seinerseits mit Liebe beantworte — ein Wort, das Goethes Philine zu dem mit Unrecht bewunderten hinriß: „Wenn ich Dich liebe, was geht's Dich an". Auch die weitere platonische Bestimmung der Liebe als eines „Strebens" (ontisch aber als einer Tendenz des Nichtseins zum Sein) enthält schon im Kerne diese ganze Theorie. Faktisch gehören Liebe und Haß, gehören auch die Akte des Interessenehmens — wie ich andernorts zeigte — nicht der Strebens- und Willenssphäre unseres Geistes an, wie sehr sie auch alle Arten von Streben, Drängen, Sehnen, Begehren, Wollen fundieren mögen. Alles „Streben" verzehrt sich selbst in der Erlangung des Erstrebten, in seiner Befriedigung, und gleichzeitig zielt es auf Realisierung eines gegenüber dem als wirklich Gegebenen Neuen, eines

Anderen. Dagegen ruht Liebe ganz im Sein und Sosein ihres Gegenstandes, sie will ihn nicht anders als er ist, und sie wächst, indem sie tiefer in ihn dringt. Als „Streben" oder gar als „Bedürfen" gefaßt — und zwar nach Erkenntnis — muß also auch Liebe mit vollendeter Erkenntnis verschwinden und kann sie auch ontisch der Gottheit als dem vollkommenen und dem bedürfnislosen Sein, das eben das schon ist, was es „will", und „soll" nicht eigen sein. In seiner Kritik des Christentums vom griechisch=neuplatonischen Standort aus (der jene Platonische Lehre behält) hat Celsus darum in scharfer logischer Konsequenz die christliche Idee eines „liebenden Gottes" zu zersetzen und als ganz widersinnig zu erweisen gesucht. Um so wunderbarer ist es, daß auch diese platonische Bestimmung der Liebe als „Streben" ganz gegen die innersten Intentionen des Christentums in die scholastische Philosophie überging und ebenso wie der platonische Satz „Alles ist gut, soweit es ist" einen Bestandteil zum Beispiel der thomistischen Lehre bildet.* Aber auch die ontische platonische Bestimmung des Eros als einer Kraft des Zeugens und Schaffens, in der er sich der christlichen Idee einer weltschöpferischen Liebe anzunähern scheinen möchte, gewinnt im Zusammenhang seiner Gedanken und des griechisch=metaphysischen Ideensystems überhaupt einen gar sehr modifizierten Sinn. Was nämlich hier „Zeugen" und „Schaffen" genannt wird, ist faktisch doch nur das bloße Bild eines „Schaffens" „für uns", für

* Anders — und weit mehr im Sinne Augustins (wie in Folgendem gezeigt wird) denken in dieser Frage Nicolaus Cusanus (s. bes. „De visione Dei aut de icone", 4. Abschnitt), Vincenz von Aggsbach und der anonyme Traktat „De intelligentiis", ed. Bäumker. Nach ihnen geht die Liebe in Mensch wie Gott der Erkenntnis vorher.

die Sphäre der „Vorstellung" (δόξα); für die strenge Er=
kenntnis (die ἐπιστήμη) ist das vermeintliche „Schaffen"
nicht Schaffen, ist nicht „Produktion", sondern nur Repro=
duktion der Gestalt; nur ewiges Streben der flüchtigen immer
„werdenden" „Materie" (als des ontischen Korrelates des
Sinnenscheins) an dem Dauerhaften der Gestalt und
Idee Anteil zu gewinnen — die aber als solche faktisch schon
vor dem Prozesse, der „uns" als Schöpfung und „Zeugung
im Schönen" erscheint, sind und gewesen sind. Und dies gilt
wieder ontisch und subjektiv. Als kosmisches Agens ist bei
Platon die Liebe in ihrer naturhaften Stufe zum Beispiel als
tierische Brunst nur der Drang des tierischen Lebensprinzips,
die Artgestalt in der Zeugung in immer neuen Individuen
aufrecht zu erhalten — nicht etwa diese Artgestalt zu vervoll=
kommnen. Schon in der Brunst des Tieres sieht Platon
Sehnen nach der irdischen Unsterblichkeit der Gestalt, als der
festen plastischen Form, durch welche die Generationsketten
der Individuen gleichsam nur hindurchschreiten, so wie der
Kreislauf der toten Stoffe durch die Gestalt des individuellen
Organismus; wie die Wassertropfen durch die Gestalt des
Wasserfalls. Ja, alle Formerhaltung im Werden der
Materie — auch der toten Welt — ist Sieg des seins= und
dauerdurstigen Dranges des Eros. So ist, was „Schöp=
fung" dünkt, faktisch nur „Erhaltung". Und dieses restlose
Übergewicht des statischen Prinzips über das dynamische, der
plastischen Raumform über die zeitlichen, sie erzeugenden
Kräfte, kehrt bei Platon wieder auch in den höchsten Formen
der geistigen Liebe. Der „Ruhm" des Philosophen, Künst=
lers, Staatsmanns, das heißt im antiken Verstande nicht

„Ehre", „Achtung" bei Zeitgenossen und Nachfahren, son=
dern das geheimnisvolle Innesein, das Eingeprägtsein der
schöpferischen Person selbst im Werke als eines objektiven
Wertgebildes, des Genius strahlend „Bild" im Werke selbst,
ist auch noch irdische Unsterblichkeit; hier aber nicht bloß der
Art, sondern des Individuums. Auch das, was Selbst=
schöpfung und Selbstumgestaltung im Werke scheinen möchte,
wird hier nur im möglichen Rückblick als Selbsterhaltung in
der Dauer der Generationen genossen. Endlich aber ist höch=
stes Ziel, zu dem alle geistige Befähigung, zu dem auch Liebe
in ihrer reinsten Form leiten kann, nämlich die „Ideenschau"
des Philosophen von einem „Schaffen und Zeugen" am aller=
weitesten entfernt. Sie ist nur Anteil am Wesen, Ver=
mählung mit dem Wesen. Eben nur solche Erhaltungsfunk=
tion übt bei Platon auch die Liebe in der inneren Werkstätte
unseres Geistes. Was sie im pflanzlichen und tierischen Leben
als Zeugung und Vererbung der Arteigenschaften leistet, eben
das leistet sie in der Individualseele in der Erinnerung und
Reproduktion der Vorstellungen. Schon Platon hat die zu=
erst durch den Physiologen Hering wieder aufgenommene Idee
der Wesensidentität von Gedächtnis und Vererbung im Sym=
posion behauptet. Was hier durch den Eros in unserem
gegenwärtigen Bewußtsein erscheint, ist der durch den Eros
beflügelte Drang der früheren Erlebnisinhalte, sich durch
Wiedererscheinen im Erinnern vermöge der Reproduktion zu
erhalten und Dauer zu gewinnen; nicht anders wie sich Tier
und Pflanze durch Fortpflanzung und Vererbung in ihren
Artgestalten erhalten.

Noch mehr aber verschwindet der Gedanke der „schöpfe=

rischen Kraft" der Liebe, wenn wir nun noch die Lehre von der Wiedererinnerung hinzunehmen. Wie Platon die „Idee eines spontanen, schöpferischen Bewußtseins und Geistes im Grunde fehlte" (so sagt treffend W. Windelband), so fehlte ihm auch die Idee einer schöpferischen Liebe. Dies zeigt klar seine ganz romantizistische Lehre von der Liebessehnsucht der Seele nach der Wiederschau der präexistenten Ideenwelt, die sich in der Wiedererinnerung des einst am „himmlischen Orte" Geschauten befriedigt, und als die schließlich alle „Erkennt= nis" überhaupt gedeutet wird. Blickt Platon in dieser Lehre von Liebe und Erkenntnis voraus auf die große historische Bewegung der „romantischen Liebe" überhaupt, also jenes antiklassischen Liebestypus, in dem die Liebe selbst nicht primär als seelischer Besitz, sondern nur als Sehnen nach einem Entfernten, Vergangenen, Verschwimmenden gegeben ist und nicht sowohl mit der Annäherung an den geliebten Gegen= stand als mit der steigenden Entfernung von ihm proportional zu wachsen scheint — so blickt er in seiner bekannten mythischen Auffassung der Liebe von Mann und Weib als des Zu= einanderstrebens der beiden Teile eines zunächst geschlechtlich ungeteilten Menschen sichtbarlich genug nach Indien hinüber.

Denn nur eine besondere Form des tiefen metaphysischen Irrtums der Inder, es sei Liebe nur intuitive Erkenntnis der Einheit des Seins, respektive Durchschauung der faktischen Scheinhaftigkeit von Trennung, Individualität, Vielheit; oder schärfer gesagt, es sei Liebe nur die Zueinanderbewegung der Teile eines ursprünglich Einen und Ganzen, liegt auch hier bei Platon vor. Aller Pantheismus von Spinoza bis Hegel und Schopenhauer hat diesen grundirrigen

Satz in sich aufgenommen. Ist es doch leicht zu sehen, wie nach diesem Schema, das auch das Schema aller falschen Mystik bis auf den heutigen Tag geblieben ist, Liebe im Grunde immer auf Egoismus zurückgeleitet wird! Denn was wäre Liebe hier anderes als der faktische Egoismus eines Ganzen, der nur die Scheinform der Liebe mit der Scheinform der Individualität und der Selbständigkeit dessen, was bloß Modus und Teil ist, annimmt? Was anderes als „Egoisme à deux"? Die Liebe bloß scheinhafter Individuen ist eben auch nur eine scheinhafte Liebe. Auch die Auffassung der geschlechtlichen Liebe zwischen Mann und Weib erhält in Platons Annahme des Mythos — oder doch seines Sinngehaltes — einen romantischen Charakter. Die Geschlechtertrennung ist hier nicht Grundbedingung und Wurzel einer besonderen Art von Liebe, deren Folge, nämlich die Geschlechtswahl zur Fortpflanzung, artumwandelnd und arterhöhend wirken könnte, sondern die Tendenz zu einem bloßen „Zurück", zu dem einen geschlechtlich noch nicht differenzierten Menschen, dessen Teile sich nun „suchen". Nur der Arterhaltung dient sie, nicht aber der Artsteigerung und Schöpfung. Zwar ist Platons Lehre hoch hinaus gehoben über alle modernen naturalistischen Versuche, die Erscheinung der Liebe an die vorgängige Geschlechtertrennung selbst zu binden; oder sie gar in allen ihren Arten als bloße Fortentwicklung des Geschlechtstriebes anzusehen.* Umgekehrt ist ihm die Trennung der Geschlechter und ihr Zusammenwirken bei der Zeugung sowie der hierzu treibende Trieb gleichsam nur eine der Techniken der Natur, durch

---

* Die Unsinnigkeit dieser naturalistischen Theorien ist genauer aufgewiesen in meinem Buche „Zur Phänomenologie der Sympathiegefühle" (Halle 1914).

die sich die von dieser Trennung unabhängige Liebeskraft lebensschöpferisch betätigt. Aber die romantische und mystische Färbung des bloßen „Sehnens" nach einem alten Stadium (dem Stadium des ungeteilten Menschen) und nach der Wiederherstellung eines Ganzen trägt auch seine Idee der geschlechtlichen Liebe in sich. Sie ist nicht prospektiv, sondern retrospektiv konzipiert. —

Man kann nicht sagen, daß das größte und folgenreichste Erlebnis des europäischen Menschen, die Erscheinung Christi, sich zu einem ebenso festen ideellen Typus der Verhältnis= bestimmung von Erkenntnis und Liebe verkörpert habe als die indische und griechische Erlebnisstruktur. Trotzdem sich gerade die Erlebnisstruktur der Welt, des Nächsten, und allem voran der Gottheit gerade in diesem Punkte radikaler wie je in der Welt, insbesondere weit radikaler noch als der Übergang vom indischen zum griechischen Typus es einschließt, geändert hat, hat die gedankliche und philosophische Ausprägung dieser einzigartigen Revolution des menschlichen Geistes in fast un= begreiflicher Weise versagt. Diese Erscheinung ist freilich nur ein Glied in der noch weit universelleren Tatsache, daß es zu einem philosophischen Welt= und Lebensbild, das originär und spontan aus dem christlichen Erlebnis heraus entsprungen wäre, überhaupt niemals oder doch nur in ganz schwachen Ansätzen gekommen ist. Es gibt in diesem Sinne und gab nie eine „christliche Philosophie", sofern man unter diesen Worten nicht, wie üblich, eine griechische Philosophie mit christlichen Ornamenten, sondern ein aus der Wurzel und dem Wesen des christlichen Grunderlebnisses durch selbstdenke= rische Betrachtung und Erforschung der Welt entsprungenes

Gedankensystem versteht. Der Grund hierfür ist ein doppelter.
Die Christen der ersten christlichen Jahrhunderte hatten weder
ihrem Herkommen und Beruf nach, noch ihrer Gesinnung
nach eine philosophische Einstellung auf das Dasein. Als
aber das Wachstum der Heidenkirche und der Kampf mit
den gnostischen und anderen Sekten die begriffliche Feststellung
eines festen Lehrgehaltes gebieterisch forderte, mußte sich das
neue Gott= und Welterlebnis bequemen, in dem festen Gebäude
des Begriffsgefüges der griechischen Philosophie Platz zu neh=
men; ohne aus sich selbst ein neues, ihm völlig angemessenes
Gebäude hervorzubringen. Waren aber die Dogmen selbst
schon in griechischen Weltbegriffen ausgeprägt (man denke nur
an die Verschmelzung der Logosidee mit der Person Christi im
christologischen Dogma), so mußten die ferneren Versuche,
das Dogma philosophisch und theologisch zu interpretieren
und es mit der Welterkenntnis in die Einheit einer Welt=
anschauung aufzunehmen, durch eine gleichsam selbsttätige
Anziehungskraft, welche das Dogma auf die griechische Philo=
sophie äußerte, auch fernerhin bestimmt bleiben. So tief und
lebendig die Kontinuität des christlichen Erlebnisses auch in der
Kirche blieb, so ganz unsinnig die Vorstellung ist, als sei
jahrhundertelang auch diese Kontinuität zerrissen gewesen —
etwa bis zum Auftreten Luthers —, so wurde doch die spon=
tane philosophische Ausprägung desselben hierdurch in
höchstem Maße gehemmt. Nur bei Augustinus und seiner
Schule finden wir starke Ansätze, eine unmittelbare Umsetzung
des christlichen Erlebnisgehaltes in philosophische Begriffe zu
gewinnen — Ansätze, deren volles Gelingen aber immer wie=
der durch die tiefgehende Abhängigkeit Augustins vom Neu=

platonismus und durch den seinen spekulativen Willen noch
überragenden autoritären Willen zur Einheit der kirchlichen
Institution gehemmt war.

Daß im christlichen Erlebnis selbst eine radikale Umstellung
von Liebe und Erkenntnis, von Wert und Sein vollzogen ist,
habe ich an anderer Stelle schon nach einigen Richtungen
gezeigt. Ich nannte es die „Bewegungsumkehr" der Liebe,[*]
daß nun nicht mehr das griechische Axiom gilt, es sei Liebe
eine Bewegung des Niedrigen zum Höheren, des $\mu\grave{\eta}\ \ddot{o}\nu$ zum
$\ddot{o}\nu\tau\omega\varsigma\ \ddot{o}\nu$, des Menschen zum selbst nicht liebenden Gott,
des Schlechten zum Besseren, sondern die liebevolle Herab-
lassung des Höheren zum Niederen, Gottes zum Menschen,
des Heiligen zum Sünder usw. selbst in das Wesen des
„Höheren", also auch des „Höchsten", das ist Gottes aufgenommen wird. Eben dieser Bewegungsumkehr der Liebe
liegt aber auch eine neue Fundierungsart von Liebe und Erkenntnis und von Wert und Sein zugrunde. Religiös äußert
sich dies zunächst darin, daß die religiöse Erkenntnis an erster
Stelle nicht mehr ein spontaner Akt des Individuums ist,
sondern der erste Bewegungsstoß für sie in Gott selbst verlegt
ist, das heißt in den liebegeleiteten Erlösungswillen Gottes
und seine hierzu erfolgende Selbstoffenbarung in Christo, daß
auch der Prozeß der Heiligung des Individuums durch Werke
nur zwischen den Anfangspunkt eines, all seiner eigenen Tätigkeit vorhergehenden Ergriffenwerdens durch die „Gnade" Gottes
und dem Endpunkt einer abschließenden („heiligmachenden")
Gnade verläuft. Alle menschliche Freiheit und Verdienst-

[*] S. Abhandlungen und Aufsätze, I „Das Ressentiment im Aufbau der
Moralen", II.

lichkeit liegt nur zwischen diesen beiden Punkten. Beginn wie Ziel alles religiösen Erkenntnis- und Heilsprozesses liegt also bei Gott. An die Stelle der indisch-griechischen Selbsterlösung durch Erkenntnis tritt also die Idee des Erlöstwerdens durch die göttliche Liebe. Nicht die Mitteilung einer neuen Gotteserkenntnis und Gottesweisheit an die Welt erfolgt durch Christus (so wie dies zum Beispiel durch Buddha, den großen „Lehrer", durch Platon usw. geschah, oder so wie Gott „in" Moses und seinen Propheten redete und Gesetze gab, auch nicht eine Mitteilung, deren Inhalt nur die Existenz eines liebenden und gnädigen Gottes wäre:* Sondern aller neuer Erkenntnisgehalt über Gott ist durch die Liebestat seines Selbsterscheinens in Christo als von ihrem schöpferischen Grund getragen. Vorbild der „Nachfolge", Lehrer und Gesetzgeber ist daher Christus nur abgeleiterweise und nur infolge seiner Würde als göttlicher Erlöser, das heißt als personale und fleischgewordene Gestalt Gottes selbst und seines Liebeswillens. Über die personale Gestalt hinaus gibt es nach früher und echtchristlicher Anschauung keinerlei „Idee", keinerlei „Gesetz", keinerlei „Sachwert", keinerlei „Vernunft", an der sie selbst noch zu messen wäre oder mit der sie, um als „heilig" erkennbar zu sein, irgendwie übereinzustimmen hätte. Christus „hat" nicht die Wahrheit, er „ist" sie, und zwar in seiner vollen Konkretheit. Äußerungen, Reden, Hand-

---

* In seiner reichen und tiefsinnigen Polemik gegen Abaelard kommt Bernhard von Clairvaux immer wieder auf den Vorwurf zurück, Abaelard habe die Worte und die Tat Christi zu einer bloßen Offenbarung davon gemacht, daß Gott die Liebe sei anstatt an erster Stelle eine Eingießung der Liebe und die Erlösungstat in Christo zu sehen. Vgl. auch A. Neander, „Der heilige Bernhard und sein Zeitalter", 3. Aufl., Gotha 1865, S. 200 und d. F.

lungen gelten als wahr, heilig, gut, weil Er, weil Christus es ist, aus dem sie fließen. Eben darum ist auch aller Glaube an den Inhalt seiner Botschaften, ja der Glaube an ihn selbst als „Erlöser" und „Heiland" fundiert und gebunden an die vorhergehende Gegenliebe zu seiner auf Jeden abzielenden Liebe, in deren Verlauf und Prozeß erst das volle Bild seiner göttlichen Existenz, die Gegenstand des Glaubens ist, gleichsam vor dem geistigen Auge aufwächst. Nicht „Alle" sahen ihn, als er auferstehend mit Magdalena sprach. Magdalenas Liebe sah ihn zuerst; einige aber sahen ihn nicht, da „Gott ihnen die Augen verhüllt hatte". Nur den Liebenden waren die Augen aufgeschlossen — in dem Maße als sie liebten. Und wie die Person Christi, nicht aber eine „Idee", an der diese Person erst zu messen wäre, der erste religiöse Liebesgegenstand ist, so ist auch der Ausgangspunkt der Liebesemotion eine ontisch reale Person, die Person Gottes. Die Existenzform der Person löst sich nicht in den Fluten der Liebe — wie bei Indern und Griechen — auf. Hier wird keine sogenannte „metaphysische Nichtigkeit" der Person in der Liebesemotion durchschaut. Vielmehr hebt sich auch im Menschen die Person in der Gottesliebe immer reiner aus den trüben Vermengungen mit dem, ihre Einheit in eine zeitliche Vorgangsreihe zersetzenden, sinnlich-triebhaften Bewußtsein und aus allen Abhängigkeiten der Natur- und Gesellschaftsgebundenheit, die sie in den Gang der Gesetzmäßigkeiten bloßer Sachen hineinreißen wollen, heraus, — und festigt sich und „heiligt" sich. Die Person gewinnt sich, indem sie sich in Gott verliert. Diesem ganz neuen Grundsatz des christlichen Bewußtseins entspricht es nun auch, daß die Nächstenliebe mit der rechten Gottesliebe ohne weiteres mitgesetzt ist, und daß gleichzeitig alles tiefere erkenntnismäßige Eindringen in die göttlichen Dinge durch Gottes- und Menschenliebe gleich- mäßig fundiert ist. Es ist ja selbstverständlich, daß da, wo die Liebe zum Wesen Gottes gehört und aller religiöse Heil- prozeß nicht in menschlich-spontaner Tätigkeit, sondern in der göttlichen Liebe seinen Ausgangspunkt hat, die Liebe „zu Gott" immer gleichzeitig ein Mitlieben der Menschen, ja aller Kreaturen mit Gott — ein amare mundum in Deo — in sich einschließen muß. „Amor Dei et invicem in Deo" ist Augustins feste Formel für die unteilbare Einheit dieses Aktes. Eine Gottesliebe wie die griechische Gottesliebe, die den Men- schen über die Gemeinschaft überhaupt hinausführte, nicht aber ihn in immer tiefere und umfassendere Gemeinschafts- beziehungen zu seinen Brüdern brächte, kann konsequent nur auf einem Berge enden, auf dem der einsame Anachoret sich aller menschlichen Verknüpfung entäußert. Das griechisch- indische Prinzip, daß Erkenntnis Liebe fundiere, hat von Hause aus diese isolierende und vereinsamende Kraft; und wo immer wie in der östlichen Kirche das griechisch-gnostische Ele- ment das Übergewicht über die neue christliche Erlebnisstruktur gewann, ist auch jenes Anachoretentum innerlich notwendig emporgewachsen und hat sich das Mönchstum wie noch heute das orthodox-russische mehr und mehr von dem Gemeinschafts- dienst entbunden. Eine Gottesliebe, die nicht in dem Maße ihrer Steigerung* in Nächstenliebe gewaltig ausbräche und in ihr fruchtbar und tätig würde, wäre nach der Aussage des christlichen Bewußtseins eben nicht Liebe zu Gott — der ja

* Östliches und westliches Christentum.

416

selbst seinem Wesen nach der Liebende und dadurch auf die Kreaturen liebreich Bezogene ist, sondern Liebe zu einem Götzen. Eben darum kann, ja muß denn auch die Bewährung jeder Behauptung über göttliche Dinge in der religiösen Liebesgemeinschaft, das heißt der Kirche, muß die einende und nicht trennende Kraft dieser Behauptung geradezu zu einem Kriterium der Wahrheit und objektiven Gegründetheit eben dieser Behauptung in der Sache werden. Es ist durchaus nicht eine etwa im Wesen aller Wahrheit gegründete oder gar deren Wesen ausmachende sogenannte „Allgemeingültigkeit" — die ja in beliebigem Maße mit fehlender allgemeiner Geltung durchaus zu vereinigen wäre —, sondern es ist die Fundierung der Erkenntnis der Wahrheit auf vorhergehende Liebe, was zur Auffassung führt, daß der Ketzer schon als Ketzer, nicht erst auf Grund des besonderen Inhalts seiner These, irren müsse, als Ketzer, das heißt als ein Wesen, das nicht auf der Brücke der Nächstenliebe und der in ihr gegründeten Heilsgemeinschaft der Kirche, sondern auf irgendeinem einsamen Wege und ohne Durchgang durch die, auch die religiöse Erkenntnis und den rechten Glauben mit bedingende Nächstenliebe zu seiner Überzeugung und Behauptung gekommen ist. Unser gegenwärtiges modernes Bewußtsein vermag — nach meiner Erfahrung — eben diesen Satz am wenigsten zu begreifen. Man pflegt nicht zu sehen, daß jene Erkenntnispriorität der Kirche als Kirche vor dem Einzelnen, bereits in jener Wesensfundierung von Liebe und Erkenntnis selbst im Keime enthalten ist. Sie ist später in mannigfacher Weise dogmatisch formuliert worden: So in den Sätzen, daß die Festlegungen der ökumenischen Konzilien als vom „heiligen

Geiſte „ſelbſt entſprungen zu gelten haben, im Grundſatz in allen religiöſen Dingen zuerſt die Kirche zu hören („ecclesiam sequi"). Sie kommt praktiſch zum Ausdruck in der chriſt= lichen Bereitwilligkeit zum sacrificio del intelletto bei Wider= ſtand der Autorität der Kirche. Alle dieſe Dogmen ſind alſo nur eine der Folgen dieſes großen Satzes für Sinn und Aufbau der religiöſen Sozialſtruktur.

Als um ſo wunderbarer muß es nun aber gelten, daß trotz= dem der Satz von der Priorität der Liebe vor der Erkenntnis zum Weſen des chriſtlich religiöſen Bewußtſeins gehört, daß er ſelbſt der Kirchenidee und aller chriſtlichen Ethik zugrunde liegt (der ſtets im Gegenſatz zum griechiſchen Ethos ein Akt edler Liebe als höherwertig galt, als ein Akt reiner Erkennt= nis, die charitativen Tugenden höherwertig als die „dianoe= tiſchen"), in der außerreligiöſen Erkenntnis= und Lebensſphäre nur ſelten philoſophiſch und pſychologiſch zu prüfen verſucht wurde. Mit Ausnahme der myſtiſchen Erbauungsliteratur und ſpezifiſch auguſtiniſcher Traditionen, in denen dieſer Grundſatz im allgemeinen feſtgehalten iſt, hat ſich die ſoge= nannte „chriſtliche Philoſophie" durchaus dem griechiſchen Typus angeſchloſſen. Hierdurch entſprang die innere Dis= harmonie zwiſchen dem religiöſen Bewußtſein und der mit ihm verknüpften Weltweisheit. Während zum Beiſpiel in den tiefſinnigen Bildern des frommen Glaubens die in Liebe erglühenden Seraphim in der hierarchiſchen Schar der Engel über den erkennenden Cherubim zu Füßen Gottes ſtehen (alſo der Gottheit näher), die Spitze aller Engel aber Maria bildet, die ganz nur Liebe iſt — werden von Thomas Aquinas die griechiſchen Beſtimmungen, daß Liebe zu einem Gegenſtande

418

Erkenntnis des Gegenstandes voraussetze, daß im Ontischen aber die Werte Funktionen der Seinsvollkommenheit seien (omne ens est bonum), daß Liebe kein elementarer Grundakt des Geistes, sondern nur eine Sondertätigkeit des strebenden und wollenden Tätigkeitsvermögens der Seele sei, festgehalten. Demgemäß erkennt Thomas Aquinas nur zwei Grundkräfte der Seele an: die vis appetitiva und vis intellectiva der Seele, welche beide wieder in ein „höheres" und „niedrigeres" Teilvermögen zerfallen; die erste in das Konkupiszibile, das passiv reagierende sinnliche Begehren nach etwas, und das aktiv reagierende Irraszibile, das Widerstreben gegen drohende Schädigung des Leibes als „unteres", in das vernunftgeleitete Wollen (velle) als „oberes" Vermögen, wobei die ursprüngliche Richtung des letzteren das bonum ist = ens entis, das Sein in jedem Seienden („omnia volumus sub specie boni"); die vis intellectiva aber zerfällt in das sinnliche Erkenntnisvermögen der Wahrnehmung, dem ontisch die species sensibiles und in das vernünftige Erkenntnisvermögen, dem die species intelligibiles in den Sachen entsprechen. Jeder Tätigkeit des Strebevermögens aber muß nach Thomas eine Tätigkeit des Verstandes vorhergehen; der Regung der Begierde die Gegenwart einer species sensibiles in der Sinneswahrnehmung, dem Wollen aber ein Akt intentionaler Erkenntnis, in dem das begriffliche Wesen der Sache erfaßt ist. Liebe und Haß, sowie die gesamte Gefühlswelt stellen sich unter dieser Auffassung nur als Modifikationen des strebenden Seelenvermögens dar. Daß in diesem intellektualistischen psychologischen System der Liebe nur eine ganz untergeordnete Stelle zukommt, ist ohne weiteres ersichtlich. Dies äußert aber seinen Rückschlag auch auf die Theologie dieses Systems: zu allernächst in der Lehre von der Weltschöpfung und vom Verhältnis von Erlösung und Offenbarung durch Gott. „Gott" im ursprünglich christlichen Sinne hat die Welt schon „aus Liebe" erschaffen. Durch Nichts kann die schöpferische Kraft der Liebe, jene wahrhaft „schöpferische Kraft", die nicht, wie bei Platon, nur „Erhaltungstendenz", „Reproduktionstendenz" ist, so scharf hervorgehoben werden als durch diese Lehre, daß auch der schöpferische Willensakt Gottes in einer vorhergehenden Liebe fundiert sei. Die natürlichen Drangsale der Kreaturen zu ihrem Schöpfer sind also nur Antwortsreaktionen auf die schöpferische Liebe, aus der sie selbst hervorgingen. In jenem System aber, in dem menschlicher wie göttlicher Geist ganz und gar in Intellekt und Willensmacht zerbrochen sind (soziologisch dargestellt im Priestertum und weltlicher Obrigkeit), muß diese Lehre verschwinden. Gott, heißt es bei Thomas, schuf die Welt zu seiner „Selbstverherrlichung". Dieser Zweck strahlt nun auch über auf seine ersten Diener, die Priester, die nun auch auf der großen Bühne der Welt als Päpste, als Episkopat usw. nicht mehr als die demütigen Diener der christlichen Gemeinde und darin Nachfolgende Christi, sondern ganz als wie antikrömische Herrscher erscheinen, in denen das Leben der Kirche kulminiert. Die Christum Nachfolgenden (im Sinne der Imitatio Christi, das heißt in Leben und Tat) werden zu „Nachfolgern Christi", die wie Fürsten ihr Amt, ihre Würde, ihre Gerechtsamen aus der sie mit Christus verbindenden Rechtstradition ableiten. In dem anderen zentralen Punkt aber ist Offenbarung Gottes in Christo nicht mehr Folge einer liebe-

420

und gnadengeleiteten göttlichen Erlösungstat, die im Kleinen innerlich mitzuvollziehen gegen die Niedrigen, Armen unter den Menschen, des Menschen überhaupt aber gegen die übrigen Kreaturen erst wahre Gottnähe verhieße, sondern die Erlösung durch Christus ist nur mehr der zentralste Teilinhalt der nun ganz intellektual gedachten „Offenbarung" selbst, die im Dogma formuliert als Ganzes mit diesem Zentralinhalt pflichtgemäß zu glauben ist. Ganz analog wird die Gottes- und Nächstenliebe, die den ursprünglichen Christen als „Kind Gottes" überlegen über das „Gesetz" überhaupt und alle „Pflicht" machen sollte, indem sie von selbst alles im Gesetz Gebotene und eben nur noch Mehr — all dies Mehr aber ohne Gebotsgehorsam — frei aus sich selbst leisten sollte, zu einem bloßen Teilinhalt des durch den göttlichen Willen vorgeschriebenen „Gesetzes" degradiert. Jesus erscheint wie ein neuer Moses, der nur die zehn Gebote Jenes in ein einziges Gebot, aber eben wieder in ein Gebot zusammenfaßte, in das „Gesetz der Liebe", das „Liebesgebot". Der innere Widersinn dieser Begriffe wird nicht beachtet. So wird mit der Wiederaufnahme des griechischen Fundierungssatzes zwischen Erkenntnis, Liebe und Wollen auch indirekt der Primat ausgesprochen und hergestellt. Des selbstgenugsamen Aristotelischen Weisengottes über den christlichen Erlösungsgott, des lehrenden und regimentalen Priesters über den homo religiosus der Nachfolge; der Macht und Seinsfülle über das Gute, des Gesetzesstatus über die gesetzesüberlegene Liebe und Demut. Auch der thomistisch-franziskanische Gegensatz des Intellektualismus und Voluntarismus, in dem man streitet, ob Gott das Gute gebot, weil es in sich gut sei, oder ob es gut sei, weil Er es geboten habe, geht als Ganzes völlig vorbei an der echten chriftlichen Erlebnisstruktur Gottes und der Welt. Es ist nur ein Streit zunächst zwischen den regimentalen und lehrenden Funktionen und Kräften innerhalb der Kirche, wird später aber, zum Beispiel bei W. von Occam, ein Streit der weltlichen Mächte mit den religiös=kirchlichen Mächten über= haupt. So vermochte auch Franziskus' einzigartige Wieder= erneuerung des chriftlichen Grunderlebnisses keine ihm ange= messeneren begrifflich=philosophischen Fassungen zu bewirken.

Von der mystischen Erbauungsliteratur abgesehen, der spezifisch philosophischer Sinn mangelt, finden wir einzig bei Augustinus und der augustinischen Tradition bis zu Male= branche und Blaise Pascal ernsthafte Anfänge, das christ= liche Grunderlebnis über die Beziehung von Liebe und Er= kenntnis auch im Zusammenhang mit außerreligiösen Pro= blemen begrifflich zu fassen. Es ist nicht richtig, wenn man Augustin eine Lehre vom „Willensprimat" (in Gott und Mensch) nachgesagt hat, ja ihn in dieser Hinsicht geradezu zu einem Vorgänger der Skotisten machte. Was man bei Augustin Willensprimat nennt, ist faktisch Liebesprimat, Primat des Liebesaktes, sowohl vor der Erkenntnis als vor dem Streben und Wollen, ist zugleich Primat der interesse= nehmenden Akte, als niedrigere Regungen der „Liebe" vor den wahrnehmenden, vorstellenden, erinnernden und Denk= akten; das heißt vor allen jenen Akten, die Bild und Be= deutungsinhalte („Ideen") vermitteln. Keiner Lehre steht Augustin ferner als den Lehren der Skotisten und des Des= cartes, daß die Ideen des Guten und Schlechten erst Setzungen und Geboten göttlichen Willens ihren Sinn und ihre Be=

deutung verdankten; daß die Wesenheiten und Ideen der Dinge dem Sein der Dinge nicht vorangingen, sondern folgten; oder daß die Ideen gar nur — wie bei den späteren Skotisten zum Beispiel W. von Occam — nur menschliche Gemächte seien, denen in der Gegenstandssphäre nichts entspräche (Nominalismus) — alles Lehren, die der Satz vom Primate des Willens im Geiste mit strenger Folgerichtigkeit aus sich hervortreiben muß. Im Satze der späteren Skotisten, die in die moderne Philosophie überleiten, hat sich der schrankenlose Arbeitsgeist des modernen Bürgertums gegenüber einer kontemplativ-intellektualen Priesterkaste zuerst seine begriffliche Form gegeben. Auch Augustins „Volo ergo sum" darf durch die Wahl des schlechten Ausdrucks „volo" nicht hinwegtäuschen, daß Liebe und Interessenehmen — in letzter Linie, Gerichtetheit nicht auf die Glückseligkeit als Gefühl — wie häufig falsch interpretiert wird —, sondern auf das „Heil" der eigenen und der fremden Seele, als der untrennbaren Einheit von vollkommener Persongüte und Seligkeit, für ihn die elementarste Grundtendenz des menschlichen Geistes ist; der gegenüber Vorstellungen und Begriffe nur Stationen der fortwährenden Bewegung der in Gott und Welt immer tiefer eindringenden Liebe darstellen — gleichwie Flämmchen eines fortlaufenden Feuers. Im Verhältnis zur Liebe ist alles eigentliche „Streben" und „Wollen" von Augustin nur als inneres und äußeres Ausdrucks- und Werkorgan für das jeweilige Stadium ihrer — der Liebe — jeweiligen Vollendung angesehen worden. So folgen also Wollen und Vorstellen bei Augustin gleichmäßig der Liebe als einer dritten ursprünglichsten Einheitsquelle alles Bewußtseins. Dies aber geschieht so, daß die Liebe an erster Stelle das Erkennen und erst durch dieses vermittelt das Streben und Wollen bewegt. Das Verhältnis von Erkennen und Wollen ist also ganz dasselbe wie bei Thomas Aquinas und dies im äußersten Gegensatz zu allen skotistischen Lehren des „Primates des Willens über den Verstand". Dem entspricht es, daß bei Augustin auch im Wesen der Gottheit die Liebe den letzten Wesenskern ausmacht, daß die Liebe selbst den „Ideen", die er (im Platonischen Sinne in seine Lehre aufnehmend) als „Gedanken Gottes" ansieht, gleichzeitig aber als Musterbilder für den schaffenden Willen begreift, noch vorhergeht und determiniert. So wird die Schöpfung „aus Liebe" und „nach Ideen" der grundlegende Schöpfungsgedanke seiner Theologie. Zum erstenmal ist damit der Gedanke der schöpferischen Natur der Liebe rein und ohne die romantisch platonische Reduktion des jeweils Neuen im Schaffen auf bloße Wiederkehr eines Bestehenden, auf bloße Erhaltung von Form und Gestalt verkündet. In sekundärer Weise aber erweist sich die Liebe Gottes tätig in der göttlichen Erlösungstat in Christo, deren Folge also hier nur die intellektuale Selbstoffenbarung Gottes in Christo ist — endlich auch in der freien grundlosen Begnadung Einiger (Erwählter), während die Übrigen dem Spruch des Gesetzes verfallen bleiben, das auf Grund des Sündenfalls und der Erbsünde alle zu ewigen Strafen verdammt. Auch die Gnadenwahllehre Augustins ist also nur eine der Folgen seiner Lehre vom Primat der Liebe vor aller rational abmessenden Gerechtigkeit, diejenige Folge, die sich unter der biblischen Voraussetzung von Sündenfall, Erbsünde und des Satzes, daß nach dem Gesetze alle durch Sündenfall und Erbsünde des ewigen Todes schuldig gemacht haben, notwendig ergab. Wichtiger als diese theologischen Folgen des Augustinischen Satzes vom Primat der Liebe im Geiste sind uns aber die Ansätze, in denen Augustin auch den Versuch macht, die ganze Psychologie und Erkenntnislehre von diesem Satze her neu aufzubauen.

Gewiß sind diese Ansätze nur wenige und auch diese wenigen wurden nie ausgebaut. Aber schon, daß sie da sind, ist darum von großer Tragweite, da sie den ersten und einzigen Versuch darstellen, aus der neuen christlichen Erlebnisstruktur auch neue metaphysische und psychologische Einsichten zu gewinnen. Was nämlich Augustin — hier die allerletzten und tiefsten Einsichten der gegenwärtigen Psychologie fast wundersam antizipierend — behauptet, ist, daß der Ursprung aller intellektuellen Akte und der ihnen zugehörigen Bild- und Bedeutungsinhalte, anfangend von der einfachsten Sinneswahrnehmung bis zu den kompliziertesten Vorstellungs- und Gedankengebilden, nicht nur an das Dasein äußerer Gegenstände und der von ihnen ausgehenden Sinnesreize (oder Reproduktionsreize zum Beispiel beim Erinnern), sondern außerdem an Akte des Interessenehmens und der durch diese Akte geleiteten Aufmerksamkeit, in allerletzter Linie aber an Akte der Liebe und des Hasses wesenhaft und notwendig geknüpft sei. Nicht also kommen für Augustin diese Akte zu einem schon vorher dem Bewußtsein gegebenen Empfindungsgehalt, Wahrnehmungsgehalt usw. bloß hinzu, so daß diese Gegebenheiten einer rein intellektualen Tätigkeit verdankt würden; sondern das Interessenehmen „an Etwas", die Liebe „zu Etwas" sind die primärsten und alle anderen Akte fundierenden Akte, in

denen unſer Geiſt überhaupt einen möglichen Gegenſtand er=
faßt. Sie ſind zugleich Grundlage für die ſich auf denſelben
Gegenſtand richtenden Urteile, Wahrnehmungen, Vorſtel=
lungen, Erinnerungen, Bedeutungsintentionen. Dreierlei alſo
iſt hier zu unterſcheiden: einmal dies, daß es ohne (willkür=
liches oder triebhaftes) Intereſſenehmen „an Etwas" (irgend=
eines poſitiven Grades über Null hinaus) überhaupt keine
„Empfindung", „Vorſtellung" uſw. dieſes Etwas geben
kann! Sodann, daß ſchon die Auswahl deſſen, was uns
aus der objektiv wahrnehmbaren Gegenſtandsſphäre zu je=
weilig faktiſcher Wahrnehmung kommt, desgleichen zur Er=
innerung, zu dem „woran" wir denken, vom Intereſſe, dieſes
Intereſſe ſelbſt aber von der Liebe (oder dem Haſſe) zu dieſen
Gegenſtänden geleitet iſt; daß alſo, kurz geſagt, die Rich=
tungen unſeres Vorſtellens, Wahrnehmens den Richtungen
unſerer intereſſenehmenden Akte und unſerer Liebe und unſeres
Haſſes folgen; endlich dies, daß jede Steigerung der An=
ſchauungs= und Bedeutungsfülle, in der uns ein Gegenſtand
vor dem Bewußtſein ſteht, eine abhängige Folge des ſich
ſteigernden Intereſſes an ihm und letztlich der Liebe zu ihm
iſt. Natürlich beſagen dieſe Sätze nicht bloß das Selbſt=
verſtändliche, daß wir gemeinhin das gerne vorſtellen, an das
denken, und deſſen erinnern, was wir lieben. Gerade wenn
dies ihr ausſchließlicher Sinn wäre, ſo wären damit Intereſſe=
nehmen und Lieben als Faktoren beſtimmt, die unſer Welt=
bild verzerren, einſeitig machen, uns ſelbſt aber mehr oder
weniger „blind". Ganz abgeſehen davon, daß die Sätze ja
auch (ausdrücklich) für die einfachſte ſinnliche Wahrnehmung,
ja die Empfindung, gelten ſollen, alſo für die Urquelle, an

426

der unſer Weltbewußtſein ſich nährt, ſagen ſie vielmehr, daß
Inhalt, Struktur, Zuſammenhang der Elemente unſeres
Weltbildes ſchon im Prozeſſe des Werdens jedes möglichen
Weltbildes durch den Aufbau, die Richtungen und das Ge=
füge der Akte des Liebens und Intereſſenehmens beſtimmt
ſind. Gerade umgekehrt iſt alſo alle Erweiterung und
Vertiefung unſeres Weltbildes an eine vorangängige Er=
weiterung und Vertiefung unſerer Intereſſe= und Liebesſphäre
geknüpft. Nun aber könnte auch dieſe Lehre noch in einem
Sinn ausgelegt werden, der ihm nur die Bedeutung erteilte,
eben den ſubjektiv=menſchlichen und beſchränkten „Weg“ zu
kennzeichnen, auf dem eben gerade wir „Menſchen“ zur Er=
kenntnis der Welt gelangen. In dieſem Falle erhöbe ſich
Auguſtins Lehre noch nicht weſentlich über Platons Kenn=
zeichnung des Eros als Führer, als Methodus. Sie hätte
zwar mehr wie pſychologiſche, nämlich erkenntnistheoretiſche
Bedeutung — nicht aber hätte ſie zugleich eine metaphyſiſch=
ontiſche Bedeutung. —

Dieſe letztere Bedeutung aber erhält ſie bei Auguſtin durch
eine ſchwer ſichtbare, unendlich tiefſinnige Verflechtung mit
ſeiner Schöpfungs= und Offenbarungslehre. Das Erſcheinen
des Bildes oder der Bedeutung im intellektuellen Akt zum
Beiſpiel ſchon der einfachen Wahrnehmung, desgleichen die
Fülleſteigerung in der Gegebenheit des Gegenſtandes bei zu=
nehmender Liebe und Intereſſe, iſt ihm nicht bloß eine Tätig=
keit des erkennenden Subjekts, das in den fertigen Gegen=
ſtand eindringt, ſondern gleichzeitig eine Antwortsreaktion des
Gegenſtandes ſelbſt, ein „Sichgeben“, ein „Sicherſchließen“
und „Aufſchließen“ des Gegenſtandes, das heißt ein wahr=

haftiges Sichoffenbaren des Gegenstandes. Das ist ein Fragen gleichsam der „Liebe", auf das die Welt antwortet, indem sie sich „erschließt" und darin selbst erst zu ihrem vollen Sein und Wert kommt. So gewinnt für Augustin das Zustandekommen auch der „natürlichen" Erkenntnis der Welt, nach ihrer gegenständlichen Bedingung hin betrachtet, einen „Offenbarungscharakter" und es tritt der Begriff einer „natürlichen Offenbarung" dem einer positiv religiösen in Christo zur Seite. Auch diese „natürliche Offenbarung" ist letzten Endes eine Offenbarung des seinem Wesen nach als ewige Liebe bestimmten Gottes. So schließt sich in wunderbarer Konsequenz das Augustinische Gedankensystem über Liebe und Erkenntnis. Nicht nur alles subjektive Erfassen und die Auswahl der Weltinhalte, die in sinnlicher, vorstelliger, erinnernder und begrifflicher Form zur Erkenntnis kommen, sind durch die Liebes= und Interessenrichtungen fundiert, sondern auch die erkannten Dinge selbst kommen erst in ihrem Sichoffenbaren zu ihrem vollen Sein und Wert. So spricht er (auf sonderbare mysteriöse Weise) den Pflanzen zum Beispiel eine Tendenz zu, vom Menschen geschaut zu werden und in diesem Geschautwerden gleichsam „erlöst" zu werden von ihrer partikularen, in sich geschlossenen Existenz — als geschähe ihnen durch die liebegeleitete Erkenntnis ihres Seins ein Analogon der Erlösung, die in Christo den Menschen durch Gott widerfuhr. Dem entspricht es, wenn spätere von Augustin abhängige Denker, wie zum Beispiel N. Malebranche, die Logiker von Port=Royal und andere, Interesse und Aufmerksamkeit das „natürliche Gebet der Seele" nennen, das sie von dem Gebet zu Gott scheiden. Auch hier hat das

Wort „Gebet" nicht bloß den Sinn einer subjektiv menschlichen geistigen Betätigung, sondern schließt das Miterleben der Antwort mit in sich ein, die in einem „Sichgeben" und „Sicherschließen" der mit Interesse und Liebe betrachteten Gegenstände liegt; analog der alten von Gregor von Nyssa stammenden Definition des (religiösen) Gebetes, daß es eine „vertrauliche Wechselrede der Seele mit Gott" sei. Nicht minder tief hat Blaise Pascal in seinen Pensées und seinem tiefsinnigen Gespräch über „die Leidenschaften der Liebe" die Augustinische Gedankenkette verwertet und fortgeführt. —

Mit der steigenden Zurückstellung der Ideen des Augustin und der Lehren seiner Schule in der mittelalterlichen Entwicklung brachen die Versuche, aus dem christlichen Grunderlebnis eine neue Auffassung des Verhältnisses von Erkenntnis und Liebe zu gewinnen, vollständig zusammen. Erst die Renaissance hat in Giordano Brunos Lehre von der heroischen Weltliebe in ähnlichen Lehren bei Telesio, Campanello, Vives und abschließend in Spinozas „Amor intellectualis Dei" einen neuen Typus der Auffassung entwickelt: er bewegt sich innerhalb der Grenzen der Weltanschauung, die Wilhelm Dilthey als „dynamischen Pantheismus" charakterisierte. Aber nicht mit ihm, sondern mit jenen erhabenen Einsichtsspuren des Augustinismus wird eine rein sachliche Untersuchung der großen Frage — die ich anderswo zu geben gedenke — eine gewisse Harmonie aufweisen.

Inhalt

Druck von W. Drugulin in Leipzig